Deutschland – Polen – Osteuropa

Deutsche und polnische Vorüberlegungen zu einer gemeinsamen Ostpolitik der erweiterten Europäischen Union

Herausgegeben von Dieter Bingen und Kazimierz Wóycicki

Veröffentlichungen des
Deutschen Polen-Instituts Darmstadt

Begründet von Karl Dedecius
Herausgegeben von Dieter Bingen und Peter Oliver Loew

Band 16

2002
Harrassowitz Verlag · Wiesbaden

Deutschland – Polen – Osteuropa

Deutsche und polnische Vorüberlegungen zu einer gemeinsamen Ostpolitik der erweiterten Europäischen Union

Herausgegeben von
Dieter Bingen und Kazimierz Wóycicki

2002

Harrassowitz Verlag · Wiesbaden

Die Veröffentlichung erfolgt mit freundlicher Unterstützung der Robert Bosch Stiftung, Stuttgart.

Umschlagabbildung: Dieter Bingen

Redaktion: Jutta Wierczimok

Bibliografische Information Der Deutschen Bibliothek
Die Deutsche Bibliothek verzeichnet diese Publikation in der Deutschen Nationalbibliografie; detaillierte bibliografische Daten sind im Internet über <http://dnb.ddb.de> abrufbar

Bibliographic information published by Die Deutsche Bibliothek
Die Deutsche Bibliothek lists this publication in the Deutsche Nationalbibliografie; detailed bibliographic data is available in the Internet at <http://dnb.ddb.de>

Gedruckt auf alterungsbeständigem Papier
Satz: fio & flo, Thorn, Polen
Druck und Verarbeitung: Memminger MedienCentrum AG
Printed in Germany

ISSN 0945-5515
ISBN 3-447-04627-9

Inhalt

II. Innere Entwicklung und außenpolitische Dilemmata der Ukraine

III. Belarus: Innere Entwicklung und außenpolitische Orientierung

IV. Deutsche und polnische Osteuropaforschung und Osteuropapolitik: Stereotype, Wahrnehmungen und Konzeptionen

Zur Einführung

Entgegen einer weit verbreiteten Meinung könnte in Zukunft nicht die Öffnung der NATO nach Osten und die zweite Runde der Erweiterung des nordatlantischen Bündnisses, sondern die in wenigen Monaten bevorstehende Aufnahme von mehreren ostmitteleuropäischen Staaten in die Europäische Union eine neue Teilung Europas zur Folge haben. Es droht ein neuer Vorhang entlang des Bug. Polen und Deutschland kommt aufgrund ihrer geographischen Lage und politischen Bedeutung bei den gesamteuropäischen Integrationsbestrebungen eine Schlüsselrolle zu.

Eine neue Teilung des Kontinents liegt weder in deutschem noch in polnischem Interesse. Die Ausweitung des Integrationsraums nach Osten sollte weder nach den Vorstellungen der Europäischen Union – und insbesondere Deutschlands – noch nach denen der polnischen Politik zu einer neuen Eiszeit in den Beziehungen zwischen Polen und seinen östlichen Nachbarn, vor allem der Ukraine, Belarus und Russland, beitragen.

Es scheint aber auch eine Tatsache zu sein, dass die in Polen vorhandene historische und wissenschaftliche Kompetenz hinsichtlich der östlichen Nachbarn in Deutschland generell unterschätzt wird, ebenso der mögliche Beitrag Polens zu einer aktiven Ostpolitik der EU. Umgekehrt ist in Polen die Meinung weit verbreitet, Deutschland sei stark auf Russland fixiert und diese Konzentration auf Moskau korrespondiere mit einem mangelhaften Verständnis der historisch-kulturellen Prozesse, Interessen und Intentionen der Akteure in Moskau, Kiew und Minsk.

Diese Herausforderung für Wissenschaft und Politik war Anlass für das Deutsche Polen-Institut (DPI) und das Stettiner Deutschland- und Nordeuropainstitut (INIEP), die wissenschaftliche und politische Kompetenz der deutschen und polnischen Experten für die drei ostslawischen Nachfolgestaaten der Sowjetunion (Russland, die Ukraine und Belarus) zu nutzen, um sie gemeinsam Grundlagen für eine strategische Osteuropakonzeption und -politik diskutieren zu lassen, mit der Absicht, diese Diskussion in der nächsten Phase des Projekts in einem größeren europäischen Kreis fortzusetzen.

Bemerkenswert war die spontane und positive Resonanz führender deutscher und polnischer Osteuropaexperten vornehmlich aus der praxisorientierten Politikwissenschaft auf die Einladung zu der Konferenz, die am 29. und 30. September 2000 im »Haus der Geschichte« in Darmstadt stattfand. Die Kolleginnen und Kollegen aus den deutschen Forschungszentren wie der Stiftung Wissenschaft und Politik, der Deutschen Gesellschaft für Auswärtige Politik, dem Bundesinstitut für ostwissenschaftliche und internationale Studien, dem Forschungsschwerpunkt »Konflikt- und Kooperationsstrukturen in Osteuropa« des Mannheimer Zentrums für Europäische Sozialforschung und der Hessischen Stiftung Friedens- und Konfliktforschung, die für ihre innen- und außenpolitischen Sachkenntnisse über die osteuropäischen Staaten Russland, Ukraine und Belarus ausgewiesen sind, bestätigten das Wahrnehmungsdefizit bezüglich der polnischen Expertise und das große Interesse, es zu überwinden. Geradezu überraschend war die spontan geäußerte Bereitschaft *aller* angesprochenen deutschen Osteuropaexperten, sich an dem Experiment zu beteiligen.

Ebenso ermutigend wie die erste Resonanz in Wissenschaftlerkreisen stellte sich die Ermunterung durch die betreffenden Referate des Auswärtigen Amtes und die zuständigen Abteilungen des polnischen Außenministeriums dar. Von Beginn an wurde das Interesse geäußert, Vertreter beider Außenämter in die Diskussion einzubeziehen.

Das Anliegen der Organisatoren, durch eine möglichst hochrangige Repräsentanz aus den Ämtern das Interesse der operativen Politik an dem Osteuropaprojekt zu demonstrieren, stieß ebenfalls auf offene Ohren. Der Staatssekretär des Auswärtigen Amtes Wolfgang Ischinger und die Vizeaußenministerin Barbara Tuge-Erecińska würdigten mit programmatischen Reden die grundsätzliche Bedeutung des Projekts.

Sowohl die Wissenschaftler als auch die hohen Vertreter des Auswärtigen Amts und des Warschauer Außenministeriums würdigten insbesondere die Tatsache, dass Deutsche und Polen nicht über sich und ihre bilateralen Probleme diskutierten, sondern sich mit einem »dritten« Thema beschäftigten, das beide gemeinsam interessiert und betrifft. Noch eine Woche vor der Darmstädter Konferenz hatte der Deutsche Bundestag eine Entschließung verabschiedet, in der festgestellt worden war, dass Polen im Rahmen der Ostpolitik der Europäischen Union eine wichtige Rolle in der Gestaltung der Beziehungen gegenüber der Ukraine, Belarus und im Rahmen der multilateralen Zusammenarbeit der Ostseekooperation auch der russischen Enklave Kaliningrad zukommen werde. Bei der Formulierung entsprechender Initiativen der Europäischen Union für diese Staaten sei es hilfreich, Polen schon heute zu konsultieren.

Deshalb war es ein weiteres Anliegen des Deutschen Polen-Instituts und des Deutschland- und Nordeuropainstituts, in einem größeren europäischen Kreis über die Fragen einer gemeinsamen Osteuropapolitik der Europäischen Union nach der Erweiterung und den Beitrag Polens dazu zu diskutieren. Die EU hatte diesbezüglich erste Schritte in ihrer Gemeinsamen Strategie für Russland, für die Ukraine und in ihrem Papier zum Kaliningrader Gebiet formuliert. Die Herausforderung für eine neue Osteuropapolitik liegt aber noch vor der EU – und das wird eine Union mit Polen als Vollmitglied sein. Deshalb wäre es ein Gewinn, die polnische Expertise schon jetzt in die Gemeinsame Außen- und Sicherheitspolitik (GASP) mit Blick auf Osteuropa zu integrieren, sie als Bereicherung für die unionsinterne Diskussion und als eine Verpflichtung angesichts der sich nach Osten hin erweiternden EU zu betrachten.

Das war die Kernhypothese, die die Veranstalter des Projekts in die Anschlusskonferenz in Brüssel trugen. Hierzu luden das DPI und das INIEP über 40 hochrangige Politiker und Experten aus Polen und mehreren Ländern der Europäischen Union (Belgien, Frankreich, Großbritannien, Portugal, Schweden), Abgeordnete des Europäischen Parlaments und hohe Beamte der Europäischen Kommission, die sich mit Fragen der Außenpolitik und der Beziehungen zu den osteuropäischen Nachbarn der demnächst erweiterten EU befassen, am 26. Juni 2001 in die Landesvertretung Hessen bei der Europäischen Union ein.

Die polnische Vizeaußenministerin Barbara Tuge-Erecińska hielt den Eröffnungsvortrag, in dem sie das besondere polnische Interesse an einer konstruktiven und offenen Politik der Europäischen Union gegenüber den östlichen Nachbarn Ukraine, Belarus und Russland darlegte, die ebenso wie Moldowa und andere Nachfolgestaaten der Sowjetunion in der absehbaren Zukunft keine Chance haben, in die EU aufgenommen zu werden bzw. wie Russland dies auch gar nicht als politische Option in Betracht ziehen. Dr. Petra Erler, Mitglied des Kabinetts Verheugen, kommentierte die Ausführungen der Ministerin. In einem Panel wurden die Aussichten der Eröffnung eines so genannten »Lublin-Prozesses« für den osteuropäischen Raum in Anlehnung an den seit 1995 entwickelten »Barcelona-Prozess« gegenüber der Mittelmeer-Region diskutiert. Bei aller Unterschiedlichkeit der Bewertungen einer solchen Perspektive herrschte Übereinstimmung unter den Diskussionsteilnehmern, dass der Dialog über einen solchen noch nicht existenten »Lublin-Prozess« vertieft werden sollte. Abschluss und Höhepunkt der Konferenz bildete zweifellos ein Abendvortrag des Generalsekretärs des EU-Rats und Hohen Repräsentanten für die Gemeinsame Außen- und Sicherheitspolitik, Javier Solana, vor einem größeren Kreis geladener Gäste. Nach dem Empfang durch den Hausherrn, den Hessischen Innenminister Volker Bouffier, und den Präsidenten des DPI, Bürgermeister a.D. Hans Koschnick, trug er seine »Überlegungen zu einer neuen Ostpolitik der Europäischen Union« vor.

Als erstes Fazit der Brüsseler Konferenz ließ sich das übereinstimmende Interesse der hohen Beamten aus Brüssel, Warschau, Paris und Berlin, europäischer Parlamentarier und der Experten aus den europäischen Ländern an einer Fortsetzung und Intensivierung der Überlegungen über eine gemeinsame europäische Ostpolitik feststellen, was die Organisatoren der Konferenz veranlasst, über eine Fortsetzung des Projekts nachzudenken.

Der vorliegende Band fasst die Ergebnisse der Tagung in Darmstadt zusammen und bezieht die Grundsatzreferate des Hohen Vertreters Solana und der polnischen Vizeaußenministerin Tuge-Erecińska auf der Brüsseler Konferenz mit ein. Voraussetzung für die Erarbeitung einer gemeinsamen Politik gegenüber und mit den osteuropäischen Nachbarn der erweiterten Europäischen Union ist eine Verständigung über die inneren Transformationsprozesse, die sich im letzten Jahrzehnt in Russland, in der Ukraine und in Belarus vollzogen haben, und über die außen- und europapolitischen Vorstellungen, die von den Eliten und Machtzentren der östlichen Nachbarn der baldigen EU-Mitglieder Polen, Slowakei und Ungarn entwickelt wurden. Wie denken deutsche und polnische Experten über dieses »dritte« Thema? Werden in Warschau und in Berlin dieselben Fragen gestellt, dieselben Interessen verfolgt, vergleichbare Ziele beschrieben? Inwiefern beeinflussen unterschiedliche Erfahrungen und Denkweisen, die Geographie und die Kultur die Analyseinstrumentarien und die Erklärungsmuster der deutschen und polnischen Kollegen? Denken Polen und Deutsche gleich oder ähnlich über die östlichen Nachbarn Polens? In den vier Kapiteln des vorliegenden Bandes werden erste Antworten auf Kernfragen für eine neue gesamteuropäische Architektur gesucht.

Die ebenfalls – in Auszügen – abgedruckten Diskussionsbeiträge erlauben höchst aufschlussreiche Beobachtungen über die Bereitschaft, einander nicht nur wahrzunehmen, sondern die Meinungen des jeweils anderen zur Inspiration einer neuen, gemeinsamen Sichtweise zu nutzen.

Neben den Autorinnen und Autoren gilt ein besonders herzlicher Dank der Robert Bosch Stiftung für die Förderung dieser Veröffentlichung.

Die Herausgeber, im Juli 2002

Barbara Tuge-Erecińska

Eröffnungsrede

Sehr verehrte Damen und Herren,
zunächst möchte ich den Organisatoren, dem Direktor des Deutschen Polen-Instituts, Herrn Dr. Bingen, und Herrn Dr. Wóycicki, ganz herzlich danken und zu der Idee gratulieren, diese Konferenz unter eben diesem Titel zu veranstalten. Ich gratuliere auch zur Premiere einer solchen Zusammenarbeit. Ich hoffe und bin überzeugt, dass in der Tat dieser ersten weitere wichtige und bedeutende Veranstaltungen folgen werden.

In Polen wurde in letzter Zeit viel über die Grundlagen der polnischen Ostpolitik gesprochen; verbunden war das mit einem für uns sehr traurigen Ereignis, dem Tod von Jerzy Giedroyc, einer nicht nur für die Polen, sondern auch für unsere östlichen Nachbarn unvergesslichen Persönlichkeit. Es wird dabei an die ständigen Bemühungen Giedroyc' erinnert, an seine wiederholten Stellungnahmen, wie polnische Politik gegenüber den östlichen Nachbarn aussehen sollte, an die Rede davon, dass Geschichte, geographische Lage und Interessen uns verbunden haben und dass es Zeit ist, Vorbehalte zu vergessen und trotz aller Schwierigkeiten Freundschaften zu Litauen, der Ukraine und Belarus aufzubauen sowie eine Partnerschaft mit Russland. Eine Partnerschaft, die einen echten Dialog und die gegenseitige Anerkennung der Interessen beider Länder bedeutet, die mit Sicherheit nicht zu Lasten der Nachbarstaaten geht, die zwischen Russland und Polen liegen. Derartige Gedanken über die polnische Politik bezüglich dieser Region sind in Polen im Laufe der letzten zehn Jahre sehr deutlich geworden. Selbst wenn Jerzy Giedroyc der konkreten Realisierung sehr kritisch gegenüberstand, so sieht man selbst in den jährlichen Auftritten der wechselnden polnischen Außenminister eine deutliche Linie, den Willen und die Absicht, ganz neue Beziehungen zu den Staaten aufzubauen, an die Polen im Osten grenzt. Und natürlich nicht nur im Osten, aber darum soll es jetzt ja gehen.

Das Thema, über das Sie heute sprechen werden, die Perspektive der Europäischen Integration, hat zweifellos eine grundlegende Bedeutung für das Projekt der polnischen Außenpolitik, und zwar insofern, als wir im Laufe der vergangenen zehn Jahre schon eine beträchtliche Wegstrecke zurück nach Europa hinter uns gebracht haben. Die Prozesse, an denen die Länder Mittel- und Osteuropas seit zehn Jahren in unterschiedlichem Maße teilnehmen, sind die Erweiterung der bürgerlichen Freiheiten, der Aufbau einer Marktwirtschaft, der Aufbau verschiedener demokratischer Institutionen, die Konstruktion von Systemen demokratischer Machtausübung sowie der Anschluss bestimmter Länder an die gesamteuropäische und weltumfassende Wertegemeinschaft.

Diese Vorgänge sind neben ihrer selbstverständlichen Bedeutung für die Innenpolitik jedes Landes Elemente eines gesamteuropäischen wirtschaftlichen und politischen Integrationsprozesses sowie einer euroatlantischen Konstruktion einer Demokratie- und Sicherheitsgemeinschaft. Unter diesen Umständen sind die Europäische Integration, die Konstruktion eines europäischen Sicherheitssystems und die gute Nachbarschaft Kriterien sowohl für den Plan als auch für die Wirksamkeit der polnischen Ostpolitik.

Meine Absicht ist es, den Einfluss der momentanen europäischen Gegebenheiten auf die Konstruktion des Projekts einer polnischen Außenpolitik gegenüber unseren östlichen Nachbarn hervorzuheben. Die Wirksamkeit der Ostpolitik wird häufig mit dem spezifisch polnischen kulturellen Kontext in Verbindung gebracht. Oft wird darauf verwiesen, dass Polen sowohl im Westen als auch im Osten verwurzelt ist, gleichzeitig aber politisch zum Westen gehört. Viel weniger jedoch wird auf die nationalen Realien und Möglichkeiten der Partner geachtet. Die Kenntnis der gegenwärtigen Sachlage zeigt jedoch, dass es eine allein selig machende visionäre Doktrin der Ostpolitik nicht geben kann. Wenn man über die Ostpolitik nachdenkt, muss man sich von den geschichtlich verwurzelten Ängsten, aber auch von allen Illusionen frei machen. Die Ostpolitik Polens sollte nicht die Integrationsprozesse aus den Augen verlieren, an denen wir selbst teilgenommen haben beziehungsweise teilnehmen – die Erweiterung von NATO und Europäischer Union. Der Beitritt zur NATO und die fortgeschrittenen Verhandlungen mit der Europäischen Union schließen einen »dritten Weg« einer polnischen Russland- oder Ukrainepolitik aus und ermöglichen auch, sich der Politik von NATO und EU diesen Staaten gegenüber anzuschließen.

In der NATO haben wir diese Politik mitbegründet, mit Genugtuung haben wir auch das Interesse der französischen Präsidentschaft an polnischen Positionen, aber auch an polnischen Erfahrungen bei der Zusammenarbeit mit der Ukraine zur Kenntnis genommen. Sowohl im Falle der NATO als auch in dem der Europäischen Union finden wir den östlichen Aspekt ihrer Politik in der Strategie der Erweiterung dieser Organisationen. Weder die Strategen der NATO noch die Politiker der EU sehen die Notwendigkeit separater Visionen gegenüber dem ganzen Bereich der GUS. Die strategischen Ziele der NATO und EU gegenüber den Ländern der GUS bleiben die gleichen, das heißt: Aufbau offener demokratischer Gesellschaften und politischer Systeme, Entfaltung der Marktwirtschaft, Ausweitung einer Friedens- und Sicherheitszone in Europa, Eindämmung ökologischer Bedrohungen und Bekämpfung der organisierten Kriminalität. Die polnische Mitgliedschaft in der NATO und die gegenwärtige Annäherung an die

EU begünstigen eine geschickte Einschränkung geopolitischer Visionen und den Versuch, eine erfolgreiche Ostpolitik danach zu definieren, wie die Probleme mit dem Aufbau der gegenwärtigen europäischen Architektur gelöst werden. Eine solche Zusammenarbeit Polens mit Europa bedeutet, dass es möglich ist, die nationalen Interessen in den Kategorien der gegenwärtigen europäischen Politik zu interpretieren. Von diesem Standpunkt aus kann man auch die spezifisch polnischen Interessen im Osten und die Unterschiedlichkeit der Beziehungen mit bestimmten Partnern erörtern. Man kann die Frage stellen, was entscheidet, dass diese Perspektive auf diese Weise beschränkt ist.

Mir scheint, dass es in einer realistischen Politik nicht vorstellbar ist, die Grenzen eines institutionell integrierten Europas bis an den Rand des Urals vorzuschieben, weil die westlichen europäischen Gemeinschaften sich den Rand Europas nicht dort vorstellen, und die Situation auf dem Gebiet der GUS lässt nicht erkennen, dass sich diese Länder schnell an Europa annähern würden. Die Analyse der politischen Realität in der GUS zeigt, wie es um die Effektivität der wirtschaftlichen Zusammenarbeit, aber auch der Informations-, Erziehungs- und Kultureinflüsse des Westens bestellt ist. Es gibt hier weder deutlich optimistisch stimmende Voraussetzungen für die wirtschaftliche Zusammenarbeit noch eine klare Antwort auf die Frage, wie man den zwischenmenschlichen Kontakten den Charakter eines Gedankenaustausches geben könnte. Man kann hier kein Drehbuch mit fertigem Happy End schreiben. Polen muss zwei Szenarien der Nachbarschaft mit dem Raum der GUS berücksichtigen: eine Gegend, in der Reformen ausbleiben, oder in ferner Zukunft eine Region mit einer gelungenen politischen und wirtschaftlichen Transformation. Im Lauf der nächsten Jahre muss man sich einstellen auf die Gegebenheiten einer nichtreformierten Wirtschaft innerhalb politischer Systeme, die auf der Macht eines starken Präsidenten beruhen, der gleichzeitig Reform- und Veränderungsversuche in diesen Ländern unterstützt.

Dennoch sollten wir immer wieder unterstreichen, dass Europäische Integration kein *terminus technicus* nur für die Beamtensprache ist, und das betrifft auch polnische Beamte, sondern ein kulturelles Phänomen von historischem Rang. Man kann dabei viele Werte und auch praktische Möglichkeiten entdecken, die im Westen und Osten gleich sind. Eines der Grundprinzipien der polnischen Außenpolitik ist die Proklamation und Verwirklichung des Grundsatzes der offenen Türen. Und das sowohl im Kontext der NATO als auch der Europäischen Union. Die Fortsetzung der Strategie der offenen Türen hat ihren Sinn darin, Brüssel und die Mitgliedsstaaten dieser Organisationen davon abzuhalten, den Prozess der Neukonstruierung der politischen Karte Europas nach dem Fall des Kommunismus als abgeschlossen zu betrachten. Wir sollten die spezifisch polnische Aufgabe darin sehen, darum bemüht zu sein, dass nicht von vorneherein festgelegt wird, dass Polen das am weitesten im Osten liegende Land der EU sein wird, und noch viel weniger sollte uns die eigenartige Rolle eines Schutzwalls der Europäischen Union aufgezwungen werden. Ich glaube, dass es im Interesse der Staaten dieser Region, aber auch in unserem Interesse ist, wenn sich die westlichen Institutionen und Staaten für die Unterstützung einer proeuropäischen Orientierung in den Nachfolgestaaten der Sowjetunion engagieren. In unserem Umfeld kann man derzeit konkret die Ukraine nennen, als Land, dessen Mitgliedschaft in NATO und EU nicht ausgeschlossen sein sollte. Selbst, wenn momentan noch niemand im Stande ist, die ungefähre Perspektive eines solchen Prozesses zu entwerfen. Man kann nicht vorhersehen, wann Belarus sich der europäischen Politik zuwendet. Russland jedenfalls bleibt ein Gegner der NATO-Erweiterung, im Falle der EU-Erweiterung hingegen verlangt es Rekompensationen für die angeblichen eigenen Verluste, die mit dem Beitritt neuer Länder zur Union verbunden sind.

Eine zusätzliche Aufgabe für Polen kann es sein, die europäischen Partner davon zu überzeugen, dass unsere östlichen Nachbarn systematisch in den Prozess der europäischen Integration einbezogen werden sollten, und vor allem haben wir das Recht, nachdrücklich darauf hinzuweisen, dass die europäische Integration nicht nur eine Erweiterung von Institutionen sein darf. Es geht um einen ganz weit gefassten Gedankenaustausch, der sowohl den Westen als auch den Osten zu einem unaufhörlichen Dialog verpflichtet – nicht nur im Rahmen offizieller Vereinbarungen. Es scheint, dass allein ein solcher Dialog es schon möglich macht, die politischen Eliten der Länder, die sich ihre Zukunft in Verbindung mit der Europäischen Union vorstellen, darauf vorzubereiten, gründlich für die Annäherung an die EU-Kriterien zu arbeiten. Denn das, was im Osten fehlt, sind nicht Beteuerungen des Willens zum EU-Beitritt, sondern einflussreiche Kreise und die gesellschaftliche Überzeugung, dass die europäische Richtung die wirklich richtige Wahl ist. An dieser mangelnden Überzeugung liegt es auch, dass die Bereitschaft und Entschlossenheit fehlt, die Probleme zu überwinden, die in diesen Ländern mit der Befreiung von den Überbleibseln des sehr belastenden Erbe des Kommunismus verbunden sind.

Einen besonderen Platz und besondere Bedeutung in der polnischen Politik bezüglich der Ukraine, Russland und Belarus behält der Grundsatz der guten Nachbarschaft. Erstens ist das auch einer der europäischen Grundsätze, und zweitens kann ohne gute Nachbarschaft von einer Einbeziehung unserer östlichen Nachbarn in europäische Integrationsprojekte nicht die Rede sein. Damit die gute Nachbarschaft kein farbloses friedliches Nebeneinander bleibt, sondern zu einer kreativen Zusammenarbeit wird, müssen nicht nur die eigenen wirtschaftlichen Möglichkeiten, die kulturellen oder politischen Anteile einfließen, sondern auch die so genannten europäischen Standards. Ich denke hier nicht an das formale Europäertum, sondern an eine Reihe gesetzlicher, institutioneller und politischer Normen, z.B. das Verhältnis Staat – Bürger, die Medienfreiheit, die

Bürgergesellschaft. Wer zumindest von Zeit zu Zeit im Osten gewesen ist, hat eine Vorstellung davon, wie weit diese Länder von solchen Formen gesellschaftlich-politischer Ordnung entfernt sind. Manchmal erschwert das die Zusammenarbeit, und manchmal macht es sie unmöglich. Jedoch besonders im Zusammenhang mit der sich nähernden Mitgliedschaft Polens in der Europäischen Union erweist sich als eines unserer Hauptziele der Nachbarschaft und Partnerschaft mit den Staaten dieser Region und besonders der Ukraine die gemeinsame Anstrengung zur Vorbereitung dieser Region auf eine Nachbarschaft eben mit der EU. Unsere östlichen Nachbarn unterscheiden sich beträchtlich in ihrem Verhältnis zur Demokratie und zu ihren Institutionen, in der Sicherheitspolitik sowie im Fortschritt bei der Marktwirtschaft. Nur aus diesem Grund und nicht wegen einer besonderen polnischen politischen Auswahl waren die Beziehungen Polens zu diesen Ländern in den letzten Jahren sehr unterschiedlich. Wir engagieren uns aktiv, die strategische Partnerschaft mit der Ukraine mit Inhalt zu füllen, indem wir die Unabhängigkeit der Ukraine als ein fundamentales Element einer attraktiven Ordnung in unserer Region behandeln.

In den Beziehungen zu Russland suchen wir Wege zur Entwicklung eines partnerschaftlichen Dialogs. Das ist nicht leicht, weil es – auf beiden Seiten – die Überwindung verschiedener historischer Vorurteile verlangt. Ich denke, dass in dieser Angelegenheit schon viel passiert ist, aber es lohnt sich, in diesem Kontext auf die zwei Friedhöfe polnischer Offiziere hinzuweisen, der eine in Katyn, der andere in Miednoje, die im Sommer dieses Jahres unter Mitarbeit und in Gegenwart von Vertretern der Regierung der Russischen Föderation eröffnet wurden. Obwohl einiges schon geschafft wurde, so sind wir doch höchstens erst bei der Hälfte des Weges angelangt. Polen hat den Willen, gutnachbarschaftliche Beziehungen aufzubauen. Wir glauben, dass unsere Zugehörigkeit zu den euroatlantischen Strukturen der europäischen Streitkräfte uns auf diesem Weg helfen kann. Man muss auch erwarten – und dafür sehen wir in letzter Zeit Beweise –, dass Russland im Stande sein wird, sein langfristiges Interesse an der Zusammenarbeit mit Polen zu erkennen, durch das zumindest der Transitweg für Energieträger von Russland in den Westen führt. Es ist klar, dass auch für Polen der russische Markt ein wichtiger Absatzmarkt für landwirtschaftliche und industrielle Produkte ist. In diesem Zusammenhang ist Belarus das Land mit der schwächsten staatlichen Selbstständigkeit; es baut weder eine Demokratie noch eine Marktwirtschaft auf. Aber gerade im Falle von Belarus, und darauf wollte ich noch hinweisen, hat Polen sich für eine Politik entschieden, die anders, offener und aktiver ist als die der Europäischen Union.

Die flüchtige Beobachtung der Beziehungen mit jedem dieser Länder zeigt, wie dieser Beziehungsaufbau die oben genannten Kriterien der Ostpolitik, gute Nachbarschaft, europäische Integration und Aufbau eines europäischen Sicherheitssystems, einer schweren Prüfung unterzieht. Für jedes dieser Länder sind wir ein guter Nachbar, aber nur die Ukraine unterhält mit Polen konsequent einen Dialog über die Fragen der europäischen Integration und der europäischen Sicherheit. Russland lehnt einen solchen Dialog zwar nicht ab, aber seine Intensität ist nach wie vor begrenzt.

Die Tatsache, dass wir über Fragen des Ostens hier, in Deutschland sprechen, möchte ich eben zum Anlass nehmen, um an das anzuknüpfen, was Herr Dr. Wóycicki gesagt hat. Ich bin auch der Meinung, dass die Frage der deutschen Partnerschaft mit Polen sich in den nächsten Jahren nicht nur in der bilateralen Zusammenarbeit entscheiden wird, sondern in immer größerem Maße in der multilateralen Zusammenarbeit. Die deutsch-polnische Interessengemeinschaft wird deutlicher in den Kontext der europäischen Beziehungen eingebettet sein. Diese zwei Aspekte muss man heute bei der Formulierung gemeinsamer deutsch-polnischer außenpolitischer Projekte berücksichtigen. Polen und Deutsche müssen einen entscheidenden Beitrag für die Verschmelzung von Europas Osten und Westen leisten. Polen sollte sich als künftiges Mitglied der Europäischen Union aktiv an der Umsetzung der EU-Strategien gegenüber den Staaten Osteuropas beteiligen. Durch die Zusammenarbeit mit Deutschland und auch im Rahmen des Weimarer Dreiecks sollte Polen zum Mitverfasser und nicht wie in der Vergangenheit zum Objekt der *Ostpolitik* werden.

Der Verwirklichung dieser Aufgabe können unter anderem Projekte einer Zusammenarbeit mit der Ukraine dienen. Ideen hierzu gibt es viele, wie auch die Erwartungen der ukrainischen Seite sehr hoch sind. Vor kurzem beispielsweise wandte sich die ukrainische Seite wegen der Aufnahme von tausend Bauern an Polen, die sich mit dem Übergangsprozess von einer staatlichen Landwirtschaft zur Farmwirtschaft vertraut machen sollten. Eingeleitet wurde auch eine engere Zusammenarbeit zwischen den diplomatischen Vertretungen in Kiew und Minsk, auch in der Formel des Weimarer Dreiecks. Wir denken auch, dass ein neues Gebiet der deutsch-polnischen Zusammenarbeit das Ostseebecken sein kann, und eine besondere Gelegenheit zur Intensivierung der Kontakte bildet die gegenwärtige Leitung Deutschlands im Rat der Ostsee-Anrainerstaaten. Der Erfolg der polnischen Reformen und der Erfolg der deutsch-polnischen Zusammenarbeit wirkt sich schon heute stabilisierend auf die ganze Region östlich von Polen aus. Nach dem Vorbild des deutsch-polnischen Dialogs sind polnisch-ukrainische und polnisch-litauische Dialoge im Gange. Es ist nicht ausgeschlossen, dass auch auf dem Balkan Deutsche und Polen gemeinsam in den verschiedensten Friedensprojekten auftreten, indem sie praktisch demonstrieren, wie gerade diese beiden Nationen, ausgehend von einer Feindschaft, die Infrastruktur einer guten Nachbarschaft aufgebaut haben.

Ich danke Ihnen für Ihre Aufmerksamkeit und wünsche Ihnen im weiteren Verlauf des Tages interessante Gespräche.

Aus dem Polnischen von Oliver Engelhardt

9/2000

Wolfgang Ischinger

Russland, Ukraine, Belarus und Europa

Ich freue mich über die Gelegenheit, heute Abend zu Ihnen zu sprechen. Die Idee, deutsche und polnische Osteuropaexperten zusammenzubringen, ist gut und aktuell. Es ist an der Zeit, dass wir das gemeinsame politische und politikwissenschaftliche Potenzial im deutsch-polnischen Verhältnis verstärkt nutzen.

Wenn wir hier allerdings über eine gemeinsame Ostpolitik sprechen, sollte dies mit der Perspektive einer gemeinsamen Außenpolitik der EU erfolgen, nicht in einer nur bilateral deutsch-polnisch definierten Sicht. Die deutsch-polnische Abstimmung ist schon heute eingebettet zu sehen in die Verpflichtung für eine gemeinsame Politik der Union. Es ist doch sicher, dass Polen in Kürze zur Union gehören wird. Daran gibt es für mich überhaupt keinen Zweifel. Natürlich stellt der Beitritt Polen vor eine große Herausforderung. Er erfordert einschneidende Reformen sowohl in Polen wie übrigens auch in der EU selbst. Die Verhandlungen in Brüssel werden an Intensität zunehmen, wobei die großen Streitfragen noch kommen werden – ich nenne nur den Umweltschutz, die Agrarpolitik oder die Frage der Freizügigkeit –, aber wir werden sie lösen. Wir werden sie lösen, weil der Beitritt in beiderseitigem Interesse liegt. Polen wird davon profitieren, genauso wie die EU und Deutschland. Es ist verständlich, dass es vor diesem Schritt in der Bevölkerung Ängste gibt, übrigens auf beiden Seiten der Grenze. Ängste vor zunehmender Konkurrenz, vor Migration, vor dem Verlust von Arbeitsplätzen. Doch was sagen die Fakten? Polen ist beim Handel nach der Schweiz und Spanien schon heute unser zehntwichtigster Abnehmer, noch vor Schweden und Japan. Dieser Austausch wird rasch weiter wachsen. 1999 betrug unser Außenhandelsüberschuss mit Polen 6 Mrd. DM. Das sichert Arbeitsplätze bei uns. Unsere landwirtschaftlichen Betriebe sind auf die polnischen Saisonarbeiter angewiesen, die die Produktion bei uns ebenso sichern wie die Einkommen in Polen. Und wohin werden sich denn polnische Arbeitskräfte unter Bedingungen der Freizügigkeit orientieren? Doch nicht in Regionen mit hoher Arbeitslosigkeit, sondern in Regionen mit Arbeitskräftebedarf. Meine These also: Deutschland wird, die deutschen Grenzregionen werden von dem polnischen Beitritt profitieren. Es ist deshalb auch kein Wunder, wenn nach jüngsten Umfragen über zwei Drittel der Deutschen den Beitritt Polens befürworten.

Ich habe bewusst einmal die Vorteile für die deutsche Seite herausgearbeitet, um gängigen Vorurteilen und Ängsten deutlich entgegenzutreten. Natürlich wird auch Polen enorm profitieren. Mit der Mitgliedschaft verändert sich für Polen nicht nur ganz dramatisch die Möglichkeit, auf die Entscheidungen und auf die Meinungsbildung der EU Einfluss zu nehmen: eine große Verantwortung übrigens, ich komme gleich darauf zurück! Aber die Mitgliedschaft definiert auch, und das ist historisch-politisch noch viel bedeutsamer, den Standort Polens in Europa neu: Genau so endgültig entschieden wie im Falle Deutschlands ist dann, dass Polen als Teil der EU nicht mehr irgendwo, zwischen West und Ost, zwischen Deutschland und Russland, um seine Existenz bangen muss. Polen hat dann als konstitutiver Bestandteil der EU seinen endgültigen, ebenbürtigen, festen Platz in Europa. Die NATO-Mitgliedschaft hat diesen Platz bereits sicherheitspolitisch abgesichert. Die EU-Mitgliedschaft beendet nun mögliche Fragen über die polnische Lage in einem so genannten »Zwischeneuropa« endgültig. Dies ist das eigentlich Neue und Großartige an der polnischen EU-Mitgliedschaft.

Aber zurück zur künftigen polnischen Mitverantwortung in der EU: Wir rechnen fest damit, dass Polen sich nicht nur bei ostpolitischen Themen in besonderer Weise in der EU engagieren wird, sondern, entsprechend seiner künftigen Verantwortung als eines der wenigen großen Mitgliedsländer, auch in allen anderen Bereichen die Politik der Union verantwortlich mitgestalten wird. Polen wird die Union als global denkender und umfassend handelnder großer Mitgliedsstaat bereichern. Das erwarten wir jedenfalls von Polen. Nur kleine EU-Mitglieder können sich gelegentlich den Luxus leisten, nur das eigene Wohl im Blick zu haben. Von Frankreich und Deutschland, von Polen, Großbritannien und Italien, zunehmend auch von Spanien, wird man stärker gesamtverantwortliches politisches Handeln im Sinne der Union erwarten dürfen und müssen. Sonst verdorrt die Union! Hier kommt also, und diesen Punkt will ich deutlich machen, eine europäische Gesamt-Mitverantwortung auf Warschau zu, derer sich offenbar noch nicht alle Polen wirklich bewusst sind.

Nun aber zum Thema, zum Kernpunkt zurück, zu Russland, der Ukraine und zu Belarus: Das Verhältnis zwischen Deutschland, Polen und Russland war, ist und bleibt für das Schicksal Europas von zentraler Bedeutung. Zur Lage Deutschlands und Polens habe ich gerade das Notwendige gesagt. Die Frage nach der Rolle Russlands in Europa, die Frage nach der europäischen Orientierung Russlands, ist aber, anders als bei Deutschland und Polen, noch keineswegs abschließend beantwortet.

Natürlich ist Russland kein europäischer Staat wie andere. Dagegen sprechen nicht nur Größe, Potenzial und militärische Kapazität, sondern vor allem auch Kultur und Geschichte. Russland hat erst vor wenigen Jahren den mühsamen Weg in Richtung Marktwirtschaft und Demokratie eingeschlagen, nach sieben Jahrzehnten kommunistischer Diktatur, nach Jahrhunderten zaristischer Autokratie, weitgehend außerhalb des Wirkungsfelds der europäischen Aufklärung. Wenn der politische Begriff »Europa« sich heute vor allem über gemeinsame Werte wie Freiheit, Menschenrechte, Rechtsstaatlichkeit, Gewaltenteilung und Grenzen der Staatsautorität definiert, so weist Russland gerade auf diesen Feldern Defizite auf, deren Aufarbeitung Voraussetzung für die tatsächliche weitere »Europäisierung« Russlands ist. Die Havarie der »Kursk« und der Brand des Moskauer Fernsehturms Ostankino haben diese Mängel schlaglichtartig beleuchtet: Alte Reflexe, bis hin zu obsessiver Geheimniskrämerei, haben sich erhalten.

Die Ereignisse um die »Kursk« und den Moskauer Fernsehturm zeigen aber insbesondere auch, vor welcher gigantischen Aufgabe der russische Präsident steht. Denn sie werfen ein bezeichnendes Licht auf den Zustand weiter Teile der russischen Volkswirtschaft, die sich in einem maroden Zustand befindet und seit vielen Jahren von der Substanz lebt. Trotz erfreulich wachsender, weitgehend ölpreisbedingter, wirtschaftlicher Dynamik und zunehmender Investitionen aus dem Ausland ist der Kapitalstock der russischen Volkswirtschaft hoffnungslos überaltert: 1999 waren über 50 Prozent des Anlagevermögens älter als 15 Jahre, nur 4 Prozent jünger als 5 Jahre: Darin liegt eines der ökonomischen Hauptprobleme des Landes. Präsident Putin selbst hat diese Probleme nach dem Brand des Moskauer Fernsehturmes beim Namen genannt. Eine schnelle Lösung ist freilich nicht in Sicht. Die Aufgaben, vor denen die russische Führung steht, sind enorm und nur bei höchster Konzentration überhaupt mittel- oder langfristig lösbar. Sie setzen die Bereitschaft voraus, den Ballast aus der Vergangenheit der Sowjetunion abzuwerfen.

Russlands Elite, aber auch weite Teile der russischen Öffentlichkeit, schwelgen aber offenbar weiterhin nostalgisch in Großmachtkategorien. Relikte früherer Macht werden ohne Einsicht in gewandelte Realitäten verteidigt, Konsequenzen aus dem Zusammenbruch der Sowjetunion nicht klar genug gezogen. Russland beklagt seine heutige Schwäche, die in der Tat nicht zu leugnen ist. Aber muss die russische Zukunft auf militärische Fähigkeiten aufgebaut sein? Macht definiert sich heute doch nicht mehr nach der Zahl der Nuklearsprengköpfe oder der Soldaten! Größe resultiert im 21. Jahrhundert viel mehr aus Wirtschaftskraft, Humankapital, aus einer offenen und demokratischen Gesellschaftsordnung, einem international attraktiven Bildungssystem. In keinem dieser Bereiche erfüllt die heutige Realität Russlands den russischen Anspruch, aber auch nicht unsere Erwartungen an einen soliden russischen Partner.

Zweifelsohne gehört Russland kulturell, politisch und ökonomisch zu Europa. Russland sollte sich daher auf seine Rolle in Europa konzentrieren, sich als europäische Macht definieren und legitimieren und mit uns in einer konstruktiveren und verantwortungsbewussteren Weise bei der Förderung von Frieden und

Stabilität in ganz Europa zusammenarbeiten. Deutschland und die europäischen Staaten haben ihrerseits alles Interesse, dass Russland seinen Weg in Richtung eines weltoffenen, friedlichen und demokratischen Teils des neuen Europas fortsetzt: ein schwieriger und langwieriger, aber notwendiger Weg. Und eigentlich kein neuer Weg. Er wurde bereits in der KSZE-Schlussakte von Helsinki vor einem Vierteljahrhundert vorskizziert, damals noch unter der Prämisse eines geteilten Kontinents.

Meine Grundthese lautet: Russland sollte eine aktive Mitgestaltungsrolle in Europa angeboten werden, weil sich Sicherheit und Prosperität, Stabilität und Integration in Europa nicht ohne Russland denken und entwickeln lassen. Es liegt an Russland, dieses europäische Angebot einer strategischen Partnerschaft, einer stabilen und friedlichen Nachbarschaft sowie engen Zusammenarbeit anzunehmen. Wenn Russland nach Westen blickt, findet es Kooperation und keine Konfrontation: An seiner westlichen Grenze gibt es für Russland weder eine politische noch eine militärische Bedrohung. Diese ist ein Märchen, das auch durch Wiederholung nicht zur Tatsachenschilderung wird, wenn die NATO-Erweiterung als Bedrohung Russlands interpretiert wird. Sie ist keine Bedrohung! Stellt man die instabilen Verhältnisse an den Grenzen mit vielen der anderen Nachbarn Russlands in Rechnung, ist die Stabilität in Mittel- und Osteuropa ein enormer Vorteil, der Russland heute nur an seiner Westgrenze geboten wird.

Russland trägt als ständiges Mitglied im UN-Sicherheitsrat besondere Mitverantwortung für den Frieden in der Welt. Russland hat sich als Mitglied des Europarats zu den gemeinsamen europäischen Werten der Menschenrechte und der Demokratie bekannt. Dies ist keine formale Übung oder eine Frage des nationalen Prestiges, sondern eine fundamentale Entscheidung für einen Wertekanon. Wir erwarten, dass Russland diese Werte sowohl bei der Gestaltung seiner äußeren Beziehungen wie auch bei der Regelung innerer Konflikte respektiert und aktiv vertritt. Die Defizite, z.B. in Tschetschenien, sind unübersehbar. Die Bundesregierung hat dies immer wieder auch öffentlich zum Ausdruck gebracht. Eine engere Kooperation mit Russland, um Stabilität und Sicherheit sowohl in Europa als auch weltweit zu fördern, ist gleichwohl für uns unverzichtbar. Wie hätten wir die Kosovokrise vor mehr als einem Jahr denn beilegen können, wenn nicht durch die Resolution 1244 des UN-Sicherheitsrats, die auch Moskau mitzutragen bereit war?

Die fortgesetzte Gewaltanwendung in Tschetschenien, die Menschenrechtsverletzungen und das ungelöste zu Grunde liegende politische Problem geben auch über ein Jahr nach Beginn des zweiten Tschetschenienkrieges weiterhin Anlass zu großer Sorge. Wir erkennen zwar Russlands Recht, seine territoriale Integrität zu verteidigen, an, wenden uns aber gegen den unverhältnismäßigen Einsatz militärischer Gewalt, ohne klare Unterscheidung zwischen Kämpfern und Zivilisten. Russland muss die Aufklärung der Vorwürfe schwerer Menschenrechtsverletzungen in Tschetschenien ermöglichen. Wir erwarten, dass die russische Regierung ihre Bemühungen um eine politische Lösung intensiviert und zu einer dauerhaften Friedenslösung in der gesamten Kaukasus-Region beiträgt. Ähnliches gilt übrigens auch in der Krisenregion Zentralasien. Es wäre fatal, wenn das russische Rezept gegen Fundamentalismus und Terrorismus sich auf Anwendung repressiver Mittel, also auf Waffengewalt, beschränken würde. Auch Zentralasien braucht im Kern einen politischen Stabilitätspakt, getragen von Russland, den Staaten der Region und anderen interessierten Akteuren.

Russland braucht die Konsolidierung von Demokratie, Meinungsfreiheit, Pressefreiheit und Rechtsstaatlichkeit auf dem Weg zu einer echten Bürgergesellschaft. Aber es trägt die Verantwortung für seine Zukunft selbst und muss den Weg der demokratischen und marktwirtschaftlichen Reformen aus eigenem freien Willen wählen.

Die wichtigste Aufgabe besteht darin, die Rolle des demokratischen Staates in der weiteren Transformation Russlands zu definieren. Es ist evident, dass der russische Staat durch Demokratie und die Herrschaft des Rechts gestärkt werden muss, nicht aber durch den Rückschritt zum starken Staat im alten Sinne. Ohne einen funktionsfähigen Staat können weder eine demokratische und marktwirtschaftliche Grundordnung gefestigt, noch Sicherheit und andere menschliche Grundbedürfnisse gewährleistet werden. »Starker Staat« darf deswegen nur eine Stärkung des Rechtsrahmens für die freie Entfaltung der Menschen und ihrer Wirtschaft bedeuten – und das ist die europäische Option. Eine direkte politische und gesellschaftliche Lenkung und Kontrolle wäre ein Rückgriff auf ein Instrumentarium, das in Zukunft genauso zum Scheitern verurteilt wäre wie in der Vergangenheit. Ein wichtiges Indiz für die künftige Entwicklung wird die weitere Behandlung des Themas der Pressefreiheit sein. Medienvielfalt und Meinungspluralismus sind für eine funktionierende Demokratie unverzichtbar. Sobald der Staat direkt oder indirekt die Medien kontrolliert, fehlt eine der wichtigsten Grundlagen für eine demokratische Entwicklung. Die Etablierung eines breiten Spektrums freier, unabhängiger Medien ist eine der großen Errungenschaften des neuen Russlands. Der Fortbestand dieser Medienvielfalt ist deshalb ein wichtiger Gradmesser für die westliche Orientierung Russlands.

Ich möchte besonders die Bedeutung des Rechtsstaats unterstreichen. Russland tut sich hiermit schwer, weil es in seiner Geschichte kaum rechtsstaatliche Traditionen gegeben hat. Doch zeigen die Erfahrungen anderer, in Westdeutschland nach 1945 oder in Ostmitteleuropa im vergangenen Jahrzehnt, welche zentrale Bedeutung die Konsolidierung des Rechtsstaats nicht nur für die Demokratisierung, sondern auch für die Modernisierung der Wirtschaft hat. Die mangelnde Rechtssicherheit in Russland ist heute ein wesentlicher Grund für die Kapitalflucht und die Zurückhaltung ausländischer Investoren. Ohne Rechtssicherheit, ohne die Beseitigung einer widersprüchlichen Gesetzgebung, ohne die strikte Respektierung und Durchsetzung bestehender Rechtsnormen und die zuverlässige Finanzierung des öffentlichen Sektors wird es kein wirkliches Vertrauen in die russische Wirtschaft geben. Man kann die russische Regierung deshalb nur nachdrücklich auffordern, den Ausbau des Rechtsstaats mit allem Nachdruck in Angriff zu nehmen. Hier liegt ein ganz entscheidender Hebel auch für eine Ankurbelung der Wirtschaft.

Die Bundesregierung begrüßt die klaren Aussagen von Präsident Putin über die Defizite der russischen Wirtschaft, die eine echte Herausforderung für die Entwicklung Russlands darstellen. Es scheint, dass die Notwendigkeit zur Reform der wirtschaftlichen und finanziellen Strukturen genauso gut verstanden worden ist wie die Besorgnisse ausländischer Investoren. Auch das Wirtschaftsreformprogramm der russischen Regierung weist in die richtige Richtung. Es definiert klare und richtige Prioritäten: Steuerreform, Schaffung eines leistungsfähigen Bankensystems, Landreform, Sanierung des Staatshaushalts, Neustrukturierung des Energiesektors und der natürlichen Monopole, Deregulierung, Einführung internationaler Rechnungslegungsstandards. Erste Schritte zur Umsetzung sind bereits erfolgt. Doch die ehrgeizige Aufzählung reformbedürftiger Politikfelder allein ist noch keine Wirtschaftspolitik. Das vorgelegte Programm trägt deutlichen Kompromisscharakter. Die liberalen Reformer konnten sich nicht durchsetzen, das Denken in staatsinterventionistischen Kategorien bleibt weit verbreitet. Mächtige Interessengruppen leben gut mit dem Status quo, so dass Reformen bei natürlichen Monopolen, Banken, aber auch die Integration in die Weltwirtschaft und die Anpassung an internationale Standards auf Widerstand stoßen. Auf die Umsetzung des Programms, nicht auf seine Ankündigung kommt es aber an, damit sich sowohl heimische als auch ausländische Investoren in dem Maße in Russland engagieren, wie es angesichts des russischen Wirtschaftspotenzials und vor allem seines Potenzials an natürlichen Ressourcen angemessen wäre.

Wir bieten Russland die Integration in einen gemeinsamen europäischen Wirtschafts- und Sozialraum durch das Partnerschafts- und Kooperationsabkommen der EU einschließlich der Langfristperspektive einer Freihandelszone an. Die Europäische Union ist heute ein stabiler und wachsender Markt mit mehr als 350 Mio. Konsumenten – morgen wird es eine halbe Milliarde sein! Über 40 Prozent des gesamten russischen Außenhandels werden mit der EU abgewickelt, die damit wichtigster Außenhandelspartner Russlands ist. Mehr als 50 Prozent aller ausländischen Investitionen in Russland kommen aus der EU, Unternehmen aus EU-Staaten sowie EU-Finanzinstitutionen wie die EBRD sind mit Abstand die wichtigsten Investoren in Russland.

Deutschland ist der wichtigste Handelspartner Russlands, die deutsche Wirtschaft engagiert sich seit langem erfolgreich in Russland. Bei den Regierungskonsultationen am 5./6. Juni 2000 in Berlin haben wir beschlossen, im Rahmen unserer Möglichkeiten zu einer weiteren Vertiefung der bilateralen Wirtschaftsbeziehungen beizutragen. Die zweite Sitzung der im Juni 2000 eingesetzten hochrangigen Strategischen Arbeitsgruppe hat am 18. September 2000 in Moskau stattgefunden. Als Teilnehmer kann ich bestätigen, dass vielfältige Kooperationsmöglichkeiten bestehen und das Potenzial unserer Wirtschaftsbeziehungen noch lange nicht ausgeschöpft ist. Das Gespräch zwischen Bundeskanzler Schröder und Präsident Putin am vergangenen Montag hat dies erneut gezeigt.

In Moskau hat man verstanden, dass internationale oder bilaterale Kredite nur dann zu erhalten sein werden, wenn Russland auch eigene Leistungen erbringt. Russlands gesamte Auslandsschulden belaufen sich auf ca. 180 Mrd. USD, davon entfallen etwa 94 Mrd. USD auf sowjetische Altschulden. Mit über 50 Mrd. DM sind wir Deutsche der mit Abstand größte staatliche Gläubiger Russlands. Ein Schuldenerlass, wie er von russischer Seite immer wieder gefordert wurde, steht nicht zur Diskussion. Russland hat das wirtschaftliche und finanzielle Potenzial, seine Schulden aus eigener Kraft zu bedienen, insbesondere, wenn es seine wirtschaftlichen Reformen energisch vorantreibt. Wir sind aber bereit, an Umschuldungsaktionen mitzuwirken und Russlands Beziehungen zu internationalen Finanzorganisationen zu unterstützen, um seinen Transformationsprozess zu fördern. Öffentliche Kredite können auf Dauer jedoch nicht die für die Wirtschaftsleistung ausschlaggebenden privaten Investitionen ersetzen. Immer noch fließen breite Geldströme aus Russland ab. Gelänge es, für diese Gelder produktive Anlagemöglichkeiten in Russland zu finden, könnten erhebliche zusätzliche Wachstumsimpulse freigesetzt werden.

Russland hat den ersten friedlichen, demokratischen Machtwechsel seiner Geschichte vollzogen. Es ist auf dem schwierigen Weg zu einer zur Zeit in vieler Hinsicht noch unvollkommenen marktwirtschaftlichen Demokratie. Dieser Weg führt nicht nur über Gesetzes- oder Verfassungsänderungen, sondern er muss von den Bürgern selbst getragen werden. Solche Prozesse des Bewusstseinswandels, des gesellschaftlichen Wandels brauchen Zeit. Sie kosten Geduld und Energie. Präsident Putin hat die schwierige Aufgabe, Russlands Wandel zu einer modernen Zivilgesellschaft voranzubringen und so seinen Platz in Europa und in der Welt zu definieren und zu sichern.

Wir Deutsche empfinden als Ergebnis einer im vergangenen Jahrhundert außerordentlich tragischen und schmerzvollen Geschichte unserer Beziehungen mit Russland, aber auch wegen der in vielen Jahrhunderten gewachsenen Hinwendung zwischen Deutschen und Russen, besondere Mitverantwortung für Russlands Zukunft in Europa. Wir werden uns deshalb auch weiterhin für eine umfassende Partnerschaft mit Russland und gegen seine Ausgrenzung oder Isolation einsetzen. Wir wollen, dass Russland zu einem aktiven und partnerschaftlichen Mitgestalter des neuen Europas wird.

Gleichermaßen unterstützen wir die Westorientierung der Ukraine, die demnächst direkter Nachbar der EU sein wird. Wir haben ein Interesse an einer stabilen und unabhängigen Ukraine, die sich in Richtung Rechtsstaat, Demokratie und Marktwirtschaft entwickelt. Die ukrainische Führung selbst hat die Integration der Ukraine in die westlichen Strukturen der Zusammenarbeit zu ihrem strategischen Ziel erklärt.

Aus Berliner Sicht steht die Frage nach einer künftigen Mitgliedschaft der Ukraine in der EU derzeit allerdings nicht zur Diskussion. Die EU muss sich zunächst auf ihre internen Reformen und den laufenden Erweiterungsprozess konzentrieren. Es kommt jetzt vielmehr darauf an, die Zusammenarbeit der EU mit der Ukraine auf der Grundlage der bestehenden Abkommen weiter auszubauen. So eröffnet das Partnerschafts- und Kooperationsabkommen immerhin die Möglichkeit zur Schaffung einer Freihandelszone, sobald die Ukraine die WTO-Bedingungen erfüllt. Damit wäre die Ukraine *de facto* Teil des Europäischen Wirtschaftsraumes.

Die gewünschte Intensivierung der Zusammenarbeit setzt jedoch voraus, dass die Ukraine die notwendigen internen Reformen, vor allem in der Wirtschaft, aber auch im Rechtswesen und in der Verwaltung, vorantreibt. Leider hinkt die Ukraine in ihrem Transformationsprozess hinter den meisten anderen mittel- und osteuropäischen Ländern her. Viele der oben für Russland genannten Schwierigkeiten und Defizite gibt es auch in der Ukraine. Ich glaube, dass Polen viel dazu beitragen kann, der Ukraine die Notwendigkeit einer energischen Reformpolitik zu verdeutlichen und sie dabei zu beraten. Aus der Zusammenarbeit im Weimarer Dreieck ergibt sich die Möglichkeit, Deutschland und Frankreich hieran zu beteiligen.

Die ukrainische Führung ist sich bewusst, dass ein gutes Verhältnis zum großen Nachbarn Russland für die Ukraine lebenswichtig ist. Ihre Politik ist dementsprechend auf Ausgleich bedacht. Durch russische Gas- und Stromabschaltungen im vergangenen Winter ist der Ukraine ihre strategische Abhängigkeit drastisch vor Augen geführt worden. Kiew befürchtet, dass Moskau im Verhältnis zur Ukraine »die Zügel wieder anziehen« könnte.

Wir wissen, dass es in der Ukraine – und nicht nur dort! – große Sorgen gibt, die bevorstehende EU-Erweiterung werde negative Konsequenzen für die Handelsbeziehungen und den Reiseverkehr mit ihren Nachbarn im Westen haben. Solche Befürchtungen müssen wir ernst nehmen. Das Letzte, was wir wollen, wäre es, neue trennende Mauern zu errichten. Auch für die Ukraine sollte die

EU-Erweiterung nicht Bedrohung, sondern Chance sein, um Wachstum und Entwicklung der gesamten Region zu fördern.

In diesem Sinne möchte ich Sie dabei ermutigen, gemeinsam darüber nachzudenken, wie Deutschland und Polen den Transformationsprozess in der Ukraine mit verteilten Rollen weiter voranbringen können.

Am meisten Sorgen macht uns natürlich die Entwicklung in Belarus. Solange die selbstverschuldete Isolation des Landes anhält, ist mit einer Verbesserung der katastrophalen Wirtschaftslage nicht zu rechnen. Aber die Isolation kann nur durchbrochen werden, wenn die belarussische Regierung die Menschenrechte achtet, rechtsstaatliche Institutionen aufbaut und die Demokratisierung des Landes zulässt.

Wir und unsere Partner in EU und OSZE hatten gehofft, dass die Parlamentswahlen am 15. Oktober 2000 zu einer Lösung des Verfassungskonflikts führen würden und damit zum Ausgangspunkt für eine Normalisierung unserer Beziehungen zu Belarus werden könnten. Danach sieht es derzeit leider nicht aus. Angesichts der Weigerung Präsident Lukaschenkas zu substantiellen Zugeständnissen wird der größere Teil der unabhängigen Parteien die Wahlen boykottieren. Selbst der kleinere Teil der Opposition, der an den Wahlen teilnehmen will, wird durch Manipulationen und Schikanen von Regierungsseite behindert. Solange es keine Fortschritte beim Zugang der Opposition zu den Medien, beim Wahlrecht, bei der Abgrenzung der Kompetenzen des neuen Parlaments und bei der Achtung der Menschenrechte gibt, wird die OSZE keine offizielle Wahlbeobachtung durchführen können.

Ob das Ergebnis der Wahlen unter diesen Umständen anerkannt werden kann, werden wir im Licht der Wahlergebnisse in EU und OSZE zu diskutieren haben. Durch seine unnachgiebige Haltung behindert Präsident Lukaschenka die Chance auf eine baldige Annäherung. Aber wir geben nicht auf. Wir wollen, dass auch Belarus einen angemessenen Platz in der europäischen Staatenfamilie einnehmen kann. Ich denke, dies entspricht auch der polnischen Interessenlage.

Über die Schwierigkeit all dieser Aufgaben mache sich niemand Illusionen! Stetigkeit, Realismus und »strategische Geduld« sind gefragt, wenn es um die Zukunft Europas geht. Mit solch strategischer Geduld also sollten wir Russland, Belarus und die Ukraine auf ihrem weiteren Weg begleiten und zugleich den Wandel in diesen Ländern mit partnerschaftlicher Ungeduld unterstützen.

9/2000

Javier Solana Madariaga

Some Thoughts about the European Union's New Approach towards Central and Eastern Europe

Ladies and Gentlemen,
Distinguished Guests,
it is a great honour for me to speak here at the end of a Conference in the presence of many eminent experts, among them a number of old friends of mine. The German Poland Institute in Darmstadt and the Germany and Northern Europe Institute in Szczecin have done a great job in bringing all these people together in order to discuss a new common European approach to Central and Eastern Europe.

It is clearly not a word processing error that even the English version of your programme uses the term »Ostpolitik«. This term was initially used in connection with a German version of détente in the 1960s and 70s. This is why I consider it appropriate to pay tribute to Willy Brandt. At that time, the iron curtain was still dividing Europe brutally into two. Willy Brandt gave an unforgetable signal when he knelt down in front of Warsaw's ghetto memorial.

Already some years before, enlightened people in Poland had given an equally strong message, declaring: »We forgive and ask for forgiveness.« Those of us who are old enough to have been politically aware thirty years ago remember very well what this meant at the time.

We sensed the hope that Europe would get rid of the demons of its past. That Europe would be able one day to find reconciliation and open a new chapter in its history. A chapter under the heading of freedom and democracy for the whole continent.

With the end of the Cold War, Europe gained the unprecedented opportunity of uniting peacefully and democratically. The Polish people played and continues to play a vital part in making this dream a reality.

»Solidarność« to some extent changed Europe's history.

Poland was the first Eastern European country with a non-communist head of government, and paved the way for democracy in the whole region.

Sometimes we have short memories. Often the political origins of the Union get lost in economics.

In particular in the original EU Member countries where dictatorship and oppression are part of a more distant past, more than half a century ago.

But I am convinced that the main motivation for a country like Poland to join the European Union is political. As it was for Spain when Spain entered the EC. And I can assure you that for me the political origins of European integration remain crucial.

Read Article 6 of the Treaty on European Union. It says:

»The Union is founded on the principles of liberty, democracy, respect for human rights and fundamental freedoms, and the rule of law which are common to all Member States.«

This is the most important guarantee which the signatories offer one another.

And Article 7 of the Treaty provides for a form of common oversight of Member States' respect for these principles.

With this fundamental political precondition in mind, let me recall the opportunities which are created by EU enlargement:

European integration has worked as a strong catalyst for political stability and economic prosperity in Western Europe. We are now extending the benign effects of integration to the rest of the continent.

This means in due course a European Union of nearly thirty countries with a population of over 500 million people, more than twice the United States and more than four times Japan.

I agree that it is a challenge to organize a Union of that size. Many of us will rediscover the diversity of Europe, but also what we have in common.

Politically, enlargement has an internal and an external effect:

An enlarged Union means strengthening the stability of the continent. Our collective interests are so bound together that we will never have cause again to settle our differences through anything else than peaceful means. We argue rather than fight. And at the end of the day, we reach agreement.

On the global stage, an enlarged Union will be a stronger Union. This is true for our position as one of the most advanced trading blocs and the largest donor of development assistance in the world (EU and Member States together). But it is also true for foreign policy in general. Member States and candidate countries already today frequently support the same positions without difficulty. This is going to be even more the case beyond enlargement.

Last not least, the economic opportunities.

I am grateful to the European Commissioner Pedro Solbes for having brought some facts and figures to our attention. The Commission broadly confirms what many expected:

The economic benefits will be considerable in the new Member States: between 1 and 2% additional economic growth annually over the next decade.

The EU-15 economy will benefit also, but because of its size in much smaller relative terms (0,7% additional economic growth on a cumulative basis). It is interesting to note that the positive growth effect does not only come from increasing demand for exports, but also from labour migration and from increased competition on the markets for goods and services.

Under the Swedish EU Presidency, which ends this week, significant breakthroughs have been achieved in the accession negotiations. More than two thirds of the negotiating chapters have been provisionally closed with some candidate countries. Negotiations on the »four freedoms« (free movement of goods, persons, services and capital) were brought to a successful end with two candidate countries. More countries will follow soon, and I am sure that Poland will be among them.

A few days ago, the Göteborg European Council underlined that the enlargement process is irreversible. Concerning the time table, Göteborg has outlined the following approach: Provided that the progress of the accession negotiations during the Swedish Presidency continues at the same pace, it should be possible to complete negotiations by the end of 2002 for a considerable number of countries.

The Belgian Prime Minister Verhofstadt and the Spanish Prime Minister Aznar, who hold the next two presidencies of the EU, committed themselves in Göteborg to do everything they can in order to keep up the momentum.

It goes without saying that this new momentum must be matched by continued efforts and progress in the candidate countries. The applicants will continue to be judged solely on their own merits.

But for our project of a democratic and prosperous European continent, EU enlargement is not sufficient.

With the accession of Eastern and Central European candidate countries, the EU will get new direct neighbours. It is in our own interest to develop further our relationship with them. We want them to be politically and economically stable so that we can work together for a safer Europe and a safer world where we promote democratic values, counter environmental threats and combat organised crime.

The current candidate countries will provide a particularly important input for the EU's approach beyond its Eastern borders. As the Polish writer Adam Krzemiński has put it: For the first time in several hundred years, Poland's geographical situation is no longer a handicap, but an opportunity. Poland is no longer trapped between hostile neighbours. It has now the opportunity to build bridges between East and West.

I am encouraged by the positive experiences of the Standing Polish-Ukrainian Conference on European Integration. Or the tripartite project between Poland, Lithuania and the Kaliningrad region to train border and customs officials. These are exactly the kind of initiatives we need.

Our biggest neighbour is Russia. Russia has a geographical dimension and a potential in terms of population and resources which put it in a category of its own. The distance between Kaliningrad and the Bering Sea is roughly 10.000 kilometers. This makes the relationship between the EU and Russia quite special. I would describe it as a long-term strategic partnership.

Only a few weeks ago, I represented the EU together with the Swedish Prime Minister Persson and Commission President Prodi at the seventh EU-Russia Summit. It is encouraging that we agreed on a number common principles:

democracy, respect for human rights, the rule of law and a market economy.

It is true that we do not always share the same interpretation how those principles are put into practice. We have some concrete problems like Chechnya or the freedom of media. However, the basis for a stronger partnership exists. It is now up to both sides to put more flesh on the bones.

The common objective of the EU and of Russia is to establish a wider area of cooperation in Europe and neighbouring regions. The EU acknowledges the progress achieved so far in the field of market reform. Russia should pursue its reform efforts in order to establish the necessary competitive conditions to attract foreign direct investment. The EU supports the Russian policy of integration into the global economy and its institutions, for example the WTO.

We are both of the view that EU enlargement will lead to an increase in the volume of economic activity between Russia and the enlarged EU. We are intensifying our discussions on issues related to EU enlargement, such as the free movement of persons, goods and services.

The EU is particularly attentive to the development of the Kaliningrad region. This region will be an enclave in EU territory in a few years from now. It is necessary to resolve a number of practical issues whilst respecting the Community acquis.

It is obvious that the EU and Russia also have a regular and detailed dialogue on security matters. The EU informs Russia on developments in ESDP, and Russia informs the EU about developments of its own security and defence policy. We have started working on arrangements which will allow for the possible participation of Russia in EU-led crisis management operations.

In addition, we are already cooperating on non-proliferation and disarmament in Russia and we exchange regularly views on arms control.

Last not least, we need to highlight our common cultural and historical heritage. It is more than just symbolic when the EU is invited to contribute to the celebration of the upcoming 300th anniversary of St. Petersburg, considered since its foundation as Russia's window onto Europe.

This morning I attended the fourth Cooperation Council between the European Union and Ukraine in Luxembourg. This meeting was a good occasion to look together with the Ukrainians at the progress in our cooperation so far, and the prospects for the future.

We were able to do this in the light of the decision of the Göteborg European Council to invite Ukraine and Moldova to the European Conference. This is a forum that includes those countries who have a clear European vocation, but which cannot be considered as candidate countries for EU membership at this stage.

The European Conference allows us to discuss the state and the future of the EU within a »larger family«.

The EU is continuing to support Ukraine in its efforts to consolidate democracy, good governance, human rights and the rule of law. This is happening both through political dialogue and through financial assistance in the framework of TACIS and other programmes.

Let me conclude on a more general note:

The foreign policy of such an important actor as the European Union cannot be looked at any longer as the sum of a number of un-coordinated regional approaches. One policy for the East, one for the South, one for Asia, one for Latin America etc.

If we want to strengthen the EU's role in the world we have to provide continuity in our priorities. We cannot shift from one region to the other, following the preferences of successive EU Council Presidencies. And we have to put our money where our mouth is.

For me, it is clear that the regions close to our borders, both to the East and to the South, are our priorities.

The broad strategic objective of European foreign policy should be a situation where geography is no longer an indication of development.

Where, as Vaclav Havel has put it, the word »East« evokes no longer a pejorative connotation and the word »West« gradually becomes a more neutral term again.

Let us work in order to make this dream become a reality.

Thank you very much for your attention.

6/2001

I.
Innere Entwicklung
und außenpolitische Orientierungen Russlands seit 1990

Manfred Sapper

Russland in Europa zehn Jahre nach der Zeitenwende Gesamteuropäische Kooperation trotz »gelenkter Demokratie«

Das »Gemeinsame Haus Europa« ist aus der Mode gekommen. Über Michail S. Gorbatschow, der die Metapher populär machte, ist die Zeit hinweggegangen. Trotzdem bleibt anzuerkennen, dass Europa in seiner heutigen Gestalt ohne die Politik der letzten Sowjetführung, ohne ihren Verzicht auf die Hegemonie über Ostmitteleuropa, ohne die unfreiwillige Auflösung der UdSSR und das Ende des Ost-West-Konflikts nicht existieren würde. Das Leitbild vom »Gemeinsamen Haus« hat seine politische Plausibilität nicht verloren. Frieden und Sicherheit, Wohlfahrt und ökologisch nachhaltige Entwicklung lassen sich nur gesamteuropäisch gewährleisten. Dieser Überzeugung waren auch die KSZE-Staaten, als sie im November 1990 die »Charta von Paris« beschlossen. In ihr erklärten sie, dass die Periode »der Konfrontation und der Teilung Europas zu Ende gegangen ist« und nun »ein neues Zeitalter der Demokratie, des Friedens und der Einheit« anbricht. Sie verpflichteten sich, Demokratie und Rechtsstaatlichkeit aufzubauen, die Menschenrechte und Grundfreiheiten zu achten sowie Marktwirtschaften zu entwickeln.[1] Die »Charta von Paris« machte klar, dass der Umbruch in Europa nicht nur eine internationale Angelegenheit ist, sondern auch innen- und gesellschaftspolitische Dimensionen hat. Mit dieser Verknüpfung war sie wegweisend. Über eine Dekade ist seither vergangen – Anlass, eine Zwischenbilanz zu ziehen. Wo steht Europa heute? Welche Rolle spielt Russland in ihm? Und was ist unter Präsident Putin aus der Verknüpfung von innerem Wandel und außenpolitischer Orientierung geworden?

1 Siehe »Charta von Paris für ein neues Europa«, verabschiedet auf dem Gipfeltreffen der KSZE vom 19.-21.11.1990 unter: http://www.osce.org/docs/german/1990-1999/summits/paris90g.htm.

Baustelle Europa

Nimmt man zu diesem Zweck das Bild des »Gemeinsamen Hauses Europa« noch einmal auf, ist die Bilanz eindeutig. Europa gleicht einer Großbaustelle. Dynamisch läuft der gleichzeitige Umbau, Abbruch, Neubau und Ausbau. Das Europa der Zeitenwende 1990/91 ist nicht mehr wieder zu erkennen. Die Generalüberholung des Hauptgebäudes ist weit fortgeschritten: In Ostmitteleuropa ist ein für die Kürze der Zeit enormes Reformpensum abgearbeitet. Konsolidierte Demokratien sind entstanden, der Wandel und die Erfolge in Wirtschaft und Gesellschaft sind beträchtlich. Viele Staaten stehen vor dem Sprung in die Europäische Union. Polen, Ungarn, Tschechien sind bereits Mitglieder der NATO. Auch im Westflügel hat sich viel getan: Maastricht, Währungsunion, GASP, Erweiterung sind Stichworte dafür, dass sich in den neunziger Jahren der Charakter der westeuropäischen Vergemeinschaftung dramatisch verändert hat. Doch die Arbeiten an einer neuen Statik, die in der Lage wäre, das alles zu tragen, sind kompliziert. Die Versuche des EU-Gipfels in Nizza 2000, institutionelle Reformen einzuleiten und die Entscheidungsprozesse zu demokratisieren, werden nicht einhellig als Erfolg bewertet. Einige unken, dass sich die EU mit der Verknüpfung von Vertiefung und Erweiterung übernommen habe.[2]

Am Ostflügel, fast vollständig von Russland bewohnt, scheiden sich die Geister. Mit hohem Tempo wurde der Abbruch der maroden sowjetischen Bausubstanz begonnen, doch der Mangel an Ressourcen und Planungsklarheit sowie die Fehler der Bauleitung erschweren den Befund, wie es um diesen Abschnitt des europäischen Hauses steht. Das Urteil über den Innenausbau hängt vom angelegten Maßstab ab. Nach apokalyptischen Szenarien, die seit 1991 im Umlauf sind, ist in und von Russland nichts anderes zu erwarten gewesen als Zusammenbruch, Bürgerkriege, marodierende Nuklearwaffen, Putsche und rot-braune Diktaturen.[3] Gemessen daran erweist sich der Umbau von Politik, Wirtschaft und Gesellschaft als erfolgreich. Nach Erwartungen, dass bereits die zweifache Präsidentschaft von Boris Jelzin den Durchbruch zu einer stabilen Demokratie, einem funktionierenden Rechtsstaat und einer prosperierenden Marktwirtschaft gebracht habe, ist der

2 So Czempiel, Ernst-Otto: Nicht von gleich zu gleich? Die USA und die Europäische Union. In: MERKUR (2000), Nr. 9/10, S. 901–915, hier S. 914. Zum EU-Gipfel von Nizza siehe: Harzige Reformdiskussionen am EU-Gipfel. In: NZZ (NEUE ZÜRCHER ZEITUNG) vom 12.12.2000, S. 1 und 2; Die Union als Geisel nationaler Vetos. In: NZZ vom 12.12.2000, S. 3; Das EU-Parlament über Nizza. In: NZZ vom 13.12.2000, S. 1.

3 Selbst russische Wissenschaftler spielten derartige Szenarien immer durch. Siehe z.B.: Karaganov, Sergei: Russia and Europe: Possibilities for the Future. In: Russia and Europe. An End to Confrontation? Ed. by Neil Malcolm. London, New York 1994, S. 224–233.

Umbau gescheitert. Die Realität entzieht sich der Sehnsucht nach Eindeutigkeit. Alarmismus und Euphorie taugen nichts, um Russlands Kurs zu analysieren.

Über Russlands Platz im »Gemeinsamen Haus« herrscht auf den ersten Blick Konsens. Im Verhältnis von Russland und Europa – *die* klassische Frage der russischen Ideengeschichte bis in die Gegenwart – gibt es Fortschritte in der praktischen Politik. An der Zeitenwende 1991 stand »Russlands Rückkehr nach Europa« ganz oben auf Moskaus außenpolitischer Agenda. Die Jelzin-Administration hatte sich darauf festgelegt, dass die strukturellen Probleme Russlands nicht zu lösen seien, »ohne von der europäischen Erfahrung zu lernen, und dass Russlands Zukunft nur im Rahmen des erneuerten Europa denkbar ist«[4]. Ob dieser Rahmen durch Kooperation, Partnerschaft oder Integration gefüllt werden sollte, blieb unklar. Zu stark absorbierte die Innenpolitik die Aufmerksamkeit der politischen Eliten. Mittlerweile ist von einer Mitgliedschaft in der EU nicht mehr die Rede. Aber einen beträchtlichen Teil des beschwerlichen Weges nach Europa hat Russland zurückgelegt. Nach langen Bemühungen wurde es 1996 Mitglied im Europarat. Mit der Europäischen Union unterhält es eine stabile und breite Kooperation. Grundlage ist das bereits 1994 beschlossene »Partnerschafts- und Kooperationsabkommen zwischen den Europäischen Gemeinschaften und der Russländischen Föderation«, das 1997 in Kraft trat. Dieses eröffnete Russland den Zugang zum europäischen Wirtschaftsraum. Im Gegenzug verpflichtete sich Russland, die Demokratie auszubauen und Menschenrechtsstandards zu achten.[5] 1999 kamen zwei zentrale Vereinbarungen dazu. Zum ersten Mal seit dem In-Kraft-Treten des Amsterdamer Vertrages am 1. Mai 1999 nutzte die EU als Teil der »Gemeinsamen Außen- und Sicherheitspolitik« (GASP) ein neues außenpolitisches Instrument: Der Europäische Rat verabschiedete im Juni 1999 in Köln die »Gemeinsame Strategie der EU für Russland«. Diese geht von der Prämisse aus, dass »ein stabiles, demokratisches und prosperierendes Russland, das fest in einem geeinten Europa ohne neue Trennungslinien verankert ist, essentiell für einen dauerhaften Frieden auf dem Kontinent« ist. Um eine »offene und pluralistische Demokratie«, Rechtsstaat und Marktwirtschaft zu fördern, hat die EU ein Bündel von konkreten

---

4 Burbulis, Gennadij: Obnovlennaja Rossija i obnovlennaja Evropa. In: ROSSIJSKAJA GAZETA vom 20.4.1991.

5 Eine offizielle Zusammenfassung des Abkommens findet sich in: EUROPA-ARCHIV (1994), Nr. 16, S. D477–486. Siehe auch die zahlreichen Publikationen von Heinz Timmermann zu diesem Thema. Insbesondere: Timmermann, Heinz: Die Beziehungen EU – Rußland. Voraussetzungen und Perspektiven von Partnerschaft und Kooperation. In: BERICHTE DES BIOST (1994), Nr. 60; ders.: Rußlands Außenpolitik: Die europäische Dimension. In: BERICHTE DES BIOST (1995), Nr. 17; ders.: Partnerschaft mit Rußland. Chancen und Probleme der EU-Anbindungsstrategie. In: BERICHTE DES BIOST (1996), Nr. 43.

Initiativen und Kooperationsfeldern geschnürt. Sie reichen von der Stärkung staatlicher Institutionen und der Bürgergesellschaft über die Unterstützung der Integration Russlands in den Weltmarkt bis zur Kooperation im Bereich präventiver Diplomatie.[6] Im Gegenzug legte Moskau im Oktober 1999 mit der »Mittelfristigen Strategie der Beziehungen zwischen der Russländischen Föderation und der Europäischen Union« ein komplementäres Dokument vor. Auch hierbei handelt es sich um eine Premiere: Zum ersten Mal legt Russland die Leitlinie seiner Europa- und EU-Politik offen.[7] Übergeordnetes Ziel der Strategie ist, Russlands nationale Interessen sicherzustellen und »eine Erhöhung der Rolle Russlands in Europa« zu erreichen. Sie ziele auf »die Bildung und Stärkung der Partnerschaft zwischen Russland und der Europäischen Union in gesamteuropäischen und globalen Angelegenheiten« und strebe den Aufbau eines geeinten Europas ohne Trennungslinien an. Als »Weltmacht, die sich über zwei Kontinente erstreckt«, wolle sich Russland die Freiheit bewahren, selbständig über seine Innen- und Außenpolitik zu entscheiden. Im Vordergrund stehen zwei konkrete Aufgaben: die Herausbildung eines gemeinsamen Systems kollektiver Sicherheit und einer Freihandelszone in Europa. Unmissverständlich schließt die »Mittelfristige Strategie« eine Assoziation mit der EU oder eine Integration in sie aus.[8]

Doch auf Russlands Zugehörigkeit zu Europa bleibt das ohne Einfluss. Präsident Wladimir Putin lässt daran nicht den geringsten Zweifel aufkommen.[9] Der damalige Staatssekretär im Auswärtigen Amt, Wolfgang Ischinger, formulierte die deutsche Sicht fast als kategorischen Imperativ: »Die Zukunft Russlands liegt in Europa.« Daraus folge: »Die Gestaltung der Beziehungen zu Russland ist eine der wichtigsten Aufgaben, vielleicht sogar die zentrale Aufgabe der europäischen

---

6 Gemeinsame Strategie der Europäischen Union für Russland vom 4. Juni 1999, siehe: http://europa.eu.int/council/off/conclu/june99/annexe_de.htm#a2. Siehe dazu: Wolter, Detlev: Gemeinsame Strategie gegenüber Rußland. Ein neues Instrument europäischer Politik. In: INTERNATIONALE POLITIK (1999), Nr. 9, S. 57 – 64.

7 Strategija razvitija otnošenij Rossijskoj Federacii s Evropejskim Sojuzom na srednesročnuju perspektivu (2000 – 2010 gg.). In: DIPLOMATIČESKIJ VESTNIK (1999), Nr. 11, S. 20 – 28. Siehe dazu: Lichačev, Vasilij: Rossija i Evropejskij Sojuz v strategičeskoj perspektive. In: MEŽDUNARODNAJA ŽIZN' (2000), Nr. 1, S. 40 – 49. Aus deutscher Perspektive siehe: Timmermann, Heinz: Rußlands Strategie für die Europäische Union. Aktuelle Tendenzen, Konzeptionen und Perspektiven. In: BERICHTE DES BIOST (2000), Nr. 5.

8 Strategija [...] (wie Anm. 7), S. 20/21.

9 So auf dem Russland-EU-Gipfel Ende Mai 2000 in Moskau und bei seinem Deutschland-Besuch im Juni 2000.

Politik.«[10] Das ständige Insistieren auf dieser Verortung weckt Misstrauen, steht sie doch nach den erzielten Fortschritten des vergangenen Jahrzehnts eigentlich nicht mehr zur Disposition. Verlässt man die Schaubühne der hohen Politik und der Diplomatie, klart der Himmel auf: »Eine Sache ist offensichtlich«, klagt etwa der russische Europa-Experte Wladimir Baranowskij: »In vielerlei Hinsicht fühlt sich Russland heute weniger in Europa zuhause als vor zehn Jahren.«[11] Diese auf den ersten Blick so gegensätzliche Einschätzung ist frappierend. Tatsächlich jedoch bringt sie ähnliche Überlegungen zum Ausdruck, die auch des Staatssekretärs Feder führen. Nur die Art, diese zu formulieren, unterscheidet sich. Kein Zweifel: Es herrscht Irritation auf dem Kontinent, ob das Koordinatensystem des gesamteuropäischen Kurses noch stimmt.

Politiker und Teile der außenpolitischen Elite in Moskau nehmen die westliche Politik als nicht frei von Ambivalenzen wahr. Russland, summiert Baranowskij, gelte nicht als Bedrohung, doch die NATO bleibe eine militärische Allianz in Europa als Rückversicherung gegen die Wiederkehr einer Bedrohung durch Russland, die Osterweiterung der NATO solle Russland nicht als gegen sich gerichtet missverstehen, doch eine unmittelbare Einbindung von Russland in diesen Prozess sei Brüssel nicht einmal eine hypothetische Erwägung wert. Kaum habe die EU die »Gemeinsame Strategie für Russland« beschlossen, drohe sie mit Sanktionen. Russland solle sich im Kosovo an der KFOR beteiligen, doch ein eigener Sektor werde ihm verwehrt. Das alles trage zur Wahrnehmung bei, dass »die Logik des Kalten Krieges, die Russen draußen zu halten, in eine doppelgleisige Aufgabe mutiert ist: Wie lässt sich verhindern, dass die Russen isoliert werden, ohne sie jedoch tatsächlich reinzulassen?«[12]

Westliche Beobachter dagegen betrachten Russlands Zugehörigkeit zu Europa primär durch das Prisma der innenpolitischen Entwicklung. Hier dringen seit Beginn des zweiten Tschetschenienkriegs und Putins Aufstieg zur Macht derart widersprüchliche Signale aus dem Kreml, dass die Sorge wächst, die bislang gültigen Geschäftsgrundlagen der gemeinsamen Europapolitik könnten in Russland in Gefahr sein: die Demokratie und die Bürgergesellschaft, die Anerkennung von Rechtsstaatlichkeit und Menschenrechten. Wie berechtigt sind die Sorgen über die Entwicklungen in Russland?

---

10 Ischinger, Wolfgang: Die Zukunft Rußlands liegt in Europa. Was Berlin von Moskau erwartet und Moskau von Berlin erwarten kann. In: FAZ (Frankfurter Allgemeine Zeitung) vom 11.7.2000.

11 Baranovsky, Vladimir: Russia: A Part of Europe or apart from Europe? In: International Affairs (2000), Nr. 3, S. 443 – 458, hier S. 447.

12 Ebenda, S. 446.

Russlands hybride Reformergebnisse

Um eine Antwort zu finden, sei angeraten, sich nicht mit Momentaufnahmen zufrieden zu geben, sondern sie in den Kontext der zurückliegenden Dekade einzuordnen. Diese bietet Indikatoren dafür, über welche Handlungsspielräume die russländischen Eliten heute und auf absehbare Zeit verfügen. Der Zusammenbruch der UdSSR stellt für die Binnenentwicklung nicht im selben Maße eine Zäsur dar wie für die internationalen Beziehungen. In Politik und Verwaltung, in Wirtschaft und Gesellschaft war das Jahr 1991 keine Stunde Null. Naturräumliche und soziodemographische Bedingungen, der Wirtschaftsmix, die Infrastruktur bleiben zunächst dieselben. In der Sowjetunion entstandene Strukturen, Prozeduren und Orientierungen wirken fort. Die Gesellschaft der Individuen mit ihren Verhaltensformen und Wertekodizes trat nicht zugunsten einer neuen ab. Das Personal in Politik, Verwaltung und Wirtschaft ist durch sowjetische Ausbildung, Praktiken und Prozeduren geprägt. Das alles sind vorgegebene Pfade, die den Weg weisen und die Grenzen definieren, innerhalb derer sich die aktuellen Problembewältigungsversuche bewegen. Pfadabhängigkeit bedeutet nicht, dass eine Umkehr oder ein vollständiger Pfadwechsel unmöglich wären. In krisenhaften Phasen kann es zu Neuorientierungen kommen.[13] Das Ergebnis ist die Koexistenz von Kontinuitäten und Diskontinuitäten. Nach zehn Jahren Transformation voller Reformen, Konterreformen, Reformversuchen und Reformsimulationen bietet Russland dafür ein exzellentes Beispiel. Dies gilt für jedes Feld, auf dem sich Transformationen vollzogen haben: die Wirtschaft, die Gesellschaft und die Politik, die hier im Vordergrund steht.

Nach den Lehrbüchern der Transformationsforschung über die Institutionalisierung von demokratischer Herrschaft kann über die Existenz einer funktionierenden Demokratie in Russland kein Zweifel bestehen. Das politische System weist sogar viele Attribute einer »konsolidierten Demokratie« auf. Eine Verfassung wurde verabschiedet, die Bevölkerung kann sich an der Wahl der politischen Führung beteiligen. Es gibt verschiedene Parteien, mehrfach fanden Wahlen um die Präsidentschaft, zur Duma und zu den regionalen Körperschaften statt, die als frei und gleich eingeschätzt wurden. Regierungen und sogar der Präsident traten zurück, was allgemein als Ausdruck von Machtwechseln gilt. Demokratie scheint selbst für die Angehörigen der Opposition nach Juan Linz' geflügeltem Wort »the only game in town« zu sein.

13 Dazu theoretisch reflektierend: Collier, Ruth B.; David Collier: Shaping the Political Arena. Critical Junctures, the Labor Movement and Regime Dynamics in Latin America. Princeton 1991.

Doch die Demokratie in Russland weist strukturelle Mängel auf. Auch Demokratien werden daran gemessen, inwiefern sie die sozialen und wirtschaftlichen Interessen der Menschen befriedigen und deren Leben und Gesundheit zu schützen in der Lage sind. Ein Land, in dem die Hälfte der Bevölkerung infolge des wirtschaftlichen Niedergangs unterhalb der Armutsgrenze lebt und die Bildungs-, Gesundheits- und Rentensysteme in prekärem Zustand sind, weist hier keine gute Leistungsbilanz auf. Es mangelt an dem, was seit Lipset die »sozialen Voraussetzungen der Demokratie« genannt wird.[14] Zyniker mögen darüber mit dem Verweis hinwegsehen, dass es keine Kaloriengrenze gibt, ab der demokratische Herrschaft funktioniert. Auch die Substanz der Demokratie ist mäßig. Anders als in der späten Perestrojka spielt der »demos« keine Rolle. Die demokratischen Prozeduren und Losungen sind nicht unterfüttert durch die Involvierung des Volkes in die politische Willensbildung. Das Schicksal der Parteien ist repräsentativ. Versuche aus der Gesellschaft, Interessen zu aggregieren und eigene Parteien zu bilden, sind gescheitert. Sie dümpeln vor sich hin oder gehen ein, während von oben initiierte »Parteien der Macht« für einen bestimmten Zweck und auf begrenzte Zeit Erfolg haben. Der Begriff der Demokratie ist seit Ende der neunziger Jahre negativ konnotiert. In einer entsprechenden Umfrage halten gerade einmal 2,3 Prozent der Befragten Parteien und freie Wahlen für eine positive Errungenschaft. Fast die Hälfte der Befragten verbindet mit dem Begriff als negativ gewertete Assoziationen wie Desintegration und Gesetzlosigkeit. Angesichts dessen bleibt die hohe Wahlbeteiligung erstaunlich, doch dass dies eine Methode sei, um auf die Machthaber Einfluss auszuüben, glaubten zum gleichen Zeitpunkt nur knapp 12 Prozent der Bevölkerung, während zwei Drittel desillusioniert davon ausgingen, dass es keine wirksamen Methoden gibt, die Macht zu beeinflussen.[15]

In all dem spiegeln sich die Spezifika der politischen Herrschaft wider, wie sie sich in dem Jahrzehnt der Jelzin-Ära verfestigt haben. Parteien sind im politischen Prozess Russlands irrelevant, die gewählte Duma verfassungsgemäß schwach. Alle Macht schien in der Hand des *qua* Verfassung mit herausragenden Vollmachten ausgestatteten Präsidenten konzentriert zu sein. Institutionell wurden alle Strukturen dem Präsidialbüro und der Präsidialbürokratie unterstellt. *In praxi* konnte

14 Lipset, Seymour M.: Some Social Requisites of Democracy (1959). Wieder abgedruckt in: Lipset, Seymour M.: Political Man. Baltimore 1980, S. 459 – 476.

15 Als Überblick zur Demokratie ohne Demos: Levada, Jurij: Obščestvennoe mnenie na perelome epoch: Ožidanija, opasenie, ramki. K sociologii političeskogo perechoda. In: MONITORING OBŠČESTVENNOGO MNENIJA (2000), Nr. 3, S. 7 – 18. Zum Demokratie-Begriff: Pammett, Jon H.: Elections and Democracy in Russia. In: COMMUNIST AND POST-COMMUNIST STUDIES (1999), Nr. 32, S. 45 – 60, hier S. 47. Siehe auch: Rußlands Perspektiven. Kritische Faktoren und mögliche Entwicklungen bis 2010. In: BERICHTE DES BIOST (1999), Nr. 25, S.28.

von Vollmacht oder von Steuerungsfähigkeit von oben keine Rede sein, zumal sich die staatlichen Institutionen aus finanziellen und administrativen Gründen als zu schwach erwiesen, um Beschlüsse umzusetzen. Die Machtausübung wies ähnliche Züge auf, wie sie aus dem zaristischen Russland oder der Breschnew-Ära bekannt sind: Der Präsident fungierte als Schiedsrichter im Kampf um Macht, Ressourcen und Kapital zwischen bürokratischen Apparaten, den Machtministerien mit ihren Repressionsmitteln, wirtschaftlichen Interessengruppen und Netzwerken mit Repräsentanten der Duma und des Föderationsrates. Neue Akteure wie Oligarchen und Regionaleliten traten zu diesem *Bargaining* hinzu. Während die Logik der Gewaltenteilung und die Verrechtlichung von Politik und gesellschaftlichen Beziehungen nicht tief im politischen System und im Verhalten der Akteure verwurzelt sind, bildete sich damit in Russland ein spezifisches System der »Checks and Balances« aus, das nichts mit den verfassungspolitischen Konstruktionsprinzipien in der bis heute unübertroffenen Tradition der »Federalist Papers« zu tun hat, Machtmissbrauch der Exekutive und Legislative durch den Einbau von institutionellen Hemmnissen, Sicherungen und Gegenkräften zu verhindern.[16] Hinter den Kulissen kontrollierten und neutralisierten sich diese Kräfte gegenseitig. Dies bildete eine Stabilitätsressource des Systems. Es verhinderte in dem an Brüchen, Konfrontationen und Wirtschaftskrisen nicht armen Jahrzehnt politisch extreme Ausschläge in jede Richtung. Die Kehrseite dieses Systems war die Sinnentstellung demokratischer Prozeduren. Sie erfüllten für Jelzin und die mit ihm verbundene Elite die Rolle einer rein äußerlichen Legitimitätsbeschaffung im Kampf gegen wechselnde Kontrahenten. Zur Konsolidierung der Demokratie oder Vertiefung der Demokratisierung leisteten sie keinen Beitrag. Auch zur Absicherung oder realen Steigerung der präsidialen Macht trugen sie nicht bei. Diese diffundierte zunehmend in die Hand demokratisch nicht legitimierter und unkontrolliert handelnder oligarchischer Strukturen und Interessengruppen. Im Ergebnis bildete sich in der Jelzin-Ära eine »Hybride mit demokratischen, autoritären und oligarchischen Elementen, die bedingt als konstitutionelle Wahlmonarchie definiert werden kann«[17].

16 Hamilton, Alexander; James Madison; John Jay: The Federalist Papers. Toronto, New York 1982.

17 Shevtsova, Lilia: Yeltsin and the Evolution of Electoral Monarchy in Russia: In: CURRENT HISTORY (2000), Nr. 639, S. 315–320, hier S. 316. Aus ihrer Feder stammt die beste Analyse der Jelzin-Ära: Shevtsova, Lilia: Yeltsin's Russia. Myths and Reality. Washington 1999. Anregend zur Analyse des *Bargainings* über Machtverteilung und Ressourcen: Kordonskij, Simon: Rynki vlasti. Administrativnye rynki SSSR i Rossii. Moskva 2000.

Wenn es einer Illustration der Spezifika der russländischen Demokratie bedurft hätte, dann lieferten ihn die Umstände von Jelzins Abgang als gewählter Zar und Putins Krönung. Die großmeisterliche Kombination in fünf Zügen auf dem Schachbrett der Macht begann mit der Diskreditierung und Ausschaltung der ursprünglich aussichtsreichsten Jelzin-Nachfolger Jewgenij Primakow und Jurij Luschkow. Deren politische Bewegung »Otetschestwo – Wsja Rossija« (Vaterland – Das ganze Russland) wurde nicht nur von kremlnahen Medien unter Feuer genommen, sondern durch die Bildung von »Jedinstwo« (Einheit) als der neuen »Partei der Macht« erfolgreich herausgefordert.[18] Ohne Programm, ohne personelle Zugpferde, ohne Basis gewann sie, am Tropf des Kreml hängend, dank des Zuflusses von Geld, Infrastruktur und Personal sowie durch ein – wie es im Jargon der TV-Kultur heißt – »offensives Featuring« derart an Popularität, dass sie bei den Duma-Wahlen im Dezember 1999 sofort mit 23 Prozent das zweitbeste Ergebnis erzielte. Der Erfolg spricht Bände über die Schwäche des Parteiensystems und die politische Kultur des Landes. Parallel mit dem Aufstieg von »Jedinstwo« stürzten Bombenattentate im Spätsommer 1999 das Land in Schrecken. Ob sie von Tschetschenen ausgeübt wurden oder nicht, ist in einer Hinsicht irrelevant: Sie waren ein wichtiger Zug in der Kombination zum Machtwechsel. Sie erhöhten in der Bevölkerung die Sehnsucht nach Sicherheit und lösten eine Welle der Mobilisierung aus. Erst der zweite Tschetschenienkrieg bot Putin die Chance zur Konsolidierung der Macht und zur Steigerung seiner Popularität. Bis dahin ein »Mann ohne Eigenschaften«, stellte er die denkbar größte Projektionsfläche für die Sehnsucht nach Sicherheit und Ordnung, die Revancheambitionen der Militärs und das Bedürfnis nach Integration dar, das nun über die negative Identifikation durch den Freund-Feind-Modus gegenüber den Tschetschenen befriedigt werden konnte. Dadurch gewann die Konstruktion Putins als eines unabhängigen, dynamischen und handlungsfähigen Gegenbilds zu seinem unpopulären Vorgänger Jelzin an Konturen.[19] Nach dessen Rücktritt war klar, dass aus den Präsidentenwahlen im März 2000 nur noch ein Plebiszit über Putin

18 Siehe dazu: Colton, Timothy J.; Michael McFaul: Reinventing Russia's Party of Power: »Unity« and the 1999 Duma Election. In: POST-SOVIET AFFAIRS (2000), Nr. 3, S. 201 – 224.

19 Siehe: Levinson, Aleksej: Komponenty populjarnosti Vladimira Putina. In: NEPRIKOSNOVENNYJ ZAPAS (2000), Nr. 2, S. 35 – 41; Levada (wie Anm. 15), S. 13 – 17. Zum Konzept der negativen Identifikation: Gudkov, Lev: K probleme negativnoj identifikacii. In: MONITORING OBŠČESTVENNOGO MNENIJA (2000), Nr. 5, S. 35 – 42. Zu Tschetschenien: Rußland und der zweite Tschetschenienkrieg. Fakten, Hintergründe, Interpretationen. Hrsg. von Manfred Sapper. In: UNTERSUCHUNGEN DES FKKS (Forschungsschwerpunkt »Konflikt- und Kooperationsstrukturen in Osteuropa«) MANNHEIM (1999), Nr. 22.

werden würde. Gemessen daran und an seiner enormen Popularität vor der Wahl wurde er denkbar knapp gewählt.

Konturen der gelenkten Demokratie

In verdichteter Form enthält diese Übergangsphase bereits alle Elemente, die russische Politikwissenschaftler veranlassen, von der Herausbildung einer spezifischen Herrschaftsform zu sprechen: der »gelenkten« oder »manipulierten Demokratie«[20]. In dieser werden die formalen demokratischen Prozeduren wie Wahlen zwar nicht außer Kraft gesetzt, die Subsysteme des politischen Systems wie das Parlament, die föderalen Subjekte, die Parteien und die öffentliche Meinung durch staatliche Finanz- und Medienmacht jedoch so gelenkt, dass der Einfluss unabhängiger Kräfte beschnitten wird. Oppositionelle haben keine Chance auf Machtpartizipation oder Machtübernahme.

Das erste Amtsjahr von Präsident Putin verlief genau nach dieser Interpretation. Unmittelbar vor seinem Amtsantritt als Interimspräsident hatte er in seiner programmatischen Milleniumsrede einen »starken Staat« neben »Patriotismus« und dem »Glauben an die Größe Russlands« zum Dreh- und Angelpunkt seiner Politik erklärt. Im gleichen Atemzug betonte er, dass ein starker Staat ein »demokratischer, rechtlicher und handlungsfähiger Staat« sei. Das Ziel laute, »partnerschaftliche Beziehungen zwischen Exekutive und der Bürgergesellschaft aufzubauen«[21]. Dieses Credo variierte er seitdem mehrmals. Die Substanz der Politik ist eine andere. Fast im Sinne einer absolutistischen Gleichsetzung von Staat und Präsidialverwaltung ist der systematische Versuch zu beobachten, all jene unabhängigen Institutionen auszuschalten oder sich unterzuordnen, die das spezifisch russländische System der Checks und Balances in der Jelzin-Ära gebildet hatten: die Duma, den Föderationsrat, die regionalen Eliten, einige der Oligarchen, die in Misskredit gefallen sind – und *en passant* deren Massenmedien. Dabei besteht die Gefahr, dass zentrale Errungenschaften des vergangenen Jahrzehnts, die Voraussetzungen für Russlands Einbindung in die europäischen Institutionen beziehungsweise in die internationalen Wirtschaftsbeziehungen waren, zur Disposition stehen. Die Rede ist hier von der Pressefreiheit und der Stellung der Zentralbank. In beiden Fällen wird deutlich, dass es bei der »Stärkung der präsidentiellen

20 Markov, Sergej: Manipuljativnaja demokratija. In: NEZAVISIMAJA GAZETA vom 2.3.2000.

21 Siehe seine erste programmatische Darstellung: Rossija na rubeže tysjačeletij vom 29.12.1999 unter: http://www.government.gov.ru/government/minister/article-vvpl.html/

Vertikale« um nichts anderes als um eine Revanche der Bürokratie zulasten der horizontalen Strukturen geht, die erfolgreich begonnen hatten, sich vom Staat zu emanzipieren. Offensichtlich herrscht in beiden Fällen noch Unklarheit über den weiteren Kurs. Das ist die Folge der internationalen Aufmerksamkeit, mit der die Entwicklung verfolgt wird.

Bislang konnte die Zentralbank ihre Unabhängigkeit, die sie u.a. auf Verlangen der Weltbank und des IWF 1995 eingeräumt bekam, gegen Aspirationen verteidigen, sie wieder der Regierungsbürokratie zu unterstellen. Für den langjährigen Finanzminister Michail Sadornow wäre dies ein erstes Zeichen der Restauration in der Wirtschafts- und Finanzpolitik, deren Kurs bislang nicht korrigiert wurde.[22] Ähnlich steht es um die Pressefreiheit, deren rechtliche Verankerung und Durchsetzung eine der größten Errungenschaften der Jelzin-Epoche war, auch wenn die Medien seit 1996 zu einem Spielball in der Hand konkurrierender Oligarchen wurden. Auf diesem Feld wiederholt sich Putins widersprüchliches Vorgehen. Einerseits betont er, so etwa in der Rede zur Lage der Nation am 8. Juli 2000, dass ein starker Staat ohne Pressefreiheit nicht denkbar sei.[23] Andererseits zieht sich durch die gesamte Amtszeit eine Kette von Vorfällen, welche die Frage aufwerfen, was Putin unter Pressefreiheit versteht. Der Verdacht liegt nahe, dass hier die »Stärkung des Staates« ein Synonym für »Kontrolle der Medien« ist. Überflüssig zu sagen, dass dies mit dem proklamierten Aufbau »partnerschaftlicher Beziehungen zwischen Exekutive und der Bürgergesellschaft« nichts zu tun hat.

Die Arbeitsbedingungen für unabhängige Journalisten und Medien haben sich verschlechtert. Den Auftakt machte im Januar 2000 die Verschleppung des Kriegsreporters von Radio Liberty, Andrej Babitzkij, der auf eigene Faust über den Krieg aus tschetschenischer Sicht berichtet hatte. Er wurde von Angehörigen eines Geheimdienstes verschleppt, zunächst der »Mitgliedschaft in einer bewaffneten Formation« bezichtigt und im Oktober 2000 wegen Passvergehens vor Gericht gestellt.[24] Im Juni 2000 beschäftigte sich der Sicherheitsrat mit einer »Doktrin zur Informationssicherheit«, in der es heißt, dass die Verbreitung von »unwahren oder einseitigen Informationen« die »nationale Informationssicherheit« Russlands bedrohe. Gleichzeitig lief eine monatelange Kampagne gegen einen nicht vom Kreml kontrollierten oder ihm nahe stehenden Medien-Konzern, Media-Most, an. Offiziell richtete sie sich gegen Steuerdelikte und Rechtsverletzungen

22 Restavracionnye napasti. In: Moskovskie Novosti (2000), Nr. 41, S. 5; Začem Centrobanku svoboda. In: Moskovskie Novosti (2000), Nr. 45, S. 9.

23 RFE/RL Newsline 10 July 2000. Siehe allgemein: Bransten, Jeremy: Journalists Operate in Increasing Climate of Fear. Feature RFE/RL Prague 10.8.2000: http://www.rferl.org/nca/features/2001.

24 Dazu: Vektor Babickogo. In: Moskovskie Novosti (2000), Nr. 40, S. 7.

während der Privatisierung. Höhepunkt war die Festnahme seines Besitzers Wladimir Gussinskij und weiterer führender Mitarbeiter. Selbst wenn die Vorwürfe berechtigt sein sollten, bleibt bis heute der fade Beigeschmack, dass das eigentliche Ziel war, den wichtigen Fernsehsender NTV unter Kontrolle zu bekommen. Mit einer rechtsstaatlichen Überprüfung der Insider-Privatisierung hat das Vorgehen nichts zu tun. Andere Oligarchen, die damals ebenfalls ihre Wirtschaftsimperien aufbauten, wie etwa Wladimir Potanin oder Roman Abramowitsch, erfreuen sich höchster Wertschätzung – sofern sie Medien besitzen, sind diese kremltreu.[25]

In einem Interview nahm Putin kein Blatt vor den Mund: »Während der Revolution in den neunziger Jahren haben sich zwei, drei Leute unter unklaren Bedingungen die nationalen Massenmedien angeeignet und sie zu einem Instrument ihrer Macht verwandelt. Nun nutzen sie diese heute, um ihre oligarchischen Positionen zu verteidigen. Lässt sich da von Pressefreiheit reden? Wenn nötig, werden wir ihre Instrumente vernichten. Der Staat hat einen Knüppel in der Hand, mit dem er nur ein Mal zuschlägt. Aber dann auf den Kopf. Wir haben einfach nur zu ihm gegriffen, und das reichte schon aus, um Aufmerksamkeit zu wecken. Aber wenn wir richtig gereizt werden, werden wir nicht zögern ihn einzusetzen.«[26] Es ist derselbe autoritäre Zug, dieselbe Sprache der Gewalt, der Putin seine Popularität verdankt: Einmal richtet sie sich gegen die Tschetschenen, die er »eigenhändig kalt machen will« (»motschit w sortire«), einmal gegen die reichen Oligarchen. Des Beifalls der Mehrheit kann er sich sicher sein. Beide Äußerungen lassen sich psychoanalytisch erklären. Mit der im russischen Original enthaltenen urinal-phallischen Konnotation drückt er einmal den Wunsch aus, den Tschetschenen zu kastrieren, das andere Mal, Neid und Ohnmacht gegenüber den mächtigen Reichen in Aktionsmacht zu ihrer Erniedrigung zu transformieren.[27]

Während die Auseinandersetzung um die Kontrolle über die Medien nicht beendet ist und sich immer wieder gegen neue Sender und Verlagshäuser richten kann, hat sich die überwältigende Mehrheit der Duma-Abgeordneten freiwillig an die kurze Leine des Kreml begeben. Zwar war die angeblich »unversöhnliche Opposition« nie so unversöhnlich, wie sie im Westen wahrgenommen wurde – regelmäßig stimmten Kommunisten und Nationalpatrioten dem Budget zu –, doch zumindest fungierte die Duma als symbolisches Gegengewicht zur Präsi-

---

25 Konec NEPa? In: MOSKOVSKIE NOVOSTI (2000), Nr. 28, S. 1 und 5; Bol'šaja peremena. In: MOSKOVSKIE NOVOSTI (2000), Nr. 28, S. 2 und 3.

26 Vlast' vzjala v ruki dubinu. In: NEZAVISIMAJA GAZETA vom 27.10.2000, S. 3.

27 Siehe Levinson (wie Anm. 19), S. 40 und: Lambroschini, Sophie: Poll Finds General Public Unfazed by Moves Against Media. Feature RFE/RL, Moscow 22.6.2000: http://www.rferl.org/nca/features/2000.

dialadministration. Mittlerweile stehen nahezu alle Abgeordneten hinter Putin. »Loyalität konkurriert mit Superloyalität«, urteilt eine Journalistin treffend.[28] Nicht genug mit dieser Einbindung. Sollten die Überlegungen zur Reform des Parteiengesetzes und des Wahlrechts Realität werden, dann befindet sich Russland auf dem Weg zu einem »Anderthalb-Parteien-System«: die eine als Partei der Macht mit Gewinngarantie superloyal zum Kreml und die halbe - nach dem heutigen Stand die KPRF - in loyaler Opposition. Und die Gesellschaft schaut ohnmächtig zu.[29]

Auch die Strukturreform des Staatsaufbaus ist weit gediehen. An ihr erweist sich, welches Staatsmodell und Politikverständnis in Russland zum Zuge kommt. Mit willfähriger Unterstützung der Duma änderte Putin im Sommer 2000 zunächst die Zusammensetzung und die Kompetenzen des Föderationsrates, der die Interessen der Regionen vertrat. Seine Mitglieder, bislang die Präsidenten bzw. Gouverneure und die Vorsitzenden des Regionalparlaments, werden künftig nicht mehr direkt gewählt. Im selben Zusammenhang verschaffte sich der Präsident die Kompetenz, Gouverneure und Bürgermeister von Städten über 50.000 Einwohner abzusetzen sowie Regionalparlamente auflösen, wenn sie gegen föderales Recht verstoßen. Schließlich wurden sieben Großregionen geschaffen und den 89 Föderationssubjekten übergestülpt. An der Spitze steht je ein »Bevollmächtigter Vertreter des Präsidenten«. Ihre Aufgabe ist die Rechts- und Fachaufsicht über die Gouverneure und Regionalparlamente.[30] Die Zentralgewalt zu stärken ist erklärtes Ziel dieser Politik. Zwar gab es in der Tat (und gibt es bis heute) eine Reihe rechtlicher Widersprüche zwischen Gesetzen des Zentralstaates und denen der Föderationssubjekte. Aber letztere waren es, die den Zusammenbruch der Sowjetunion und die Handlungsschwäche des Moskauer Zentrums dank größerer Flexibilität und Handlungsfähigkeit im Alltagsleben der Menschen kompensierten.[31] Die Dezentralisierung und Regionalisierung von Aufgaben stellte ungeach-

---

28 Oppozicija na službe Kremlja. In: MOSKOVSKIE NOVOSTI (2000), Nr. 37, S. 7.

29 Siehe dazu: McFaul, Michael: Putin in Power. In: CURRENT HISTORY (2000), Nr. 639, S. 307–314; Lapaeva, Valentina: U obščestva poka net sil zaščitit' svoi interesy. In: NEZAVISIMAJA GAZETA vom 28.10.2000, S.3; Simvoly našego vremeni. In: MOSKOVSKIE NOVOSTI (2000), Nr. 42, S. 7. Rossija na grani, ili postiženie Putina. In: NEZAVISIMAJA GAZETA – SCENARIJ Nr. 10 vom 15.11.2000, S. 9 und S. 13–14. Vychod iz stroja. In: MOSKOVSKIE NOVOSTI (2001), Nr. 1–2, S. 6.

30 Dazu grundsätzlich: Heinemann-Grüder, Andreas: Putins Reform der föderalen Strukturen. Vom Nachtwächterstaat zum Etatismus. In: OSTEUROPA (2000), Nr. 9, S. 979–990; Schneider, Eberhard: Putins Rezentralisierungsinitiativen. In: AKTUELLE ANALYSEN DES BIOST (2000), Nr. 29.

31 Siehe: Heinemann-Grüder, Andreas: Der heterogene Staat. Föderalismus und regionale Vielfalt in Rußland. Berlin 2000.

tet aller Mängel eine weitere Stabilitätsressource des vergangenen Jahrzehnts dar. Diese wird von den Putinschen Rezentralisierungsinitiativen nun ebenso bedroht wie die zweite Errungenschaft der hybriden Demokratie aus der Jelzin-Ära, dass sich auch die regionalen Eliten Wahlen stellen mussten.

Rezentralisierung des Landes ist eine Medizin, die Putin und seinen Kreml-Ärzten eigentlich als kontraindiziert gelten sollte. Wenn es in der Geschichte Russlands etwas im Überfluss gab, dann Überzentralisierung. Seit dem Aufstieg des Moskauer Großfürstentums war zentralistische Politik aufgrund der Weite des Landes, der geringen Bevölkerungsdichte und der multinationalen Bevölkerung jedoch immer ineffizient, ineffektiv und der Herrschaftsstabilität abträglich. Dieser Befund gilt bis heute. Russland braucht nicht mehr Zentralisierung, sondern mehr Dezentralisierung. Der Föderalismus müsste materiell durch das gestärkt werden, was Andreas Heinemann-Grüder einen »intermediären Unterbau des Föderalsystems« nennt: durch föderale Parteien, interregionale Wirtschafts- und Branchenverbände, Städtetage. Angesichts des gegenteiligen Kurses überrascht sein Urteil über die Vorgänge nicht: »Die Form der Reform folgt einem etatistischen und unitarischen Weltbild, und sie verrät einen dezisionistischen Politikstil. [...] Mit Putin kommt gleichsam die anti-sowjetische und anti-staatliche Phase der Transformation zum Abschluss. Das ›bonapartistische‹ Gebaren Putins füllt das korporative und intermediäre Machtvakuum in den Föderalbeziehungen, kann es jedoch gewiss nur zeitweilig substituieren.«[32]

Vor Alarmismus sei dennoch gewarnt. Die bürokratische Rezentralisierung und Einsetzung der sieben Satrapen in den Großregionen besagt noch nicht viel. Welche Steuerungsfähigkeit sie haben, steht auf einem anderen Blatt. Bis heute mangelt es ihnen an Mitteln, um irgendeine substanzielle Herrschaft über die Mammutregionen von jeweils zwölf bis fünfzehn Föderalsubjekten und etwa 460.000 föderale Bedienstete auszuüben. Es sei daran erinnert, dass ein Kennzeichen des zaristischen autokratischen Regimes und des poststalinistischen bürokratischen Sozialismus immer die extensive Herrschaftspraxis war. Kompensiert wurde die mangelnde Steuerungsfähigkeit entweder durch Herrn Potemkins Fassaden oder durch autoritäre Scheindisziplinierung und Auftritte von Uniformierten als den wichtigsten Surrogaten staatlicher Macht und Ordnung. Insofern ist es kein Zufall, dass fünf der sieben Bevollmächtigten des Präsidenten Uniformträger aus Armee, Polizei und Geheimdienst sind. Zu dieser symbolischen Politik passt, dass die Sowjetfahne nun zur Fahne der Armee und die Sowjethymne, mit neuem Text versehen, zur Nationalhymne erklärt wurde. Das bedeutet nicht »Back to the

32 Heinemann-Grüder (wie Anm. 30), S. 989/990. Ähnlich auch Proščaj, revoljucija. In: MOSKOVSKIE NOVOSTI (2000), Nr. 46, S. 7.

USSR«, sondern einen weiteren Griff in den historischen Kostümfonds, um der anvisierten Stärkung des Patriotismus Gestalt zu verleihen. Da koexistieren dann so gegensätzliche Zeichen wie der byzantinische Doppeladler im Wappen, der für Russlands vorpetrinische Ära steht, die Flagge Peters des Großen, die Russlands Öffnung nach Europa repräsentiert, und eben die Sowjethymne. Das alles ist Ausdruck der Ausweitung und Konsolidierung des patriotischen Konsenses und der Großmachtnostalgie in Politik und Gesellschaft. War der Legitimitätsverlust des Großmachtgedankens eine der Ursachen für die Auflösung der UdSSR gewesen[33], so ist in jüngster Zeit über alle Generationsgrenzen hinweg eine Renaissance dieses Denkens zu beobachten: Bei einer repräsentativen Umfrage im April 2000, ob Russland in der Gegenwart eine Großmacht (welikaja derschawa) darstelle, bejahten dies 55 Prozent der jüngsten Altersgruppe über 18 Jahren und 53 Prozent der ältesten Befragten.[34]

Mythos »Derschawa«

Das alles ist geeignet, der in Politik und Gesellschaft verbreiteten Illusion über das Wesen eines starken Staates Nahrung zu geben. Hier ist immer wieder ein kategoriales Missverständnis zu beobachten, das aus dem Entwicklungspfad des russländisch-sowjetischen Staatsverständnisses resultiert. Trotzdem kann es nicht oft genug wiederholt werden: Nicht ein paternalistischer Machtstaat, eben jene »Derschawa«, mit einer starken Exekutivgewalt und Drohinstrumenten nach innen und außen ist stark, die auf die Kontrolle und Unterordnung gesellschaftlicher unter staatliche Interessen zielt. Ein Staat ist dann stark, wenn er sich unter den Staatsbürgern hoher Legitimität und Loyalität erfreut. Diese nehmen in dem Maße zu, in dem staatliche Institutionen und Dienstleistungen wie Rechtsprechung, Bildung, Gesundheitswesen und Infrastruktur funktionieren. Darüber hinaus basiert Stärke auf der Fähigkeit zu Innovation und Modernisierung, zu wirtschaftlicher Leistungskraft und kultureller Ausstrahlung. Vor diesem Hintergrund mutet es bizarr an, dass in einer Zeit, in der weltweit die Handlungsfähigkeit von

---

33 Sapper, Manfred: Die Auswirkungen des Afghanistan-Krieges auf die Sowjetgesellschaft. Eine Studie zum Legitimitätsverlust des Militärischen in der Perestrojka. Münster 1994.

34 Siehe Dubin, Boris: Konec veka. In: MONITORING OBŠČESTVENNOGO MNENIJA (2000), Nr. 4, S. 13 – 18, hier S. 15. Zur Zerstörung eben dieser Großmachtorientierung während der Perestrojka siehe: Sovetskij prostoj čelovek. Opyt social'nogo portreta na rubeže 90-ch. Moskva 1993. Zur Sowjethymne: Pesnja ne proščaetsja s toboj. In: MOSKOVSKIE NOVOSTI (2000), Nr. 41, S. 1 und 4; My ne budem slušat' etot gimn stoja. In: MOSKOVSKIE NOVOSTI (2000), Nr. 44, S. 1.

Staaten angesichts globalisierter Finanzmärkte, wirtschaftlicher Abhängigkeiten und neuer Informationstechnologien sich relativiert, in Russland die Idee des direktiven Machtstaats eine Renaissance erfährt.

Dabei mangelt es nicht an Menetekeln, an denen abzulesen ist, wie es um die Stärke des »starken Staates« und die Macht der »Großmacht Russland« tatsächlich steht. Die positiven Wirtschaftsdaten des ersten Amtsjahres von Putin mögen den Blick darauf erschweren. Dank der hohen Weltmarktpreise für Öl und Gas konnte Russland einen Außenhandelsüberschuss von rund 60 Mrd. US-Dollar erwirtschaften. Die Inlandsnachfrage und die Industrieproduktion expandierten. Das Bruttoinlandsprodukt wuchs um sieben Prozent. Der Staatshaushalt konnte einen Überschuss erzielen. Die durchgeführte Steuerreform gilt als wichtiges Signal. Doch strukturell ändert das nichts an dem epochalen Niedergang der wirtschaftlichen Leistungsfähigkeit des Landes in den vergangenen zwei Jahrzehnten, der durch Deindustrialisierung, Investitionsmangel, Auslandsverschuldung und die Rohstofflastigkeit des Exports gekennzeichnet ist. Stellt man Russlands Wirtschaftskraft in den Rahmen der Zentren, auf die sich die politische Elite in Moskau gerne bezieht, kann von einer wirtschaftlichen Großmacht nicht die Rede sein. An der Schwelle zum 21. Jahrhundert belief sich der Anteil der USA am Weltbruttosozialprodukt auf 21 Prozent, jener der EU auf 20 Prozent, der Chinas auf 12,5 Prozent, Japans auf 7,5 Prozent und Russlands auf 2,4 Prozent.[35]

Im vorliegenden Rahmen genügen drei Menetekel. Der »schwarze August« 2000 brachte zwei ans Licht, das dritte ist im Kaukasus: Der brennende Moskauer Fernsehturm wurde zum Fanal. Dadurch, dass alle im Fernsehen nichts mehr sahen, konnten alle sehen, in welchem Zustand die Infrastruktur des Landes ist. Das gilt für alle Schlüsselsektoren wie Energie, Industrie, Kommunikation, in die in den vergangenen fünfzehn Jahren nahezu keine Investitionen mehr flossen. Mit dem Drama in der Barentssee ging nicht nur ein Atom-U-Boot mit Besatzung unter, sondern auch die Allmachtsaspiration der zentralen Machtstrukturen. Gleichzeitig trat ein Maß an technischer und administrativer Ohnmacht, Menschenverachtung und Verlogenheit unter der Armee- und Staatsführung zutage, das selbst die ausgezehrte öffentliche Meinung Russlands aus ihrer Agonie riss: »Wie in den verlogenen sowjetischen Zeiten hat sich ein Abgrund zwischen der Gesellschaft und den Herrschenden aufgetan. [...] ›Tschetschenien‹ und die

35 Arbatov, Aleksej: Nacional'naja bezopasnost' Rossii v mnogopoljarnom mire. In: MEIMO (2000), Nr. 10, S. 21 – 28, hier S. 21. Zur allgemeinen Wirtschaftslage: Putin: Altschulden werden zurückgezahlt. In: FAZ vom 8.1.2001; Millar, James R.: Can Putin Jump-Start Russia's Stalled Economy. In: CURRENT HISTORY (2000), Nr. 638, S. 329 – 333.

›Kursk‹ haben eine allgemein gültige Stimmung geschaffen: Lieber ins Gefängnis als den Sohn der Flotte oder der Armee zu geben.«[36]

Zum zweiten Tschetschenienkrieg ist alles gesagt.[37] Der Krieg verletzt die Menschen- und Minderheitenrechte, die Normen und Prinzipien, zu deren Einhaltung sich Russland gegenüber der OSZE, dem Europarat und auch im Partnerschafts- und Kooperationsabkommen gegenüber der EU verpflichtet hat. Paradoxerweise schwächt Russland damit genau die Institutionen, von denen es sich zurecht Unterstützung etwa bei der Verteidigung der Menschen- und Bürgerrechte der ethnischen Russen im Baltikum erwartet. Militärisch ist der Krieg in derselben Sackgasse gelandet wie 1996. Es gelingt der Armee nicht, ein Gebiet von der Größe des kleinen deutschen Bundeslands Thüringen zu kontrollieren, geschweige denn einen Partisanenkrieg zu gewinnen. Dies konzedieren nur wenige Journalisten, nicht jedoch Putin und die Militärspitze. Der Krieg werde bis zur »vollständigen Vernichtung der tschetschenischen und angeworbenen Terroristen gehen«, so General Troschew.[38] Den Preis zahlen vor allem die russländischen Soldaten – mit ihrem Leben. Die Truppen haben mehr Opfer zu beklagen als in der Phase des Krieges, als es einen klaren Frontverlauf gab. Pro Woche fallen mindestens 30 Soldaten, etwa 60 bis 90 werden verletzt.[39] Doch bis zum Umschlag der Stimmung nach dem Kursk-Unglück war die Bevölkerung indolent geworden. Die Zahl der Toten ließ die öffentliche Meinung gleichgültig – von denen auf tschetschenischer Seite und unter der Zivilbevölkerung ganz zu schweigen. Insofern ist es zweitrangig, ob die Zahl der Gefallenen im ersten Kriegsjahr 2.472 oder 7.000 beträgt, wie die Schätzungen der Soldatenmütter lauten.[40] Erst in den letzten Monaten des Jahres 2000 kippte die Stimmung. Waren im April 2000

---

36 Lošak, Viktor: Posle »Kurska« strana drugaja. In: MOSKOVSKIE NOVOSTI (2000), Nr. 33, S. 1.

37 Grobe-Hagel, Karl: Tschetschenien. Rußlands langer Krieg. Köln 2001; Wagner, Claudia: Rußlands Kriege in Tschetschenien. Politische Transformation und militärische Gewalt. Münster 2000.

38 Godovščina forsirovanija Tereka. In: MOSKOVSKIE NOVOSTI (2000), Nr. 42, S. 8. Zu Trošev: Vojna do poslednego terrorista. In: MOSKOVSKIE NOVOSTI (2000), Nr. 28, S. 11.

39 Die Opferzahlen nennt der renommierte Militärjournalist Pavel Fel'gengauer, der sich exzellenter Kontakte zum Generalstab erfreut: Na vtoroj god v Čečne. In: MOSKOVSKIE NOVOSTI (2000), Nr. 38, S. 9. Diese Zahlen sind gestiegen auf etwa 20 – 25 Tote pro Tag. Siehe: Wehner, Markus: Moskau verschweigt Verluste in Tschetschenien. In: FAZ vom 17.1.2000, S. 8. Siehe auch das Interview mit Aslan Maschadow: »El'cin mog by stat' posrednikom«. In: MOSKOVSKIE NOVOSTI (2000), Nr. 46, S. 2 – 3.

40 General Manilov, Kommersant-daily vom 6.10.2000; www.gazeta.ru, 22.6.2000. Siehe dazu: Dunlop, John B.: Russia's Invasian of Chechnya: Mired in Quag? http://www.jamestown.org/chechnya/new-chechnya-dunlop1.htm.

noch 69 Prozent der Meinung, der Krieg in Tschetschenien solle fortgesetzt werden, so vertraten im Oktober nur noch 44 Prozent der Befragten diese Meinung; sollte dies zu mehr Opfern unter den russländischen Truppen führen, war sogar nur noch ein Drittel für die Weiterführung des Krieges und über die Hälfte für Verhandlungen.[41]

Statt diesen Kurs einzuschlagen, die internationale Staatengemeinschaft in ihrer Verurteilung des russländischen Vorgehens beim Wort zu nehmen und internationale Unterstützung bei der Konfliktregulierung anzufordern, wozu z.B. der Einsatz von mandatierten Blauhelm-Truppen und polizeiliche Maßnahmen, um den florierenden, kriminellen Gewaltmarkt der tschetschenischen Warlords aufzulösen, ebenso gehören müssten wie politische Initiativen, über Autonomie-Regelungen für Tschetschenien unterhalb der Sezession nachzudenken, üben sich die politisch Verantwortlichen in Legendenbildung. Vor der Parlamentarischen Versammlung des Europarates führte Außenminister Igor Iwanow im Frühjahr 2000 zur Rechtfertigung des Krieges aus: »Russland schützt jetzt die gemeinsamen Grenzen Europas vor dem barbarischen Überfall des internationalen Terrorismus, der zielgerichtet und hartnäckig die Achse seines Einflusses ausbaut: Afghanistan-Zentralasien-Kaukasus-Balkan. [...] All dies geschieht an den südlichen Grenzen Europas und führt zu einer unmittelbaren Bedrohung der Sicherheit unseres Kontinents sowie für das Leben und Wohlergehen eines jeden Europäers.«[42] Iwanows Kalkül ist bemerkenswert. Er bemüht sich, ein Bild zu zeichnen, das anschlussfähig an eines der verhärtetsten Stereotypen im kollektiven Unbewussten der Westeuropäer ist: dass die Bedrohung aus dem Osten kommt. Dieser Topos, der die westeuropäische Identitätsbildung seit der Aufklärung stärker formte, als dies die Gemeinsamkeiten unter den Westeuropäern hätten leisten können, reicht vom Mongolensturm über die Türken vor Wien, das despotische Russland, den Kommunismus bis zur russischen Mafia und der (in der Regel mit gut gemeinten Hilfsrezepten einhergehenden) Beschwörung des »Chaospotentials« in Russland, das in der Lage sei, den ganzen Kontinent zu destabilisieren.[43] Bei den Parlamentariern des Europarats stach diese Karte nicht. Als Reaktion auf die Verletzungen der Menschenrechte in Tschetschenien und damit die Prinzipien

41 Levada, Jurij: Čto sčitaem po oseni. In: NEZAVISIMAJA GAZETA – SCENARII vom 15.11.2000, S. 10.

42 Ivanov, Igor': Nam nečego skryvat'. In: NEZAVISIMAJA GAZETA – DIPKUR'ER vom 3.2.2000, S. 11.

43 Siehe zum Osten als Stereotyp: Wolff, Larry: Inventing Eastern Europe. The Map of Civilization on the Mind of the Enlightenment. Stanford 1994; Münkler, Herfried: Europa als politische Idee. In: ders.: Reich, Nation, Europa. Modelle politischer Ordnung. Weinheim 1996, S. 97 – 150.

des Europarats wurde der russländischen Abgeordnetengruppe im April 2000 das Stimmrecht entzogen.

Darüber hinausgehende Konsequenzen befürchtet Moskau nicht: »Die Geschichte kennt keinen einzigen Fall«, meinte Putin wenige Monate zuvor lakonisch, »wo Russlands innere Probleme Anlass oder Gelegenheit boten, die Beziehungen abzubrechen. Dies geschah nie, weil Russland für die Weltgemeinschaft zu wichtig ist.«[44] Er hat Recht und er irrt. Tschetschenien und einige Elemente der Putinschen »gelenkten Demokratie« stellen die westlichen Institutionen vor ein Dilemma. Um nicht die eigene Glaubwürdigkeit aufs Spiel zu setzen, muss etwa die EU als der wichtigste Akteur in Politik und Wirtschaft auf dem Kontinent die skizzierten Missstände anprangern. Über wirksame Sanktionsinstrumente verfügt sie nicht. Überdies darf das Potenzial, von außen die Entwicklung in Russland signifikant beeinflussen zu können, nicht überschätzt werden. Das haben die vergangenen zehn Jahre gelehrt. Eher sind es die Realitäten, die Moskau seine Handlungsspielräume und Interessen in der Innen- und Außenpolitik klar machen. Putin würde irren, wenn er glaubte, was er über Russlands Bedeutung für die Weltgemeinschaft sagt. Diese erweist sich nämlich in wachsendem Maße als *idée fixe*.

Reale Handlungsspielräume

Es genügt, die nüchterne Bestandsaufnahme des Duma-Abgeordneten und USA-Experten Aleksej Arbatow zu lesen. Allein die Auslandsverschuldung von etwa 190 Mrd. US-Dollar ist für Russland zur Existenzfrage geworden. Erfüllt Russland den Schuldendienst wie vorgesehen, sind in den kommenden zehn Jahren 60 bis 80 Prozent der Ausgaben des föderalen Haushalts gebunden. Zahlt es nicht, gerät es in finanzielle Isolation und in ein faktisches Handelsembargo. Angesichts der eigenen Entwicklungsschwäche, der dynamischen Veränderungen in der Weltwirtschaft, der nuklearen Proliferation in Asien und der hohen Konfliktdynamik zwischen Indien und Pakistan, der aktuellen territorialen Konflikte Russlands mit Japan und der potenziellen mit China wegen der illegalen Einwanderung zahlreicher Chinesen und deren schleichender Landnahme in Ostsibirien und im Fernen Osten sowie einer globalen militärischen Balance, die sich gravierend zulasten Russlands verändert, drohe Russland schon in Kürze jeden internationalen Einfluss zu verlieren. Für Arbatow liegen die daraus zu

44 Präsident Wladimir Putin in der TV-Sendung Zerkalo, RTR, 6.12.1999. Zitiert nach: Timmermann (wie Anm. 7), S. 12.

ziehenden Konsequenzen auf der Hand: Die entscheidende Aufgabe bleibt die Überwindung der wirtschaftlichen Misere. Außenpolitisch sollte die Aufmerksamkeit den Ländern gewidmet werden, »von denen Russlands Perspektiven des wirtschaftlichen Wachstums, die Anziehung der stärksten ausländischen Investitionen und die Ausdehnung der Partizipation in den internationalen Handels- und Finanzorganisationen abhängen: Die Rede ist von Westeuropa und Japan. Von der langfristigen politischen und sicherheitspolitischen Interessenlage betrachtet, werden diese Länder für Russland die entscheidende Rolle spielen. [...] Auf dem europäischen Kontinent führt Russlands Hauptverkehrsader in Richtung einer allmählichen, sorgfältig durchdachten und die russländischen Spezifika in Betracht ziehenden Annäherung an die Europäische Union und alle Strukturen eines Gesamteuropas. [...] Das demokratische Europa kann nicht und möchte nicht aus Russland ein Rohstoffanhängsel machen, es zieht weder seine Souveränität noch seine territoriale Integrität in Zweifel. Europa hat eine enorme Erfahrung auf dem Gebiet der Integration unter Wahrung der nationalen und kulturellen Besonderheiten seiner Völker gesammelt.«[45]

Das alles ist Putin und der politischen Elite bekannt. Deshalb sind Äußerungen von ihm wie die oben zitierte eher als innenpolitische Rhetorik zur Abgrenzung nach außen und Integration nach innen zu verstehen – ganz in der Tradition der Jelzin-Ära, in der sich eine Kontinuitätslinie durch die russländische Außenpolitik gegenüber dem Westen, der EU und vor allem der NATO zog: Immer war konfrontative Rhetorik gekoppelt an Kooperation in der Sache. Dies gilt besonders für Russlands Verankerung in Europa. Russland ist wirtschaftlich von Westeuropa abhängiger als umgekehrt. Die EU ist der wichtigste Handelspartner. Etwa 40 Prozent des Außenhandels werden mit der Brüsseler Gemeinschaft abgewickelt, zwei Drittel aller Direktinvestitionen in Russland stammen aus EU-Staaten. Nach der Osterweiterung der Europäischen Union wird ihre wirtschaftliche und politische Bedeutung für Moskau weiter wachsen. Es sind deshalb weder Lippenbekenntnisse, noch ist es ein Zufall, dass Moskau die EU außerordentlich positiv beurteilt und die Beziehungen zu Brüssel und den Kernstaaten der EU zur Priorität der russländischen Außenpolitik erklärt hat.[46] Eben dies ist die Einsicht in die schiere Notwendigkeit.

45 Arbatov (wie Anm. 35), S. 26/27. Im Original spricht Arbatow nicht von »Gesamteuropa«, sondern von »Bol'šaja Evropa« – »Großeuropa«. Ähnlich auch: Karaganov, Sergej: Novaja vnešnjaja politika: Čto delat' s Rossiej? In: MOSKOVSKIE NOVOSTI (2000), Nr. 3, S. 3 und 11.

46 Exemplarisch: Ivanov, Igor': Rossija, Evropa na rubeže stoletij. In: MEŽDUNARODNAJA ŽIZN' (2000), Nr. 2, 24–29.

Kooperation in Gesamteuropa

Allerdings heißt es Abschied nehmen von jeder Form des Wunschdenkens. Russlands außenpolitische Orientierung auf Europa bedeutet nicht, dass damit eine »europäische« oder »westliche« Ausrichtung der Innenpolitik verbunden wäre. Diese Gleichung geht nicht auf. Über weite Strecken der Jelzin-Ära traf sie bereits ebenfalls nicht zu. Die Strukturdefizite der hybriden Demokratie standen dem entgegen. Die Putinsche »gelenkte Demokratie« gibt keinen Anlass zu mehr Optimismus. Der in Russlands »Mittelfristiger Strategie« zur Entwicklung der Beziehungen mit der Europäischen Union erklärte Verzicht auf eine Integration in die EU beendet die in Moskau jahrelang herrschenden konzeptionellen Unklarheiten, welche Rolle Russland in Europa spielen will. Diese Position ist kompatibel mit den politischen Interessen und Handlungsoptionen der Europäischen Union. Auch eine auf gemeinsamen Werten und Prinzipien gegründete Partnerschaft wird durch das Putinsche Herrschaftsmodell schwieriger.

Was bleibt, ist Kooperation. Das ist weder wenig noch eine moralische Veranstaltung. Voraussetzung jeder Kooperation ist, dass sie beiden Seiten nutzen muss. Deshalb sollten sich Russland und die EU auf die Bereiche konzentrieren, wo Kooperation am leichtesten ist und die größten Chancen für *spill-over*-Effekte auf andere Politikfelder bestehen. Voraussetzungen sind einheitliche Erfahrungshorizonte und Problemfelder, die als gemeinsame und gemeinsam bearbeitbare angesehen werden. Der Energiemarkt und der Umweltsektor bieten die besten Ansatzpunkte. Jeweils ist offensichtlich, dass Ziele wie sichere Energieversorgung, Effizienz, Wirtschaftlichkeit sowie die ökologischen Interessen nur gesamteuropäisch zu erreichen und zu verwirklichen sind. Dreh- und Angelpunkt der Kooperation ist ein funktionaler Europabegriff, der anerkennt, dass Europa je nach dem Politikfeld größer ist als die EU.

Hier besteht Anlass zu Optimismus. Auf dem EU-Russland-Gipfel im Oktober 2000 signalisierte die EU ihre Bereitschaft, in die russländische Energiewirtschaft zu investieren und dafür mehr Energieträger zu importieren. Moskau müsste zunächst die europäische Energiecharta ratifizieren, die, Anfang der neunziger Jahre initiiert, 1994 unterzeichnet wurde und dann in Vergessenheit geriet.[47] Russland erhielte im Gegenzug, was es vor allem braucht: Investitionen, Modernisierung, höhere Effektivität bei der Förderung und dem Transport sowie eine bessere Ausbildung für die im Energiesektor Beschäftigten. Sollten die Syn-

47 Karaganov, Sergej: Energetičeskij šans Rossii. In: MOSKOVSKIE NOVOSTI (2000), Nr. 44, S. 5 und 12; Energetičeskij krizis sbližil Moskvu s Evrosojuzom. In: NEZAVISIMAJA GAZETA vom 31.10.2000, S. 1 und 3; Karasin, Grigorij: Doroga, kotoruju vybiraet Evropa. In: MOSKOVSKIE NOVOSTI (2000), Nr. 48, S. 5.

ergieeffekte der Kooperation auf dem Energiemarkt greifen, könnte er zu einem Fundament für eine intensivere politische und militärische Zusammenarbeit werden. Die »Gemeinsame Strategie« und die »Mittelfristige Strategie« der beiden Partner haben weitere Kooperationsfelder abgesteckt. Sie müssten nur synchronisiert werden.

1/2001

Katarzyna Pełczyńska-Nałęcz

Russland – ein Blick aus polnischer Perspektive

Aus der Sicht polnischer Interessen erscheinen die folgenden Fragen im Blick auf Russland besonders wichtig:

Die Politik Russlands gegenüber den ehemaligen Sowjetrepubliken: der Ukraine, Belarus und den baltischen Ländern

Russlands Einflüsse in den baltischen Ländern, der Ukraine und Belarus sind sehr unterschiedlich. Litauen, Lettland und Estland sind trotz enger Beziehungen mit Russland (hauptsächlich wirtschaftlicher Natur) absolut unabhängige Länder, während man Belarus als der Russischen Föderation beinahe völlig untergeordnet betrachten kann. In allen genannten Ländern hat Moskau jedoch so große Möglichkeiten, Einfluss zu nehmen, dass seine Politik mehr oder weniger stark die innere Situation und manchmal auch die Außenpolitik dieser Länder gestalten kann. Russlands Priorität in dieser Region ist es, sich möglichst weitreichende politische, ökonomische und militärische Einflüsse zu erhalten. Beweggrund für diese Strategie ist nicht nur das reine Großmachtstreben, die eigenen Interessensphären in der Region zu wahren, sondern auch die Sicherung lebenswichtiger Interessen von Wirtschaft und Sicherheitsbereich. Moskau verfolgt vor allem folgende Ziele:

– Sicherung günstiger Transitbedingungen für die von russischen Firmen exportierten Rohstoffe zur Energiegewinnung (zu diesem Zweck wird u.a. versucht, über Schlüsselbereiche des Transportwesens indirekt die Kontrolle zu übernehmen oder sich zu verschaffen).

– Erhaltung des Monopols auf Öl- und Erdgaslieferungen in der Region.

– Verstärkung des Einflusses (Anteile bei den Privatisierungen) bei den aus russischer Sichtweise wichtigen Wirtschaftszweigen (z.B. im Hinblick auf einen lückenlosen Produktionsprozess).

– Ausarbeitung günstiger Visa-Lösungen für die Länder, deren EU-Beitritt bevorsteht.

– Festlegung günstiger Bedingungen für den Personen- und Gütertransit sowie für Militärtransporte aus der und in die Kaliningrader Enklave.

– Erhaltung eigener Militärbasen in der Region (Ukraine und Belarus).

– Einschränkung der Ausdehnung der NATO und damit auch der amerikanischen Hegemonie in der Region.

Diese Ziele russischer Politik bestehen unverändert seit dem Zerfall der Sowjetunion. Seit Beginn von Wladimir Putins Präsidentschaft hat sich jedoch die Wirksamkeit der russischen Bemühungen zur Verwirklichung dieser Vorhaben deutlich gesteigert. Das ist teilweise mit einer Veränderung der politischen Strategien gegenüber den ehemaligen Sowjetrepubliken verbunden. Moskau rückte von seiner vielseitigen politischen Zusammenarbeit, z.B. im Rahmen der GUS, ab und konzentrierte sich nunmehr vor allem auf bilaterale Beziehungen. Im Rahmen dieser zweiseitigen Verhältnisse wurden die Druckmittel deutlich verfeinert und mobilisiert, die für diese Vorhaben am erfolgversprechendsten sind.

Zu den wichtigsten Druckmitteln, über die Russland in den Beziehungen zu den postsowjetischen Ländern Osteuropas verfügt, gehören:

a) starke wirtschaftliche Verbindungen, hauptsächlich aber die Abhängigkeit von der Zufuhr und den Einnahmen aus dem Transit russischer Energievorräte;

b) die Existenz starker prorussischer Lobbies unter den wirtschaftlichen und politischen Eliten dieser Länder (dies sind gewöhnlich Gruppen, die an der wirtschaftlichen Zusammenarbeit mit Russland verdienen);

c) Manipulationen mit Hilfe der russischen Minderheiten;

d) das immer noch nicht gelöste Problem der Grenzziehung (Ukraine und Belarus, Lettland und Estland) sowie der Ratifikation von Grenzverträgen (Litauen).

Die Haltung Russlands zur Erweiterung von Europäischer Union und NATO

Die Haltung Moskaus kann, obwohl sie kein ausschlaggebender Faktor ist, dennoch einen relevanten Einfluss auf den Prozess des Anschlusses der Länder Mitteleuropas an die europäischen und transatlantischen Strukturen haben. Russland stellt sich zwar der Erweiterung der Europäischen Union formal nicht entgegen, verweist in letzter Zeit aber immer häufiger auf vielfache Bedrohungen, die mit der Erweiterung der EU um die Länder Mitteleuropas auf die Russische Föderation zukommen. Es ist vor allem von einem Rückgang des Handelsaustausches die Rede, aber auch von der politischen und gesellschaftlichen Isolation Russlands.

Entschieden widersetzt sich Moskau aber dem Anschluss der baltischen Länder an das Nordatlantische Bündnis. Hauptmotiv für die russische Gegnerschaft ist die Befürchtung, dass die russische Hegemonie auf dem Gebiet der GUS geschwächt wird und die amerikanische Vorherrschaft in dieser Region expandiert. Die Ostverschiebung der militärischen Infrastruktur der NATO wird von einem

Teil der russischen Eliten auch als potenzielle Bedrohung militärischen Charakters durch die zunehmenden Möglichkeiten des Einsatzes dieser Kräfte auf dem Gebiet Russlands und der GUS angesehen.

Seit 1997 und immer deutlicher seit 2000 ändert Russland seine Vorgehensweise gegenüber den Staaten des ehemaligen Sowjetgebietes, die in Zukunft Mitglieder des Bündnisses werden könnten (die baltischen Staaten; längerfristig sieht Moskau auch eine Bedrohung in einem eventuellen Anschluss der Ukraine). Russland verzichtet auf Drohungen und lautstarke Proteste zugunsten von feiner Überzeugungsarbeit und Beteuerungen, dass die staatlichen Souveränitäten respektiert werden. Gleichzeitig mobilisiert Russland andere, weniger sichtbare, aber wirksamere Mittel der Einflussnahme:

u.a. die Stärkung prorussischer Lobbies in diesen Ländern (sie könnten in Zukunft auf eine Umorientierung bei den außenpolitischen Zielen dieser Länder hinwirken),

die regelmäßig erhobenen Vorwürfe der Diskriminierung der großen russischsprachigen Minderheiten in Lettland und Estland,

die zunehmende Thematisierung all jener Fragen in den russischen Medien, die in den baltischen Ländern (wie auch im Westen) Kontroversen hervorrufen, z.B. Tätigkeiten rechtsextremer Organisationen oder von Veteranen des Zweiten Weltkrieges, die in lokalen SS-Verbänden gekämpft hatten, sowie Untaten von Kriegsverbrechern aus den baltischen Staaten, und

die Verstärkung der russischen Militärpräsenz in der Region (hauptsächlich in der Ukraine - Intensivierung der Zusammenarbeit beim Militär und in der Rüstungsindustrie).

Zustand und Perspektiven des Brennstoffsektors in Russland. Die Politik des Kreml und der russischen Konzerne in Energiefragen

Die Gewinnung, Verarbeitung sowie der Verkauf von Rohöl und Erdgas sind das Rückgrat der russischen Wirtschaft (40 - 50% der Steuereinnahmen, ca. 50% der Exporteinnahmen). Zustand und Lage dieses Sektors entscheiden also in erheblichem Maße über den Zustand der gesamten russischen Wirtschaft.

Neben der Bedeutung, die der Gassektor auf der innenpolitischen Bühne hat, ist er auch ein wichtiger Faktor, der die Position Russlands nach außen hin festigt. Denn Energiefragen entscheiden in beträchtlichem Maße über die Möglichkeiten ökonomischer und politischer Einflussnahme der Russischen Föderation auf die Länder Ost- und Mitteleuropas. Sie gehören auch zu den wichtigsten Elementen der Zusammenarbeit mit der EU. Russland liefert 100 Prozent des Gases, das von den baltischen Ländern, der Ukraine und Belarus importiert wird. Es hat außerdem eine monopolistische Stellung bei der Lieferung dieses Rohstoffes u.a. nach Polen, in die Slowakei, nach Ungarn, Tschechien, Finnland und Österreich. Aus Russland kommen auch 20 Prozent des Gases, das die Staaten der Europäischen Union kaufen. Aller Wahrscheinlichkeit nach wird der Anteil russischer Rohstoffe in der Energiebilanz der EU in Zukunft wachsen. Falls die russische Seite im Stande ist, eine entsprechende Menge des Rohstoffes bereitzustellen, so könnte, nach den Worten der EU-Kommissarin für Energie, Loyola de Palacio, der Erdgasimport im Laufe der nächsten zwanzig Jahre sogar auf das Doppelte anwachsen. Die baltischen Länder sowie die Ukraine machen ihrerseits mit dem Transit russischer Rohstoffe große Gewinne.

Sämtliche Komplikationen im russischen Brennstoffsektor können also eine wesentliche Bedrohung für die sichere Energieversorgung Polens und ganz Ostmitteleuropas darstellen, sie könnten sich auch nachteilig auf die Wirtschaft in den EU-Ländern auswirken.

Die wirtschaftliche Situation, Verlauf und Konsequenzen der Wirtschaftsreformen

Die auf Anordnung Putins erarbeitete und Mitte 2000 teilweise veröffentlichte Entwicklungsstrategie der Russischen Föderation bis zum Jahr 2010 sieht die Durchführung radikaler (für russische Verhältnisse beinahe revolutionärer) liberaler Reformen vor. Im ersten Jahr nach der Übernahme der Präsidentschaft entschied sich das neue Staatsoberhaupt für die Durchführung nur weniger der geplanten Reformen. Seit Frühling 2001 wird im Kreml und in der Regierung lebhaft an der Einleitung und Durchführung einer Reihe sehr wichtiger gesellschaftlicher und wirtschaftlicher Reformen gearbeitet, darunter eine Bodenreform, eine Steuerreform, eine Herabsetzung bürokratischer Barrieren in der Wirtschaft, Änderungen des Arbeitsrechts, eine Teilreform des Bankensystems, eine Rentenreform, eine Kommunalreform sowie Änderungen, die eine Restrukturierung der natürlichen Monopole zum Ziel haben (Reformen des Elektrizitätssystems, des Eisenbahnwesens und der Gasversorgung).

Die Mehrheit der genannten Reformen steht immer noch in der Anfangsphase, aber man sieht bereits jetzt, dass ihre Durchführung in Russland auf sehr ernst zu nehmende Barrieren stoßen muss. Diese Probleme betreffen sowohl die Vorbereitung von Projekten (Glaubwürdigkeit und Kompetenz der beteiligten Personen) als auch ihre Verwirklichung (es existieren sehr starke Lobbies gegen die Liberalisierung der russischen Wirtschaft). Es ist also derzeit schwierig abzusehen, ob die Bemühungen des Kreml tatsächlich positive Veränderungen in Russland bringen werden. Zweifellos sind aber der Charakter und die Geschwindigkeit, mit denen die strukturellen Veränderungen in der russischen Wirtschaft angegangen werden, Schlüsselfaktoren, die über die wirtschaftliche und politische Stabilität dieses Landes entscheiden und die Glaubwürdigkeit Russlands als Wirtschaftspartner auf dem internationalen Parkett ausmachen.

Das System der Machtausübung

Mit der Machtübernahme Putins in Russland kamen zunehmend autoritäre Tendenzen auf. Die politische Opposition wurde marginalisiert, die Freiheit der Medien immer mehr eingeschränkt. Es wächst auch die Bedeutung der Streit- und Ordnungskräfte, die eines der Hauptwerkzeuge für die Durchsetzung der Politik des Kreml geworden sind. Trotz der stärker werdenden Position des Präsidenten und seines Umfeldes gibt es in Russland nach wie vor Kräfte, die die Macht des Kreml bedeutend einschränken. Dies sind vor allem lokale Eliten, die zwar auf der Föderationsebene an Einfluss verloren, in den eigenen Regionen jedoch eine sehr starke Position behalten haben. Die Machthaber müssen bei der Verwirklichung ihrer Politik auch auf die öffentliche Meinung Rücksicht nehmen. Obwohl sie immer noch eher Objekt als Subjekt der Politik ist, entscheidet schließlich die Gesellschaft über die Wahl der Machthaber sowohl auf lokaler, als auch auf Föderationsebene.

Die Form des politischen Systems in Russland ist zweifellos ein wesentlicher Faktor, der den Charakter und die Art der Durchführung der Reformen im Land beeinflusst und auch die Beziehungen Russlands zu anderen Staaten, darunter Polen, bestimmt. Aus der Perspektive unseres Landes ist der wahrscheinliche Zusammenhang zwischen den stärker werdenden autoritären Tendenzen in Russland und dem Zuwachs an expansiven Elementen und Großmachtgebaren in der russischen Außenpolitik ungeheuer wichtig.

Die innere Situation und die Perspektiven der Zusammenarbeit mit Kaliningrad, der einzigen Region Russlands, die direkt an Polen grenzt

Kaliningrad stellt für die Nachbarstaaten keine militärische Bedrohung mehr dar, obwohl dort immer noch ein bedeutendes militärisches Potenzial konzentriert ist (ungefähr fünfundzwanzigtausend Offiziere und Soldaten). Durch die sich verschärfende wirtschaftliche und gesellschaftliche Krise in der Enklave wird das wachsende Wohlstandsgefälle zwischen dem Kaliningrader Bezirk und den angrenzenden Ländern immer gefährlicher. Die durchschnittlichen Löhne und Gehälter in Kaliningrad (72 USD; Angaben aus dem Jahr 2000) sind nicht nur um ein Vielfaches niedriger als in Litauen (268 USD) oder Polen (437 USD), sondern sogar niedriger als im russischen Durchschnitt (89 USD). Die sehr schlechte wirtschaftliche Situation in der Enklave führt u.a. zu einem Anstieg der Kriminalität; dazu gehört der sehr weit verbreitete Schmuggel (besonders von Alkohol und Zigaretten), der der polnischen Seite erhebliche Einbußen beschert.

Der gesellschaftlich-ökonomischen Krise in Kaliningrad kommt im Hinblick auf eine eventuelle EU-Osterweiterung immer größere Bedeutung zu. Im Falle einer Integration Polens und Litauens in die Union würde die russische Enklave zu einer Insel, die nach allen Seiten hin von Staaten des vereinigten Europas umgeben ist. Mit der Aufnahme Polens und Litauens in die EU müssten diese Länder auch Visabestimmungen einführen, die den Anforderungen des Vertrags von Schengen entsprechen. Eine solche Lösung hätte zweifellos wesentlichen Einfluss auf den grenzüberschreitenden Verkehr und damit auf die wirtschaftliche Situation in der Enklave. Die Einführung von Visa kann nämlich einen Teil der Einwohner der Enklave um ihre Einkünfte bringen und auch zu einem Rückgang der Einnahmen im lokalen öffentlichen Haushalt führen.

Die Möglichkeiten zur Veränderung der kritischen Situation in der Enklave liegen jedoch vor allem in der Hand Moskaus. Bis vor kurzem zeigten die Machthaber der Föderation kein großes Interesse an der Enklave, und die Handlungen, die sie unternahmen, waren bruchstückhaft und inkonsequent. Trotz des in letzter Zeit sichtbar gestiegenen Interesses an Kaliningrad erscheint es kaum wahrscheinlich, dass es dem Kreml gelingt, ein Programm auszuarbeiten und zu realisieren, das zur Sanierung der Wirtschaft des Bezirks und zur Belebung der internationalen Kontakte der Enklave führen wird.

Aus dem Polnischen von Oliver Engelhardt

7/2001

Agnieszka Magdziak-Miszewska

Überlegungen zur polnischen Russlandpolitik und zur Entwicklung Russlands

Die Arbeitsteilung mit Frau Nałęcz resultiert daraus, dass wir in der Bewertung der inneren Situation Russlands im Prinzip übereinstimmen. Eines möchte ich noch hinzufügen: Frau Nałęcz hat bereits vom Anwachsen einer bestimmten autoritären Tendenz gesprochen – ich würde sie als den Versuch bezeichnen, in Russland eher mit den dort wohlbekannten traditionellen Methoden Ordnung zu schaffen als durch Demokratie im westeuropäischen Verständnis. Meine besondere Unruhe rührt daher, dass dieses »Ordnungmachen«, soweit ich sehe, keinen Effekt bringt, wenn man von dem Entstehen neuer riesiger Beamtenstrukturen absieht. Wir haben neun neue föderative Einheiten und neun neue große Beamtenstrukturen, von deren Effizienz bislang nichts zu hören ist. So viel noch zur inneren Situation.

Nun ein paar Worte dazu, wie aus der Sicht des unabhängigen Zentrums für Oststudien (OSW), erstens, die polnische Politik gegenüber Russland wahrgenommen wird und wie wir uns, zweitens, bemühen, die Bereiche der russischen Politik zu bewerten oder zu formulieren, die aus der polnischen Perspektive am wichtigsten sein sollten.

Herr Professor Eichwede hat davon gesprochen, wie schwierig es ist, die russische Situation zu beschreiben, da die Analysen, die ein Jahr lang erarbeitet werden, sich im Jahr darauf oder bereits nach einigen Monaten als obsolet erweisen. Ich hoffe, dass dies übermäßige Bescheidenheit ist, denn wenn es um die polnische Politik gegenüber Russland und um die polnische Wahrnehmung Russlands geht, so sind die romantischen Illusionen, die es zweifelsohne in Polen gegeben hat und die dieses neue postkommunistische Russland betrafen, sehr schnell *ad acta* gelegt worden. Es hat sie gegeben, insbesondere im Untergrund, in der breit verstandenen Solidarność-Bewegung. Damals hatte man geglaubt, dass dieses Russland, das den Kommunismus abgeschüttelt hat, ein Partner für Polen sein würde, dass es ein von hervorragenden und edlen russischen Dissidenten und Demokraten geschaffenes Russland sein würde, dass es in Polen nicht nur seinen Partner erkennen, sondern auch dessen Entscheidungen und Wege anerkennen und respektieren würde. Diese Denkweise hat in Polen ein sehr schnelles Ende gefunden. Man schätzte die Situation bald nüchtern ein, auch wenn nicht alle dieselben Schlussfolgerungen aus der russischen Situation zogen. Man könnte es so sagen: Als sich nach 1990 in Polen der Konsens zur Außenpolitik herausbildete, der von allen politischen Kräften getragen wird, waren gerade die Beziehungen zu Russland ein Bereich, in dem dieser Konsens zwar nicht generell gebrochen, aber von Zeit zu Zeit angetastet wurde. Aus meinem Blickwinkel ist es für Polen ernsthaft bedrohlich, wenn gerade Russland zum Feld der Auseinandersetzung und der besonderen Rivalität zwischen den inneren politischen Kräften wird. Generell kann man, etwas überspitzt formuliert, sagen, dass es in Polen zwei Philosophien gibt, wenn es um Russland geht: Eine besagt, und das ist die Option, die mehr mit den der Solidarność entstammenden Kreisen verbunden ist, dass Polen moderne partnerschaftliche Beziehungen mit Russland nur durch Aufklärung, durch Aussöhnung der beiden Völker, das heißt durch Aufklärung aller tragischen Umstände in unserer gemeinsamen Geschichte, schaffen kann. Dieser moralische Ansatz, der übrigens zu einem gewissen Grad in den polnisch-deutschen Beziehungen verwirklicht wurde, ist insofern schwierig zu realisieren, als sich auf der anderen Seite schwer ein Partner für diese Aussöhnung finden lässt – mit Ausnahme der wenigen Institutionen der Bürgerbewegung –, und das ist eine sehr traurige Feststellung.

Die zweite Philosophie besagt: Legen wir die Vergangenheit beiseite, die Rückbesinnung auf die gemeinsame Geschichte bringt uns nichts, wir sollten uns vor allem auf die wirtschaftlichen Beziehungen konzentrieren: Ein Grundinteresse Polens ist der russische Markt, die Präsenz Polens auf dem russischen Markt, aus dem Bereich der bilateralen Beziehungen sollte man so schnell wie möglich alle Reizthemen entfernen.

Auf den ersten Blick verspricht der pragmatische, konstruktive Ansatz mehr Erfolg, aber in Wirklichkeit ist der Effekt beinahe derselbe, unabhängig davon, welche der beiden Philosophien in der im jeweiligen Moment geführten Außenpolitik überwiegt: Die polnisch-russischen Beziehungen gehen nicht über das Niveau korrekter Beziehungen hinaus. Man kann fragen, warum das so ist. Ich denke, vor allem deshalb, weil das Folgende der grundlegende Unterschied zwischen den Beziehungen Polen – Russland im Vergleich zu den Beziehungen Deutschland – Russland ist: Polen bleibt immer noch Objekt der russischen Außenpolitik, ist immer noch kein selbstständiges Subjekt. Das hat man besonders deutlich während des so genannten »Spiels um die NATO« gesehen, aber geäußert werden solche Meinungen heute auch von offiziellen russischen Stellen, wenn es um die EU und die Rolle Polens darin geht. So nach dem Motto: Da wird alles noch einfacher, dann brauchen wir gar keine Beziehungen zu Polen mehr aufrecht zu erhalten, es wird reichen, nach Brüssel zu fahren. Zum Glück ist dies nicht die überwiegende Sichtweise der bilateralen Beziehungen, und immer häufiger gibt es in Russland unabhängige Analytiker, die die Beziehungen, die Verluste, die sich für Russland aus der gänzlichen Nichtbeachtung oder Instrumentalisierung Polens und auch anderer Staaten Mitteleuropas ergeben, thematisieren wie auch den Bedarf an pragmatischen Gesprächen in der Region. Wenn Polen ein Partner für Russland sein kann, dann natürlich in der regionalen Perspektive.

Ein zweiter Grund, weshalb dieser ungemein konstruktive Ansatz keinen Erfolg bringt, ist der, dass sich einige Reizthemen aus den polnisch-russischen Beziehungen einfach nicht wegdenken lassen, die, wenn sie auch nicht gerade die gemeinsame Vergangenheit betreffen, sehr starke, historisch verwurzelte Stereotype und Elemente des Misstrauens beinhalten, wenn es um den Raum geht, der zwischen Polen und Russland liegt. Die russische Politik gegenüber der Ukraine, gegenüber Belarus und Litauen wird, selbst wenn sie zufällig ganz arglos sein sollte, in Polen vom Prinzip her mit Misstrauen betrachtet, man sucht in diesen Kontakten immer Spuren eines russischen Neoimperialismus. Natürlich ruft die Politik Warschaus gegenüber Kiew oder Wilna bzw. Belarus in Moskau ähnliche Reaktionen hervor. Im Grunde ist dies das einzige Gebiet, wo die Russen Polen überhaupt zeitweise als selbstständigen Staat wahrnehmen, immer dann, wenn Polen eine aktive Politik gegenüber dem Raum betreibt, der sich zwischen Russland und Polen erstreckt.

Das ist wirklich ein sehr großes Problem, da die strategischen Interessen Polens und Russlands in diesem Gebiet einander gegenwärtig ausschließen. Auch wenn wir nicht der Meinung sind, dass diese Interessen wirklich stark widersprüchlich sind, so werden sie doch so wahrgenommen. Die Stärkung der Souveränität, der proeuropäischen Optionen, der Entwicklung der Demokratie, der Marktwirtschaft – im Grunde sollte all das auch vorteilhaft für Moskau sein. Erstens wird Russland nicht mit dem Erbe des Sowjetimperiums belastet, zweitens werden Tendenzen in Richtung Marktwirtschaft und Demokratie in Russland selbst gestärkt, aber leider ist eine solche Politik der Stärkung der reformorientierten Kräfte schwer vermittelbar.

Besonders schwierig für Polen sind die Beziehungen zur Ukraine, das ist ein besonders empfindliches Gebiet der Zusammenarbeit, die trilateral fast nicht möglich ist, wie auch ein Dialog der drei Seiten fast nicht möglich ist. Wie viele Spannungen und Missverständnisse es hier gibt, sieht man an den letzten Diskussionen zur Jamal-Erdgasleitung. Die Option der Unterstützung der Selbstständigkeit der Ukraine und die Frage danach, in welchem Maße Polen seine Beziehungen zu Russland in diesem Fall den Interessen der Ukraine unterordnen sollte, das ist eine Frage, auf die in Polen eigentlich noch niemand eine durchdachte und begründete Antwort gegeben hat, aber es ist eine der drängendsten Fragen, die vor uns stehen.

Ein zweiter Bereich russischer Politik, der aus polnischer Sicht wichtig ist, sind außer dem europäischen Raum der ehemaligen Sowjetunion natürlich die russisch-europäischen Beziehungen in doppelter Bedeutung. Erstens die Beziehungen Russlands zur Europäischen Union und die Wahrnehmung der Union. Und auch die Beziehungen Russlands zu den wichtigsten europäischen Partnern, darunter besonders aus polnischer Sicht die russisch-deutschen Beziehungen, die natürlich in Polen mit vielen bestimmten Konnotationen und historischen Analogien, mit Stereotypen und Misstrauen belastet sind – ich hoffe, dass wir uns langsam davon befreien –, und die Beziehungen zu Frankreich und Großbritannien. Ich kann nur kurz aus polnischer Perspektive sagen, oder auch aus meiner Perspektive, dass hier ein Traum deutlich erkennbar ist, ein Traum, der nie, vielleicht außer der kurzen Periode des romantischen Außenministers Kosyrew Anfang der neunziger Jahre, ausgeträumt wurde – dass Europa *de facto* von Russland instrumentalisiert werden sollte und könnte.

Letztlich spielen aus der polnischen Perspektive auch die Beziehungen Russland – USA eine wesentliche Rolle, nicht deshalb, weil wir ein Pol in diesem globalen Spiel der Interessen sein wollen, sondern weil wir in Russland und nicht nur dort als wichtigster Bündnispartner der Vereinigten Staaten wahrgenommen werden, wenn das auch nicht immer stimmt. Es gibt aber die Tendenz, dass Polen in Russland als Land gilt, das Befehle aus Washington ausführt. Diese Perzeption der Rolle Polens beeinflusst natürlich die bilateralen Beziehungen und den polnisch-russischen Dialog.

Zum Schluss bleibt im europäischen Maßstab die Rolle Russlands auf dem Balkan für uns schon wegen des Engagements der Europäischen Union, in die wir streben, nicht ohne Bedeutung. Auch das ist ein aus der Sicht der polnischen Analytiker wesentlicher Punkt.

Wenn es um die bilaterale Zusammenarbeit geht, dann ist das zu nennen, worüber Frau Nałęcz bereits gesprochen hat: Kaliningrad. Es stimmt, dass dies ein Gebiet sehr großer nicht-militärischer Gefahren ist, insbesondere auch ökologischer Gefahren, nicht nur für Polen übrigens, sondern auch für alle anderen Anlieger.

Das grundlegende Dilemma, vor dem Polen in diesem Moment steht, die grundsätzliche Frage, auf die Polen mit Bezug auf Russland antworten muss, ist: Sollte Polen überhaupt eine eigene Russland-Politik betreiben? In welchem Grad sollte dieser Teil der polnischen Ostpolitik vor allem ein Teil der sich herausbildenden Außen- und Sicherheitspolitik der Europäischen Union sein? Es lohnt sich, auf die Frage zu antworten, wie realistisch die Entstehung einer solchen Politik ist und welchen Zeitraum man dafür ansetzen soll. Und außerdem: Sollten wir uns wirklich auf ganz Russland beziehen, oder sollten wir uns auf spezifische Gebiete beschränken wie Kaliningrad, auf die Zusammenarbeit mit russischen Regionen, die Polen am nächsten sind? Wie weit sollte unser Ehrgeiz reichen?

Bisher hat jeder polnische Außenminister in seiner Erklärung zur Außenpolitik der polnischen Ostpolitik viel Platz eingeräumt, so dass man zu der Überzeugung gelangen konnte, dass diese in Polen etwas Besonderes, ein besonderer Teil der Außenpolitik sei. Dabei - und zum Glück ist es in der Praxis immer so umgesetzt worden - war sie nur ein Teil der polnischen Außenpolitik insgesamt und, mit Ausnahme der Politik gegenüber der Ukraine, eine Funktion der polnischen Politik gegenüber dem breit verstandenen Westen.

Polen sollte sich in diesem Moment darauf konzentrieren, seine Erfahrungen, die allem Anschein zum Trotz nicht völlig unpragmatisch sind und nicht nur daher rühren, dass Polen ein Land der Russenhasser ist, dahin zu übermitteln, wo die gemeinsame europäische Politik gegenüber Russland gestaltet werden wird, und gleichzeitig die Bereiche beibehalten, die für Polen besonders wichtig sind, also eine bestimmte Aktivierung der bisher nicht sonderlich aktiven Politik gegenüber Kaliningrad. Obwohl auch hier die Frage angebracht ist, ob völlig selbstständiges Handeln gefragt ist, oder ob Polen sich einordnen sollte in eine gemeinsame europäische Politik. Auf diese Frage habe ich selbst noch keine Antwort.

Aus dem Polnischen von Ulrike Bischof

12/1999

Hannes Adomeit

Innere Entwicklung und außenpolitische Orientierung Russlands: die Sicherheitsdimension

Einleitung

Im Rahmen der Diskussion der inneren Entwicklung und der außenpolitischen Orientierung Russlands möchte ich mich auf innere und äußere Aspekte der Moskauer Sicherheitspolitik konzentrieren, in der Präsident Putin neue Akzente gesetzt hat.

Diese betreffen erstens die konzeptionellen Grundlagen: Im Januar 2000 unterzeichnete er ein neues nationales Sicherheitskonzept. Im März stattete er die russische Marine mit »Grundlagen« für eine neue Doktrin aus. Im April setzte er die endgültige Fassung einer neuen Militärdoktrin in Kraft, die die im Sicherheitskonzept formulierten Richtlinien im militärischen Bereich konkretisiert. Eine unter der Federführung von Außenminister Igor Iwanow und Sicherheitssekretär Sergej Iwanow entwickelte außenpolitische Doktrin wurde im Juli verabschiedet. Und im September veröffentlichte der Sicherheitsrat eine Doktrin zur Informationssicherheit der Russischen Föderation.

Die neuen Akzente haben zweitens ihren Niederschlag in der politischen Symbolik gefunden. In Tschetschenien, so machte Putin deutlich, sollten »Ehre und Würde« der russischen Streitkräfte wiederhergestellt werden. Als amtierender Präsident entstieg er in Grosnyj in Fliegeruniform einem Kampfflugzeug, des Lobes voll über die Qualität des Flugzeugs. Wenige Tage nach den Präsidentschaftswahlen besuchte er die Nordflotte in Murmansk, stieg dort in ein strategisches U-Boot und beobachtete von einem Kreuzer aus den Test einer Interkontinentalrakete, die russischen Berichten zufolge treffsicher im Zielgebiet Kamtschatka einschlug. Auch der Baltischen und der Pazifischen Flotte sowie verschiedenen Einrichtungen des militärisch-industriellen Komplexes (MIK) stattete Putin publikumswirksame Besuche ab.

Die neuen Akzente finden sich drittens in der politischen und militärischen Praxis. Mit seinem harten Durchgreifen in Tschetschenien hat Putin demonstriert, dass er sowohl mit »illegalen bewaffneten Formationen«, »Banditentum« und Terrorismus als auch mit separatistischen Tendenzen in der Russischen Föderation aufräumen will. Ähnlich verhält es sich mit der Errichtung von sieben Föderalen Bezirken, die mit den Militärbezirken identisch sind und die von sieben Vertretern des Präsidenten geleitet werden, von denen fünf mit hohen Dienstgraden aus den Sicherheitsstrukturen, aus Armee, Polizei und dem Inlandsgeheimdienst (FSB), kommen. Ziel der föderalen Neuordnung ist es, die in den letzten Jahren immer selbständiger und selbstbewusster auftretenden Regionen mittels einer Stärkung der Zentralmacht in den Griff zu bekommen. Dabei spielt auch der in seinen Funktionen und seiner personellen Zusammensetzung erweiterte Nationale Sicherheitsrat eine wichtige Rolle, die nach Ansicht mancher Beobachter der des Politbüros der Sowjetära ähnelt. Chef des Sicherheitsrats ist Putin; zum Sekretär dieser Institution hat er Sergej Iwanow ernannt, der mit ihm gleichaltrig ist und wie er aus Leningrad kommt und seine Karriere im KGB gemacht hat. Schließlich hat Putin auch eine neue, dritte Runde der schwierigen Militär- und Streitkräftereform eingeleitet, die erhebliche Personalkürzungen bei den Streitkräften und den Sondertruppen vorsieht.

Diese Entwicklungen werfen grundlegende Fragen hinsichtlich der Zielsetzungen Putins und der künftigen Entwicklung Russlands auf:

– Gibt es einen gemeinsamen Nenner, auf dem die verschiedenen Grundsatzdokumente beruhen?

– Welches Weltbild über Russlands Rolle in der internationalen Politik steht hinter ihnen, und welchen Stellenwert nehmen in Putins Vorstellungen die innere und die äußere Sicherheit ein?

– Welche Zielsetzungen verfolgt Putin mit der Militärreform?

– Worauf beruht eigentlich seine Macht? Wie abhängig ist er vom Militär und von den Sicherheitsorganen? Wie stark sind die Tendenzen, Militär, Sicherheitsorganen und dem militärisch-industriellen Komplex wieder – wie in der Sowjetära – eine privilegierte Stellung in Politik, Wirtschaft und Gesellschaft einzuräumen?

– Und schließlich: Inwieweit entsprechen die Entwicklungen im Militär- und Sicherheitsbereich westlichen Interessen an Russland als einem demokratisch und marktwirtschaftlich verfassten Staat, der fähig und bereit ist, mit dem Westen in der Rüstungskontrollpolitik und in anderen außen- und sicherheitspolitischen Bereichen zusammenzuarbeiten?

Nachfolgend soll der Versuch unternommen werden, auf einige dieser Fragen eine Antwort zu geben.

Konzeptionelle Grundlagen

Die neuen Grundsatzdokumente geben Aufschluss über das Weltbild Putins und die Vorstellungen des außen- und sicherheitspolitischen Establishments in Moskau über Russlands Rolle in der internationalen Politik. Russland soll wieder in neuer Größe entstehen, und dazu werden die Wiederherstellung eines starken Staates, beschleunigtes wirtschaftliches Wachstum und die Modernisierung des Militärwesens als von zentraler Bedeutung angesehen.

Die Dokumente spiegeln dieses Hauptinteresse wider. Gewissermaßen als Voraussetzung für die als notwendig erachtete Stärkung der Militärmacht werden Bedrohungen der nationalen Sicherheit im neuen Sicherheitskonzept und in der Militärdoktrin wieder schärfer akzentuiert. Auch ihre Herkunft wird anders definiert. Im Sicherheitskonzept vom Dezember 1997 wurde die Entstehung einer multipolaren Welt noch als dominante Entwicklungsrichtung in den internationalen Beziehungen bezeichnet. Militärische Macht in der Weltpolitik, so hieß es dort, spiele zwar weiterhin eine wichtige Rolle, politische, wirtschaftliche, wissenschaftlich-technologische, ökologische und informationstechnische Faktoren gewönnen aber zunehmend an Bedeutung. Die Bedrohungen der nationalen Sicherheit Russlands hätten keinen militärischen Charakter, sie seien vielmehr hauptsächlich *innerer* Natur und gründeten auf wirtschaftlichen, sozialen, ökologischen und kulturellen Problemen. Die Darstellung der inneren Bedrohungen erhielt dementsprechend großen Raum. Sogar die nukleare Abschreckungsfähigkeit Russlands wurde in diesen Zusammenhang gestellt: Der nukleare Schirm und die Neuordnung der Beziehungen zur Außenwelt hätten es Russland leichter gemacht, »die Ressourcen des Staates und der Gesellschaft neu zugunsten einer prioritären Lösung der akuten inneren Probleme zu verteilen«.

Derartige, für das außenpolitische Establishment Moskaus ungewohnt vernünftige und klare Formulierungen sind im neuen Sicherheitskonzept und in der Militärdoktrin nicht mehr enthalten. Offensichtlich haben sich konservative Kräfte im Militär und im außen- und sicherheitspolitischen Establishment durchgesetzt, deren Hauptinteresse es war, den in den 90er Jahren ausgeprägten Trend in Richtung sinkender Anteile der Militärausgaben am Bruttoinlandsprodukt, Kürzungen der Personalstärke der Streitkräfte und Sondertruppen, Überalterung der Waffen und der militärischen Ausrüstung und des sozialen Abstiegs des Militärs aufzuhalten. Dazu war es notwendig, militärische und äußere Bedrohungen sowie die Verbindung von inneren und äußeren Gefährdungen zu betonen. Insbesondere diejenigen Passagen des Sicherheitskonzepts vom Dezember 1997, in denen der Schwerpunkt auf die inneren und nicht-militärischen Bedrohungen gelegt wurde, mussten revidiert werden. Um die umfangreiche Personalstärke der Streitkräfte und Sondertruppen sowie die Wehrpflicht zu erhalten, erschien es der Moskauer Machtelite auch nützlich, die Wahrscheinlichkeit eines »großangelegten« Krieges in autoritativen Dokumenten wieder einzuführen.

Obwohl sie nicht ausdrücklich erwähnt werden, ziehen sich der Krieg im Kosovo und der Konflikt in Tschetschenien wie rote Fäden durch die Aufzählung außen- und sicherheitspolitischer Bedrohungen. Hinsichtlich der äußeren Aspekte wird einer der beiden Fäden im Sicherheitskonzept in der These sichtbar, eine ernste Sicherheitsgefährdung Russlands liege in der »in den Rang einer strategischen Doktrin erhobenen Praxis der NATO, außerhalb des Geltungsbereichs des Blocks militärische Gewalt auch ohne Sanktion des UN-Sicherheitsrates anzuwenden«. Der rote Faden wird auch erkennbar, wenn im neuen Sicherheitskonzept von dem angeblichen Streben »der entwickelten westlichen Länder unter Führung der USA nach Vorherrschaft« die Rede ist.

In dem im Oktober 1999 publizierten Entwurf der Militärdoktrin wurde analog dazu auf Bestrebungen »einer Supermacht nach Vorherrschaft« hingewiesen und auf das schädliche Bemühen nicht genannter Mächte oder Militärblöcke, »Schlüsselfragen der internationalen Politik mit Hilfe militärischer Gewalt zu lösen«. Offensichtlich waren bei all dem die Vereinigten Staaten und die NATO gemeint. In der Endfassung wurden allerdings die offen aus- oder indirekt angesprochenen negativen Wertungen der USA und der NATO ersatzlos gestrichen. Auch die Behandlung der in der Sicht der Autoren notwendigen Verbesserungen im Militärwesen ist – verglichen mit den Formulierungen im Sicherheitskonzept und dem Entwurf der Militärdoktrin – durch einen sachlicheren und maßvolleren Ton gekennzeichnet.

Bei der Behandlung der Rolle von Nuklearwaffen setzen Sicherheitskonzept und Militärdoktrin im Vergleich zu früheren Dokumenten keine wesentlich neuen Akzente. Wie schon in den »Grundbestimmungen« von 1993 und dem Sicherheitskonzept von 1997 wird auch in den neuen Dokumenten ein Ersteinsatz von Atomwaffen legitimiert. In der Militärdoktrin heißt es entsprechend, Russland behalte sich das Recht vor, Nuklearwaffen unter den folgenden zwei Bedingungen einzusetzen: erstens, wenn der Gegner »Nuklear- und andere Massenvernichtungswaffen« benutzt (also beispielsweise chemische Waffen); zweitens als Antwort auf eine »großangelegte Aggression mit konventionellen Waffen«. Voraussetzung in beiden Fällen sei allerdings, dass »eine kritische Situation für die nationale Sicherheit der Russischen Föderation und ihrer Verbündeten« vorliege. Russland hat sich also die in der Zeit des Kalten Krieges in der NATO-Strategie verankerten Prinzipien von »extended deterrence« und »flexible response« zu eigen gemacht. Die NATO hatte diese hauptsächlich wegen der konventionellen Überlegenheit des Warschauer Pakts entwickelt. Jetzt zieht Russland aus seiner

Schwäche bei den konventionellen Waffen die entsprechenden Konsequenzen. Den Nuklearwaffen wird allerdings auch eine politische Funktion eingeräumt – unausgesprochen, um Russlands Weltgeltung zu unterstreichen, und direkt ausgesprochen, um einen gegnerischen – nuklearen oder konventionellen – Angriff abzuschrecken.

Kritisch zu bewerten sind die Grundsatzdokumente vor allen Dingen erstens deswegen, weil man in ihnen vergeblich nach einer Prioritätenliste dringlicher Auf- und Ausgaben sucht. Ob die nuklearstrategischen oder die konventionellen Streitkräfte Vorrang haben, welche Teilstreitkräfte und Waffensysteme in welchem Umfang modernisiert werden sollen – darauf gibt es keine Antwort. Der Eindruck entsteht, als müsste sich Russland auf alle Eventualitäten vorbereiten – auf einen mit taktischen und strategischen Waffen geführten Nuklearkrieg, auf lokale, regionale oder »großmaßstäbliche« Kriege, auf Frieden schaffende Aufgaben und auf innerstaatliche militärische Konflikte. Mangels klarer Prioritätensetzung hat es auch den Anschein, als könnten Mittel nach dem Gießkannenprinzip verteilt und als sollten *alle* militärischen und sicherheitsrelevanten Institutionen und Organisationen finanziell in die Lage versetzt werden, auf bestehende und potenzielle Gefahren zu reagieren.

Ein zweiter kritisch anzumerkender Punkt betrifft das Verhältnis von nuklearen zu konventionellen Waffen und den ihnen zugrunde zu legenden Einsatzkriterien. Wenn im Sicherheitskonzept und in der Militärdoktrin wieder von der Möglichkeit eines großangelegten konventionellen und/oder mit Nuklearwaffen geführten Krieges gesprochen wird, kann es sich nach Lage der Dinge nur um einen von der NATO gegen Russland geführten Krieg handeln. Da die russischen Streitkräfte aber gegenwärtig und in absehbarer Zukunft nicht mit konventionellen Mitteln reagieren können und die Rolle von Nuklearwaffen infolgedessen betont wird, bräuchte Russland eigentlich nur kleinere konventionelle Kräfte für den Einsatz im Inneren und für lokale oder regional begrenzte Kriege. Diese Erkenntnis fehlt in den Grundsatzdokumenten. Der Eindruck wird erweckt, als wären zusätzlich zu den immer noch umfangreichen Sondertruppen für den Einsatz im Inneren noch umfangreiche Streitkräfte für die Abwehr äußerer Bedrohungen erforderlich.

Ein letzter Schwachpunkt liegt in der mangelnden Konkretisierung der Vorstellung für ein einheitliches militärisches Führungssystem und für die Koordinierung der Aktivitäten aller an militärischen Sicherheitsaufgaben beteiligten Kräfte. Auch bei diesem Problem erschöpft sich die Doktrin, in der dies eigentlich hätte geregelt werden müssen, in Allgemeinplätzen. Der Generalstab soll versucht haben, einen Passus in die Doktrin einzufügen, demzufolge die bewaffneten Kräfte aller »Machtministerien« dem Stab nicht nur in Kriegs-, sondern auch in Friedenszeiten unterstellt werden sollten, sei damit aber bei den Chefs eben dieser Ministerien gescheitert. Ein brauchbares Konzept einheitlicher Führung und optimaler Zuteilung von Aufgaben und Ressourcen sei infolgedessen nicht entwickelt worden.

Insgesamt spiegeln die Grundsatzdokumente zwar wesentliche Denkanschauungen wider, sie geben Zielrichtungen an, und sie sollen Bindewirkung für die mit der Wahrnehmung sicherheitspolitischer Aufgaben betrauten Institutionen entfalten. Andererseits leiden sie unter einem Mangel an Konkretisierungen und klarer Festlegung von Prioritäten. Schließlich gibt es gerade in Russland wie vorher schon in der Sowjetunion eine weite Kluft zwischen Theorie und Praxis, zwischen Plan und Wirklichkeit. Konkretere Inhalte der russischen Militärpolitik verbinden sich infolgedessen mit den im Rahmen der Militärreform in Kraft gesetzten Dekreten und auf ihrer Basis getroffenen Maßnahmen.

Militärreform

Die von Jelzin im Juli 1997 und 1998 per Dekret festgelegten Grundrichtungen einer umfassenden Militärreform sollten zwar der Modernisierung des Militärwesens dienen, sie verletzten aber auch wesentliche Partikularinteressen der Streitkräfte und Sondertruppen. So wurde noch unter Jelzin die Reduzierung der Streitkräfte fortgesetzt; ihr Umfang ging von 1,8 Mio. Mann im Jahre 1994 auf gegenwärtig nominal 1,2 Mio. und real vermutlich auf 1 Mio. Mann zurück. Die Streitkräfte wurden umstrukturiert. Die Eingliederung der Truppen der Weltraumstreitkräfte und der Truppen der Weltraumverteidigung in die Strategischen Truppen wurde abgeschlossen. Auch die Vereinigung der Truppen der Luftverteidigung und der Luftstreitkräfte zu einer einzigen Teilstreitkraft ist erfolgt. Damit gibt es heute nur noch vier Teilstreitkräfte (Heer, Luftwaffe, Marine und Strategische Raketentruppen). Fortschritte sind ebenfalls bei der Aufstellung von zehn Großeinheiten in vollem Bereitschaftsgrad gemacht worden. Dasselbe gilt für die Neuordnung der Militärbezirke.

Der Verlauf der Militärreform schon vor Putin zeigt allerdings, dass technokratische, organisatorische und professionelle Kriterien von der politischen und militärischen Führung wichtiger genommen werden als politische und gesellschaftliche Gesichtspunkte. Von notwendigen Veränderungen im Militärwesen im Einklang mit Demokratisierung, Aufbau einer zivilen Gesellschaft und ziviler Kontrolle der Streitkräfte ist kaum die Rede. Selbst der Begriff der Militärreform (woennaja reforma) ist mittlerweile im außen- und sicherheitspolitischen Establishment verpönt und wird meist durch den der »militärischen Entwicklung«

oder des »militärischen Aufbaus« (woennoe stroitelstwo) ersetzt. Auch andere Bereiche der Militärreform sind von konservativen Kräften im Establishment erfolgreich blockiert worden. Das gilt für die ursprünglich geplante Umstrukturierung der »anderen« Truppen – insbesondere der Truppen des Innenministeriums (MWD) – sowie für die Zusammenfassung aller sicherheitspolitisch relevanten Aktivitäten in den Grenzen der neuen Militärbezirke. Auch von einer einheitlichen Militärstruktur und Führung ist Russland noch weit entfernt.

Im organisatorischen Bereich ist der Umfang aller bewaffneten Kräfte weiterhin ein ungelöstes Problem. Nach neuesten Angaben aus dem russischen Verteidigungsministerium dienen in der gesamten Militärorganisation des Landes – Verteidigungsministerium sowie 11 Ministerien und Ämter mit eigenen Truppen – insgesamt 2 Mio. Soldaten. Da die Soll-Stärke der Streitkräfte 1,2 Mio. Mann beträgt, entfallen demnach auf die Sondertruppen 800.000 Mann. Dies ist eine weit höhere Anzahl, als noch bis vor kurzen im Westen angenommen. Diese Zahlen berücksichtigen aber noch nicht die ungefähr 1 Mio. Zivilangestellten, die in der Militärorganisation beschäftigt sind. Auf der Arbeitssitzung des Sicherheitsrates am 27. September 2000, der ordentlichen Sitzung am 9. November und der Kommandeurstagung am 20. November wies Putin zu Recht darauf hin, dass auch der Zustand der Streitkräfte weder den Zielen noch den Größenordnungen ihrer Aufgaben entspreche. Den Großteil der in letzter Zeit beförderten Generäle charakterisierte er als Stubenhocker, die schon lange nicht mehr in der Truppe gedient und ihre Karriere in Moskauer Stäben zugebracht hätten. Die Militärmaschinerie sei viel zu groß, und es gebe zu viele Überschneidungen in der Arbeit der Machtministerien und Ämter. Für »Verteidigungszwecke« (gemeint waren hier wohl breiter verstandene innere und äußere Sicherheitsaufgaben) würden insgesamt 35% der Haushaltsausgaben verwendet, was viel zu viel sei. Dabei werde ein Teil des Geldes verschwendet und veruntreut. Trotzdem wollten einige Chefs der Militärbürokratien keine radikalen Reformen, sondern lediglich kosmetische Änderungen.

Putin hat dagegen keinen Zweifel daran gelassen, dass er die Umformung der Streitkräfte und Sondertruppen in eine den Bedürfnissen und finanziellen Möglichkeiten des Landes besser angepasste Militärorganisation als eine seiner Prioritäten betrachtet. Diesem Vorrang scheint die im November 2000 vom Sicherheitsrat beschlossene Reduzierung des Personalbestands der militärischen Kräfte bis zum Jahre 2005 um 20 Prozent beziehungsweise 600.000 Mann zu entsprechen. Laut inoffiziellen Angaben sollen die dem Verteidigungsministerium unterstellten Streitkräfte um 365.000 Mann auf 835.000 Mann schrumpfen. Die 11 weiteren Behörden mit eigenen Truppenverbänden, darunter das Innenministerium und der Grenzdienst, sollen 105.000 Mann abbauen. Gestrichen werden sollen 240.000 Offiziersstellen, darunter 380 Posten im Generalsrang. Dazu kommen geplante Kürzungen in der aufgeblähten Militärbürokratie in Höhe von 130.000 Stellen.

Von einigem Interesse ist der Verteilungsmodus der geplanten Kürzungen. Die tiefsten Einschnitte müssen nämlich wieder die Streitkräfte mit einer Reduzierung von 31% ihres Personalbestands (Soldaten) hinnehmen, wogegen die Sondertruppen mit 15% Personalkürzungen verhältnismäßig glimpflich davonkommen. Dieses Ungleichgewicht widerspricht den Vorstellungen Putins, durch Kürzungen im Personalbestand Mittel zu sparen, die Anteile an den Haushaltsausgaben in Höhe von 70% für den Unterhalt der Streitkräfte und 30% für Militärinvestitionen, Beschaffung und Ausrüstung auf ein Verhältnis von 50:50 zu verändern und dadurch kleinere, aber modernere, gut ausgerüstete und gut ausgebildete Truppen zu schaffen. Als besonders kritisch muss in diesem Zusammenhang die beabsichtigte Reduzierung der ohnehin schon drastisch geschrumpften Luftlandetruppen (seit 1995 um annähernd die Hälfte ihres Bestands, von fast 70.000 auf 34.000 Mann) um weitere 5.000 Mann erscheinen. Die Fallschirmjäger stellen ja nicht nur die russischen Kontingente für SFOR und KFOR, sondern haben auch die Hauptlast des Krieges in Tschetschenien getragen.

Um die Entscheidungen des Sicherheitsrats dennoch als im Sinne von Putins Reformvorstellungen zweckdienlich anzusehen, könnte man argumentieren, dass der Präsident die äußeren Gefahren als sehr gering ansieht und infolgedessen auf schlagkräftige Polizeikräfte setzt. Im ersten Tschetschenienkrieg, in Dagestan und im zweiten Tschetschenienkonflikt hat sich allerdings immer wieder gezeigt, dass die Truppen des Innenministeriums und andere bewaffnete Polizeieinheiten den hoch motivierten und gut ausgerüsteten Guerillakämpfern unterlegen waren und wichtige operative Ziele nur durch die Streitkräfte mit ihren schweren Waffen erreicht werden konnten. Sollten nun die Landstreitkräfte tatsächlich bis zum Jahre 2005 auf eine Friedenssollstärke von nur noch etwa 160.000 Mann gestutzt werden und in diesem Rahmen die Fallschirmjägertruppe auf 29.000 Mann schrumpfen, würden die verbleibenden Kräfte kaum ausreichen, einen regionalen Konflikt in der Größenordnung des Tschetschenienkrieges innerhalb des Landes oder an seinen Grenzen zu beherrschen und die vielfältigen Einsätze in Krisenregionen im gegenwärtigen Umfang zu erfüllen. Folgerichtig haben sich der Leiter der Hauptabteilung für internationale militärische Zusammenarbeit, General Iwaschow, und der Kommandeur der Luftlandetruppen, General Schpak, in einem gemeinsamen Brief an Verteidigungsminister Sergejew gegen derartige Pläne gewandt.

Insgesamt lassen die Entscheidungen des Sicherheitsrats vom 9. November 2000 folgende Schlüsse zu:

– Erstens stehen die geplanten Reduzierungen im krassen Widerspruch zu den Ende September von Generalstabschef Kwaschnin gemachten Aussagen, wonach Kürzungen bei den kämpfenden Truppen nicht unmittelbar geplant seien und den Fallschirmjägern wegen ihrer Mobilität und Einsatzbereitschaft eine entscheidende Rolle in den künftigen Streitkräften zugewiesen werden sollte.

– Dieser Widerspruch deutet zweitens darauf hin, dass bisher weder ein stimmiges Konzept zur Umstrukturierung der Streitkräfte noch zur Erneuerung der Militärorganisation des Landes erkennbar ist.

– Drittens sieht es ganz danach aus, als ob es Putin nicht gelungen wäre beziehungsweise als ob er nicht bereit gewesen wäre, den Widerstand des Establishments der Sondertruppen gegen weitere Kürzungen und organisatorische Veränderungen in ihrem Verantwortungsbereich zu brechen. Er konnte oder wollte sich auch nicht dazu entschließen, den Vorstellungen des Generalstabs hinsichtlich einer Unterstellung der Truppen des Innenministeriums und möglicherweise anderer Sondertruppen unter das Kommando dieser Organisation zu folgen. Der Wirrwarr von Streitkräften und Sondertruppen mit ihren vielfältigen Aufgabenüberschneidungen besteht infolgedessen weiter.

– Viertens widerlegt der Umfang der geplanten Kürzungen in den Streitkräften insbesondere die im Zusammenhang mit dem Tschetschenienkrieg entstandenen Anschauungen, das Militär habe nun eine Vormachtstellung in der Politik errungen. In Anbetracht der Tatsache, dass der Generalstab noch bis vor einem Jahr darauf bestanden hat, dass Personalkürzungen ein Ende haben müssten und 1,2 Mio. Mann die Untergrenze der Personalstärke für die Streitkräfte sei, hat der Präsident bewiesen, dass er seine eigenen Vorstellungen hat und diese auch durchsetzen will. Allerdings scheint er die umfangreichen Kürzungen bei den Streitkräften mit einer privilegierten Behandlung der Sicherheitsorgane und der Besetzung wichtiger Posten mit ehemaligen Geheimdienstkollegen zu erkaufen.

Zu bedenken ist jedoch, dass bereits in den ersten beiden Runden der Militärreform immer wieder weitreichende Pläne verkündet worden sind, die dann nicht oder nur in verwässerter Form ausgeführt wurden. Wie Putin selbst am 20. November 2000 feststellte: »Wir reden und reden und halten Sitzungen ab, aber das Räderwerk der Reform befindet sich im Leerlauf.« Ob das Räderwerk nun wirklich in die Gänge kommt, muss sich erst erweisen. Denn noch sind die sozialen Fragen, die sich mit den drastischen Kürzungen verbinden, keineswegs gelöst. Das betrifft auch die finanziellen Fragen.

Verteidigungsausgaben

Es ist nur ein scheinbares Paradoxon, dass für eine Modernisierung der russischen Streitkräfte auf geringerem Niveau höhere Verteidigungsausgaben unabdingbar sind. Laut offiziellen russischen Angaben sollen bis Ende 2000 insgesamt 154,38 Mrd. Rubel für die nationale Verteidigung ausgegeben werden; zum gegenwärtigen Wechselkurs wären das lediglich 5,5 Mrd. Dollar. Für das Jahr 2001 ist eine erhebliche Steigerung der Ausgaben auf rund 210 Mrd. Rubel geplant, davon 206 Mrd. Rubel für die Budgetlinie »nationale Verteidigung« und 3,9 Mrd. Rubel für »Militärreform«. Trotz dieser nominalen 36%-igen Erhöhung bleibt der Anteil der Verteidigungsausgaben am Bruttoinlandsprodukt in Höhe von 2,7% wieder weit unter dem in der Ära Jelzin festgelegten Richtsatz der Militärreform von 3,5% am BIP. Auch die Inflation (ca. 20% im Jahre 2000) wird im Jahr 2001 wieder die tatsächliche Kaufkraft der Erhöhung der Verteidigungsausgaben einschränken.

Zum gegenwärtigen Wechselkurs machen die für 2001 angesetzten Verteidigungsausgaben lediglich 7,5 Mrd. Dollar aus. Es bedarf keiner großen Rechenkünste, sich zu verdeutlichen, dass ein derartiger Betrag nicht ausreicht, um die immer noch umfangreichen strategischen Nuklearstreitkräfte sowie die konventionellen Land-, See- und Luftstreitkräfte angemessen zu unterhalten. Schließlich wenden die Vereinigten Staaten mit 291 Mrd. Dollar das 58-fache dieses Betrags für ihre Streitkräfte auf. Das Internationale Institut für strategische Studien in London kommt infolgedessen bei seinen Berechnungen der Militärausgaben unter Berücksichtigung verschiedener verteidigungsrelevanter Etatposten und der Kaufkraftparität auf 57 Mrd. Dollar oder mehr als 5% des BIP (Berechnungen für 1999).

Die Erhöhung der Verteidigungsausgaben, um hier zusammenzufassen und Entwicklungen zu bewerten, entspricht der im Kreml nach dem Untergang des strategischen U-Bootes »Kursk« in der Barents-See deutlich gewordenen Tendenz, mehr Geld für die Streitkräfte bereitzustellen. Der Präsident und seine Regierung haben aber dem objektiv und subjektiv vorhandenen Druck – desolater Zustand der Streitkräfte und überzogene Forderungen des Militärs – nach einer strategischen Umorientierung des Haushalts widerstanden. Schließlich liegt der von Putin genannte Anteil der »Verteidigungsausgaben« in Höhe von 35% am föderalen Haushalt bereits weit über dem offiziellen Anteil dieser Budgetlinie (nacional'naja oborona) von 17,4% für 2001.

Rüstungswirtschaft

Wie in der Wirtschaft insgesamt, kann man auch im militärisch-industriellen Bereich von zehn Jahren fehlender oder fehlgeleiteter Reformpolitik sprechen. Unter den von Jelzin eingesetzten Regierungen von Gaidar bis Putin gab es keine radikale Umstrukturierung des militärisch-industriellen Komplexes (MIK). Infolgedessen ist derzeit für die Misere des MIK ein krasses Missverhältnis zwischen geringen staatlichen Finanzmitteln einerseits und einem überdimensionierten Rüstungskomplex wie auch einer disproportional umfangreichen Armee andererseits kennzeichnend. Ungeachtet des schon lange erklärten Ziels, nicht mehr als 600 Unternehmen mit verschiedenen Eigentumsformen im MIK zu belassen, haben sich in Wirklichkeit fast dreimal so viele Unternehmen gehalten. Aber viele von ihnen hatten bis 1999 schon jahrelang keine militärischen Aufträge mehr bekommen.

Im Jahre 1999 kam es im Vergleich zum Vorjahr zu einem Anstieg der Rüstungsproduktion um 40%. Dies war die Folge einer verbesserten Staatshaushaltslage und des Tschetschenienkrieges. Dieser Trend hat sich auch im Jahre 2000 fortgesetzt. Treibende Faktoren für weiteres Wachstum waren dabei der auf niedrigerem Niveau andauernde Krieg im Nordkaukasus mit seinem Material- und Waffenverschleiß sowie der enorme Rückgang der Rüstungsproduktion im letzten Jahrzehnt, der einen aufgestauten Bedarf in den Streitkräften verursacht hat.

Es ist allerdings zweifelhaft, ob auch eine drastische Erhöhung der Beschaffungsausgaben in absehbarer Zeit zu einer umfassenden Modernisierung der Streitkräfte führen kann. Auch Russland leidet unter dem für imperiale Niedergänge typischen Problem, dass es zwar noch über einen an Weltmachtambitionen und globaler Militärpräsenz orientierten militärisch-industriellen Komplex mit weiterhin großen Forschungs-, Entwicklungs- und Produktionskapazitäten verfügt, das Überleben dieses Komplexes aber nur durch Waffenexporte sichern kann.

Waffenexporte

Der in den vergangenen zwei Jahren zu beobachtende Trend einer Ausweitung der russischen Waffenexporte wird sich aller Wahrscheinlichkeit nach unter Putin verstärken. Erfolgsaussichten dafür liegen in den im Vergleich zu westlichen Systemen erheblich günstigeren Preisen und in der einfacheren Handhabung der Waffen. Weitere Wettbewerbsvorteile hat Moskau deswegen, weil es nicht danach fragt, ob seine Kunden Menschen- und Minderheitenrechte verletzen, ob die Waffen in Spannungsgebiete geliefert werden oder einen regionalen Rüstungswettlauf anheizen. Putin hat zwar immer wieder den Gedanken vertreten, dass der militärisch-industrielle Komplex und seine Waffenexporte zum »Motor« oder zur »Lokomotive« der Gesamtwirtschaft werden könnten. Die Idee ist aber zweifelhaft. Auch wenn die russischen Waffengeschäfte von 3,5 Mrd. Dollar 1999 auf 4 bis 4,5 Mrd. Dollar in den nächsten Jahren gesteigert werden könnten, reichen derartige Größenordnungen zwar aus, das Überleben einiger Teile des militärisch-industriellen Komplexes zu sichern, nicht aber, um der Gesamtwirtschaft bedeutende Impulse zu vermitteln.

Putins pragmatischer Ansatz, der sich an den finanziellen Möglichkeiten des Landes ausrichtet, findet seinen Niederschlag auch in der Rüstungskontrollpolitik.

Rüstungskontrollpolitik

Nicht zuletzt auf Putins Betreiben hat die Duma im April 2000 den Vertrag über strategische Rüstungsbegrenzung (START II) und ein Zusatzprotokoll zum ABM-Vertrag von 1972 sowie den Atomteststoppvertrag (CTBT) ratifiziert. Ohne eine feste Bindung des START-II-Vertrages an die unveränderte und uneingeschränkte Gültigkeit des ABM-Vertrages wäre aber vermutlich das Ratifikationsgesetz weder von Putin eingebracht noch von der Duma angenommen worden. Vor der Duma hatte Putin diese Bindung unmissverständlich klargestellt. Die Vereinigten Staaten warnte er in scharfer Form davor, nach der erfolgten russischen START-Ratifikation ein landgestütztes nationales Raketenabwehrsystem (NMD) aufzubauen und dadurch den ABM-Vertrag zu brechen. Sollte Washington dies dennoch tun, sagte er, würde Russland nicht nur den START-II-Vertrag als ungültig ansehen, sondern das gesamte System vertraglicher Beziehungen zur Begrenzung und Kontrolle strategischer und konventioneller Waffen verlassen und Entscheidungen im Bereich der taktischen Nuklearwaffen überprüfen. Das Land würde eine eigenständige Politik der nuklearen Abschreckung verfolgen.

Anfang September 2000 entschloss sich Präsident Clinton allerdings aufgrund der ungesicherten technischen Machbarkeit eines Raketenabwehrsystems, die Entscheidung über seine Aufstellung zu verschieben. Dadurch werden sowohl die USA als auch Russland vorerst davor bewahrt, zu einer verschärften Konkurrenz bei den strategischen Offensiv- und Defensivwaffen zurückzukehren.

Einer verschärften Konkurrenz bei den konventionellen Waffen wirken auch die auf dem OSZE-Gipfel in Istanbul Mitte November 1999 unterzeichneten Dokumente zur europäischen Sicherheitspolitik entgegen, insbesondere die Neufassung des Vertrags über konventionelle Streitkräfte in Europa (KSE) und wenige

Tage zuvor das seit 1990 zum dritten Mal überarbeitete Dokument über vertrauens- und sicherheitsbildende Maßnahmen (Wiener Dokument 1999). In diesen Dokumenten stimmt Moskau weitgehenden Beschränkungen seiner militärischen Handlungsoptionen und einem umfassenden Informations- und Verifikationsregime zu. Die von Moskau eingegangenen Verpflichtungen stärken auch die Unabhängigkeit der neuen Staaten auf postsowjetischem Territorium und erhöhen den politischen Druck auf Moskau, sich stärker für die Regelung der Konflikte in Transnistrien, Abchasien und Nagornyj-Karabach einzusetzen. Und sie wirken einem Zerfall der europäischen und globalen Rüstungskontrolle entgegen.

Ein wichtiges Problem auch des KSE-Anpassungsvertrages bleibt aber weiterhin der Konflikt in Tschetschenien. Russland überschritt nämlich bereits zum Zeitpunkt der Unterzeichnung des Vertrages wegen des anhaltenden Krieges seine erhöhten territorialen Obergrenzen in der südlichen Flankenregion. Bei den Verhandlungen in Wien und danach haben russische Sprecher zwar immer wieder versichert, dass sich Moskau nach dem Ende der militärischen Operationen in Tschetschenien an die vereinbarten Begrenzungen halten werde. Sollte aber in Moskau eine anhaltende oder wachsende Guerillatätigkeit die Stationierung von umfangreichen russischen Kräften weiterhin als notwendig erscheinen lassen, könnte die Nichteinhaltung der neuen Flankenobergrenze ein Dauerproblem werden.

Zusammenfassung

In Putins Weltbild haben sicherheitspolitische Belange zentrale Bedeutung, und dies korrespondiert mit einem ausgeprägten Ordnungs- und Durchsetzungswillen. Beide Merkmale wurden bei der »freien Hand« deutlich, die Putin den Militärs und Sicherheitskräften in Tschetschenien einräumte, und in der Rücksichtslosigkeit, mit der er und die ihn stützenden Kräfte gegen politische Gegner in den Parlaments- und Präsidentschaftswahlen vorgingen. Sie offenbarten sich auch in der Personalpolitik, so beispielsweise in der Besetzung von fünf der sieben leitenden Posten für die neu geschaffenen Großregionen der Russischen Föderation durch hochrangige Militärs und Sicherheitsbeamte sowie in der Ausweitung der Funktionen und der personellen Zusammensetzung des Sicherheitsrates.

Ein wichtiges Charakteristikum der besonderen »Handschrift« Putins in der Sicherheitspolitik ist jedoch die Tendenz des Präsidenten, ideologisch oder emotional motivierte Schritte zu unterlassen und sich auf die realen Gegebenheiten einzustellen. Sichtbar wird diese Tendenz beispielsweise im Zusammenhang mit den beabsichtigten Personalkürzungen im Rahmen der jetzt eingeleiteten dritten

Runde der Militärreform. Sie zeigt sich auch bei den Verteidigungsausgaben: Zwar ist geplant, diese im Jahre 2001 erheblich aufzustocken, die Ausgaben liegen aber immer noch weit unter den Richtwerten der Militärreform, und inflationäre Entwicklungen werden die Kaufkraft der Erhöhung beeinträchtigen. Pragmatismus ist auch in anderen Bereichen feststellbar. In der Rüstungskontrollpolitik beispielsweise hat Moskau der Anpassung des KSE-Vertrags zugestimmt und START II ratifiziert. Die Politik der begrenzten Zusammenarbeit mit der westlichen Allianz im NATO-Russland-Rat ist wieder aufgenommen worden.

Insgesamt scheint also die Entwicklung der russischen Militärpolitik auch unter Putin »dialektisch« voranzuschreiten. Der Entwicklungsprozess besteht darin, dass die Moskauer politische und militärische Führung immer wieder Vorstellungen Ausdruck verleiht, die sich am militärischen Glanz und Gloria der Sowjetära ausrichten. Weitreichende Ambitionen und Ansprüche werden in unrealistischen Konzeptionen, Doktrinen und Strategien formuliert, die oft den Westen aufschrecken. Im Endergebnis stellt sich dann doch heraus, dass eine große Lücke zwischen den weitreichenden Zielen und den Mitteln für ihre Verwirklichung klafft. Dann setzt sich die Vernunft durch. Der »normativen Kraft des Faktischen« wird Raum gegeben. Die praktische Politik auch im Militärwesen passt sich dann, wenn auch nur widerstrebend, der Wirklichkeit an.

12/2000

Marek Menkiszak

Die Entwicklungsstrategie der Beziehungen zwischen der Russischen Föderation und der Europäischen Union in mittelfristiger Perspektive (2000 - 2010) Analyse des Dokuments

I. Einführende Bemerkungen

Das besprochene Dokument ist die offizielle Stellungnahme Russlands zur Frage der Entwicklung der Beziehungen mit der EU, das als Antwort auf die Gemeinsame Strategie der EU gegenüber Russland vorgestellt wurde, die im Juni 1999 durch den Europäischen Rat in Köln beschlossen worden war. Die Hauptrolle bei der Erarbeitung dieses Dokuments spielte das Ministerium für Auswärtige Beziehungen Russlands. Es ist somit sowohl als Absichtserklärung als auch als Umriss eines Maßnahmeprogramms der russischen Diplomatie zu bewerten. Weil es ein Dokument ist, das offiziell Finnland als dem Inhaber der Ratspräsidentschaft übergeben wurde, sind die strategischen Ziele der russischen Politik darin nicht immer direkt formuliert. Nichtsdestoweniger bleiben sie auf der Grundlage der Analyse des Inhalts und der Gegenüberstellung mit der bisherigen politischen Praxis deutlich lesbar.

II. Elemente der Situationsanalyse im Dokument

Der Inhalt der Strategie deutet darauf hin, dass die russische Seite von folgenden Thesen zur allgemeinen Gegenwartssituation ausgeht:

Es wachsen die Bedeutung der EU als eines Pols in den internationalen Beziehungen und ihre Selbstständigkeit in Bezug auf die USA.

Die EU hat ein großes Potenzial (finanziell und technologisch), das im Hinblick auf die Bedürfnisse Russlands von großer Bedeutung ist.

Russland verfügt über eine Reihe von Vorzügen (u.a. Rohstoffe, technisches Gedankengut, Absatzmarkt), die es zu einem sehr attraktiven Partner für die EU machen.

Es gibt eine ganze Reihe ernsthafter Probleme in den Wirtschaftsbeziehungen zwischen Russland und der EU sowie Gefährdungen im Zusammenhang mit der geplanten Erweiterung der EU.

III. Beschreibung der wesentlichen russischen Auffassungen, Postulate und Vorschläge

1. Strategische Partnerschaft Russland – EU

Russland hält sich für eine Großmacht in einer einzigartigen geopolitischen Lage. Es kann sich nicht eng mit anderen Machtzentren verbinden, weil dies eine Einschränkung seiner Freiheit bei der Bestimmung der Außenpolitik bedeuten würde (1.1). Russland strebt nach einer Stärkung der Selbstständigkeit Europas in allen Sphären (1.2), insbesondere im Sicherheitsbereich. Ein klares Ziel Russlands ist hier die Einschränkung der Rolle der USA und der NATO in Europa (Gewährleistung der Sicherheit auf dem Kontinent durch die Europäer selbst, ohne Isolierung, aber auch ohne das Monopol von USA und NATO [1.5.1]). Russland sieht für sich eine Chance bei der Entwicklung der europäischen Identität im Bereich Sicherheit und Verteidigung (ESDI) und schlägt zur Einschränkung der Rolle der NATO (1.5.2) eventuelle gemeinsame Aktionen mit der WEU in Friedensaktionen, bei der Krisenregulierung usw. vor. Russland postuliert die Durchführung von Konsultationen und sogar die Koordinierung der Standpunkte Russlands und der EU in internationalen Organisationen (1.5.4). Engere Beziehungen zur EU sollen auch den für Russland ungünstigen Erscheinungen entgegenwirken (u.a. der Diskriminierung im Handel, den Folgen der Erweiterung der Euro-Zone, der Schaffung »spezieller Beziehungen« zwischen der EU und den GUS-Staaten und der Störung der Binnenintegration der GUS – 1.6).

Russland ist für die EU aus vielen Gründen heraus wichtig: Es kann die politische Position der EU in der Welt stärken, kann zu einem Wachstum der Beschäftigung beitragen, den Bedarf an Energieträgern und Rohstoffen decken, zur wissenschaftlich-technischen Entwicklung sowie zur Schaffung integrierter Transport-, Rohrleitungs-, Energie- und Informationsnetze beitragen, bei der Schaffung globaler Navigationssysteme und Umweltüberwachungssysteme mitwirken, ebenso bei der sicheren Nutzung der Kernenergie, die Bedeutung des Euro stärken und vergrößern, die militärisch-technische Zusammenarbeit entwickeln, bei der Regelung von Konflikten und im Kampf gegen das organisierte Verbrechen mitwirken (1.8). Andererseits kann die strategische Partnerschaft mit der EU Russland helfen, seinen Einfluss im Bereich der GUS aufrecht zu erhalten (die Rolle Russlands als führende Kraft bei der Gestaltung eines neuen Systems der politischen und wirtschaftlichen Beziehungen – 1.8).

2. Erweiterung und Vertiefung des Dialogs

Russland wünscht eine weitere Institutionalisierung der Beziehungen zur EU, insbesondere im Bereich der Sicherheit, u.a. durch Arbeitskontakte mit den entsprechenden EU-Organen sowie durch die Umwandlung der jährlichen Treffen des russischen Premiers mit dem Präsidenten der EU-Kommission sowie den Vertretern der Parlamente, die bisher eher Höflichkeitscharakter hatten, in eine feste Institution (2.1). Russland fordert darüber hinaus, vom gegenseitigen Informationsaustausch zu vorherigen Konsultationen in den wichtigsten Fragen (vor der Entscheidungsfindung) überzugehen, um gemeinsame Entscheidungen herausarbeiten zu können (d.h. *de facto* soll Russland in die Entscheidungsverfahren mit einem eventuellen Veto-Recht eingebunden werden) (2.2). Russland will die Zusammenarbeit mit der EU ausnutzen, um die Rolle der OSZE zu stärken, wobei konsequent die Aufrechterhaltung des Konsensprinzips bei der Entscheidungsfindung in dieser Organisation postuliert wird (was für Russland effektiv ein Veto-Recht bedeuten würde) (2.3). Russland möchte auch am Dialog der EU mit den anderen Großmächten und Organisationen teilnehmen (die Formel der trilateralen Treffen nach dem Grundsatz »Nichts ohne Russland«) (2.4).

3. Entwicklung des Handels und der Investitionen

Russland verlangt unverändert von der EU, den Status eines Staates mit Marktwirtschaft zuerkannt zu bekommen (und nicht einer »gemischten«, wie dies gegenwärtig der Fall ist), was die Diskriminierung Russlands beim Zutritt auf die EU-Märkte verringern würde (3.1). Russland bietet dabei der EU eine besondere »Transaktion«. Es ist bereit, über die Einführung verschiedener Vergünstigungen für Firmen aus der EU nachzudenken und eine für sie günstige Gesetzgebung zu beschließen, die Garantien für die Sicherheit des nach Russland eingeführten Kapitals umfasst, und erwartet im Gegenzug vermehrte Investitionen aus den Staaten der EU sowie die Schaffung und Finanzierung von den Investitionszufluss fördernden Projekten durch die EU. Es liegt Russland u.a. daran, in den Tätigkeitsbereich der Europäischen Investitionsbank aufgenommen zu werden und größere Mittel aus dem TACIS-Programm zu erhalten. Russland erwartet auch, dass die EU nicht so prinzipiell wie bisher in den Fragen der Antimonopolpolitik sein und konkrete Zugeständnisse im Bereich der wirtschaftlichen Beziehungen machen wird: Verbesserung der Exportbedingungen für Produkte und Dienstleistungen aus dem Bereich Kernenergie, Erhaltung der Märkte Mittel- und Osteuropas und der baltischen Staaten in diesem Bereich für Russland, Ermöglichung kommerzieller Weltraumdienstleistungen durch Russland, stufenweise Reduzierung der Anti-Dumping-Prozeduren gegenüber Russland, Schaffung von Handelspräferenzen und Liquidierung der Quotierung im russischen Stahlexport (3.4; 3.5). Russland erwartet u.a. auch EU-Mittel für die Modernisierung der russischen Atomkraftwerke sowie die Zulassung Russlands zu Atomprojekten innerhalb der EU (3.6). Russland fordert Investitionen von EU-Firmen bei der Nutzung der russischen Erdöl- und Erdgasvorkommen sowie auch bei der Schaffung eines einheitlichen eurasischen Energieraums (3.7).

Russland erwartet von der EU die Unterstützung seiner Bemühungen um eine Mitgliedschaft in der WTO (eher zu besonderen »ermäßigten« Bedingungen) und fordert die Beteiligung an der neuen Runde der WTO-Verhandlungen (obwohl Russland als Nicht-Mitglied dazu kein Recht hat) (3.8). Russland postuliert darüber hinaus den Beginn der so wichtigen Verhandlungen über den freien Handel EU – Russland. Russland ist sich zwar bewusst, dass die Umsetzung einer solchen Vereinbarung erst nach der Aufnahme Russlands in die WTO erfolgen könnte, aber es verlangt, dass diese Vereinbarung ihm klare Vorteile bringt und den Verpflichtungen im Rahmen der GUS (Zollunion) nicht hinderlich sein darf (3.9). Russland möchte auch die ungünstige Warenstruktur im Handel mit der EU (Übergewicht von Energieträgern und Rohstoffen im Export) durch einen erhöhten Anteil an Maschinen und Anlagen, an Fertigerzeugnissen, an Elektroenergie und Dienstleistungen im russischen Export ändern (3.10).

4. Zusammenarbeit im Bereich Finanzen

Russland erwartet von der EU eine stärkere finanzielle und technische Hilfe. Dabei wird eine »Transaktion« vorgeschlagen: der Erlass eines Teils der russischen Schulden gegenüber den Ländern der EU oder zumindest eine Restrukturierung gegen die Stärkung der Rolle des Euro auf dem russischen Valutamarkt und in der Kurspolitik der Russischen Zentralbank wie auch die Zulassung von EU-Kapital zum Bankensystem Russlands (4.1; 4.2; 4.4.).

5. Problem der EU-Erweiterung

Russland erwartet, dass die Aufnahme neuer Mitglieder in die EU auch ihm bestimmte wirtschaftliche Vorteile bringen wird (Verringerung des Protektionismus, Verbesserung der Transitbedingungen usw.), verlangt aber im Bewusstsein der möglichen daraus resultierenden ernsthaften Verluste deren Einschränkung oder Rekompensierung. Insbesondere verlangt Russland Konsultationen mit den Organen und Ländern der EU sowie mit den Beitrittskandidaten in der Frage des Anti-Dumping-Vorgehens, der Politik in den Bereichen Landwirtschaft und Technik, der Visaregelung, der Präferenzen für Entwicklungsländer sowie auch der Sicherheit und Stabilität in Europa und der Einhaltung der Rechte der russischsprachigen Bevölkerung in den baltischen Ländern. Russland droht zudem direkt mit der möglichen Einführung von Sanktionen (als »Ersatzvariante«) – in Form der Nichteinhaltung der Prinzipien, wie sie sich aus der Vereinbarung über Partnerschaft und Zusammenarbeit zwischen Russland und der EU hinsichtlich der neu aufgenommenen Staaten ergeben, die – nach Meinung Russlands – die Normen in den oben genannten Gebieten, d.h. u.a. bei der europäischen Sicherheit und den Rechten der russischsprachigen Bevölkerung, verletzen. Russland erklärt dabei, dass es hier Druck auf die EU ausüben wird, insbesondere in der Frage des Schutzes der Interessen des Gebietes Kaliningrad (5.1; 5.2).

6. Entwicklung der gesamteuropäischen Zusammenarbeit

Russland erklärt, diplomatische Bemühungen für die »Normalisierung« des Transits durch die Länder Mittel- und Osteuropas und die baltischen Staaten bei gleichzeitiger Schaffung von alternativen Transittrassen zu unternehmen (6.1). Russland fordert die Verbindung seiner Erdöl- und Erdgasleitungen sowie seines Energienetzes mit den analogen Systemen der EU und Ostmitteleuropas. Russland wünscht auch, dass die EU solche Projekte wie die Jamal-Gasleitung mit ihren Abzweigen mitfinanzieren sollte (6.2). Es verlangt die Zulassung zu Ausschreibungen für die Modernisierung der europäischen Infrastruktur in diesem Bereich. Es verlangt auch die Zulassung russischer Firmen oder die Schaffung von *joint ventures* auf dem Transport- und Speditionsmarkt der EU: Auch hier wird eine »Transaktion« angeboten: die Zulassung von EU-Schiffen auf den Binnenwasserstraßen Russlands im Tausch gegen die Mitfinanzierung ihrer Modernisierung durch die EU und die Hilfe bei der Aufnahme Russlands in die WTO (6.3; 6.4). Russland erklärt eventuelle Vereinfachungen der Grenzabfertigung und auch Maßnahmen zur Schaffung von Transportkorridoren, insbesondere des Korridors Riga – Kaliningrad – Danzig (6.5; 6.6). Andere Vorschläge umfassen u.a. die Verbindung der Bahnnetze und die Zusammenarbeit in der Luftfahrtindustrie und im Luftverkehr (6.6; 6.7).

Russland erklärt seinen Willen zur Beteiligung an Projekten der Entwicklung der Transportnetze (darunter für Erdöl und Erdgas), die das russische Staatsgebiet nicht berühren. Es erwartet insbesondere den Schutz seiner Interessen im Rahmen der Projekte der EU und der GUS-Staaten: INOGATE und TRACEA (6.9).

7. Wissenschaftlich-technische Zusammenarbeit

Russland fordert die schnellstmögliche Unterzeichnung der neuen Vereinbarung über wissenschaftliche und technologische Zusammenarbeit mit der EU: Schaffung eines einheitlichen Informationsraumes, der Russland umfasst, Zusammenarbeit in der Weltraumforschung, im Bereich Navigationssysteme und beim Umweltmonitoring (7.1; 7.2; 7.3). Russland schlägt eine zumindest teilweise Integration der wissenschaftlich-technischen Potenziale Russlands und der EU vor und bietet der EU führende russische Patente und Untersuchungen an, die die Position der europäischen Wissenschaft und Industrie in der Welt stärken könnten (7.4).

8. Grenzüberschreitende Zusammenarbeit

Russland ist besonders daran gelegen, dass seine mit der EU zusammenarbeitenden Regionen in den Genuss von Privilegien kommen, das betrifft u.a. den Grenz- und Visaverkehr, d.h. Erleichterungen in diesem Bereich. Es rechnet auf EU-Mittel für die Entwicklung seiner Regionen im Norden und Nordwesten (8.1; 8.2).

Russland liegt besonders an einer Einbindung des Gebietes Kaliningrad in diese Zusammenarbeit. Hier wird eine Verbesserung der Transportverbindungen zwischen dieser Region und dem Rest Russlands gefordert. Das Land erwartet von der EU die Unterzeichnung einer speziellen Vereinbarung, die den Schutz der Interessen des Gebietes als Teil der Russischen Föderation im Prozess der EU-Erweiterung gewährt und die Schaffung eines Pilotprojektes für die Zusammenarbeit Russlands mit der EU an diesem Beispiel ermöglicht (8.3). Russland erwartet von der EU auch die Zulassung zu einer gewissen Beteiligung an der Zusammenarbeit im Mittelmeerraum und eine Berücksichtigung der russischen Interessen in dieser Region (9.3; 9.4).

9. Entwicklung der Rechtsgrundlage für die Zusammenarbeit

Russland fordert die Erarbeitung und Unterzeichnung einer neuen Vereinbarung mit der EU über die »strategische Partnerschaft und Zusammenarbeit im 21. Jahrhundert«, die die Vereinbarung von 1994 ersetzen würde (9.2). Es erklärt gleichzeitig den Willen, die russische Gesetzgebung und die Standards an die europäischen anzunähern und sie zu harmonisieren, dies aber bei Einhaltung der vollständigen Souveränität und der Verschiedenartigkeit der Systeme (9.3; 9.4).

10. Zusammenarbeit der Organe der Verbrechensbekämpfung

Russland verlangt die Unterzeichnung eines gesonderten Abkommens über die Zusammenarbeit der Organe zur Bekämpfung des Verbrechens und auch der illegalen Migration, seine Zulassung zu den EU-Programmen der Verbrechensbekämpfung und die Durchführung einer operativen Zusammenarbeit (10.1; 10.2; 10.3; 10.4). Es verlangt auch eine Zusammenarbeit bei der Verfolgung und Bestrafung russischer Wirtschaftsverbrecher, die im Ausland untergetaucht sind, und Hilfe bei der Bekämpfung der illegalen Kapitalausfuhr aus Russland. Die russische Seite verbreitet den kuriosen Gedanken, dass zu prüfen sei, ob das konfiszierte, illegal aus Russland ausgeführte Kapital für die teilweise Rückzahlung der russischen Auslandsverschuldung oder die Unterstützung der wirtschaftlichen Zusammenarbeit genutzt werden könnte (10.5).

11. Rolle der Wirtschaftskreise bei der Zusammenarbeit

Russland verlangt, dass die Teilnehmer des Runden Tisches der Geschäftsleute Russlands und der EU obligatorisch vor wichtigen Entscheidungen und der Realisierung der wichtigsten Projekte der Zusammenarbeit zu konsultieren sind und dass für die Wirtschaftskreise in den Organen der Zusammenarbeit Russland – EU eine Vertretung zu schaffen ist (11.1; 11.2).

12. Sicherung der Umsetzung der Strategie innerhalb Russlands

Russland unterstreicht die Notwendigkeit, seinerseits alle Anstrengungen zu unternehmen, damit eine praktische Umsetzung der Strategie möglich ist, u.a. durch die Organisation von Spezialistengruppen für die Zusammenarbeit, durch die Schaffung eines Netzes für Informationsaustausch, durch verstärkte Ausbildung von Spezialkräften, durch Nutzung der Förderung im Rahmen von TACIS usw. (12.1 – 6).

IV. Analyse der Strategie der Politik Russlands gegenüber der EU im Kontext dieses Dokuments

Das besprochene Dokument lässt direkt oder indirekt die hauptsächlichen Elemente der russischen Strategie gegenüber der EU erkennen. In dieser Hinsicht sind folgende Schlussfolgerungen zu ziehen:

1. Engere Beziehungen mit der EU über die sogenannte »strategische Partnerschaft« sollen Russland eine erfolgreichere Realisierung seiner Großmachtpolitik im Rahmen der Doktrin der Vielseitigkeit ermöglichen. Aus dem Dokument geht hervor, dass sich Russland nach wie vor als eigenständiger Pol begreift. Die Kontakte mit der EU sollen nicht der Verbindung mit dem westeuropäischen Pol dienen (wie es einige russische Spezialisten fordern), sondern lediglich der Stärkung des russischen Potenzials durch den Zufluss von Finanzen und Technologie.

2. »Die strategische Partnerschaft« mit der EU und die (eher nur politische) Unterstützung der »europäischen Identität« sollen in allen Bereichen, besonders aber in Fragen der Sicherheit, zu einer Einschränkung der Rolle der USA und der NATO in Europa führen. Aus russischer Perspektive soll das zur zukünftigen Gestaltung eines gesamteuropäischen Sicherheitssystems mit wesentlicher Beteiligung Russlands beitragen. (In diesem Kontext ist die Strategie »kompatibel« mit den bisherigen russischen Konzeptionen der »gesamteuropäischen Partnerschaft« mit späteren Modifikationen.)

3. Jene Partnerschaft soll durch die Lieferung von Energieträgern und Rohstoffen und die Schaffung einheitlicher Netze in den Bereichen Energiewirtschaft und Transport auch zu einer größeren (insbesondere wirtschaftlichen) Abhängigkeit

Europas von Russland beitragen. Durch die Betonung der ökonomischen Beziehungen (darunter auch gemeinsame Projekte und *joint ventures*) hegt Russland die Hoffnung, dass dies die Grundlage für eine spätere politische Einflussnahme sein wird. Dies betrifft sowohl Mittel- und Osteuropa als auch die baltischen Staaten, wo Russland nach Möglichkeit nach der Aufrechterhaltung seines wirtschaftlichen Einflusses strebt und sogar von der EU bestimmte Garantien in dieser Richtung verlangt. Russland ist auch der Meinung, dass die strategische Partnerschaft mit der EU der Aufrechterhaltung seiner Einflusssphäre im GUS-Bereich dienlich sein wird. Allgemein beweist der Inhalt des Dokuments, dass die Idee des »großen Europas«, die 1997 auf höchster Ebene verbalisiert wurde, in großem Maße weiterhin aktuell bleibt und Versuche der praktischen Umsetzung einzelner Elemente unternommen werden.

4. Russland strebt deutlich eine Institutionalisierung der Zusammenarbeit mit der EU an, um auf die Entscheidungsprozesse in der EU zu den – aus Russlands Perspektive – wesentlichen Problemen Einfluss nehmen und ungünstige Lösungen blockieren zu können. Russland will diese Institutionalisierung nutzen, um wirksamer die eigenen wirtschaftlichen Interessen im Kontext der ernsthaften Probleme, die mit den EU-Staaten in diesem Bereich bestehen, verteidigen zu können.

5. Eines der wichtigsten Ziele Russlands bleibt die Schaffung einer Freihandelszone in den Beziehungen mit der EU. Die Forderungen in diesem Bereich haben den Charakter einer aktiven Defensive, insbesondere vor dem Hintergrund der EU-Erweiterung und der Aufrechterhaltung der wirtschaftlichen Einflüsse.

6. Wachsendes Unbehagen schaffen für Russland die möglichen Folgen der Aufnahme neuer EU-Mitglieder, der Staaten Ostmitteleuropas und der baltischen Staaten. Russlands Strategie strebt in diesem Bereich nach der Schaffung spezieller rechtlicher und wirtschaftlicher Lösungen mit Vorzugsbedingungen für Russland bzw. nach bestimmten Formen der Rekompensation auf finanziellem Gebiet oder entsprechenden Investitionen, günstigen Verträgen usw.

V. Allgemeine Schlussfolgerungen zu Inhalt und Form des Dokuments

Der sachliche und formale Inhalt dieses Dokuments lässt folgende allgemeine Schlussfolgerungen zu:

1. Obwohl das Dokument nicht in ideologischer Sprache verfasst ist und eher pragmatischen Charakter besitzt, verrät es doch sehr deutlich, dass es von der für den russischen Neorealismus charakteristischen Denkweise inspiriert worden ist. Davon zeugen u.a. das Denken in den Kategorien der Rivalität um Einflüsse in bestimmten Regionen, das Großmachtdenken, der Grundsatz der Rekompen-

sation (in Anknüpfung an die Konzeption vom Gleichgewicht der Kräfte) und spezifische »Transaktionen«.

2. Erstaunlich in diesem Dokument sind die Überschätzung der Attraktivität Russlands für die EU-Staaten und eine zu optimistische Bewertung der russischen Vorzüge. Dieses Dokument ist aus der Position eines zumindest gleichrangigen, wenn nicht stärkeren Partners geschrieben (was von der Forderung nach Objektivität abweicht).

Es gibt hauptsächlich zwei Interpretationsweisen für diese Phänomene:

A. Die russischen Entscheidungsträger irren in ihrer Bewertung der internationalen Situation, der Situation in Russland und des gegenwärtigen »Kräfteverhältnisses« und formulieren auf dieser Grundlage nicht zutreffende Prognosen, wodurch die Grundlagen der russischen Politik unrealistisch werden.

B. Die in dem Dokument vorgestellten Inhalte weichen im Wesen von der tatsächlichen Bewertung der russischen Situation durch die Entscheidungsträger ab, und die präsentierte übermäßige »Selbstsicherheit« ist ein beabsichtigtes Element der Verhandlungstaktik. Russland erwartet, dass in Reaktion auf seine deutlich überhöhten und unrealistischen Forderungen (z.B. zur Teilnahme an den Entscheidungsverfahren, zum spezifischen Modell der Reduzierung der Verschuldung oder zum neuen Sicherheitssystem) die EU Gegenvorschläge aufstellen wird, die für Russland zumindest teilweise zufriedenstellend sein werden.

Ich denke, dass wir es mit einer Verknüpfung beider Elemente zu tun haben.

VI. Schlussfolgerungen für Polen

Aus dem Blickwinkel der polnischen Interessen wird deutlich, dass das Dokument neben für unser Land neutralen und vielleicht günstigen Inhalten eine Reihe von Formulierungen enthält, die im Widerspruch zu unseren Interessen stehen. Insbesondere belegt das Dokument Folgendes:

1. Russland hört nicht auf, Polen (wie auch das gesamte Ostmitteleuropa) als Objekt zu behandeln – als Feld für Rivalitäten mit den westlichen Mächten und nicht als selbstständigen und wichtigen Partner für die Zusammenarbeit.

2. Russland kämpft um die Aufrechterhaltung seiner wirtschaftlichen Einflüsse in der Region, insbesondere im Bereich der Zusammenarbeit in strategisch wichtigen Bereichen wie der Energie- und Rohstoffwirtschaft sowie dem Transport (und auch der im Dokument nicht exponierten militärisch-technischen Zusammenarbeit).

3. Russland beabsichtigt, seine Verbindungen mit der EU als Druckmittel gegen die Staaten der Region auszunutzen (darunter Polen und die baltischen

Staaten). Dies betrifft insbesondere die Schaffung spezieller Transportkorridore, die Einführung von Präferenzregelungen im Transit und die Nicht-Einführung des Visaverkehrs; auch soll es keine Beschränkungen im Zugriff auf russische Waren geben, wie sie sich aus der gemeinsamen Politik der EU ergäben. Dieser Druck wird an zwei Stellen ausgeübt: einmal gegen die Organe und Staaten der EU und dann gegen die Beitrittskandidaten. Das erste wird für Russland Priorität haben. Man hat insbesondere mit Forderungen hinsichtlich des Verkehrs und Handels mit dem Gebiet Kaliningrad zu rechnen. Solche Vorschläge sind direkt in dem Dokument enthalten. Man erwähnt z.B. den Korridor Riga – Kaliningrad – Danzig. In diesem Kontext kann man auch einen anwachsenden Druck Russlands auf die polnische Seite hinsichtlich des Korridors Grodno – Suwałki – Kaliningrad erwarten.

4. Russland erwartet (mehr von der EU als von den Beitrittskandidaten) Rekompensationen für die »Verluste«, die sich für Russland aus der EU-Osterweiterung ergeben bzw. eine Beschränkung dieser Verluste. Für Polen potenziell gefährlich wäre besonders die eventuelle Schaffung von rechtlichen und wirtschaftlichen Präferenzregelungen für Russland zur Präsenz auf den Märkten Ostmitteleuropas und der baltischen Staaten (obwohl zu unterstreichen ist, dass dies wenig wahrscheinlich ist).

5. Eine Art des Drucks auf die Beitrittskandidaten ist die im Dokument enthaltene Drohung mit Sanktionen für den Fall, dass in diesen Ländern die nicht genauer beschriebenen »allgemein gültigen Normen« verletzt würden. Es geht hier bestimmt u.a. um eine Erschwernis des Transits (aus Russland nach dem Westen und nach Kaliningrad) durch Beschränkungen der Transporte und eine Anhebung der Gebührensätze, Maßnahmen, die die gute Nachbarschaft stören und das Gefühl einer Bedrohung entstehen lassen (u.a. Einschränkungen im Grenzverkehr, Truppenbewegungen, Schaffung »feindlicher« Radiostationen), oder auch um die Verletzung der Rechte der russischsprachigen Bevölkerung (betrifft die baltischen Staaten). Die Sanktionen sollen darin bestehen, dass diese Staaten nicht in den Genuss der Segnungen der »Vereinbarung über Partnerschaft und Zusammenarbeit Russland – EU« aus dem Jahr 1994 kommen sollen. Von rechtlichen Zweifeln abgesehen, die ein solcher Standpunkt hervorruft, ist festzustellen, dass der negative Einfluss ähnlicher Sanktionen auf die Wirtschaft der Beitrittskandidaten eher eingeschränkt wäre. In dieser Frage sollten die Ökonomen zu Wort kommen.

6. Eine praktische Schlussfolgerung für die polnischen Entscheidungsträger ist die Notwendigkeit, die Gespräche Russlands mit der EU und ihren Mitgliedsstaaten ständig zu verfolgen und unmittelbar zu reagieren, wenn sie unsere Interessen betreffen (und das ist in der Regel der Fall). Polen sollte sich darum bemühen, dass diese Gespräche transparent bleiben, und eine eventuelle Beteiligung an ihnen

anstreben (und sei es als Beobachter). Dies ergibt auch die Notwendigkeit, bereits in der jetzigen Etappe einen klaren und komplexen polnischen Standpunkt zur Frage der »Ostpolitik« der EU zu erarbeiten, jener Ostpolitik, die von Polen aktiv mitgestaltet werden sollte.

Aus dem Polnischen von Ulrike Bischof

12/1999

Heinz Timmermann

Die russische Exklave Kaliningrad im Kontext regionaler Kooperation

Anstöße für eine Partnerschaft EU – Russland

Dichte und Vielfalt von Präsenz und Aktivitäten Russlands in den europäischen Strukturen demonstrieren: Die Beziehungen sind längst von der abstrakten Ebene – »Gehört Russland zu Europa?« – zu konkreten Formen der Interaktion übergegangen. Herausragender Ausdruck hierfür ist eine Kaskade von russlandbezogenen Verträgen und Dokumenten der EU. Es sind dies: der 1997 in Kraft getretene Vertrag über Partnerschaft und Kooperation; das darauf basierende politische Dokument »Gemeinsame Strategie der EU für Russland«, verabschiedet auf dem Kölner EU-Gipfel vom Juni 1999; schließlich das von Finnland auf den Weg gebrachte EU-Projekt »Nördliche Dimension«. Dieses fand ebenfalls in Köln seine Ausprägung, und zwar als formal eigenständige, inhaltlich jedoch eng mit der »Gemeinsamen Strategie« verzahnte Initiative. Operationalisiert wird die »Nördliche Dimension« durch den im Juni 2000 verabschiedeten »Aktionsplan« für die Jahre 2000 bis 2003.[1]

Zu Recht findet in der Russlandstrategie der EU das Problem Kaliningrad, das den Schwerpunkt dieser Untersuchung bildet, wachsende Aufmerksamkeit. Als zukünftige Enklave innerhalb einer erweiterten Union gerät das 926.000 Einwohner zählende Gebiet, eines der 89 »Subjekte« der Russischen Föderation, wirtschaftlich und politisch in eine schwierige Lage, die dieses in seinem internationalen Umfeld zunehmend zu einem Fremdkörper werden lässt. Die prekäre

1 Die vollständige Fassung des Partnerschaftsvertrags einschließlich der dazugehörenden Anhänge, Protokolle, gemeinsamen Erklärungen und Briefwechsel findet sich in: Kommission der Europäischen Gemeinschaften, Vorschlag für einen Beschluss des Rates und der Kommission der Europäischen Gemeinschaften und ihrer Mitgliedstaaten einerseits und der Russischen Föderation andererseits. Brüssel 1994. Ferner: Gemeinsame Strategie der Europäischen Union für Russland. Brüssel 1999; Eine Nördliche Dimension für die Politik der Union. Com 5, 89/3, Brüssel 1998; Action Plan for the Northern Dimension in the External and Cross-border Policies of the European Union 2000–2003. Brüssel 2000.

Situation erfordert daher dringend regional angepasste Lösungen, denn »was für Russland insgesamt evident ist, gilt gerade auch für Kaliningrad: Mit der Osterweiterung euroatlantischer Strukturen geht eine Dynamik einher, von der Russland *de facto* ausgeschlossen ist.«[2] Die Ostsee ist mit dem EU-Beitritt von Schweden und Finnland 1995 bereits zu einem Binnenmeer der Union geworden – mit Ausnahme zweier russischer Anrainer-Territorien: des östlichen Rands des Finnischen Meerbusens (Zentrum: St. Petersburg) und eben des Gebiets Kaliningrad. Schon vor dem Abschluss der Beitrittsverhandlungen mit Polen und den baltischen Staaten rückt damit die Frage nach Zukunft und Anbindung Kaliningrads auf die politische Tagesordnung.

Symptomatisch für das zunehmende Interesse an Kaliningrad ist ein entsprechender Abschnitt in einer Großen Anfrage des Bundestages an die Bundesregierung vom Dezember 1999.[3] Recht detailliert wird dort Auskunft zu einer Reihe von Kernproblemen der »künftigen Ostsee-EU-Enklave Russlands« gewünscht, darunter zu ihrer Bedeutung für die Ostseeregion sowie ihrer wirtschaftlichen Entwicklung auch im Hinblick auf die anderen Ostseeanrainerstaaten und auf Ansätze der Bundesregierung zur Förderung des Gebiets. Schließlich wird auch nach möglichen Konsequenzen für den Fall gefragt, »dass sich diese Region nachhaltig schlechter entwickeln sollte als der Rest der Ostseeregion«. Zwar steht die Antwort der Bundesregierung noch aus, doch so viel lässt sich schon heute sagen: Für Deutschland und die EU insgesamt laufen entsprechende Bestrebungen nicht auf eine spezifische Kaliningradstrategie hinaus; dies würde in Moskau Misstrauen hervorrufen und müsste letztlich scheitern. Vielmehr wählt die EU einen anderen, mehr Erfolg versprechenden Ansatz: Sie bettet das Problem Kaliningrad in ihre allgemeine Russlandpolitik ein, verleiht dieser Region aber zugleich größeres und spezifisches Gewicht. Wie sehen die jeweiligen Interessen und die Rahmenbedingungen in den Beziehungen Brüssel-Moskau aus, in die sich die Kaliningrad-Politik beider Seiten einfügt?

In den erwähnten Dokumenten der EU kommt das vitale Interesse der Union an erfolgreicher Partnerschaft mit Russland deutlich zum Ausdruck.[4] So oder so werden die Entwicklungen in Russland das Geschehen im übrigen Europa stark beeinflussen – eine Isolierung des Landes, selbst wenn sie gewollt wäre, ist schon aufgrund seiner Größe und seiner Potenziale ohne erhebliche Beschädigung der

---

2 So Vetter R.: Kaliningrad und die Osterweiterung der Europäischen Union. In: OSTEUROPA 2/2000, S. 144 – 160.

3 Deutscher Bundestag, Drucksache 14/2293 vom 1.12.1999, S. 1 – 11, hier S. 10.

4 Vgl. Timmermann, H.: Russland und die internationalen europäischen Strukturen. Berichte des Bundesinstituts für ostwissenschaftliche und internationale Studien (BIOST) 29/1999.

eigenen Interessen nicht möglich. Dies wurde zuletzt in der zögerlichen und vergleichsweise milden Reaktion der Union auf das OSZE-widrige Verhalten Russland in Tschetschenien deutlich. Laut »Gemeinsamer Strategie« gilt: »Die Zukunft Russlands bildet ein wichtiges Element für die Zukunft des Kontinents und ist für die EU von strategischem Interesse.«

Hinzu kommt: Die EU hat ein hohes Interesse an einem stabilen, demokratisch ausgerichteten und prosperierenden Russland. Dies wäre ein Russland, das seine frühere Abgeschlossenheit überwindet und mit neuem Selbstbewusstsein als aktiver Mitgestalter der internationalen Politik auftritt, nicht zuletzt im Ostseeraum und mit Blick auf die Zukunft Kaliningrads. Von einer so disponierten Großmacht Russland gehen weniger Gefahren aus als von einem schwachen Russland mit seinem vielfältigen Konflikt- und Chaospotenzial. Einen ähnlich hohen Stellenwert hat für die EU schließlich die wirtschaftliche Gesundung Russlands. Ein ökonomisch-sozialer Kollaps würde im Innern reaktionären Kräften den Weg bahnen und das internationale Umfeld vom südlichen Kaukasus über die westliche GUS bis nach Nordeuropa und in den Ostseeraum hinein destabilisieren. Umgekehrt würde eine wirtschaftliche Stabilisierung die politische Lage festigen und damit wichtige Voraussetzungen schaffen, um gerade auch im Aktionsbereich der »Nördlichen Dimension« den gegenseitigen Handel zu stimulieren und Gefahren drohender ökologischer Katastrophen zu reduzieren.

Die »Gemeinsame Strategie« nennt eine Vielzahl konkreter Initiativen zur Förderung positiver Entwicklungen in Russland. Stichwortartig herausgehoben seien hier insbesondere: Festigung der Demokratie und des Rechtsstaats sowie Stärkung der staatlichen Institutionen in Russland als Voraussetzung für erfolgreiche Interaktion; Einbeziehung Russlands in einen gemeinsamen europäischen Wirtschafts- und Sozialraum mit dem Ziel einer Überwindung neuer Trennlinien; Zusammenarbeit zur Stärkung von Stabilität und Sicherheit in Europa; Probleme der Umwelt und der nuklearen Sicherheit; Förderung regionaler und grenzüberschreitender Verbindungen sowie von Partnerschaftsprogrammen der Bürgergesellschaften.

Der Tschetschenienkrieg Moskaus mit seiner brutalen Kriegführung hat die Beziehungen der EU zu Russland stark belastet und die Implementierung der Projekte »Gemeinsame Strategie« und »Nördliche Dimension« zumindest hinausgezögert, auch im Hinblick auf Kaliningrad. Aus ihrem Selbstverständnis als Wertegemeinschaft heraus kann die Union keine »business-as-usual«-Position beziehen, solange Russland massiv jene Menschen- und Minderheitenrechte sowie jene Normen und Prinzipien verletzt, zu deren Einhaltung sich Moskau gegenüber OSZE, Europarat und im Partnerschaftsvertrag auch gegenüber der EU verpflichtet hatte. Dies ist umso bedauerlicher, als Russland die genannten EU-Signale positiv beantwortete, insbesondere in seiner »Mittelfristigen Strategie für die EU«, die der damalige Ministerpräsident Putin der EU-Troika im Oktober 1999 in Helsinki persönlich übergab. Die Kernpunkte dieses Dokuments lauten:[5]

Als euroasiatische Weltmacht will Russland in seinen internationalen Beziehungen unabhängig bleiben; die Partnerschaft Russland – EU zielt nicht auf Assoziation oder gar Mitgliedschaft in der Union. Damit macht die inflationäre Integrationsrhetorik Absichtserklärungen Platz, bei aller Partnerschaft mit der EU einen eigenen Kosmos zu bilden, groß genug, um selbst zentraler, eigenständiger Akteur zu sein. Diese Moskauer Positionsbestimmung kann nur begrüßt werden, da sie von Realismus geprägt ist und zur Berechenbarkeit beiträgt. Im Übrigen hat sie positive Konsequenzen auch für die Moskauer Wahrnehmung des Kaliningrad-Problems. Solange in Moskau Visionen einer nicht zu fernen Integration von Russland als Ganzem in die EU gepflegt wurden – so wiederholt Jelzin und Tschernomyrdin –, brauchte man über die Zukunft seines integralen Bestandteils Kaliningrad nicht ernsthaft nachzudenken. Das Gebiet würde dann gewissermaßen automatisch auch seinerseits Teil der EU. Ganz anders sehen die Perspektiven für Kaliningrad freilich aus, wenn Russland der Vision einer EU-Integration eine ausdrückliche Absage erteilt und das Gebiet damit in wenigen Jahren unvermeidlich zu einer Enklave der EU wird. Das zwingt beide Seiten, die Union und Russland, nach einer Lösung für Kaliningrad zu suchen, um seine Lebensfähigkeit zu sichern und Destabilisierungsgefahren entgegenzuwirken

Russland erhebt keine Einwendungen gegen die Erweiterung der EU nach Osten einschließlich der baltischen Staaten, zumal man hierin durchaus auch Entwicklungschancen für sich selbst sieht. Tatsächlich wird in Moskau eine Reihe damit verbundener Vorteile genannt: die Größe des Marktes für russische Produkte, die Vereinheitlichung und Zuverlässigkeit der Transitrouten und der Grenzregime im Handelsverkehr sowie die Harmonisierung der Zolltarife im EU-Raum. Gelegentlich wird das Näherrücken der Zone von Wohlstand und Wirtschaftsmodernisierung geradezu als Chance begriffen, hieraus für Russland selbst Gewinn zu ziehen. Andererseits werden in Moskau jedoch auch Befürchtungen über mögliche negative Folgen geäußert, insbesondere die, dass Russland dadurch auf traditionellen Märkten in Ostmitteleuropa noch weiter an Boden verliert sowie in Europa »enteuropäisiert« und marginalisiert wird. Stichworte sind hier u.a.: weiterer Verlust von Exportchancen in die Beitrittsländer, wenn diese die Standards, Normen und Zertifizierungen der EU übernehmen; Umschichtung direkter Investitionen aus der Union von Russland auf die zukünftigen Mit-

5 Strategija razvitija otnošenij Rossijskoj Federacii s Evropejskim Sojuzom na srednesročnuju perspektivu (2000 – 2010 gg.) [Die Strategie der Entwicklung der Beziehungen der Russischen Föderation zur Europäischen Union in mittelfristiger Perspektive (2000 – 2010)]. In: Diplomatičeskij Vestnik 11/1999, S. 20 – 28.

glieder; wachsendes Gefälle in den Verkehrs- und Telekommunikationsnetzen als Folge entsprechender massiver EU-Förderung in den Beitrittsländern; und schließlich: Einführung des Schengener Grenzregimes. Dessen strenge Visaregelung, die der zuverlässigen Abschottung der künftigen EU-Ostgrenzen gegen kriminelle Aktivitäten dienen soll, könnte zu einer erheblichen Reduzierung der grenzüberschreitenden Personen- und Warenströme führen. Besonders einschneidend wären hier die Folgen für die zukünftige EU-Enklave Kaliningrad.

Vor diesem Hintergrund ist das Weiterwirken historischer Urängste in Russland verständlich, im Zuge der EU-Erweiterung nach Osten faktisch isoliert und aus Europa ausgegrenzt zu werden. Hier bildet die »Nördliche Dimension« der EU ein zusätzliches perspektivreiches Instrument, um über Projekte regionaler Kooperation einer Vertiefung der Trennlinien an zukünftigen Ostgrenzen der EU entgegenzuwirken. Denn nach der Aufnahme Finnlands in die Union 1995 haben die EU und Russland erstmals eine lange gemeinsame Grenze, es bilden sich direkte Nachbarschaften, die sich mit dem anvisierten EU-Beitritt Polens und der baltischen Staaten noch weiter großräumig ausdehnen werden. Zugleich wird die Ostsee gleichsam zu einem Binnenmeer der EU – mit Ausnahme zweier eng begrenzter Anrainerterritorien: des östlichen Rands des Finnischen Meerbusens und eben des von EU-Beitrittsaspiranten umgebenen Kaliningrad. Diese exponierte Lage stimuliert das Interesse der EU an Kaliningrad als stabilem Faktor im Ostseeraum, der als eine der dynamischsten Wachstumsregionen der Welt gilt.

Zur Relevanz des EU-Projekts »Nördliche Dimension« für Kaliningrad

Die »Nördliche Dimension« umfasst insgesamt elf Länder unterschiedlicher internationaler Zuordnung: sämtliche Ostseeländer der EU (Deutschland, Dänemark, Schweden, Finnland), dazu die drei baltischen Staaten sowie Polen, Russland, Norwegen und Island. Wichtig ist die Tatsache, dass das Projekt – ähnlich wie die Mittelmeerinitiative der EU – zum Anliegen der gesamten Union gemacht wurde und nicht auf deren Ostseeanrainer beschränkt blieb. Mit anderen Regionalorganisationen knüpft die »Nördliche Dimension« zwecks synergetischer Effekte enge Beziehungen, so insbesondere zum Rat der Ostseeanrainerstaaten und zum Rat für den europäisch-arktischen Bereich der Barentssee. Die Voraussetzungen für solche Verzahnungen sind insofern günstig, als die EU selbst Mitglied dieser Organisationen ist. Allerdings verfügt die »Nördliche Dimension« über keine eigenen Budgetmittel. Vielmehr sieht sie ihre spezifische Aufgabe darin, Projekte anzustoßen und Vorhaben anderer EU-Agenturen – unter Einschluss internationaler Finanzorganisationen – zu fördern und zu koordinieren.

Die »Nördliche Dimension« ist die erste EU-Initiative, die im Sinne einer regionalen Entwicklungspolitik die herausragende Bedeutung Nordwestrusslands für die grenzübergreifenden Beziehungen EU – Russland unterstreicht und dabei besondere Aufmerksamkeit dem Problem Kaliningrad widmet. In diesem Sinne setzt sich das Projekt zur zentralen Aufgabe, »die positive Interdependenz zwischen der Union, Russland und dem Ostseeraum zu stärken« und damit den Gefahren sich vertiefender Trennlinien zu begegnen. Im Blick auf Kaliningrad beispielsweise nennt das Projekt: »Programme zur technischen Hilfe bei der Zusammenarbeit im Zollwesen, bei der zukünftigen Verwaltungsschulung und bei der Kooperation im Kampf gegen die organisierte Kriminalität«. Sicherheit und Stabilität im gesamten Projektraum sollen insbesondere durch wirtschaftliche Verbindungen und durch die Herausbildung langfristiger gemeinsamer Interessen gewährleistet werden.[6] Kühnere Visionen zeichnen sogar eine Zukunft, in der die dezentrale Kooperation und die Modernisierungsosmose im europäischen Nordwesten unter Einschluss der russischen Nachbarregionen als Modell für die Beziehungen EU – Russland überhaupt dienen könnte.

Interessanterweise greift die »Mittelfristige Strategie« Moskaus diese Vorstellung gerade im Hinblick auf die Perspektiven von Kaliningrad auf: Über ein besonderes Abkommen des Gebiets mit der EU könne eine Entwicklung angestoßen werden – heißt es dort –, um »Kaliningrad in eine russische ›Pilot‹-Region im Rahmen der Zusammenarbeit zwischen Russland und der EU im 21. Jahrhundert zu transformieren«. Im Folgenden seien in Stichworten kurz jene Bereiche charakterisiert, die die »Nördliche Dimension« als vorrangig für die Förderung der anvisierten positiven Interdependenzen in der Region erwähnt. In wichtigen Teilen können sie auch auf Kaliningrad Anwendung finden.

Entwicklung und Nutzung der natürlichen Ressourcen im Nordwesten Russlands, darunter insbesondere Gas, Öl, Mineralien und Holzbestände: Der Ausbau der Energieinfrastrukturen zu einem Energienetzwerk im Ostseeraum unter Einschluss Kaliningrads soll den wachsenden Energiebedarf in dieser dynamischen Region decken und durch Diversifizierung zugleich deren Abhängigkeit von einer einzigen Energiequelle reduzieren. Vorhaben auf diesen Feldern lassen sich mit Projekten verbinden, wie sie auch im Rahmen regionaler Partnerschaften

6 Vgl. hierzu Trenin, D.: Baltic Chance. The Baltic States, Russia and the West in the Emerging Greater Europe. Washington 1997; ders.: Security Cooperation in North-Eastern Europe: A Russian Perspective. In: Trenin, D.; P. van Ham: Russia and the United States in Northern European Security. Helsinki, Bonn 2000, S. 15 – 54; sowie die Expertise: Rossija i Pribaltika [Russland und die baltischen Staaten], publiziert vom Moskauer Rat für Außen- und Verteidigungspolitik. In: NEZAVISIMAJA GAZETA vom 23.9.1999. Siehe auch Ischinger, W.: Nicht gegen Russland. Sicherheit und Zusammenarbeit im Ostseeraum. In: INTERNATIONALE POLITIK 2/1998, S. 33 – 40.

in Angriff genommen werden. Schleswig-Holstein z.B. fördert in Kaliningrad den Aufbau eines Informationsnetzwerks im Energiemanagement und die Verbreitung regenerierbarer Energien.

Schutz der Umwelt und nukleare Sicherheit: Hier geht es darum, beim Abbau der Rohstoffe umweltzerstörende Wirkungen zumindest zu reduzieren sowie die Verschmutzung von Flüssen und Meeren einzudämmen (der »Aktionsplan« nennt hier neben St. Petersburg auch Kaliningrad, das grenzübergreifend in den Genuss von Tacis-Mitteln zur Wasseraufbereitung der Flüsse Pregel und Memel kommt).[7] Vor allem aber soll Russland dabei geholfen werden, seine Atomkraftwerke sicherer zu machen sowie seinen umfangreichen militärischen und zivilen Nuklearmüll in der Region zuverlässig zu entsorgen.

Modernisierung und Ausbau der Verkehrs- und Telekommunikationsnetze sowie deren Anbindung an die europäischen Infrastrukturen: Dies gilt auch für Kaliningrad, das in das Projekt der transeuropäischen Netze (TEN) einbezogen werden soll. Konkret handelt es sich dabei insbesondere um den Transportkorridor I Via Baltica (Helsinki - Tallinn - Riga - Kaunas - Warschau) mit der Abzweigung Via Hanseatica (Riga - Kaliningrad - Danzig).

Schon heute hat die EU in Finnland eine 1.300 km lange Grenze mit Russland, und nach ihrer Erweiterung um Polen und die drei baltischen Staaten werden es insgesamt rund 2.000 km sein. Folgerichtig misst die »Nördliche Dimension« der Zusammenarbeit zwischen den Grenzregionen und grenzübergreifenden Aktivitäten große Bedeutung bei. Anvisiert wird die zuverlässige Sicherung der Grenzen gegen kriminellen Missbrauch bei gleichzeitiger Erleichterung für den wachsenden Personen- und Warenverkehr in der Gesamtregion. Großes Gewicht liegt dabei auf der grenzüberschreitenden Kooperation von Subregionen, Städten, Geschäftsleuten, Wissenschafts- und Bildungsinstitutionen sowie sozialen und kulturellen Organisationen. Initiativen westlicher Akteure in den verschiedenen Bereichen sind geeignet, ein dichtes Netzwerk informeller Verbindungen zum Nordwesten Russlands zu knüpfen. Sie können dem entgegenwirken, was die »Nördliche Dimension« als großes Risiko für die gesamte Region ansieht. Gemeint ist die Vertiefung von Trenngräben zwischen der sich erweiternden EU und Russland in Form wachsender Divergenzen bezüglich Lebensniveau, Infrastrukturen und der Frage der Grenzregime. Hier regen die »Nördliche Dimension« und ihr »Aktionsplan« insbesondere im Rahmen von Tacis, Phare und Interreg die Förderung grenzüberschreitender Projekte an, auch im Hinblick auf Kaliningrad.

---

7 Europäische Kommission DG RE-E3, Tacis Environment Cross Border Programme 1998 vom Juli 1999.

Kaliningrad: Doppelte Peripherie oder Pilotprojekt regionaler Kooperation

Die Probleme des Gebiets haben vor allem zwei Ursachen. Zum einen war es zu Sowjetzeiten eine waffenstarrende Militärbastion mit starkem Militärindustriekomplex. Die zivilen Infrastrukturen wurden ein halbes Jahrhundert lang sträflich vernachlässigt, zu industrieller Umwidmung und Modernisierung fehlten Moskau Wille und Geld. Nach Auflösung der UdSSR fand sich Kaliningrad zudem als russische Exklave wieder, so dass der Personen- und Güterverkehr mit dem Mutterland erheblich erschwert und verteuert wurde. Eine EU-Osterweiterung um Polen und Litauen ohne Berücksichtigung der Sonderlage Kaliningrads würde das Gebiet zu einem vergessenen und versinkenden Ort am Rande von Russland und EU-Europa machen.

Nicht zufällig wird im Zusammenhang mit den verschiedenen EU – Russland-Dokumenten mittlerweile nachdrücklich auf den Problemkomplex Kaliningrad verwiesen. Tatsächlich drängt die spezifische, politisch sensible geographische Lage des Gebiets als eher depressive zukünftige Enklave innerhalb einer boomenden EU nach einer Lösung. Diese müsste im Kern so beschaffen sein, dass sie das Gebiet als integralen Bestandteil Russlands ausweist und es zugleich als aktiven Partner von Union und Ostseekooperation einbindet. Die Voraussetzungen für erfolgreiches Handeln stehen im Prinzip nicht schlecht, führt man sich die günstige geographische Lage vor Augen – die Nähe der baltischen Staaten, der Länder Ostmittel- und Westeuropas sowie der westlichen Teile von Russland selbst. Hinzu kommt in jüngerer Zeit im Blick auf Kaliningrad auf allen Seiten ein mehr oder weniger ausgeprägter positiver Wandel von Problembewusstsein und Handlungsmustern.[8] Hierzu einige Beispiele, die zugleich bereits auf mögliche Aktionsfelder und Perspektiven verweisen.

Noch vor wenigen Jahren stand die Moskauer Führung Kaliningrad-Initiativen der EU zur Entwicklung gemeinsamer Strategien und Projekte zur Einbindung des Gebiets in die dynamischen Prozesse seiner internationalen Umwelt miss-

---

8 Aus der umfangreichen westlichen Literatur seien erwähnt: Joenniemi, P.; J. Prawitz (Hrsg.): Kaliningrad: The European Amber Region. Brookfield 1998; Kempe, J.: Direkte Nachbarschaft. Gütersloh 1998; Kempe, J.; W. van Meurs (Hrsg.): Strategies of Direct Neighbourhood for the Baltic Sea Region and Northwestern Russia. CAP Working Paper, München, Juni 1999; Samson, J.; V. Lamande: The European Union and the Future of Kaliningrad, Tacis Support to the Global Development Plan for Kaliningrad. Grenoble 1998; Joenniemi, P.; S. Dewar, L. Fairlie: The Kaliningrad Puzzle Within the European Union. Karlskrona/Mariehamn 2000; Fairlie, L.: Will the EU Use the Northern Dimension to Solve Its Kaliningrad Dilemma? In: The Finnish Institute of International Affairs (Hrsg.): Northern Dimensions 2000. Helsinki 2000, S. 85 – 101.

trauisch bis ablehnend gegenüber. Die Furcht vor unkontrollierter westlicher Penetration und einer Lockerung der Bindungen des Gebiets an Russland bis hin zur Separation war stark ausgeprägt. Erinnert sei hier an die einwöchige »fact-finding-mission« einer Delegation des Europäischen Parlaments 1993 unter Leitung der deutschen Abgeordneten Margarete Hoff, die in einer konstruktiven und in ihrer Substanz bis heute gültigen Entschließung des Parlaments ihren Ausdruck fand.[9] Damals wurde die Delegation in der Politik und den Medien Moskaus verdächtigt, als Deutsche in europäischem Gewande aufzutreten und allerlei Hintergedanken und böse Absichten mit dem Ziel einer Loslösung des Gebiets von Russland zu hegen.[10]

Das hat sich mittlerweile gründlich geändert: Heute ist es gerade die russische Seite, die mit Visionen von Kaliningrad als Teil der Vernetzung im Ostseeraum und sogar als »Pilotprojekt« für die Zusammenarbeit zwischen Russland und Europa auf Lösungen drängt, beispielsweise über ein »besonderes Abkommen« mit der Union. Brüssel dagegen hat in den letzten Jahren eher zurückhaltend agiert – möglicherweise, um Kontroversen mit Moskau zu vermeiden und nicht in die komplizierten Zentrum-Regionen-Beziehungen involviert zu werden. Erst in der »Nördlichen Dimension« und detaillierter noch in deren »Aktionsplan« hat es sich zu Kaliningrad wieder deutlich artikuliert. Aufgrund seiner spezifischen Lage erfordere Kaliningrad besondere Aufmerksamkeit und spezielle Anstrengungen – heißt es im »Aktionsplan« –, »um zu helfen, die Folgen seiner Enklavensituation zu erleichtern und den größer werdenden sozioökonomischen Abstand zu seinen unmittelbaren Nachbarn zu überwinden«. Auf dem EU – Russland-Gipfel Ende Mai 2000 schließlich bekräftigte die Union ihre Bereitschaft, »die Auswirkungen der künftigen EU-Erweiterung auf den Handel und die wirtschaftlichen Interessen Russlands und die besonderen Fragen in Bezug auf das Gebiet Kaliningrad zu erörtern«[11]. Als geeigneten vertraglichen Rahmen für entsprechende Konsultationen nannte die EU-Delegation den erwähnten Partnerschafts- und Kooperationsvertrag.

---

9 Der Hoff-Bericht an das Parlament sowie die Debatten dazu vom 8.2.1994 sind abgedruckt in: Blätter für Deutsche und Internationale Politik 4/1994, S. 511 – 516. Eine stark erweiterte Version des Berichts bei Hoff, M.; H. Timmermann: Kaliningrad (Königsberg): Eine russische Exklave in der baltischen Region. In: Jahrbuch der Albertus-Universität zu Königsberg, Berlin 1994, S. 63 – 79.

10 In diesem Sinne beispielsweise Šachraj, S.: Kaliningrad - Kenigsberg - Krulevec. In: Nezavisimaja Gazeta vom 26.7.1994. Der Autor war damals Stellvertretender Ministerpräsident und als Minister zuständig für Nationalitätenfragen und Regionalprobleme.

11 Pressemitteilung der EU 8976/00.

Zwar gibt es in der Moskauer Zentrale wie in Kaliningrad selbst auch weiterhin unterschiedliche Ansichten über die zukünftige Rolle und politische Ausrichtung des Gebiets. Insgesamt gesehen rückt jedoch das frühere Denken in Alternativen in den Hintergrund: Kaliningrad entweder als Moskau-zentriertes Gebiet (isolationistisches Szenario) oder als Europa-offenes Gebiet (integrationistisches Szenario). Stattdessen gewinnt die Einsicht an Boden, dass sich Kaliningrad als integraler Bestandteil der Russischen Föderation geradezu zu einem Verbindungsglied zwischen Russland und der EU entwickeln könnte.[12] »Kaliningrad – eine russische Stadt mit europäischem Antlitz«: Mit diesem Motto brachte Oberbürgermeister Sawenko die heutige Selbstwahrnehmung der Mehrheit unter den Eliten und der Bevölkerung des Gebiets treffend auf den Punkt.[13] An anderer Stelle wird das Gebiet als »Vorposten Russlands in Europa« charakterisiert – als eine Region, »in der neue Formen der Kooperation erprobt werden und von der positive Erfahrungen allmählich auf andere Regionen Russlands ausstrahlen könnten. Stimuli zur Entwicklung Kaliningrads gingen dabei nicht von innen, von Autarkiestreben aus, sondern von den gesamtrussischen und internationalen Märkten.« So gesehen ist die Strategie einer »Region der Zusammenarbeit« nicht

---

12 So Sicherheitsrats-Sekretär S. Iwanow in: KALININGRADSKAJA PRAVDA vom 31.10.2000. Vgl. auch Ovčaruk, A. P.: konomičeskoe sotrudničestvo Rossii v Baltijskom regione [Die ökonomische Zusammenarbeit Russlands in der baltischen Region]. Moskva 1999, S. 10. Der Autor ist Diplomat und gegenwärtig am russischen Generalkonsulat in Bonn tätig. Ähnlich auch Vetter (wie Anm. 2), S. 154f., sowie Joenniemi u.a., The Kaliningrad Puzzle ... (wie Anm. 8), S. 16ff.

13 Das wäre schlimm für uns«. Interview mit dem SPIEGEL 23 vom 5.6.2000, S. 190 und 192. Zu weiteren Beiträgen aus Kaliningrader Sicht vgl. Fjodorow, G.: Kaliningrad – eine russische Enklave innerhalb der Europäischen Union. Aktuelle Analysen des BIOST 45/1999; Fedorov, G.; V. Korneevec: Baltijskij region [Die baltische Region]. Kaliningrad 1999; Rožkov-Jur'jevskij, Ju.: Rossijskie djuny v centre Evropy [Russische Dünen im Zentrum Europas]. In: EVRO 3/2000, S. 34 – 37; Stadtverwaltung Kaliningrad (Hrsg.): Naš Kaliningrad [Unser Kaliningrad]. Kaliningrad 2000; Chlopeckij, A.: Kaliningrad kak »zona svobody«: vzgljad iznutri [Kaliningrad als »Zone der Freiheit«: ein Blick von innen]. Kaliningrad 2000; Kusnezow, A.: Die Osterweiterung der EU: Chancen und Gefahren für die Oblast Kaliningrad der Russischen Föderation. Schiff-Texte 59/2000, Kiel 2000; ders.: Rede anlässlich des Kieler-Woche-Gesprächs vom 19.6.2000. In: Schleswig-Holsteinischer Landtag, Kieler-Woche-Gespräch: »Die Nördliche Dimension – Signal für eine neue Partnerschaft zwischen der EU und Russland«. Kiel 2000, S. 5 – 9. Botschafter Kusnezow ist der Vertreter des Außenministeriums Russlands im Gebiet Kaliningrad. Zwei im Ansatz unterschiedliche Analysen unter den wenigen ausführlicheren Beiträgen aus der Sicht des Moskauer Zentrums bei Smorodinskaja, N.: Kaliningradskij eksklav: Ocenka uslovij i rezul'tatov razvitija [Die Kaliningrader Exklave: Abschätzung der Bedingungen und der Resultate der Entwicklung]. Moskva 1999, sowie Ovčaruk (wie Anm. 12).

»Mittel der Eingliederung Kaliningrads in den Ostseeraum, sondern ein Weg der Annäherung Russlands an Europa und Europas an Russland«[14].

Weitgehend verschwunden sind Konzeptionen in Moskau und entsprechende Befürchtungen im regionalen Umfeld Kaliningrads, das Gebiet werde zu einer antiwestlichen Militärbastion ausgebaut. Heute sind es weniger Probleme der militärischen Präsenz, die Kaliningrad und seine Nachbarn bewegen: Die Baltische Flotte (Stützpunkt: Baltijsk/Pillau) schrumpft, wobei das Militärpersonal auf rund 25.000 Mann drastisch abgesenkt wurde und Gouverneur Jegorow zufolge bis 2003 auf 8.600 Mann weiter verringert werden soll. Eine so beschaffene moderate Stationierung in Kaliningrad bedeutet kein Hindernis für eine stärkere Einbindung des Gebiets in die regionale Kooperation.

Stattdessen ist es eher ein möglicher weiterer wirtschaftlicher und sozialer Abschwung, der Destabilisierungsgefahren in sich birgt und sogar beginnt, »die Interessen der nationalen Sicherheit Russlands zu berühren«[15]. Falls nichts geschieht, wird der Abstand zu den angrenzenden EU-Beitrittskandidaten Polen und Litauen weiter wachsen. Diese erhalten schon heute umfangreiche EU-Hilfe zur Vorbereitung auf die Mitgliedschaft, insbesondere zur Übernahme des »gemeinschaftlichen Besitzstands« der Union (acquis communautaire) und zur Förderung der Infrastrukturen. Die Mittelzuflüsse werden noch weiter steigen, wenn beide Staaten nach ihrem Beitritt mehr oder weniger nachhaltig an den Strukturfonds, der Gemeinsamen Agrarpolitik und anderen Programmen beteiligt werden. Würden die Konditionen der EU-«Agenda 2000« für die Jahre 2000–2006 im Rahmen der Struktur- und Vorbereitungshilfe für Polen und die baltischen Staaten analog auf Kaliningrad angewandt – hat man hypothetisch errechnet –, so käme das Gebiet in den Genuss von jährlich 160 Mio. € Strukturhilfe und 8 Mio. Vorbeitrittshilfe. Die gefährliche Perspektive einer weiteren Vertiefung des »asymmetrischen Nachbarschaftsverhältnisses« habe allen Seiten Anstöße für Neuüberlegungen gegeben.[16]

Die Situation ist in der Tat paradox: Obwohl innerhalb der Union gelegen, wird Kaliningrad als außerhalb der EU befindliches Gebiet behandelt und ist daher von einer solchen massiven Unterstützung, wie sie den Beitrittskandidaten gewährt wird, ausgeschlossen; die Tacis-Förderung (1994–1999: 15 Mio.

---

14 So Fedorov, G.: Strategija sotrudničestva [Die Strategie der Zusammenarbeit]. In: TOČKA OPORY VOM 30.9.2000. Der Autor zählt zum Expertenteam des neuen Gouverneurs Jegorow.

15 So der frühere Vizegouverneur W. Prudnikow vor der Regierungskommission für die Zusammenarbeit Russland – EU vom 18.7.2000, http://government.kaliningrad.ru.

16 Zur Charakteristik der »asymmetrischen Nachbarschaft« vgl. Kempe, J.; W. van Meurs: Die baltisch-russischen Beziehungen als Brennpunkt der europäischen Integration und Sicherheit. In: DEUTSCHE STUDIEN 2/1999, S. 120–135.

US-Dollar) bildet demgegenüber nur einen kleinen Bruchteil. Die wachsende Kluft zwischen Kaliningrad und seinem Umfeld im Lebensniveau, im Produktionsbereich, in den Infrastrukturen und nicht zuletzt in den Reisemöglichkeiten zeigt schon heute negative Auswirkungen auf die sozialpsychologische Befindlichkeit der Bevölkerung. »Man hat uns vergessen, niemand will uns wirklich haben«, klagte kürzlich Ex-Gouverneur Matotschkin auf einer Konferenz in St. Petersburg, auf der das Problem Kaliningrad unversehens in den Vordergrund rückte.[17] Die Einschätzung Matotschkins scheint übertrieben. Gleichwohl werden die Probleme des asymmetrischen Nachbarschaftsverhältnisses Kaliningrads zu den umliegenden Beitrittskandidaten immer drängender. Da Symptome und Ursachen weitgehend bekannt sind, sollen hier anhand neuerer Daten nur die wichtigsten unter ihnen kurz in Erinnerung gerufen werden.

Dramatisch ist der weitere Verfall der traditionellen Industrie und der Landwirtschaft. Ihr Niveau sank bis 1999 auf 30 bzw. 45 Prozent des Standes von 1990, die tatsächliche Arbeitslosigkeit betrug 1999 25 bzw. 50 Prozent. Unter solchen Bedingungen fiel der Lebensstandard in Kaliningrad offiziellen Statistiken zufolge unter den russischen Durchschnitt (rund 80 Prozent); der durchschnittliche Monatslohn beträgt in Kaliningrad heute 110 DM (Polen: 907 DM). Auffällig ist ferner die starke Importabhängigkeit vom Westen: Bei Lebensmitteln beträgt sie über 80 Prozent, wobei Litauen und Polen zu den Hauptlieferanten zählen. Mit dem absehbaren Enklaven-Status des Gebiets wird sich die Lage noch weiter zuspitzen. Schon heute stehen Exporten von rund 480 Mio. US-Dollar Importe in Höhe von rund 1,2 Mrd. US-Dollar gegenüber.[18] Zugleich sank der Anteil Kaliningrads am russischen Außenhandel von 1,2 Prozent (1998) über 0,9 Prozent (1999) auf 0,76 Prozent (erstes Quartal 2000). Gravierend sind auch die Defizite der Infrastrukturen insbesondere bei den Hafenanlagen, die mit weiter sinkender Tendenz nur zu 25 Prozent ausgelastet und gegenüber der baltischen Konkurrenz hoffnungslos zurückgefallen sind. Von den gesamten Gütern, die in den früher zur Sowjetunion gehörenden baltischen Häfen umgeschlagen werden (insbesondere Tallinn, Ventspils, Riga, Klaipeda), entfallen auf Kaliningrad lediglich 5 Prozent. Erwähnt sei schließlich die mangelnde Effizienz von Teilen der Administration, verursacht durch geringe Professionalität, unzureichende technische Ausstattung und Reibungsverluste durch Machtkämpfe zwischen personengebundenen Gruppen in Politik und Wirtschaft.

Vor diesem Hintergrund nennt der Vertreter der deutschen Wirtschaft in

17 Bertelsmann-Konferenz zum Thema »Direkte Nachbarschaft – EU-Ostpolitik nach der Erweiterung« am 16./17.3.2000.

18 Dewar, S.: Trade and Transport Issues in Kaliningrad. In: Kempe/van Meurs, Strategies ... (wie Anm. 8), S. 35 – 39, hier S. 35.

Kaliningrad für das Fernbleiben potenter ausländischer und russischer Investoren folgende Gründe[19]: das Durchschlagen einer »konfiskatorischen« Steuerpolitik Russlands auf das Gebiet; der Argwohn Moskaus gegenüber möglichen separatistischen Tendenzen, die sich aus dem besonderen wirtschaftlichen Status Kaliningrads ergeben könnten; die mangelnde Durchsetzungsfähigkeit der Gebietsadministration gegenüber der Zentralregierung bei der Heranziehung ausreichender Fördermittel zur Entwicklung Kaliningrads; das Zurückbleiben der Infrastruktur und damit wichtiger logistischer Voraussetzungen im Gebiet; schließlich protektionistische Tendenzen der Administration und Eingriffe in die Unternehmen, die bürokratische und wenig transparente Tätigkeit der Verwaltung sowie Widersprüche zwischen föderalen und regionalen Gesetzen und Verordnungen. So gesehen ist es kein Zufall, dass Kaliningrad im »Investment-Rating« unter den 89 Subjekten der Föderation in der Zeit von 1995 bis 1998 vom 27. auf den 41. Rang zurückgefallen ist.

Ein großes Problem bildet in diesem Zusammenhang schließlich das Scheitern der »Freien Wirtschaftszone« Kaliningrad und das nur begrenzte Greifen der »Sonderwirtschaftszone«. Als Ausgleich für die schwierige Enklavenlage gedacht, wurde die 1992 konstituierte Freihandelszone von Moskau 1995 kurzerhand liquidiert. Die 1996 gebildete, mit wesentlich geringeren Privilegien ausgestattete Sonderwirtschaftszone ihrerseits konnte aufgrund einschneidender Einschränkungen aus Moskau und widersprüchlicher Implementierung durch die Gebietsverwaltung erst gar nicht voll wirksam werden, nach entsprechenden Staatsduma-Beschlüssen steht sie möglicherweise sogar vor dem Aus. Sie befreit die Einfuhr von Rohstoffen und Vorprodukten von Waren, die in Kaliningrad hergestellt oder mit mindestens 30 Prozent Wertzuwachs veredelt werden, von Zoll und anderen Abgaben und schien daher geeignet, Kaliningrad für Investoren als Brücke und Sprungbrett nach Russland interessant zu machen.

Hier liegen die Ursachen für Klagen aus Kaliningrad über die unklare Linie der Moskauer Regierung. Ein bekannter lokaler Geschäftsmann beschreibt die Lage so: »Die ständige Drohung, nicht nur einzelne auf Kaliningrad bezogene föderale Maßnahmen zu ändern, sondern das Regime der freien (besonderen) Zone überhaupt – dies bereitet den im Gebiet arbeitenden Unternehmern quälende Kopfschmerzen. So müssen wir Kaliningrader in jedem Herbst bei der Aufstellung und Erörterung des föderalen Haushalts für das kommende Jahr vor dem Zentrum unter großen Mühen unsere gesetzlich verbrieften Rechte und unsere vitalen wirtschaftlichen Interessen verteidigen.« Das betreffe insbesondere Bestre-

19 Stein, St.: Kaliningrader Gebiet, Information vom April 1999, S. 3f.

bungen zu einer Revision zentraler Bestimmungen der Sonderwirtschaftszone.[20] Sollte die Sonderwirtschaftszone tatsächlich abgeschafft werden, so drohen nach Einschätzung von Abgeordneten der Gebietsduma »ein Preisanstieg bei eingeführten Gebrauchswaren von 30 bis 40 Prozent; ein Versiegen ausländischer und einheimischer Investitionen; der Bankrott eines Großteils von Betrieben sowie steigende Arbeitslosigkeit; [...] ein Anwachsen separatistischer Einstellungen und negativer Beziehungen zum Föderalen Zentrum unter der Bevölkerung, die sich maximal von Russland zu distanzieren wünscht; eine Unterminierung der politischen und der Verteidigungsinteressen Russlands in der Region«[21]. In ähnlicher Weise prognostizieren auch ausländische Experten für diesen Fall »ein drastisches Absinken der ausländischen Direktinvestitionen, den Konkurs vieler vom Import und Export lebender Firmen sowie einen Preisanstieg für Importwaren von 40 bis 80 Prozent«[22].

Vor diesem Hintergrund würden Versuche, das Problem auszusitzen, Kaliningrad zur Existenz einer »doppelten Peripherie« verdammen[23]: zu einem vergessenen Gebiet am Rande von Russland und am Rande von EU-Europa. Denn das wirtschaftliche Wachstum und die soziale Stabilität Kaliningrads hängen in hohem Maße von seiner Zusammenarbeit mit Polen (19) und Litauen (10 Prozent) sowie von seiner Einbindung in das Netzwerk der Ostseekooperation ab. Negative Entwicklungen wären jedoch gefährlich und könnten schwer kontrollierbare Prozesse sozialer und dann auch politischer Destabilisierung provozieren, und dies umso mehr dann, wenn sie durch negative Einflüsse von außen weiter verstärkt würden. Dazu zählen: Restriktionen im grenzüberschreitenden Personen- und Warenverkehr als Folge des Schengen-Regimes – hier werden Freiheiten in Frage gestellt, die die Bevölkerung als immanente Bestandteile ihres Lebens betrachtet; Schrumpfen des Außenhandels mit der EU, der heute umfangreicher ist als derjenige Kaliningrads mit dem russischen Festland (Schätzwert: 40 Prozent der Importe aus und 25 Prozent der Exporte nach Russland); schließlich die abnehmende Fähigkeit Moskaus zur Subventionierung seines geographisch benachteiligten Gebiets. Auch das 1997 verabschiedete »Spezielle Föderale Programm für

---

20 Chlopeckij (wie Anm. 13), S. 132.

21 Appell an die Abgeordneten der Staatsduma vom Frühjahr 2000, nachdem diese das Liquidierungsgesetz in erster Lesung gebilligt hatte; nach dem Dokument. Der Staatsduma-Beschluss betraf Sonderregelungen in ganz Russland und nahm, wie in Kaliningrad beklagt wurde, keine Rücksicht auf die spezifische Lage des Gebiets. Vgl. auch das analoge Monitum von Oberbürgermeister Sawenko (wie Anm. 13), S. 190.

22 So St. Stein in: Plath, Th.: Gebiet Kaliningrad: Zollfreiheiten sind in Gefahr. In: VWD/RUSSLAND 104 vom 30.5.2000, S. 2.

23 Joenniemi, P.; J. Prawitz: Kaliningrad: A Double Periphery? In: dies., Kaliningrad: The European Amber Region (wie Anm. 8), S. 226–260.

die Wirtschaftliche Sonderzone im Kaliningrader Gebiet für 1998–2005« dürfte keine Abhilfe schaffen.[24] Zwar sieht es Investitionen von insgesamt 14 Mrd. Rubel vor, doch ist es bisher Gouverneur Gorbenko zufolge im Wesentlichen bei Absichtserklärungen geblieben.[25]

Als Folge des Abschwungs mangelt es in Kaliningrad nicht an warnenden Signalen. Genannt seien die kurzzeitige, durch den Finanzkollaps vom August bedingte Ausrufung des Notstands im September 1998 durch den Gouverneur, der dazu gar nicht befugt war; Diskussionen in Kaliningrad über eine Statusanhebung zur Republik (innerhalb Russlands) oder sogar zu einer »Vierten Baltischen Republik«; das Projekt eines Polen durchschneidenden »Korridors« zwischen Belarus und Kaliningrad, ventiliert während eines Treffens Jelzin – Lukaschenka 1996. Zwar stieß all dies unter den Eliten und der Bevölkerung des Gebiets vorerst auf keine nennenswerte Resonanz; bei einer weiteren Zuspitzung der sozioökonomischen Lage und wachsender Isolierungsfurcht könnte sich dies jedoch durchaus ändern.

Regional angepasste Lösungsansätze

Glücklicherweise sind inzwischen die meisten Beteiligten in Moskau, Brüssel und Kaliningrad selbst mehr oder weniger deutlich zu der Einsicht gelangt: Bloßes Zuwarten wäre kontraproduktiv und sogar gefährlich, es muss gehandelt werden. Die Zeit ist reif, es sollte in einer präventiven Konfliktdiplomatie im Rahmen des Partnerschaftsvertrags EU – Russland nach Lösungen gesucht werden, die einer Vertiefung der normativen und sozioökonomischen Gräben zwischen Kaliningrad und seiner nichtrussischen Umgebung entgegenwirken. Die besondere geographische Lage der Enklave erfordert – so die wachsende Überzeugung – spezielle Vorgehensweisen bei der Lösung der regionalen Wirtschaftsentwicklung, der Visaregelung und des Handelsregimes. Die Chancen für ein konstruktives Herangehen stehen daher nicht schlecht und sollten genutzt werden. Nachdem Brüssel und Moskau den Komplex Kaliningrad bereits in ihren Strategiepapieren von 1999 gestreift hatten, begannen im Spätherbst 2000 entsprechende Sondierungen. Im

---

24 Federal'naja celevaja programma razvitija Osoboj konomičeskoj zony v Kaliningradskoj oblasti na 1998–2005 g. In: ROSSIJSKAJA GAZETA vom 21.10.1997. Vgl. hierzu auch Samson/Lamande (wie Anm. 8), S. 6, sowie aus Moskauer Sicht Smorodinskaja (wie Anm. 13), S. 8ff.

25 »Ja – storonnik praktičeskoj politiki« [»Ich bin ein Anhänger der praktischen Politik«]. Interview mit der NEZAVISIMAJA GAZETA vom 14.9.1999.

Blick auf realistische Ansätze für die künftige Entwicklung im Folgenden einige Anmerkungen und Überlegungen.[26]

Nachdem Moskau seine frühere Skepsis überwunden und Kaliningrad grünes Licht für internationale Aktivitäten gegeben hat, ist Bewegung in die Region gekommen. So zeichnen sich für Kaliningrad durchaus Chancen ab, durch Integration in die regionalen Netzwerke seine spezifische Lage vom Handicap des Enklavendaseins in einen Vorzug der Nähe zu den dynamischen Prozessen im Ostseeraum zu verwandeln.[27] Davon zeugen die mittlerweile vielfachen regionalen und subregionalen Verflechtungen Kaliningrads, des bemerkenswerterweise ersten und bislang einzigen russischen Teilnehmers am Institut der Euroregionen. Genannt seien hier nur: die Mitgliedschaft in der Euroregion Neman mit Polen, Litauen und Belarus, in der Euroregion Baltika mit Regionen aus Dänemark, Schweden, Polen, Litauen, Lettland und Russland sowie in der Euroregion Saule (Sonne), an der neben Regionen aus Litauen, Lettland und Schweden auch Kaliningrad als eigenständige Region partizipiert. Hinzu kommt die Teilnahme des Gebiets – im Rahmen der russischen Delegation – an den Beratungen des Rats der Ostsee-Anrainerstaaten, an der Ostsee-Parlamentarierkonferenz sowie an der Ostsee-Subregionalkonferenz, einem Netzwerk der 162 Ostsee-Küstenregionen. Wachsende Bedeutung gewinnen schließlich die bilateralen Regionalbeziehungen, so u.a. die Partnerschaft mit Schleswig-Holstein und Brandenburg sowie mit einer Reihe weiterer Regionen vor allem aus dem skandinavischen Raum.

Solche Aktivitäten auf substaatlicher Ebene sind geeignet, einer Isolierung und Peripherisierung Kaliningrads entgegenzuarbeiten. Gerade die Kooperation auf regionaler und lokaler Ebene bildet eine wichtige Klammer zwischen EU-Mitgliedstaaten und solchen Ländern, die wie Russland der Union durch Partnerschaft verbunden sind. Sie findet daher in der »Nördlichen Dimension« und deren »Aktionsplan« lebhafte Unterstützung. Gerade auch mit Blick auf Kaliningrad plädiert die »Nördliche Dimension« für »weitere Programme technischer Hilfe über Tacis und Phare für Projekte, die die russisch-baltischen und die russisch-polnischen Grenzen umfassen«. Der »Aktionsplan« seinerseits verweist ausdrücklich auf die Absicht, grenzüberschreitendes »institution building« zu unterstützen. Mit der Charakterisierung Kaliningrads als »Pilotregion« scheint

---

26 Vgl. hierzu auch die Ergebnisse der Kopenhagener Konferenz »The Northern Dimension and Kaliningrad Region: European and Regional Integration« vom Mai 2000, nach dem Dokument. Die offiziöse Arbeitskonferenz wurde vom Außenministerium Dänemarks, dem Nordischen Ministerrat sowie der EU-Kommission organisiert und vereinte Politiker und Experten aus den Ländern der »Nördlichen Dimension«.

27 Auf die Chancen regionaler Einbindung Kaliningrads in den Ostseeraum verweist ausführlich Ovčaruk (wie Anm. 12), S. 57ff.

Moskau seinerseits die Möglichkeit anzudeuten, in Zukunft ähnliche Formen der Zusammenarbeit mit der EU auf den gesamten Nordwesten Russlands auszudehnen, was die Bedeutung Kaliningrads über sein eigenes Gewicht hinaus erhöhen würde.

Besonders negativ würde sich auf Kaliningrad das von der Amsterdamer EU-Konferenz beschlossene und 1999 in Kraft getretene Schengen-Regime mit seinem Postulat nach zuverlässiger Abschottung der künftigen EU-Ostgrenze auswirken.[28] Vor allem gilt dies für sein Verhältnis zu Litauen und Polen, mit denen für Einwohner Kaliningrads – nicht aber für die Russen vom »Festland« – ein *de facto* visafreier Verkehr herrscht.[29] Immerhin überqueren jährlich über 8 Mio. Menschen und 3 Mio. Pkw die Grenzen in beide Richtungen.[30] Die Liquidierung dieser großzügigen Regelung, die mit dem Näherrücken des EU-Beitritts beider Länder oder sogar schon zu einem früheren Zeitpunkt immer wahrscheinlicher wird, wäre für Kaliningrad in mehrfacher Hinsicht dramatisch: Zum einen würde die Beeinträchtigung im kleinen Grenzverkehr als wirtschaftlichem und sozialem Faktor die ohnehin strukturschwachen Grenzregionen zusätzlich benachteiligen. Zum andern würde der Handel mit den Partnern in der direkten Nachbarschaft und in der gesamten EU stark belastet. Schließlich müssten sich die Bewohner Kaliningrads Transitvisa besorgen, wenn sie auf dem Landweg das russische »Festland« bereisen wollten. In diesem Licht gilt, was ein russischer Diplomat so umschrieb: Polen und Litauen »sind für das Gebiet strategische Partner – ohne normale allseitige Zusammenarbeit mit ihnen kann sich das Gebiet nicht stabil entwickeln«[31]. So gesehen ist es dringend geboten, möglichst noch vor dem EU-Beitritt von Litauen und Polen in den Bereichen Transit und Freizügigkeit eine Balance zu finden zwischen der Sicherung der EU-

---

28 Hierzu detailliert Vetter (wie Anm. 2), S. 152ff.

29 Ausführlich zu dieser Regelung: Fairlie, Will the EU ... (wie Anm. 8); siehe auch Kusnezow, Rede anlässlich der Kieler Woche (wie Anm. 13), S. 7f. Zu den spezifischen Aktivitäten Litauens gegenüber Kaliningrad vgl. die zweisprachig publizierten Ergebnisse einer litauisch-russischen Spezialistenkonferenz: AA.VV.: Lietuva ir Kaliningradas: Bendradarbiavimo perspektyvos/Litva i Kaliningrad: Perspektivy sotrudničestva [Litauen und Kaliningrad: Perspektiven der Zusammenarbeit]. Vilnius 1999; sowie Altenbockum, J. van: Pilotprojekt Königsberg. In: FAZ vom 1.4.2000. Kennzeichnend für das gute Verhältnis Litauen – Kaliningrad ist die Tatsache, dass ein Kaliningrader Fußballteam in der 2. Liga Litauens mitspielt, vgl. Rede Kusnezows auf der Kieler Woche (wie Anm. 13), S. 6.

30 Die Zahlen nennt der Kaliningrader Gebietsduma-Abgeordnete S. Kozlov: »My dolžny žit' lučše, žit' po-evropejski« [«Wir müssen besser leben, europäisch leben«]. In: KALININGRADSKAJA PRAVDA vom 20.5.2000.

31 Rožkov-Jur'evskij (wie Anm. 13), S. 35.

Außengrenzen einerseits und dem Bedürfnis nach grenzüberschreitender Kommunikation andererseits.

Nach langem Zögern scheint sich nun auch die EU zu bewegen, zumal auch aus EU-Sicht eine Übereinkunft über Kaliningrad wichtige Impulse für eine weiterreichende und intensivere Zusammenarbeit mit Russland insgesamt vermitteln könnte. So verwies EU-Außenkommissar Patten Ende 1999 auf die Notwendigkeit, dem Komplex Kaliningrad im Rahmen der »Nördlichen Dimension« besonderes Augenmerk zu widmen: »Wenn die Kandidatenländer Mitglieder der EU werden, wird die einzigartige Lage Kaliningrads angepasste Lösungen für Zollwesen, Transport und Visapflicht erfordern.«[32] Anvisiert wird offenbar eine Lösung analog zum gegenwärtigen finnisch-russischen Grenzregime; im »Aktionsplan« jedenfalls wird auf dieses Beispiel ausdrücklich verwiesen. Leider jedoch werden die Spezifika dieser Grenzregelung, des wohl sensitivsten Aspekts in der Brüsseler Strategie der Anbindung des Gebiets, in den EU-Dokumenten an keiner Stelle definiert. Inoffiziellen Angaben zufolge verlangt Helsinki bei der Erteilung von Einreisevisen für Russen keine Einladung, sondern begnügt sich mit der Anmeldung, einer gewissen Geldsumme und einem Nachweis, nach dem der Betreffende in Finnland keine Vorstrafen hat.[33] Nach Auskunft des Hauptquartiers des finnischen Grenzschutzes in Helsinki dagegen wird im Allgemeinen ein Visum verlangt, das allerdings »in begründeten Fällen« an der Grenze erteilt werden kann. Voraussichtlich im Jahre 2001 werde man dann freilich das Schengen-Regime übernehmen.[34] Interessant ist auch das estnisch-russische Grenzregime. Es sieht vor, dass Bewohner der Grenzgebiete kostenlose multiple Visen zum Besuch der jeweils anderen Seite erhalten können.

Zweifellos handelt es sich hier um ein äußerst kniffliges Problem, das der genauen Abwägung aller Aspekte bedarf. Die Befürchtung der EU liegt darin, dass es einen innerrussischen Zuzug nach Kaliningrad geben könnte, wenn sich die Visabedingungen für Bürger des Gebiets als zu freizügig erweisen würden. Tatsächlich gibt es für Russen keine Beschränkungen, sich in Kaliningrad niederzulassen. Inakzeptabel sind auch – sowohl für Russland als auch für die EU – Vorschläge zur Bildung eines »baltischen Schengen« unter Einschluss Kaliningrads, wie sie gelegentlich zu hören sind. Eine solche Lösung würde jegliche Kontrolle

32 Siehe Fairlie, Will the EU ... (wie Anm. 8), S. 92.
33 Ebenda, S. 91.
34 Mitteilung vom 29.6.2000 an den Autor dieses Berichts.

an den Grenzen der EU zu Kaliningrad aufheben und für die »Festlands«-Russen bei der Einreise in das Gebiet Visen erfordern.

Möglicherweise liegt die Lösung darin, Kaliningrad für Bewohner des Gebiets und EU-Bürger nach dem Muster des finnisch-russischen Grenzregimes zu einer »leichteren Visazone« zu machen oder es sogar zu einer visafreien Zone zu erklären (was ja keineswegs mit einem Wegfall jeglicher Grenzkontrollen überhaupt gleichzusetzen wäre). Die EU geht davon aus, dass im Rahmen des Schengener Grenzregimes Lösungen gefunden werden können, hat jedoch bisher noch keine konkreten Vorstellungen über dessen Ausgestaltung präsentiert. Perspektiven eines »Baltischen Schengen«, die das Gebiet Kaliningrad im Personen- und Güterverkehr faktisch als Teil der EU ausweisen würden, sind für Brüssel inakzeptabel: Die Grenzen zur erweiterten EU wären schwer kontrollierbar, und viele »Festlandsrussen« könnten versucht sein, durch formalen oder tatsächlichen Zuzug nach Kaliningrad auch ihrerseits in den Genuss des visafreien Zugangs der genuinen Kaliningrader Bürger zur EU zu gelangen.

Russland seinerseits möchte den visafreien Verkehr, wie er gegenwärtig *de facto* im Verhältnis zu Polen und Litauen herrscht, auch nach deren Beitritt zur EU im Wesentlichen beibehalten. Dies hätte jedoch zur Konsequenz, dass damit zwei Kategorien von Russen geschaffen würden: die privilegierten Bürger Kaliningrads mit freiem Zugang nach EU-Europa und die Bürger »Festlandrusslands«, die dieses Privileg nicht hätten und bei der Einreise in das Gebiet Kaliningrad womöglich sogar ein Visum benötigen würden. Dies wiederum wäre für Moskau schwer akzeptabel und bleibt bei den Verantwortlichen umstritten.

So besteht auch innerhalb beider Lager noch erheblicher Klärungsbedarf, bevor die im Herbst 2000 eingeleiteten Sondierungen EU – Russland über die Zukunft Kaliningrads im kommenden Jahr in konkrete Verhandlungen einmünden könnten. Kennzeichen einer solchen flexiblen Regelung wären beispielsweise multiple und/oder verbilligte Sichtvermerke mit mehrjähriger Geltungsdauer, die Ausstellung von Visen an den Grenzkontrollstellen ohne spezifische Einladung, Sonderregelungen für den kleinen Grenzverkehr. Eine andere Möglichkeit bestünde darin, einen Vorschlag aus dem Ostseerat aufzugreifen und das Konsulat eines EU-Mitgliedslands mit der Ausgabe von Visa für andere Mitgliedstaaten der Union zu betrauen. Eine Variante hierzu wäre, in Kaliningrad ein EU-Büro mit der Vollmacht zur Visaerteilung zu etablieren. Schließlich wäre daran zu denken, Visaerleichterungen für solche Kaliningrader Bürger zu gewähren, die ihren Wohnsitz länger als fünf Jahre im Gebiet haben. Eine so organisierte Nachbarschaft wäre durchaus geeignet, Kaliningrad zu einem privilegierten Treffpunkt von Geschäftsleuten aus Russland und der EU zu machen sowie westliche Touristen in das alte Königsberg und an die Strände des früheren Ostpreußen zu locken. Gouverneur Gorbenko zufolge soll dem Tourismus in Kaliningrad hinfort »ebenso große Bedeutung beigemessen werden wie der Landwirtschaft, der Industrie und der Informationstechnologie«[35].

Voraussichtlich wird der EU-Beitritt von Polen, Litauen und den übrigen baltischen Staaten nicht mit der parallelen Bildung einer Freihandelszone EU – Russland einhergehen. Auch ist die in der »Gemeinsamen Strategie« anvisierte Konstituierung eines gemeinsamen Wirtschafts- und Sozialraums noch nicht in Sicht. Das aber heißt: Nach einem EU-Beitritt Polens und Litauens, den nach Deutschland größten Handelspartnern Kaliningrads, werden die Exporte des Gebiets in diese Richtung erheblich erschwert. Hierfür sind nicht etwa erhöhte Zolltarife die Ursache, sie sind in der EU sogar niedriger als bei den Beitrittskandidaten. Ausschlaggebend ist vielmehr die Tatsache, dass Kaliningrad bei der Ausfuhr in diese Länder Normen, Standards und Zertifizierungsmodalitäten der EU übernehmen muss, etwa im Hinblick auf technische Fertigung, ökologische Verträglichkeit und Konsumentenschutz. Schmerzhafte Einbußen könnte dies beispielsweise für die Kaliningrader Fischverarbeitungsindustrie zur Folge haben, eine der wichtigsten Quellen der Wertschöpfung des Gebiets und seiner Exporte. Für entsprechende Anpassungen soll laut »Aktionsplan« gezielt Unterstützung gewährt werden. Ein möglicher Ansatz läge darin, in Kaliningrad eine EU-Präsenz in Form einer Entwicklungsagentur, einer Tacis-Außenstelle oder zumindest eines Informationsbüros zu eröffnen, das auch die Probleme von Produktstandards thematisiert. In Kaliningrad jedenfalls werden zusätzliche Informationen über die EU ausdrücklich gewünscht: Bis heute könne man sich vor Ort »kaum ›Spielregeln‹ und Mechanismen des Beitritts unserer Nachbarn Litauen und Polen zur EU vorstellen«[36].

Ganz verfehlt wäre eine Förderung der Modernisierung alter Industrieanlagen in Kaliningrad einschließlich eines großdimensionierten Hafenausbaus. Ziel sollte vielmehr eine Mischung aus wettbewerbsfähigen Teilen überkommener Anlagen einerseits und zukunftsorientierten, den regionalen Bedingungen angepassten Aktivitäten andererseits sein. Dazu gehören insbesondere: Telekommunikation, Handel und Finanzwesen, hochspezialisierte Klein- und Mittelbetriebe, Ausbau der Transport- und Verkehrsinfrastrukturen einschließlich des Flughafens, der seit 1992 internationalen Status hat.[37] Für den Ausbau des Transportwesens, eine der Prioritäten der Regionalentwicklung, müssten allerdings Lösungen für den Transitverkehr gefunden werden: »Ohne internationale Garantien eines dau-

35 Zukünftiges Mekka der Touristen im Herzen Europas? In: KÖNIGSBERGER EXPRESS vom 5. Mai 2000, S. 11. Zu den Chancen eines Ausbaus der Tourismusbranche in Kaliningrad vgl. auch Ovčaruk (wie Anm. 12), S. 113f.

36 Kusnezow, Rede anlässlich der Kieler Woche (wie Anm. 13), S. 8.

37 Ähnliche Überlegungen finden sich bei Ovčaruk (wie Anm. 12), S. 98, 114, 124, 126.

erhaften Warentransits werden die Warenflüsse wegen der Zoll- und Grenzprobleme am Gebiet vorbei laufen.«[38] Ventiliert wird in Kaliningrad auch die Idee der Gründung einer gemeinsamen Bank mit der EU. Mit solchen Maßnahmen würden Voraussetzungen geschaffen, um Kaliningrad in die Transportkorridore und Kommunikationsräume der Ostseeregion einzubinden. Noch ist das Gebiet in all diesen Bereichen viel zu schwach, um die oft beschworene »Brücke« zu bilden; hierfür bedarf es noch vieler zusätzlicher tragender Pfeiler. Wenn Kaliningrad aber tatsächlich eine Zukunft hat, dann als offener Ort von Kommunikationswesen und Dienstleistungen im Ostseeraum sowie weiter ausgreifend zwischen Russland, den westlichen Staaten der GUS und dem übrigen Europa.

Bislang sind die Investitionen westlichen – und hier vor allem europäischen – Kapitals in die Realwirtschaft Kaliningrads mit 65 Mio. US-Dollar (März 1999) relativ gering; betrugen sie im April 2000 pro Kopf der Bevölkerung in Litauen rund 563 US-Dollar, so waren es in Kaliningrad lediglich 70 US-Dollar. Das Engagement von BMW bildet hier eher die Ausnahme.[39] Direktinvestitionen sind aber insbesondere deshalb dringend erforderlich, um Mittelbetriebe zu fördern, zukunftsträchtige Produktionszweige zu modernisieren, das Verkehrs- und Kommunikationswesen auszubauen und über Joint venture-Projekte die Exportprodukte des Gebiets in Normen und Standards EU-kompatibel zu machen.

Zentrale Voraussetzung für Wirtschaftsaufschwung und stärkeres Engagement westlicher Investoren sind einschneidende Strukturreformen in Kaliningrad, wie sie die »Gemeinsame Strategie« sowie auch die »Nördliche Dimension« einschließlich ihres »Aktionsplans« nennen: eine berechenbare Steuergesetzgebung, die Möglichkeit zur Absicherung von Investitionen durch Erbpacht oder begrenzten Erwerb von Grund und Boden, klar definierte und tatsächlich praktizierte Regelwerke, funktionierende Institutionen einschließlich einer effizienten Verwaltung, professionellen Personals und verlässlicher Ansprechpartner (gegenwärtig arbeiten Gouverneur und Gebietsduma eher gegeneinander). Bis auf weiteres steht eine überzeugende Antwort auf die Frage aus: Wird die von Putin anvisierte »Diktatur der Gesetze« auf eine staatlich organisierte Wirtschaftsmobilisierung hinauslaufen, was den Spielraum für Reformimpulse in Kaliningrad eher einengen würde? Oder weist sie tatsächlich in Richtung praktizierte Rechtsstaatlichkeit, eine zentrale Grundvoraussetzung für rationales und berechenbares Wirtschaften

---

38 So Chlopetzkij, A.; G. Fjodorow: Das Kaliningrader Gebiet – eine Region der Zusammenarbeit zwischen der Russischen Föderation und der Europäischen Union. Kaliningrad 2000, S. 4 (Manuskript).

39 Kaliningrad setzt große Hoffnungen in BMW-Engagement. In: VWD/RUSSLAND 124 vom 23.9.1999, S. 3.

und damit auch für das Einströmen unverzichtbarer ausländischer Modernisierungsinvestitionen?

Die Partnerschaften von der Regierung und dem Landtag Schleswig-Holsteins mit dem Gebiet Kaliningrad – als Beispiel für viele analoge Regionalpartnerschaften des Oblast im Ostseeraum – kommen zu einem günstigen Zeitpunkt: Ihr Abschluss fiel faktisch zusammen mit der Konkretisierung der erwähnten EU-Dokumente und -Projekte mit dem Schwerpunkt Russland, darunter auch der »Nördlichen Dimension«.[40] So kann die Partnerschaft auf regionaler Ebene vertrauensbildend wirken, nicht zuletzt dadurch, dass sie die vielfachen Basisaktivitäten aus Gesellschaft, Bildung und Kultur abstützt und fördert.[41] Sie kann in praktischer Kooperation und unter Hinzuziehung von Mitteln der Union auf bestimmten Feldern jenen Rahmen füllen helfen, den die EU-Strategiepapiere vorgeben. Das bezieht sich zum einen auf Professionalisierung des öffentlichen Dienstes in Kaliningrad sowie auf Vermittlung von Erfahrung im Verwaltungshandeln und in der Gesetzgebungsarbeit. Zum andern gilt dies für die Unterstützung beim Aufbau moderner Informations- und Kommunikationssysteme, die – wie wir sahen – dem Gebiet Perspektiven bieten und insbesondere für seine jüngeren Generationen attraktiv sind.

Zukunftsaufgaben

Natürlich können sich die positiven Ansätze zur Eingliederung Kaliningrads in die regionale Kooperation nur in dem Maße entwickeln, wie die Partnerschaft EU – Russland insgesamt mit Substanz gefüllt wird. Nicht auszuschließen sind negative Szenarien als Folge übergeordneter Störfaktoren, etwa in Form fortdauernder Divergenzen über den weiterschwelenden Tschetschenienkrieg oder über eine Erweiterung der NATO in den baltischen Raum hinein. In einer solchen Situation erlangt das Gebiet »eine außerordentlich große strategische Bedeutung

---

40 Vgl. Memorandum zwischen den Regierungen von Schleswig-Holstein und Kaliningrad vom 10.2.1999, nach dem Dokument. Zum Abschluss der analogen Parlamentspartnerschaft vom Februar 2000 und deren Inhalt siehe: Der Landtag Schleswig-Holstein, MITTEILUNGEN 26 vom 2.2.2000, sowie die entsprechende Rede von Landtagspräsident Arens, nach dem Dokument.

41 Die vielen Initiativen der Partner im Bereich von Bildung, Kultur, Gesellschaftspolitik sowie in Form sozialer und ökologischer Basisaktivitäten sind aufgelistet in: Birckenbach, H.-M.; Chr. Wellmann: Zivilgesellschaft in Kaliningrad. Eine Explorationsstudie zur Förderung und Intensivierung partnerschaftlicher Zusammenarbeit. Kiel 2000.

bei der Gewährleistung der Sicherheit der wirtschaftlichen und politischen Interessen Russlands gegenüber dem Westen« – so Sicherheitssekretär S. Iwanow.[42]

Im Zeichen der internationalen Priorität Russlands für die europäische Richtung, wie sie sich tendenziell abzeichnet, bieten sich Kaliningrad freilich zugleich auch viele Chancen, als interessantes Experimentierfeld für regionale Kooperation zur Herausbildung solcher positiver Interdependenzen im nördlichen Europa beizutragen, wie sie die »Nördliche Dimension« einschließlich ihres »Aktionsplans« anstrebt. Angesichts des Spezialfalls der Enklave sind dabei *alle* Beteiligten zu innovativem, flexiblem Herangehen im Sinne einer präventiven Konfliktdiplomatie aufgerufen, denn die geographische Nähe Kaliningrads zur dynamischen EU allein reicht nicht aus und kann, wie wir sahen, sogar erheblichen Schaden stiften. Im Kern heißt dies für die Verantwortlichen:

Das Moskauer Zentrum muss dem noch vagen Konzept der »Pilotregion« Substanz verleihen. Dabei muss es konsequenter als bisher der Tatsache Rechnung tragen, dass Kaliningrad aufgrund seiner einmaligen geopolitischen Lage auf die Öffnung zum Ostseeraum vital angewiesen ist. Bemerkenswerterweise ist es ein russischer Autor, der diese Zusammenhänge auf den Punkt bringt: Gerade »Kooperation, Regionalisierung und schließliche Europäisierung« Kaliningrads seien geeignet, mögliche Prozesse von »Autonomisierung, Republikanisierung, Souveränisierung und Abtrennung von der Russischen Föderation zu verhindern«[43]. Anders ausgedrückt: Nicht eine Änderung seines territorialen Status steht zur Debatte, sondern die möglichst störfreie Kommunikation mit seinem internationalen Umfeld. Dazu zählt auch die zuverlässige Gewährleistung jenes Spielraums, den das Gebiet braucht, um seine regionalen Partnerschaften entsprechend der Spezifik seiner Lage und seiner Interessen eigenständig auszufüllen. In Kaliningrad selbst scheint man trotz der Anhebung des Gebiets in den Rang einer »Pilotregion« vom Moskauer Umdenken noch nicht überzeugt: Noch immer fehle eine durchdachte staatliche Politik Russlands gegenüber dem Gebiet, klagte der damalige Vizegouverneur Prudnikow im Juli 2000. Das aber führe zu einer Verschärfung der Probleme und züchte unter den Menschen den psychologischen Komplex, »in der Mausefalle zu sitzen«.[44]

42 Kaliningradskaja Pravda vom 31.10.2000.

43 Ovčaruk (wie Anm. 12), S. 131. Mit »Republikanisierung« ist hier ein Prozess gemeint, in dessen Folge das »Gebiet« Kaliningrad in den Rang einer »Republik« innerhalb der Russischen Föderation gehoben wird oder sich sogar als unabhängige »Vierte Baltische Republik« konstituiert, s.o. S. 18.

44 Rede vor der Regierungskommission für die Zusammenarbeit Russland – EU (wie Anm. 15); ähnlich Sawenko (wie Anm. 13), S. 192. Eine Isolierung anderer Art scheinen die Kaliningrader allerdings sehr wohl zu schätzen, so Kusnezow in bemerkenswerter

Ausgesprochen kontraproduktiv wären auch Tendenzen zur wirtschaftlichen und politischen Rezentralisierung in Form einer endgültigen Liquidierung der Sonderwirtschaftszone und einer Reduzierung regionaler Kompetenzen zugunsten der Moskauer Zentrale.[45] Das betrifft weniger das massive Eingreifen Moskaus im Kampf um den Gouverneursposten vom November 2000.[46] Als problematisch dagegen wird von der Mehrheit der Verantwortlichen in Kaliningrad die Strategie Putins verfolgt, im Zuge der Verwaltungsreform das Gebiet als Teil des neu konstituierten Nordwestdistrikts einem Präsidentenvertreter zu unterstellen (gemeinsam mit den Föderationssubjekten St. Petersburg, Leningrad, Karelien, Archangelsk, Murmansk, Nowgorod, Pskow, Wologda und dem Autonomen Kreis der Nenzen). Brüsseler Impulse zu Konsultationen über Kaliningrad könnten die Frage beantworten, ob unter den neuen Bedingungen Moskaus Wort von der »Pilotfunktion« Kaliningrads im Nordwesten Russlands auch weiterhin gilt.

Die EU ihrerseits muss ihre Fähigkeit demonstrieren, zur Lösung der Folgeprobleme beizutragen, die ihre Erweiterung nach Osten mit sich bringt. Denn Kaliningrad ist zwar von der Partnerschaft der EU mit Russland betroffen, paradoxerweise mehr noch aber von dem anvisierten Beitritt Polens und der baltischen Staaten zur EU. Folglich »muss Kaliningrad als Teil des EU-Binnenlebens behandelt werden, zu qualifizieren ist es von der Region jedoch vorrangig als integraler Bestandteil Russlands«.[47] Diese spezifische Situation dürfte auch in der »Strategie für Kaliningrad« ihren Ausdruck finden, deren Ausarbeitung die EU-Kommission mittlerweile angeregt hat.[48]

Die EU darf die Beitrittskandidaten Polen und Litauen mit den schwierigen Problemen der direkten Nachbarschaft zu Kaliningrad nicht alleinlassen, z.B. im Hinblick auf die Modalitäten des Grenzregimes, denn die Logik von Schengen (»entweder drinnen oder draußen«) passt nicht auf die Enklave Kaliningrad. Vielmehr ist die EU hier als Ganzes gefordert und aufgerufen, im Rahmen ihrer

---

Umkehr der Argumente: Gemeint ist »die Entfernung vom kriegführenden Süden Russlands«. In: Die Osterweiterung der EU (wie Anm. 13), S. 6.

45 Vgl. Schneider, E.: Putins Rezentralisierungsinitiative. Aktuelle Analysen des BIOST 29/2000.

46 Dazu im einzelnen Rodin, I.: Putin chočet imet' deševuju, no effektivnuju regional'nuju politiku. Potomu rukovoditelem samoj zapadnoj časti Rossii vpolne možet stat' podderživaemyj prezidentom »admiral-gubernator« [Putin möchte eine billige, aber effektive Regionalpolitik haben. Deshalb kann er vom Präsidenten als Führer des westlichsten Teils Russlands als »Admiral-Gouverneur« durchaus unterstützt werden]. In: Nezavisimaja Gazeta vom 4.8.2000.

47 Joenniemi u.a., The Kaliningrad Puzzle ... (wie Anm. 8), S. 25.

48 Die Strategie wurde inzwischen veröffentlicht. Siehe unter: http://europa.eu.int/comm/external_relations/north_dim/kalin/index.htm (Anm. d. Hrsg.).

Russlandstrategie durch Sonderregelungen mit Kaliningrad im Rahmen des Partnerschaftsvertrags zur Anbindung des Gebiets beizutragen, jedenfalls die negativen Effekte ihrer Erweiterung auf Kaliningrad zu minimieren. Dazu gehört auch die Bereitschaft der Union, die Verantwortlichen in Kaliningrad über jene Ergebnisse der Beitrittsverhandlungen mit Litauen und Polen zu informieren (nicht: zu konsultieren), die das Gebiet als solches betreffen. Eine wichtige Aufgabe besteht schließlich in der Förderung der grenzüberschreitenden, der subregionalen und der regionalen Verflechtungen, die die Verantwortlichen des Gebiets seit einigen Jahren mit Engagement betreiben. Diese Aktivitäten, zu denen auch die Vielzahl von dezentralen und basisorientierten Partnerschaften und NGO-Initiativen zählt, können Verträge und traditionelle Diplomatie auf zentraler Ebene zwar nicht ersetzen; wohl aber können sie sie mit Leben füllen und für die Menschen direkt erfahrbar machen.

Abzuwarten bleibt, ob der Sieg des von Putin unterstützten Admirals Jegorow bei den Gouverneurswahlen vom November 2000 dem Gebiet frische Impulse vermittelt. Der Sieg in der Stichwahl fiel mit 56,3 Prozent gegenüber 33,8 Prozent für seinen Gegner Gorbenko erwartet deutlich aus. Im Gegensatz zu seinem inkompetenten, unberechenbaren und eher protektionistisch orientierten Vorgänger Gorbenko gilt der Chef der Baltischen Flotte als reformfreudiger Pragmatiker, auf enge Beziehungen zu Moskau bedacht und zugleich offen für engere Beziehungen zu den Nachbarstaaten im Ostseeraum und zur EU insgesamt. Die politischen Eliten Kaliningrads selbst jedenfalls sollten ihr hochgestecktes Ziel, als integraler Teil Russlands Pilotregion für die Vernetzung des gesamten russischen Nordwestens zu sein, konsequent weiterverfolgen, zumal dies die Bedeutung Kaliningrads über das Gebiet hinaus erhöhen würde. Voraussetzung hierfür sind insbesondere die innere Modernisierung, die entschlossene Bekämpfung der organisierten Kriminalität und die schlüssige Implementierung der Sonderwirtschaftszone, aber auch ein möglichst einheitliches und selbstbewusstes Eintreten für diese Linie in Moskau.

Ein Beispiel für Bestrebungen in diese Richtung findet sich in dem erwähnten Beitrag des früheren Vizegouverneurs Prudnikow.[49] Darin wird das Zentrum aufgefordert, u.a. folgende Maßnahmen zu ergreifen: Sondersitzung der Regierungskommission Russland – EU zum Komplex Kaliningrad und zur Gründung einer entsprechenden interministeriellen Arbeitsgruppe aus ihren Reihen; intensives Studium der EU-Erweiterungsfolgen für Kaliningrad, insbesondere mit Blick auf das Visaregime; Aufnahme von Konsultationen mit der EU über das gesamte

49 Rede vor der Regierungskommission für die Zusammenarbeit Russland – EU (wie Anm. 15).

Spektrum der Kaliningrad-Problematik unter Beteiligung von Vertretern des Gebiets. Die erste Konsultationsrunde solle in Kaliningrad selbst stattfinden, »um die Experten vor Ort besser mit den Besonderheiten der Region bekannt zu machen«.

Wer im Frühjahr 2000 Kaliningrad besuchte, konnte etwas bemerken, was bei früheren Aufenthalten dort nicht zu sehen war: Hoch oben am Gebäude der Stadtverwaltung wehte neben der russischen und der lokalen Flagge auch die Europafahne. Dies symbolisiert einen bemerkenswerten Wandel in der Mentalität: Die Kaliningrader fühlen sich in ihrer regionalen Verankerung zugleich als Russen und als Europäer: Unter allen russischen Provinzen ist Kaliningrad in seiner Mentalität die am meisten auf Europa bezogene Region. Sofern das Moskauer Zentrum Kaliningrad auch weiterhin genügend Raum für Eigeninitiative und autonomes Handeln lässt, ist dies eine gute Voraussetzung dafür, dass das Gebiet seine Bestimmung findet und als integraler Bestandteil Russlands eine aktive Rolle in der Ostseeregion spielt.

So sind für die Zukunft zwei Entwicklungen denkbar. Ein Scheitern guter Nachbarschaft in diesem Raum könnte zu einer erheblichen Belastung der Beziehungen EU – Russland führen und die Ansätze zur anvisierten strategischen Partnerschaft konterkarieren. Kaliningrad würde dann im prosperierenden Ostseeraum zu einer chronischen Quelle von Unberechenbarkeit, Instabilität und grenzüberschreitender Kriminalität. Andererseits könnte Kaliningrad – 1250 km von Moskau, doch nur 300 km von Warschau und 600 km von Berlin entfernt gelegen – als Ort von Verkehrsverbindungen, Handelsaktivitäten und modernem Dienstleistungswesen im Ostseeraum Profil gewinnen und zur »Pilotregion« für eine Partnerschaft Russland – EU werden. Das Gebiet könnte damit zur Herausbildung solcher »positiver Interdependenzen« im nördlichen Europa beitragen, wie sie die EU in ihren auf Russland bezogenen Dokumenten anstrebt.

12/2000

Diskussion

Magdziak-Miszewska: Ich muss sagen, dass ich im Allgemeinen mit der Darstellung der Dinge oder mit dieser Ansicht der russischen Realität übereinstimme. Auch damit, dass zwischen den auf dem Papier formulierten und den angesprochenen Zielen sowie den Möglichkeiten ihrer Realisierung eine große Diskrepanz besteht. Nur eine kleine Korrektur möchte ich zu Herrn Adomeit anbringen. Da habe ich im letzten Moment, nämlich gestern, in der HERALD TRIBUNE gelesen, dass Präsident Putin seinen Entschluss, die Armee zu verkleinern, widerrufen hat. Das ist eine Korrektur, die seine Selbstständigkeit betrifft, die seine Beeinflussbarkeit zeigt. Es gibt Kräfte, von denen er auf die eine oder andere Art abhängig ist und die seine Entscheidungen mit beeinflussen. Aber man könnte hier fragen, ob denn eine Korrektur, welche die Realität in russische Ambitionen und Pläne einbringt, ausschließlich zu einem Pragmatismus führt. Wenn dem so wäre, dann müsste man sich darüber freuen, denn es würde bedeuten, dass Russland auf seine Position als territoriale Militärmacht verzichtet und sich auf das Ziel konzentriert, das übrigens Präsident Putin selbst in dem Dokument »Russland zur Jahrtausendwende« deutlich als eine der Prioritäten formuliert hat: Dass die russische Großmacht transformiert werden müsste, um aus ihr einen modernen Staat zu machen. Das hieße, seine Macht auf einem realen wirtschaftlichen Potenzial und auf dem Lebensstandard der Bevölkerung aufzubauen. Wenn dem wirklich so wäre, dann könnten wir sagen, dass es dieses Russland endlich gibt, von dem hier die Rede ist, diesen starken Staat Russland, den berechenbaren, verantwortungsvollen Teilnehmer am Aufbau einer neuen Architektur Europas und der euroatlantischen Beziehungen. Aber die Erfahrung zeigt, dass es nicht so ist.

Es war bereits mehrmals die Rede davon, dass wir manchmal einen Begriff verwenden, der überhaupt nicht dazu geeignet ist, die russische Realität zu beschreiben. Wir übertragen mechanisch gewisse allgemeine Standards, Normen und Begriffe des westeuropäischen Zivilisationssystems auf Russland. Und dabei kommen wir des Öfteren ins Schleudern, dasselbe gilt auch für die andere Seite. Mir ist schon oft aufgefallen, dass ein Großteil der russischen Eliten oder der politischen Klasse, die analytischer als die Eliten denkt, den Unterschied im Realitätsbegriff zwischen Russland und seinen westlichen Partnern nicht gerne wahrnimmt. Sie nehmen nicht so gerne zur Kenntnis, dass die internationalen Rechtsnormen nicht lediglich Papiergeraschel sind. Es ist nicht so einfach, wie die Russen glauben, dass nämlich bestimmte Abkommen und Traktate nur dazu da sind, eine völlig andere Wirklichkeit zu überdecken. Es stellt sich heraus, dass die Russen mechanisch eine traditionelle, noch sowjetische Mentalität weiter praktizieren, in deren Realität das geschriebene Wort, besonders Rechtsnormen, ganz einfach nichts bedeutet. Einmal aber wird es zu einer Konfrontation mit der Realität kommen müssen, dann, wenn die russischen Ambitionen oder Hoffnungen sich zerschlagen. Das ist Pragmatismus. Sehr oft schließt man daraus, dass es sich bereits um die nächste westliche Verschwörung gegen Russland handelt und dass in Wirklichkeit dieses Missverständnis nicht daraus entstanden ist, dass man mit einem ganz anderen Begriffssystem operiert.

Das war sehr deutlich am Beispiel der Vorsicht gegenüber der NATO zu sehen. Die Russen waren lange davon überzeugt, dass sie im Stande seien, deren getroffene Entscheidungen noch zu ändern. Als sich herausstellte, dass das nicht der Fall war und bestimmte Deklarationen, die in Warschau oder anderen Städten gemacht worden sind, Realität sind, da sah die erste Reaktion eines Großteils der Eliten so aus: Das ist eine Verschwörung des Westens! Der Westen hat uns betrogen. Und wenn wir heute die Erwartungen ansehen, die Russland an die EU hat und an diese mittelfristige Strategie der Zusammenarbeit Russlands mit Europa, dann sehen wir, dass dort der blanke Zynismus herrscht – oder aber das komplette Unverständnis der europäischen Mechanismen und der Rolle, die Russland darin möglicherweise spielen könnte. Ich bin mir nicht sicher, ob das Resultat der Konfrontation mit der Realität rein pragmatisch sein wird. Ich fürchte, es könnte auch ideologisch sein. Wenn man nicht nur auf die neue Konzeption russischer Außenpolitik, sondern auch auf deren Praxis blickt, die mit der Idee eines Bündnisses von Russland mit Belarus in der Gestalt, in der es jetzt ist, verknüpft ist, dann stellt man doch wirklich ein rein ideologisches Denken fest. Denn ich wage zu behaupten, dass ein Bündnis mit so einem Staat für Russland selbst kontraproduktiv wäre und dass es vor allem die autoritären Tendenzen in Russland verstärkt. Es stört beim Aufbau eines Systems, das für Russland am nützlichsten wäre.

Adomeit: Ja, besten Dank für eine eventuell notwendige Korrektur. Anscheinend kann man nicht einen einzigen Tag vom Schreibtisch und vom Internet weg sein, ohne danach mit der Tatsache konfrontiert zu werden, dass es neue Entwicklungen gibt, von denen man nichts weiß. Um mir aber ein genaues Bild zu machen, müsste ich mir genauer ansehen, was Herr Putin tatsächlich gesagt hat. Interessant könnte in diesem Zusammenhang sein, dass einerseits die Ankündigung der umfangreichen Reduktionen sowohl der Streitkräfte als auch der Sondertruppen nicht von Putin selbst vorgenommen wurde, sondern von Verteidigungsminister Sergejew. Andererseits hätte Sergejew nicht ohne die Zustimmung und einen Beschluss des Sicherheitsrates, in dem ja Putin den Vorsitz führt, so einen Schritt gewagt. Zweitens ist die umfangreiche Reduzierung nicht erst seit dem 8. September im Gespräch, sondern sie wurde in der Sitzung des Sicherheitsrates vom 12. August beschlossen. Es gibt von Interfax eine Meldung, dass 800.000 Mann als Reduzierungsziel genannt worden sei. Insofern ist durchaus die Interpretation in Erwägung zu ziehen, dass, wenn Putin jetzt einen Rückzug macht, er erst einmal daran denkt, die Gemüter, die offensichtlich aufgewühlt worden sind - in den Streitkräften und den Sondertruppen -, sich einigermaßen beruhigen zu lassen, um dann, wenn die Beruhigung eingetreten ist, weitere Reduzierungen vorzunehmen. Vorgenommen werden müssen sie, um das nochmals ganz deutlich zu sagen, auf jeden Fall. Denn es ist nicht denkbar, egal, wie man den Etat dreht und wendet und welche Erhöhungen der Verteidigungsausgaben man einsetzen will - die Zahlen für das Budget 2001 liegen ja bereits vor -, eine Armee von über einer Million Mann plus 800.000 Mann Sondertruppen adäquat zu finanzieren, sie so auszurüsten und auszubilden, dass sie einigermaßen westlichen Standards entsprechen. Irgendetwas muss sich hier ereignen, und meines Erachtens hat sich das schon ereignet, und ich nehme schon an, dass dieser Beschluss steht. Das wäre die eine Sache und mein Kommentar dazu.

Zweitens, die NATO-Osterweiterung und die damit verbundene These, dass sich möglicherweise eben nicht eine pragmatische Anpassung an bestimmte Entwicklungen vollziehen könnte, sondern, wie Sie sich ausgedrückt haben, eine Ideologisierung. Das können wir in der Tat hier diskutieren, ob sich Russland mit der jetzigen ersten Runde der NATO-Osterweiterung *nicht* abgefunden hat oder ob es sich im Rahmen auch der OSZE - die Adaption habe ich ja erwähnt - auf diese neue Situation eingestellt hat und auch schon auf die möglichen weiteren Erweiterungen in Südosteuropa. Meiner Ansicht nach mag die so genannte Rote Linie noch verbal bestehen, real wird sie sich aber vermutlich in den nächsten fünf oder zehn Jahren auflösen. So sehe ich im Grunde genommen die Entwicklung. Also eben nicht Ideologisierung, sondern in der Tat eine, wenn auch mühsame, Anpassung.

Dritter Punkt. Ich fand es sehr interessant, was Sie zum Problem der Integration gesagt haben, jetzt eben nicht in Bezug auf die NATO, sondern die Europäische Union. Hier kann man in der Mittelfristigen Strategie der Russischen Föderation für die Beziehungen mit der Europäischen Union, die Putin im Oktober letzten Jahres der EU-Troika in Helsinki übergeben hat, sehr aufschlussreiche Dinge lesen. Hier kommt deutlich zum Ausdruck, dass dem Begriff Integration bei den Autoren des Dokuments im Grunde genommen ein völliges Unverständnis zugrunde liegt und dass sogar auch negative Wertungen zu finden sind, so wenn beispielsweise gesagt wird, Russland wolle als euro-asiatischer Staat seine Eigenständigkeit bewahren und in die Europäische Union gar nicht integriert werden, sondern die EU als Beispiel für die Integration innerhalb der Gemeinschaft Unabhängiger Staaten nehmen.

An dieser Haltung zeigt sich, dass es, um es zugespitzt zu formulieren, bei der außen- und sicherheitspolitischen Elite in Russland noch nicht das Bewusstsein dafür gibt, dass Integration in unserem Verständnis eine freiwillige Abgabe von Souveränitätselementen bedeutet. Insofern ist die derzeitige Konstruktion des NATO-Russlandrates eigentlich ideal für Russland. Das Land ist also einerseits mit dabei, andererseits wird es nicht integriert, sondern kann von außen versuchen, auf Prozesse innerhalb der Allianz einzuwirken.

Noch kurz eine Stellungnahme zum Problem Staat und Politik in Russland. Gibt es einen russischen Staat, der Macht hat, oder liegt hier, um überspitzt zu formulieren, eine völlige Zersplitterung, vielleicht sogar ein Chaos vor, und wie geht man damit um? Ich glaube, der Schlüssel oder der Ansatz, den man bei der Wertung dieses Problems wählen sollte, ist folgender: Man muss nach verschiedenen Bereichen unterscheiden. Der Bereich, mit dem ich mich hauptsächlich befasse, nämlich Außen- und Sicherheitspolitik, da sehe ich in der Tat schon eine zentrale Führung, einen zentralen verbindlichen Willen, der auch in verschiedenen Bereichen durchgesetzt werden kann. Auch deswegen, weil die Anzahl der Akteure relativ gering ist. Die Probleme sind größer, wenn es sich um wirtschaftliche oder finanzielle Fragen handelt, also um Konflikte über Ressourcen und ihre Verteilung oder Umverteilung. Da sehe ich schon die Frage als schwierig an, wie man das Zentralisierungsbemühen gegenüber verschiedenen Sektoren und unterschiedlichen Regionen durchsetzen kann.

Pełczyńska-Nałęcz: Die Organisatoren haben uns dazu ermutigt, die Diskussion in aller Schärfe zu führen. Also möchte ich hier zwei kurze Kommentare abgeben.

Zunächst, ganz konkret: Es sieht so aus, als ob wir in näherer Zukunft nicht erwarten könnten, dass die russischen Truppen endgültig aus Georgien abziehen, jedenfalls ist uns nichts davon bekannt. Zweitens sieht es nicht so aus, als ob man erwarten könnte, dass die russische militärische Präsenz im Nordkaukasus reduziert wird, denn es ist im Interesse der russischen Armee, dass der Krieg mit Tschetschenien noch weiter geht. Und hier scheint der Kreml nicht stark genug zu sein, um die russische Armee dazu zu bringen, diesen Krieg zu beenden. Außerdem kann ich mich nicht der These anschließen, dass die russische Armee im Kaukasus niemandem etwas antut. Meines Erachtens stellt sie eine ernste Bedrohung für Georgien dar. Georgien ist ein von innen zerrüttetes Land, ein Land, das ein dankbarer Adressat für jegliche internen Sabotageakte ist und in dem man leicht innere Konflikte mit Hilfe der Gegenwart der russischen Armee zum Aufflackern bringen kann. Diese Bedrohung Georgiens existiert, und oft genug wurde von georgischer Seite darauf hingewiesen.

Die Diskrepanz zwischen russischen Plänen und deren tatsächlicher Realisierung kann entweder zur Pragmatisierung oder zur Ideologisierung der russischen

Politik führen. Worauf ich jedoch verweisen möchte, das ist die Tatsache, dass trotz des ganzen Chaos, das zweifellos in Russland herrscht, trotz offensichtlicher struktureller Schwächen im Regierungsapparat der russische Staat oder die russische Obrigkeit von Zeit zu Zeit verblüffende Fähigkeiten beim Abschätzen und Schaffen langfristiger Strategien zeigt. Und diese Strategien werden realisiert. Ein Beispiel dafür ist der ganze Prozess der Machtübergabe von Jelzin an Putin. Es gibt Anzeichen dafür, dass dieser Plan der Machtübergabe schon gleich nach den Wahlen 1996 entstanden ist. Er ist über einige Jahre vorbereitet worden. Es war eine absichtsvolle und im Detail geplante Strategie, die mit aller Konsequenz und mit Erfolg durchgeführt wurde. Man darf also nicht übersehen, dass es noch ein zweites Gesicht der russischen Obrigkeit gibt und dass diese Obrigkeit trotz ihrer Schwächen manchmal ganz unwahrscheinliche Strategien realisieren kann. Noch ein weiteres Beispiel zeigt uns, dass Russland, wenn es will, auch komplexe Probleme lösen kann, wie etwa das Karatschajewo-Tscherkessien-Problem. Dort gab es einen sehr brenzligen Nationalitätenkonflikt, der dank des klugen Taktierens der russischen Obrigkeit und Diplomatie abgewendet werden konnte. Doch es sieht so aus, als ob sich in dieser kaukasischen Republik bereits der nächste Konflikt anbahnte.

Royen: Man kann natürlich jetzt das Gefühl haben, wie Herr Adomeit sagt, die russische Armee wird uns nicht mehr bedrohen. Aber gilt das auch aus polnischer Sicht oder noch mehr aus der Sicht der baltischen Staaten? Ich würde sagen, selbst diese in einem chaotischen Zustand befindliche Armee könnte unter Umständen dort noch Schaden anrichten, wenn nicht – und das scheint mir bisher in ungenügendem Maße geschehen zu sein – westliche Politik, die Politik der NATO und der EU und auch der Bundesregierung, in Moskau eindeutig klar macht, dass das ein *casus belli* wäre, so dass man in Russland davon absehen würde. Solange das nicht geschieht, könnte eines Tages in Moskau die Versuchung bestehen, wieder mal einen kleinen Krieg zu schüren und den vielleicht gegen die Unterdrücker der Menschenrechte der russischsprachigen Minderheit im Baltikum zu führen. Also insofern sehe ich da schon ein Problem für einige Teile Europas, wenn auch nicht für uns – auch bei dieser Schwäche Russlands.

Ich möchte zurückkehren zu einem anderen Punkt, den ja schon Frau Minister Tuge-Erecińska angesprochen hat und dann auch Frau Magdziak-Miszewska, nämlich die spezifische Ostpolitik Polens gegenüber den unmittelbaren Nachbarn Ukraine und Belarus. Hier scheint es doch so zu sein, dass vielleicht die Anfänge dieser Politik mit beflügelt wurden durch den großen Patron Polens in Washington, Zbigniew Brzezinski, aber die Europäer daran sehr viel weniger Interesse hatten. Und nun scheint sich in letzter Zeit immer deutlicher der Eindruck zu verdichten, dass man in Brüssel und in den anderen westeuropäischen

Hauptstädten an dieser Politik – Stichwort Schengen – weniger Interesse hat und sogar den Polen signalisiert, dass man sich dort zurückhalten möge. Frau Magdziak-Miszewska, Sie haben in Ihrem Zentrum für Internationale Studien kürzlich zusammen mit verschiedenen Kollegen eine Publikation herausgebracht. Und in dieser Studie bemerkt man, dass Sie es offenbar auch so sehen, dass man möglicherweise das allzu starke Eintreten für das Offenhalten der Grenze zur Ukraine und die Unterstützung der Ukraine zurückfahren muss, weil man sonst Probleme mit Brüssel bekommt. Also mich würde auch gerade die offizielle Antwort von Ihnen dazu interessieren. Sieht man das in Ihrem Außenministerium, dass man da vielleicht etwas vorsichtiger vorgehen muss?

Tuge-Erecińska: Ich glaube, dass es doch ein paar Anzeichen gibt, die darauf hinweisen, dass die polnische Stimme zum Thema Osten im Westen gehört wird. Herr Prof. Eichwede hat angemerkt, dass die polnischen Diskussionsteilnehmer in ihren Wortmeldungen kritischer waren als die deutschen. Ich muss gestehen, dass ich das mit meinen polnischen Ohren nicht gehört habe. Ich habe vielleicht eine etwas andere Ausdrucksweise gehört, aber was die Aussagen und die Beurteilungen selbst betrifft, so fand ich sie ähnlich. Aber wir sind uns sicherlich bewusst, dass unsere Meinung besonders zum Thema der Situation in Russland oft mit einer gewissen Voreingenommenheit betrachtet wird: Das ist also diese typisch polnische antirussische Haltung, die man aus allem heraushören kann, was die Polen sagen: Die sind nicht bereit, positive Veränderungen zu bemerken, und werden immer negativ über Russland sprechen. Das wäre das eine.

Das Zweite ist natürlich das, was Frau Magdziak-Miszewska gesagt hat, also diese besondere Sensibilität Russlands bezüglich Polen. Da geht es gerade um die selbstständige Politik Polens gegenüber den Nachbarstaaten, die mit Polen und mit Russland gemeinsame Grenzen haben. Angesichts dessen haben die russische Reaktion und die wiederholten Kommentare zu diesem Thema gegenüber uns bei internationalen Zusammenkünften immer eine gewisse Besänftigungsabsicht. Glücklicherweise sind wir nicht in der gleichen Situation wie die baltischen Staaten. In Litauen vielleicht noch am wenigsten, aber in Estland und auch in Lettland gibt es eine russische Minderheit, die eigentlich keine Minderheit ist, denn diese Russen haben sich hier nicht fest angesiedelt, sie sind nur als russischsprachige Gruppe ein ständiger Vorwand für russische Angriffe auf diese Länder. Vor nicht langer Zeit hat die finnische Präsidentin Tarja Halonen Russland besucht. Bei dieser Gelegenheit behauptete Präsident Putin ihr gegenüber, dass Estland trotz des Grenzabkommens Russland – Estland die territorialen Anordnungen verschiebe. Das stimmte nicht. Die Angestellten des Außenministeriums mussten später das Missverständnis erklären. Daraus geht hervor, dass solche Vorwände auch auf russischer Seite existieren.

Zum dritten Punkt: die Ukraine und die von Polen ergriffenen Initiativen, besonders im Zusammenhang mit der immer größeren Annäherung von EU und Ukraine. Die Ukraine war niemals gegen eine Erweiterung der NATO und formuliert für den Fall der EU-Erweiterung Befürchtungen, die derzeit vielleicht weiter gehen als die Befürchtungen Russlands. Einerseits sind es Befürchtungen wirtschaftlicher Art, aber vielleicht ist es noch mehr die Furcht vor einem Eisernen Vorhang, vor den Schengen-Kriterien, davor, dass die Verbindung nach Westen und der Kontakt zu Polen wesentlich erschwert werden. Übrigens stimmt es uns sehr traurig, wenn wir sehen, dass einige andere Länder, unsere Partner in der Višegrad-Gruppe, wie die Republik Tschechien und die Slowakei, schon eine Visaregelung für ukrainische Staatsbürger eingeführt haben. Wir finden, dass das viel zu früh ist und dass man diesen Schritt in diesem Stadium noch hätte vermeiden können. Wir haben z.B. ein Forum für Integrationsfragen in der EU, das um die Ukraine bemüht ist: die Ständige Konferenz. Hier ist es unser Bestreben und unser Ziel, ganz elementare Informationen zum europäischen Recht, über die verschiedenen Institutionen, über die Zusammenarbeit der Regionen und der Bevölkerung zu übermitteln. Die erste Reaktion der EU auf diese polnischen Initiativen war sehr negativ. Wir haben solche Kommentare zu hören bekommen: Wenn Polen gemeinsam mit der Ukraine der EU beitreten will, dann bitte sehr, wartet nur noch ein paar Jahrzehnte, und dann seid ihr in der EU – wenn ihr dann überhaupt noch da seid. Wir haben aber Hoffnung, und darauf deutet auch hin, dass sich der französische Präsident vor dem EU-Gipfeltreffen mit der Bitte an uns gewandt hat, dass Polen seine Einschätzung der Situation in der Ukraine mitteilt und auch darüber informiert, wie unsere Beziehungen zur Ukraine aussehen. Es scheint, als würde dieses unser Informationsmaterial in den EU-Staaten gut aufgenommen. Zumindest signalisieren das die Gespräche mit den Diplomaten in Warschau und anderen Hauptstädten. Also habe ich die Hoffnung, dass sich die negative Einstellung langsam ändern wird.

Timmermann: Ein kurzer Schlenker zur Innenpolitik und dann einige Worte zur Außenpolitik. Es ist zu Recht betont worden, dass die russische Gesellschaft sich nicht mobilisieren lässt, jedenfalls nicht in dem Maße, wie wir es erwartet haben, und im Unterschied zu Ostmitteleuropa. Sie lässt sich nicht aktiv mobilisieren im Sinne von Pluralismus, Demokratieengagement, aber man muss noch eine andere Seite sehen, die vielleicht positiv ist. Die Gesellschaft lässt sich, von regionalen Schwerpunkten abgesehen, auch nicht mobilisieren für Generalstreiks, Aufstände, Chaotisierung des Landes.

Einige Worte zur Außenpolitik. Mir scheint, dass sich Russland militärisch letztlich noch immer an den USA orientiert und misst. Da reicht der Konsens bis hinein in die Jabloko-Fraktion mit Wladimir Lukin als markantem Vertreter. Hieran zeigt sich, dass Russland oder breite Kreise der Elite immer noch glauben, globale Optionen zu haben. Sie sagen, wir können mit Europa zusammenarbeiten, aber wenn die nicht wollen oder wenn sie sich falsch engagieren und die NATO der Bezugspunkt ist, dann können wir auch mit den Chinesen eine Partnerschaft eingehen, vielleicht sogar ein Dreiergespann mit den Indern, wie Primakow gesagt hat. Diese Vorstellung, Optionen zu haben, ist noch vorhanden und verhindert ein eindeutiges konstruktives Engagement in eine Richtung. Diese Richtung wäre aus meiner Sicht natürlich die europäische Richtung.

In einem möchte ich dem Podium etwas widersprechen. Auch ich habe die mittelfristige Strategie sehr aufmerksam gelesen und hatte vor einigen Tagen im russischen Außenministerium eine lange Unterhaltung mit einem Verantwortlichen gerade für diese Frage. Es ist richtig, dass Tschernomyrdin und Jelzin immer wieder über Integration gesprochen haben, man wolle auch integriert werden, ohne dass man wusste, was Integration ist. Dieses Dokument vom Oktober letzten Jahres unterstreicht aber meiner Ansicht nach mit erfrischender Deutlichkeit, dass man Integration im europäischen Sinne mittelfristig gar nicht will und nicht anstrebt. Das steht ausdrücklich so in dem Dokument. Es wird gesagt, man wünsche ein engeres Verhältnis, man wünsche eine Partnerschaft mit der EU, wolle aber die eigene Bewegungsfreiheit nach außen und auch nach innen bewahren, das ist wichtig: auch nach innen, womit vermutlich die Werte gemeint sind. Dies trägt zur Klärung darüber bei, was man mit Russland machen kann und was man nicht machen kann. Folgerichtig brachte diese Position auch größere Klarheit im Hinblick auf Kaliningrad. Solange man in Russland der Ansicht war, man wird in die Europäische Union integriert, brauchte man sich um Kaliningrad nicht zu kümmern. Es würde ja mit integriert. Wo aber jetzt klar ist, dass Kaliningrad eine EU-Enklave sein wird, weil Russland sich eben nicht integriert im Sinne der Abgabe von Souveränität nach Brüssel, muss man sich um Kaliningrad kümmern.

Ein letzter Punkt wurde von Herrn Eichwede angesprochen. Was sollen wir tun? Ein wichtiger Ansatz für Deutschland ist, sich weniger auf das Moskauer Zentrum zu konzentrieren und stattdessen verstärkt hinein in die Regionen und in die Städte zu gehen. Es gibt ungefähr 80 aktive Städtepartnerschaften, die zum Teil sehr gut laufen, auf ökonomischen Gebieten, auf den Gebieten von Verwaltungserfahrungsaustausch, Kultur usw. Ich stimme Herrn Sapper zu bezüglich der Rezentralisierung. Die Diversifizierung in die Regionen hinein, das ist vor dem historischen Hintergrund etwas Neues. Die Dezentralisierung der Kontakte nach Russland hinein in die Regionen, in die Städte, in die Oblasti könnte gefährdet sein, wenn es gelingt, die sieben Supergouverneure dort tatsächlich als Machtfaktoren zu installieren und ihnen starke politische Vollmachten zu geben. Was passiert mit Kaliningrad, wenn der Supergouverneur in Petersburg bestimmt?

Dann wäre nichts mehr mit Ostseekooperation, mit Spezialstatus. Dann hieße es: Zurück zum Zentrum. Ich weise hierauf deshalb hin, weil das aus meiner Sicht eine Option wäre, die wir vielleicht auch im Gespräch mit Moskau ansprechen sollten.

Ochmann: Ich würde gerne auf die Anmerkung von Herrn Royen zurückkommen, als er sich auf Frau Ministerin Tuge-Erecińska bezog, die sehr diplomatisch ausgewogen geantwortet hat. Aber mein Eindruck ist, dass wir hier über die Entwicklung in Russland diskutieren, als ob es keine unterschiedlichen Standpunkte zwischen Deutschland und Polen gäbe. Wir sind hier in einem Kreis, wo wir wirklich die Diskussion auf unterschiedliche Wahrnehmungen der Entwicklung zuspitzen könnten. Denn wenn man die Stimmen in Berlin oder Brüssel hört, dann wird doch das Verhältnis Polen – Ukraine, Polen – Belarus als eine polnische antirussische Politik definiert. Die polnische Politik gegenüber der Ukraine und gegenüber den baltischen Staaten wird sowohl in Deutschland als auch in Brüssel, aber auch in Moskau als antirussisch wahrgenommen. Und ich würde dafür plädieren, dass wir vielleicht auch diese Aspekte der Entwicklung hier stärker in den Mittelpunkt rücken und uns vielleicht weniger mit den Nuancen der Entwicklung in Russland beschäftigen. Nehmen wir ein Beispiel: die Weiterentwicklung der NATO. Die Slowaken haben es verstanden; wenn sie bei der nächsten NATO-Osterweiterung aufgenommen werden wollen, reden sie darüber mit den Polen und mit den Amerikanern, weil, wie man in Bratislava hört, wenn die Polen uns unterstützen und wenn wir die Amerikaner überzeugen, dann werden wir in die NATO kommen. Das ist ein unterschiedliches Interesse. Deutschland und die Europäische Union sehen ja die Entwicklung in Osteuropa vor allem durch eine russische Brille. Im Mittelpunkt steht doch die Wirtschaftsbeziehung Deutschland – Russland. Dass man das in Warschau anders sieht, ist doch selbstverständlich: Wenn man hier stärker die demokratische Entwicklung, die Stabilität, aber nicht Stabilität im Sinne wie zu Zeiten der Sowjetunion und im Sinne von Zentralisierung, sondern als Entwicklung in den Regionen sieht, dann ist das verständlich. Also mein Plädoyer wäre, dass wir uns stärker vielleicht auf die unterschiedlichen Wahrnehmungen hier konzentrieren und es offen aussprechen können. Es gibt Unterschiede bei der Definition der Stabilität in Russland zwischen Warschau, Berlin, auch Brüssel.

Smułkowa: Ich möchte etwas zu dem Problem der zwischen Polen und Russland liegenden Staaten sagen, das zuletzt von einigen Diskutanten angesprochen wurde. Hierzu möchte ich auf einen gesellschaftlichen Aspekt hinweisen, den ich sehr deutlich während meiner diplomatischen Arbeit in Belarus beobachten konnte. Es ist ein Problem, wenn der Eindruck entsteht, als ob Polen und Russland auf dem Gebiet Rivalen wären. Polen ist zweifellos an der Unabhängigkeit und Demokratisierung seiner nächsten Nachbarn interessiert, es bestehen dort zweifellos auch kulturelle Interessen, und ganz bestimmt ist man nicht gegen die Russen eingestellt. Und noch ein Satz zu den bisherigen Wortmeldungen: Wir müssen damit rechnen, dass man sowohl in Brüssel als auch in Moskau diese vermeintliche antirussische Haltung Polens politisch ausnutzen wird. Und wenn der Kollege auf die polnischen Unterschiede hinweist und auf die Gefahr, dass die polnische Politik im Hinblick auf eine allgemeineuropäische Politik lieber eigene Wege geht, dann ist das vielleicht bereits das Nachgeben auf den Druck von Moskau, der in diese Richtung zielt.

Seidler: Da ich im Auswärtigen Amt in dem Referat arbeite, das sich mit Russland, der Ukraine und Belarus beschäftigt, gestatten Sie mir, dass ich auf einige Fragen eingehe und auf das, was Frau Minister Tuge-Erecińska gesagt hat. Um es ganz klar zu sagen, wir sehen die Ukraine und Belarus nicht durch die russische Brille. In unserer Analyse haben wir ein Interesse an einer stabilen unabhängigen Ukraine, die sich auf Demokratie, Rechtsstaat und Marktwirtschaft hinbewegt. Und alles, was dazu beiträgt, dieses Ziel zu erreichen, unterstützen wir. Und deshalb, ich weiß es nicht, ob es meine Kollegen in ihren Gesprächen mit den polnischen Partnern nicht doch auch schon getan haben, kann ich jedenfalls von meiner Seite betonen, dass wir ausdrücklich auch die polnischen Anstrengungen zur Kooperation mit der Ukraine und die Bemühungen um eine Heranziehung der Ukraine an europäische Standards und Werte und Verhaltensweisen unterstützen. Und ich habe mit großem Interesse im Vorfeld des EU – Ukraine-Gipfels die Lageanalyse des polnischen Außenministeriums zur Ukraine gelesen und die Vorschläge darin, auch im europäischen Rahmen zusammenzuarbeiten. Ich denke, darauf sollten wir bei geeigneter Gelegenheit auch zurückkommen.

Wir werden natürlich auch von ukrainischer Seite auf die Besorgnisse angesprochen, die die Ukraine in Bezug auf die EU-Osterweiterung hat. Ich denke, wir müssen das ernst nehmen. Und deshalb sollten wir vielleicht auch gemeinsam darüber nachdenken, wie wir diese Schwierigkeiten lösen können und wie wir der Ukraine dabei helfen können, die Osterweiterung nicht nur als Bedrohung zu empfinden, sondern auch als Chance für sich selber, an dem Wachstum, an dem Entwicklungspotenzial teil zu haben.

Jetzt haben wir viel über die Ukraine geredet, aber wir sind eigentlich bei Russland-Kennern. Nur ein kurzes Wort zu Russland. Es ist ja ganz schön und auch beruhigend, wenn wir feststellen, dass das Bedrohungspotenzial nicht mehr ausreicht und dass man pragmatischer wird und sich nicht mehr auf militärische Abenteuer und Expansionismus einlässt. Aber das alleine reicht ja noch nicht. Es reicht ja immer noch dafür, dass Russland auch die Option verfolgen könnte, immerhin noch ein Störfaktor zu sein. Unser Problem ist ja, wie bringen wir Russland dazu, dass es mit uns zusammenarbeitet bei der Lösung internationaler Konflikte. Es gibt die Hoffnung, dass Russland pragmatisch erkennt, dass es in seinem Interesse liegt, mit dem Westen zusammenzuarbeiten. Und was könnten wir gegebenenfalls dazu beitragen?

Cichocki: Erstens: Ich danke Herrn Ochmann sehr dafür, dass er das Thema der verschiedenen Perspektiven angeschnitten hat. Wahrscheinlich hatten alle polnischen Teilnehmer ähnliche Erwartungen wie wir vom Zentrum für Oststudien. Wir sind hier hergekommen, um in Erfahrung zu bringen, welches Bild unsere Experten und Expertinnen aus Deutschland von Russland, der Ukraine und Belarus haben und welche besonders wichtigen Fragen sich dabei ergeben, die auch für ihr eigenes Land von Interesse sein könnten. Und ich würde gerne noch etwas anderes erfahren, was mir hier gefehlt hat, nämlich etwas zu einem wirtschaftlichen Thema, besonders zu Fragen der Energiewirtschaft. Frau Katarzyna Nałęcz hat es bereits angesprochen. Berücksichtigen Sie in ihren Analysen überhaupt Fragen nach der Energie und der Energiepolitik Russlands, die von den russischen Konzernen gemacht wird, als Element einer erweiterten Außenpolitik oder auch russischen Sicherheitspolitik? Und welche Konsequenzen ziehen Sie daraus? Das wäre die erste konkrete Frage, die ich habe.

Die zweite, das war die Frage nach Tschetschenien. Denn Tschetschenien war, jedenfalls für uns im Zentrum für Oststudien, immer so eine kalte Dusche, die zur Folge hat, dass unsere Befürchtungen darüber heute, während wir miteinander reden, viel größer sind als noch vor einem Jahr. Und zwar, weil Tschetschenien und die ganze Operation um Tschetschenien, zuerst in Dagestan, dann die Explosionen in Moskau, dann die ganze tschetschenische Operation, uns im Zentrum für Oststudien und auch vielen anderen polnischen Experten bewusst gemacht hat, dass wir es hier mit einem Staat und dessen Regierung zu tun haben, der keinerlei demokratische Vorgangsweisen in Erwägung zieht, sondern mit Zivilisten, mit dem Leben der Staatsbürger Operationen durchführt, mit dem Ziel, die Macht unter Missachtung aller demokratischen Methoden zu erhalten. Und Tschetschenien, also der zweite tschetschenische Krieg, war von uns aus gesehen wirklich vor allem eine Prüfung, ob wirklich etwas Positives geschehen ist oder ob es weiterhin Anlass für Besorgnisse gibt.

Adomeit: Ich halte den Ansatzpunkt von Dieter Bingen, von Anfang an Klarheit in die Begrifflichkeit zu bringen, für zentral. Denn wenn wir die Russlandfrage nicht im Spannungsverhältnis von den drei oder vier Schlüsselbegriffen diskutieren, mit denen wir es hier zu tun haben, dann könnten wir schnell aneinander vorbei reden. Der eine Schlüsselbegriff ist Ostpolitik, der zweite

Europa, der dritte Integration und darauf bezogen der vierte Russlands Integration. Und wenn wir jetzt fragen, was soll eigentlich diese Integrationsdebatte, dann müssen wir immer sagen: Integration ist kein Selbstzweck, sondern sie hat bestimmte Aufgaben. In Westeuropa haben wir gelernt, Integration ist wichtig zur Überwindung von Feindschaften, zur Einbindung, Wohlstandsvermehrung und Herstellung oder Erhaltung einer Wertegemeinschaft. Wenn wir aber die Integration im breiteren Raum diskutieren, in »Gesamteuropa«, dann sollten wir uns nicht auf das westeuropäische Modell konzentrieren, sondern uns fragen, welche Formen von Integration es ober- und außerhalb der Europäischen Union noch gibt – so zum Beispiel in der OSZE oder im Europarat. Dort geht es weniger um die Abtretung von Souveränitätsrechten, eher um das Einfügen in ein Ganzes gemeinsamer Werte, Normen und Regelungen.

Das zentrale Problem, was ich sehe, ist, wir müssen verhindern, dass wir Russland oder irgendein anderes Gebiet einbeziehen oder ausschließen, ohne dass wir uns fragen: Integration wofür? Geht es um Sicherheit, erkennen wir schnell, dass es keine Sicherheit ohne Russland geben kann. Geht es um wirtschaftliche Prosperität in Europa, sehen wir, dass integrative Prozesse in Europa bereits vorliegen – so beispielsweise wegen der Abhängigkeit vieler Länder von Rohstoffen aus Russland.

Zum Begriff der Ostpolitik. Eigentlich haben wir es mit drei verschiedenen Ostpolitiken zu tun. Wir haben einmal eine Ostpolitik, die nach innen gerichtet ist oder sein sollte. Warum das wichtig ist und wie sich das auswirkt, haben wir vor zwei Wochen gesehen, als Herr Verheugen die Frage des Referendums über die Osterweiterung der EU in die Debatte brachte. Es gab einen Riesenzirkus in Deutschland, der als Indikator dafür gelten kann, dass eine Osterweiterung des europäischen Denkens überhaupt noch nicht vollzogen ist. Die zweite Ostpolitik ist die Politik, die sich traditionell auf die ostmitteleuropäischen Länder gerichtet hat. Sie verschwindet in dem Augenblick, in dem Polen, Tschechien, Ungarn und andere Staaten integrale Bestandteile Westeuropas werden. Und die dritte Ostpolitik ist die Politik gegenüber den Ländern, die östlich dieses Raumes liegen, und da geht es auf ganz konkreten Ebenen darum, eine Verhärtung, wie wir sie in Ansätzen bereits auch in Russland wieder sehen (in der alten Generation, nicht bei den Jüngeren allerdings), nicht durch entsprechende Verhärtungen auf unserer Seite eskalieren zu lassen. Ich halte es hier für fatal, wie sich auf russischer und auf deutscher Seite die Bedingungen im Verlaufe der letzten acht bis zehn Jahre verschlechtert haben oder verschärft wurden. Das ist ein ernstes Problem. Weil das nämlich die Bedingungen für gesellschaftliche Kooperation, Osterweiterung des europäischen Denkens und Westerweiterung des russischen Denkens erschwert.

Das zweite Thema, worüber wir kurz gesprochen haben: Wir dürfen als Westler, ob als Politiker, ob als Politikwissenschaftler, die Normen, die wir selbst so wichtig finden, nicht zur Disposition stellen. In den Debatten um den Tschetschenienkrieg müssen Menschenrechte und Rechtsstaatlichkeit immer wieder angemahnt werden. Das Schweigen an der falschen Stelle würde unweigerlich später wieder auf uns zurückschlagen.

Baas: Nur ein paar Bemerkungen zu einer Reihe von Fragen, die gestellt worden sind. Zu Frau Vizeministerin Tuge-Erecińska: In der Tat ist es sehr wichtig, dass wir von der Weiterleitung von Ideen in Richtung Osten ausgehen. Anknüpfend hieran möchte ich sagen: Mich verwirrt etwas die Diskussion über die Eliten. Ich halte es für äußerst wichtig, dass wir uns im deutsch-polnischen Verhältnis und im deutsch-polnisch-französischen Verhältnis klarer darüber werden, wen wir in Russland erreichen wollen. Ich glaube, die uns bekannte außen- und sicherheitspolitische Elite, die sehr eng mit dem Machtapparat in Moskau zusammenarbeitet, spielt eine zu starke Rolle in der Kommunikation mit Russland. Ich meine, wir haben auch ein Interesse daran, in den Universitäten und in den Medien die zu erreichen und denen den Rücken zu stärken, die der Versuchung des Autoritären widerstehen können. Auch in der Judikative. Die Frage, ob wir etwas durch die russische Brille sehen oder die Polen durch derartige Brillen, halte ich wirklich für obsolet. Aus meiner Zusammenarbeit mit den EU-Außenministerien und den polnischen Kollegen kann ich sagen, diese Frage stellt sich gar nicht mehr. Ich finde sie schädlich im deutsch-polnischen, sogar im deutsch-russischen, auch im russisch-polnischen Verhältnis.

Zum Thema Kaliningrad, das angesprochen wurde: Ich finde, Herr Timmermann hat völlig Recht. Die Tendenzen in Moskau, die Eigenständigkeit der Region zurückzuschrauben, können die vorsichtig gewonnenen Ansätze zu einer vernünftigen Verständigung über eine bessere wirtschaftliche Entwicklung des Kaliningrader Gebietes gefährden. Wir haben hier im Ostseeraum zwei wichtige Instrumente: die Nördliche Dimension der Europäischen Union und den Ostseerat. Über beide ist es bislang eigentlich ganz hoffnungsvoll gelungen, erste Anzeichen einer kooperativen Haltung Moskaus zu nutzen. Wir müssen das fortsetzen und wollen das auch.

Letzte Bemerkung zum Rechtsstaat und zu der Problematik, die sich in Russland damit verbindet. Die Diskussion in Russland über die Frage, ob es ein euroasiatischer, mehr asiatischer oder mehr europäischer Staat ist, wird bestimmt noch 20 Jahre dauern, wird jedenfalls nicht so bald beendet sein. Davon bin ich fest überzeugt. Das Problem besteht darin, dass nach der Auflösung der Sowjetunion das Problem der Rechtsstaatlichkeit so fundamental vernachlässigt worden ist, dass wir hier einen gigantischen Nachholbedarf haben. Und auch hier scheint es mir wichtig, als Aufgabe an die Forschung, an Ihre Institute, an uns alle, mehr über eine mögliche gemeinsame Herangehensweise und über Schritte nachzudenken, die hier die jungen demokratisch-rechtsstaatlich interessierten Eliten in Russland stärker erreichen.

Wóycicki: In den vergangenen drei Jahren, in denen ich in Deutschland lebte und in Düsseldorf Direktor des Polnischen Institutes war, wurde ich ständig angegriffen und mit Fragen konfrontiert, wie denn die Beziehungen Polens zum Osten aussähen. Selbst die Elite einer Stadt wie Düsseldorf ist zum Großteil davon überzeugt, dass die Grenzfragen noch nicht gelöst sind, dass die Fragen der Beziehungen zwischen Polen und Lemberg oder Wilna offen sind. Also scheint mir, dass das vielleicht ein Problem ist. Es betrifft aber nicht die Außenpolitik zwischen beiden Ministerien, sondern ist eher ein Problem der politischen Bildung und der in Deutschland herrschenden Klischees.

Ich wollte noch, wenigstens in groben Zügen, auf die Unterschiede zurückkommen, trotz der Ähnlichkeiten, die wir festgestellt haben. Mir scheint, dass die Äußerung von Frau Magdziak-Miszewska hier sehr wesentlich war. Dieses polnische Dilemma, die polnische Bereitschaft, keine übermäßig selbstständige polnische Ostpolitik zu betreiben, sondern lediglich zu sagen: Na, eigentlich ist unsere polnische Ostpolitik die ganze Zeit ein Gespräch über den Westen, wie unsere historische Erfahrung zeigt. Es ist der Versuch der Übertragung der polnischen Erfahrungen mit dem Osten auf den ganzen Westen.

Und dann ist da noch ein anderes Problem: Wie nimmt man die Moskauer Taktik wahr, Polen in einem fort als Reizfaktor hinzustellen und dem Westen ununterbrochen weiszumachen: Ihr werdet ja sehen, wenn Ihr Polen aufnehmt, werdet Ihr Euch auch sehr viele Konflikte und Probleme aufhalsen. Diese Fragen sind aus polnischer Sicht sehr interessant. Wie reagiert der Westen darauf, wie nimmt er es wahr? Und das Dilemma, das Frau Magdziak-Miszewska dargelegt hat, ist gegenwärtig in Polen ein wesentliches Dilemma und eine Frage: Inwiefern ist die polnische Ostpolitik eine mit dem Westen harmonisierte Politik?

Adomeit: In der bisherigen Diskussion ist insbesondere die These unterschiedlicher deutscher und polnischer Wahrnehmung zentral gewesen. Mir scheint, die Einschätzungen, die von polnischen Teilnehmern vorgetragen worden sind, sind viel pessimistischer als die der deutschen Seite. Deshalb noch einmal meine eigene Position dazu, was die Entwicklungslinien anbetrifft. Hier glaube ich, könnte man im historischen Vergleich mit der Frage ansetzen: Wie ist denn normalerweise ein Zusammenbruch von Weltreichen geschehen? Beim Zusammenbruch des sowjetischen Weltreichs handelt es sich um eine ganze Reihe von imperialen Ringen – einen inneren (die Sowjetunion selbst), einen regionalen (die »osteuropäischen« Satellitenstaaten) und einen globalen (Äthiopien, Mosambik, Kuba, Vietnam usw.). Und alle diese Ringe sind mit einem erstaunlich geringen Grad von Blutvergießen zerbrochen. Es hat eben nicht eine Entwicklung gegeben wie beispielsweise in Jugoslawien. Es hätte ja sein können, und es ist ja auch von vielen Seiten prognostiziert worden, dass Bürgerkriege oder internationale Kriege auf dem Gebiet des ehemaligen Imperiums stattfinden könnten. Es gab ja auch in den ersten Jahren des neuen Russlands die Bemühungen, die Frage der Minderheitenrechte für Russen in den baltischen Staaten mit dem Rückzug der russischen Truppen zu verbinden. Diese Verbindung ist allerdings nicht aufrecht erhalten worden. Die Truppen sind zurückgezogen worden. Es gab auch die Ansicht, ja, Auflösung der Sowjetunion, schon möglich, aber mit einer unabhängigen Ukraine wird sich Russland niemals abfinden. Der russisch-ukrainische Vertrag vom Mai 1997, der die Unabhängigkeit und territoriale Integrität anerkennt, ist aber von der Duma ratifiziert worden. Auch wichtige Detailfragen, wie das Problem, was mit der Schwarzmeerflotte geschehen soll, wurden gelöst. Ich will deswegen nur noch einmal meine These wiederholen: Die Entwicklung, die wir in der Vergangenheit gesehen haben, die der friedlichen Anpassung an veränderte und sich verändernde internationale Gegebenheiten, wird aller Voraussicht nach weitergehen.

Ganz kurz noch etwas zum Problem der Integration. Hier gab es interessante Diskussionen zwischen Herrn Baas, Herrn Timmermann und anderen. Wie will man diese beiden Dokumente, die Mittelfristige Strategie Russlands gegenüber der EU und die Gemeinsame Strategie der EU gegenüber Russland, wie kann man sie vergleichen? Und was kann man daraus für Schlüsse ziehen? Ich finde, dass, wenn man sich das russische Dokument ansieht, ganz deutlich wird, dass erstens, wie Heinz Timmermann richtig gesagt hat, eben nicht von Integration in unserem westlichen Sinne die Rede ist, sondern von Zusammenarbeit. Das mag erfrischend sein, schön und gut, was mich aber beunruhigt, ist, dass diese Zusammenarbeit in Moskau als eine *staatliche* Show betrachtet wird. Das heißt, in russischer Sicht sollen sich die Moskauer Ministerien mit den Bürokraten in Brüssel zusammensetzen und dann kooperieren. Das ist nicht gut. Es reicht nicht. Insofern ist es auch für mich wichtig, worauf Herr Timmermann und Herr Baas hingewiesen haben, dass diese Zusammenarbeit auf breiteren und auf unteren Ebenen stattfinden soll und nicht dem bürokratischen Konzept Raum gegeben wird. Dies entspräche überholten traditionellen russischen (und sowjetischen) Vorstellungen und Strategien.

Magdziak-Miszewska: Ich versuche mich kurz zu fassen. Erstens war ich ein wenig überrascht über diese, wie Kazimierz Wóycicki es nannte, polnische Brille. Denn ich sehe in der Beurteilung Russlands keine wesentlichen Unterschiede zwischen dem, was meine polnischen Kollegen sagen, und dem, was meine deutschen Kollegen sagen. Wenn wir ein bisschen pessimistischer in die Zukunft blicken, dann vielleicht deshalb, weil wir uns, wie Herr Royen sagte, ein wenig näher stehen und die Vermutung, dass in 15 oder 20 Jahren alles gut laufen wird, für uns noch keine ausreichende Garantie ist. Zweitens wollte ich Ihnen noch einmal versichern, was hier sicher alle sehr wohl wissen, die russische Zeitungen lesen: Vielleicht sind wir pessimistisch. Aber wir sind es keinesfalls im selben Ausmaß, wie es die russischen Experten bei der Einschätzung der Zukunft ihres Landes sind.

Pełczyńska-Nałęcz: Ich glaube, dass der Unterschied zwischen polnischen und deutschen Perspektiven nicht ausschließlich mit mehr oder weniger Pessimismus zu tun hat. Eher ist es ein ständiges Pendeln zwischen Nähe und Distanz. Ich habe den Eindruck, dass die polnische Seite eher die Details im Auge behält, das ergibt sich aus der geographischen Nähe. Unser Blick ist nicht so sehr auf eine allgemeine Strategie konzentriert, sondern wir konzentrieren uns mehr auf die Einzelheiten, die für uns, als direkter Nachbar von Russland, ganz einfach sehr wichtig sind.

Die polnischen Redebeiträge wurden übersetzt von Doreen Daume

II.
Innere Entwicklung und außenpolitische Dilemmata der Ukraine

Andreas Wittkowsky

Die ukrainische Krankheit: Kleine politische Ökonomie einer hausgemachten Transformationskrise

Einleitung

Die Ukraine gleicht einem Kranken auf dem Operationstisch. Der Chirurg hat ihn bereits aufgeschnitten, verfügt aber nicht über die notwendigen Instrumente, um die Operation zu Ende zu führen. Wenn die Welt – und insbesondere die USA – weiterhin abwartet, wird der Patient sterben. Die Ukraine braucht massive westliche Hilfe.

Leonid Kutschma, Präsident der Ukraine[1]

Es gibt zwei mögliche Wege aus der Krise. Der utopische: Die Regierung führt Reformen durch. Der realistische: Außerirdische landen und retten das Land.

Ukrainischer Volksmund

Die Erklärung der ukrainischen Unabhängigkeit im Jahr 1991 war nicht nur ein Akt der Desintegration (Austritt aus und Auflösung der Sowjetunion), sondern auch der Integration (Eintritt in die globale Wirtschaft). Unmittelbar nach der Unabhängigkeit haben die politischen und ökonomischen Akteure der Ukraine die Konsequenzen der Globalisierung entweder zu spüren bekommen oder sogar aktiv Strategien zu ihrer Bewältigung verfolgt. Jene Strategien waren im Allgemeinen kein Bestandteil der nationalen Politik, und wenn doch, dienten sie meist der Sicherung ökonomischer Renten (*rent-seeking*). Deshalb gleicht die Ukraine heute tatsächlich jenem »Kranken«, den der amtierende Präsident Kutschma 1999 in seinem Hilfsaufruf beschrieb.

Im Folgenden wird die ukrainische Krankheit genauer untersucht. Hierbei zeigt sich, dass sie zum größten Teil hausgemacht ist und deshalb auch mit »Hausmitteln« kuriert werden muss. Das ständige Ansteigen der zwischenbetrieblichen und auch der internationalen Schulden zeugt davon, dass eine Hauptursache

1 Zitiert nach Newsweek, 20. Dezember 1999, nachgedruckt in RFE/RL Poland, Belarus, and Ukraine Report, Bd. 1, H. 29, 21. Dezember 1999.

der Krankheit im Kampf um das Fortbestehen weicher Budgetschranken liegt. Dahinter verbirgt sich die rationale, durch die geopolitische Lage der Ukraine begünstigte Strategie wichtiger Elitegruppen zur Mehrung ihres Wohlstands. Sie kann aber nicht von Dauer sein, denn das Land ist stark von Energieimporten abhängig.

Zukünftig wird die entscheidende Frage lauten, welcher Teil der ukrainischen Eliten sowohl das Interesse als auch die Fähigkeit entwickeln wird, harte Budgetschranken in den mit Verlust arbeitenden Wirtschaftssektoren durchzusetzen und damit den Strukturwandel und eine angemessene Integration in die Weltwirtschaft zu fördern. Obwohl diese Frage nicht endgültig beantwortet werden kann, sollen hier einige Chancen aufgezeigt werden: In Abschnitt 1 wird die Anamnese erstellt, d.h. die Determinanten der ukrainischen Politik seit der Unabhängigkeit werden untersucht, die den Weg der weiteren Transformation bestimmen. Abschnitt 2 liefert die Diagnose, und die drei Hauptsymptome der ukrainischen Krankheit werden beschrieben, d.h. die Schuldenwirtschaft, die Energieabhängigkeit und das geopolitische Spiel der Ukraine. In Abschnitt 3 werden die Rolle und die Interessen der ukrainischen Eliten mit Schwerpunkt Regierungsführung, Regionen und Oligarchen dargestellt. Abschließend werden in den Schlussfolgerungen die Aussichten für die Heilung der ukrainischen Krankheit diskutiert.

Anamnese: Die Determinanten der ukrainischen Politik

In der jüngsten Geschichte sind die grundlegenden Determinanten der ukrainischen Politik zu finden, die wesentlich für den Ausbruch der Krankheit sind[2]: Erstens war der nationale Konsens, der zur ukrainischen Unabhängigkeit führte, ein auf schwachen Füßen stehender »historischer Kompromiss«, da die daran beteiligten gesellschaftlichen Gruppen und Eliten unterschiedliche Auffassungen vom Nationalstaat hatten. Ein Konsens zu einer nationalen Entwicklungsstrategie hat sich nicht herausgebildet und wird es auch in naher Zukunft nicht tun. Zweitens wurde die ukrainische Politik mangels eines Entwicklungskompromisses hauptsächlich durch *rent-seeking*-Interessen bestimmt. Den politischen Akteuren ging es vor allem um den Zugang zu Wirtschaftsressourcen und Macht. Um diese Absichten zu kaschieren, wurde häufig zu »Simulationen« gegriffen –

2 Die Argumentation orientiert sich hier an Wittkowsky, Andreas: Fünf Jahre ohne Plan: Die Ukraine 1991 – 96. Nationalstaatsbildung, Wirtschaft und Eliten. Hamburg: Lit 1998; auch erhältlich als: Pjatiletka bes plana. Ukraina: 1991 – 1996. Formirowanije natsional'nowo gosudarstwa, ékonomika, élity. Kiew: Sfera 1998.

einer modernen Form der Potemkinschen Dörfer. (Im Gegensatz zu technischen Simulationen, die möglichst realitätsnahe Zustände erzeugen wollen, haben gesellschaftliche Simulationen den Zweck, die Realität durch Vortäuschung von Nichtvorhandenem zu verschleiern.[3]) Im Ergebnis dessen hat sich ein politischer Kapitalismus entwickelt, der überraschenderweise den Nationalstaat gestärkt hat.

Die ukrainische Unabhängigkeit: Ein historischer Kompromiss

Am 24. August 1991 erklärte die »Werchowna Rada«, das Parlament der Ukrainischen Sozialistischen Sowjetrepublik, die Unabhängigkeit des Landes. Am 1. Dezember befürwortete in einem nationalen Referendum eine überwältigende Mehrheit von 90,3% der ukrainischen Wähler diese Entscheidung und vollzog damit die Konstitution als politische Nation. Sogar in der Ostukraine mit ihrer überwiegend russischsprachigen Bevölkerung stimmten über 80% der Wähler für die Unabhängigkeit. Nur auf der Krim gab es eine geringe Wahlbeteiligung und eine knappe Mehrheit für die Unabhängigkeit. Der nationale Konsens war das Ergebnis eines »historischen Kompromisses« zwischen den folgenden drei Gruppen:

(1) Die ukrainische Nationalbewegung »Ruch« hatte ihren Ursprung in der historisch gewachsenen Konzeption einer auf der ukrainischen Kultur und Sprache beruhenden Nation. Innerhalb der Bewegung spielten wirtschaftliche Aspekte eine untergeordnete Rolle, obwohl Unabhängigkeit vage mit Wohlstandssteigerungen in Verbindung gebracht wurde.

(2) Die zunächst gesamtsowjetisch agierende Bergarbeiterbewegung wurde im Wesentlichen durch die Verschlechterung der Arbeits- und Lebensbedingungen der Bergleute geprägt, insbesondere im ostukrainischen Donbass. Die Bergleute im Donbass nahmen aus rein pragmatischen Motiven eine nationale Haltung ein: Kiewer Politiker versprachen Unterstützung, nachdem sich alle Hoffnungen auf einen Wandel der Moskauer Politik zerschlagen hatten. Die kulturellen und sprachlichen Aspekte der ukrainischen Souveränität wurden weitgehend zurückgewiesen, ebenso Wirtschaftsreformen, die zu Grubenschließungen und Massenentlassungen geführt hätten.

(3) Der unter der Führung von Leonid Krawtschuk 1989 zu »Nationalkommunisten« gewendete Teil der Nomenklatura versuchte, seine politische Macht zu verteidigen und Zugang zu den Ressourcen des Landes zu erlangen. Nach

---

3 Zur genaueren Erläuterung von »Simulationen« vgl. Medvedyev, Sergei: Deconstruction of the Text. At the Occasion of the 77th Anniversary of Soviet Discourse. In: Segbers, Klaus; Stephan De Spiegeleire (Hrsg.): Post-Soviet Puzzles. Mapping the Political Economy of the Former Soviet Union. Baden-Baden: Nomos 1995.

dem gescheiterten Putsch gegen den sowjetischen Präsidenten Gorbatschow setzte diese Gruppe die Unabhängigkeit der Ukraine durch.

Nach der Unabhängigkeit bestimmten die Nationalkommunisten die Politik. Im Dezember 1991 wurde Leonid Krawtschuk zum ersten Präsidenten der unabhängigen Ukraine gewählt. Die Politiker der Nationalbewegung fanden sich hauptsächlich in der Rolle der Opposition wieder.

Die ukrainische Transformation: Rent-seeking, Simulationen und wirtschaftlicher Niedergang

In den dreieinhalb Jahren der Präsidentschaft Krawtschuks wurden die wichtigsten internen und externen Bedingungen geschaffen, die noch immer für die Transformation der Ukraine ausschlaggebend sind. Obwohl der Präsident wiederholt seine Reformbereitschaft hervorhob, war seine Amtszeit von wirtschaftlichem Niedergang bestimmt, der seine Ursache vor allem in zwei Faktoren hatte: Einerseits bestand kein Konsens zu einer Transformationsstrategie und zur Nutzung der begrenzten nationalen Ressourcen. Andererseits waren die staatlichen Institutionen schwach und blockierten sich gegenseitig. Simulationen konnten z.B. im Wirtschaftsministerium beobachtet werden, das weiterhin illusionäre Produktionspläne aufstellte, und im Finanzministerium, dessen Haushaltszahlen nicht verbindlich waren und breiten Raum für politische Verhandlungen ließen. Letztlich waren die Ausgabeentscheidungen vom jeweiligen politischen Einfluss abhängig.[4]

Da die Gewaltenteilung unzureichend war, gab es ständige Machtkämpfe zwischen Legislative und Exekutive, die keine Seite gewinnen konnte. Die Akteure in der Wirtschaft nutzten ihren Einfluss, um dem Anpassungsdruck auszuweichen. Sie konzentrierten sich auf die Sicherung von Renteneinkommen, vor allem durch politisch abgesicherte, subventionierte Kredite, den Missbrauch von staatlichen Kreditgarantien, den Zugang zu Ex- und Importlizenzen und den Verkauf von Waren mit staatlich festgesetzten Preisen auf dem Schwarzmarkt. Ende 1992 führte diese Situation zu einem starken Produktionsrückgang bei einem gleichzeitig wachsenden Leistungsbilanzdefizit und einer Hyperinflation von jährlich 10.000% (vgl. Tabelle 1).

4 Vgl. Sundakov, Alex: The Machinery of Government and Economic Policy in Ukraine. Paper for the joint IMF World Bank seminar »Accelerating Ukraine's Transition to a Market Economy: Credible Macroeconomic Adjustment and Systemic Reforms«. Washington, 9. Juli 1996.

Tabelle 1: Ausgewählte Wirtschaftsdaten der Ukraine 1992 – 1994

	1992	1993	1994
Reales BIP, Veränderung zum Vorjahr (%)	-16,8	-14,2	-23,0
Monatliche Inflation, Konsumentenpreise (%)	33,5	47,1	14,4
Leistungsbilanz (Mrd. US$)	-0,6	-0,7	-1,4
Auslandsverschuldung (Mrd. US$)	3,5	4,2	7,2

Quelle: UKRAINIAN ECONOMIC TRENDS, verschiedene Ausgaben, Ukrainian-European Policy and Legal Advice Centre; Deutsche Beratergruppe Wirtschaft

Besonders krass machte sich die Abhängigkeit der Ukraine von Energieimporten bemerkbar, die fast 50% des Gesamtimportvolumens ausmachten. Die Hauptlieferländer Russland und Turkmenistan hoben die Öl- und Erdgaspreise auf – und über – Weltmarktniveau, und die Ukraine war nicht in der Lage, die notwendigen Devisenzahlungen zu leisten. Ende 1994 belief sich die Auslandsverschuldung der Ukraine auf über 7 Mrd. US$, davon entfielen zwei Drittel auf Zahlungsrückstände aus den Energieimporten. Gleichzeitig erlebte das Land eine dramatische Kapitalflucht von schätzungsweise 1,2 bis 4,5 Mrd. US$ pro Jahr.

In der Ostukraine, die traditionell gute Beziehungen zu den benachbarten russischen Regionen hatte, wurden durch den wirtschaftlichen Niedergang die separatistischen Tendenzen verstärkt, vor allem im Donbass und – noch ausgeprägter – auf der Krim. 1994 befürchteten einige Beobachter, einschließlich des CIA, dass das Land vor der Spaltung stehe.

Reformen ohne Strukturwandel: Die Entstehung eines »politischen Kapitalismus«

Im März und Juli 1994 fanden Parlaments- und Präsidentschaftswahlen statt, die zu einem umfassenden personellen Wechsel in der nationalen politischen Elite führten. Dem neuen Präsidenten Leonid Kutschma gelang es, die Zustimmung des Parlaments zu einem Programm der »radikalen Reformen« zu gewinnen. Nach ukrainischem Verständnis waren die ersten Reformschritte Kutschmas in der Tat radikal. Innerhalb von zwei Jahren wurden in großem Umfang Preise freigegeben und die Währung erfolgreich stabilisiert. Nach der Verabschiedung einer neuen Verfassung und der Einführung einer neuen Währung im Jahr 1996 verloren die Reformen allerdings an Schwung. Dafür gibt es zwei Gründe: Erstens waren die wichtigsten kurzfristigen Ziele der (zumindest teilweise) reformwilligen Eliten erreicht. Zweitens war im Vorfeld der Präsidentschaftswahlen 1999 das Potenzial für die Bildung reformwilliger politischer Koalitionen erschöpft.

Der Strukturwandel erwies sich als die Achillesferse der Reformen. Die notwendigen Institutionen für einen wettbewerbsorientierten Markt waren nur schwach entwickelt, und ausufernde Regulierungen behinderten den Markteinntritt für in- und ausländische Unternehmen. Konkurse bankrotter Unternehmen wurden nicht vollstreckt, und die Unternehmen hofften weiter auf den Staat als Retter in der Not. Die Regierung beabsichtigte, den Strukturwandel im Detail zu planen. Auch diese Pläne erwiesen sich als Simulation, da sie kaum in die Praxis umgesetzt wurden. Im Ergebnis dessen beschränkte sich die wirtschaftliche Dynamik hauptsächlich auf die Schattenwirtschaft. Abgesehen von Turkmenistan ist die Ukraine bis jetzt (2000) das einzige Land der GUS ohne ein einziges Wachstumsjahr. Darüber hinaus wurde der angestrebte Rückgang der Inflation von einem weiteren Anstieg der Auslandsschulden begleitet, der nicht zuletzt durch die immer noch hohen Energieimporte bedingt war (vgl. Tabelle 2). In Bezug auf ausländische Direktinvestitionen belegte die Ukraine pro Kopf einen hinteren Platz – kurz vor Belarus.[5]

Tabelle 2: Ausgewählte Wirtschaftsdaten der Ukraine, 1995 – 1999

	1995	1996	1997	1998	1999
Reales BIP, Veränderung zum Vorjahr (%)	-11,8	-10,0	-1,9	-1,7	-1,0
Monatliche Inflation, Konsumentenpreise (%)	9,0	2,8	0,8	1,5	1,5
Leistungsbilanz (Mrd. US$)	-1,2	-1,1	-1,5	-1,2	k.A.
Auslandsverschuldung (Mrd. US$)	8,2	8,8	9,6	11,5	k.A.

Quelle: Ukrainian Economic Trends, verschiedene Ausgaben, Ukrainian-European Policy and Legal Advice Centre; Deutsche Beratergruppe Wirtschaft

Umfang und Grenzen der Reformen wurden durch die Absichten der wichtigsten strategischen Gruppen bestimmt. Zum ersten Mal ließen sich politische Strategien zur Bewältigung der Konsequenzen der Globalisierung beobachten. Kutschma, als ehemaliger Direktor des größten sowjetischen Raumfahrtherstellers Jushmasch, und Schlüsselfiguren aus seinem Team wollten den freien Fall der Wirtschaft stoppen, um der schwer angeschlagenen Rüstungsindustrie eine neue Perspektive zu geben und um Zugang zu internationalen Krediten zu erhalten. Andere einflussreiche Interessengruppen stimmten nur solchen Reformen zu, die ihnen Renten verschaffen würden, z.B. der Kommerzialisierung oder der Privatisierung von Staatsmonopolen. Branchenministerien, die immer noch enge

5 Vgl. Hirschhausen, Christian v.: Industrial Restructuring in Ukraine Seven Years After Independence: From Socialism to a Planning Economy? In: Communist Economies & Economic Transformation H. 4/1998; Odling-Smee, John; Ron van Rooden: Growth in Ukraine – Lessons from Other Transition Countries. In: Siedenberg, Axel; Lutz Hoffmann (Hrsg.): Ukraine at the Crossroads. Economic Reforms in International Perspective. Heidelberg, New York: Physica 1999; Möllers, Felicitas: Foreign Direct Investment in Ukraine – Experiences Taken from Reality. In: Ebenda.

persönliche oder geschäftliche Verbindungen zu Unternehmen hatten, schützten ihre Geschäftssphären durch Regulierung. Somit entwickelte sich ein politischer Kapitalismus, in dem die Teilung des oligopolistischen Marktes auf nationaler Ebene an Bedeutung gewann – und damit verschlimmerte sich die ukrainische Krankheit.

Diagnose: Die ukrainische Krankheit

Die ukrainische Krankheit ist das Produkt des ukrainischen Modells der Kapitalakkumulation, das aber nicht dauerhaft aufrecht zu erhalten sein wird. Im Mittelpunkt dieses Akkumulationsmodells steht eine Schuldenwirtschaft, die auf den Kampf gegen harte Budgetschranken zurückzuführen ist, aber ihre Grenzen in der großen Abhängigkeit des Landes von Energieimporten findet. Durch ein geschicktes geopolitisches Spiel konnte sich die Ukraine eine Atempause verschaffen, die sie aber nicht zum Aufbau einer tragfähigen Grundlage für die zukünftige Entwicklung genutzt hat.

Schuldenwachstum: Weiche Budgetschranken und die »virtuelle Ökonomie«
Zwei Indikatoren verdeutlichen den Umfang der Schuldenwirtschaft in der Ukraine: Zahlungsrückstände und Subventionen. Erstens stiegen die zwischenbetrieblichen Zahlungsrückstände kontinuierlich an: 1992 beliefen sie sich auf 38%, 1999 bereits auf 160% des BIP. Einen solchen Anteil hat kein einziges anderes Transformationsland aufzuweisen. Gleichzeitig betrugen die Lohnrückstände 6,5 Mrd. Hrywnja (damals ca. 1,2 Mrd. US$).[6] Zweitens war im Vergleich zu anderen Transformationsländern das Subventionsniveau beeindruckend hoch: 1997 wurde es auf etwa knapp 20% des BIP geschätzt. Obwohl die direkten Subventionen auf 4,8% zurückgegangen waren (1992: 11,7%), gab es in großem Umfang indirekte Subventionen – hauptsächlich in Form von großzügigen Steuervergünstigungen und außerbudgetären Mitteln. Die Entscheidungen über Subventionen waren intransparent und klientelistisch; sie standen außerhalb der Kontrolle durch Öffentlichkeit oder Parlament und förderten die Korruption.[7]

---

6 Vgl. DIW-Wochenbericht: »Ukraine: Beschleunigt sich der Reformprozess nach dem Regierungswechsel?«. H. 4–5/2000, Berlin: Deutsches Institut für Wirtschaftsforschung; Ukrainian-European Policy and Legal Advice Centre: UKRAINIAN ECONOMIC TRENDS, Quarterly Issue, Kiew, Dezember 1999.

7 Vgl. Lunina, Inna; Volkhart Vincentz: The Subsidisation of Enterprises in Ukraine. In: Ukraine at the Crossroads (wie Anm. 5).

In bestimmtem Maße rührte die Schuldenwirtschaft auch daher, dass im Konkursfall Betriebsschließungen nicht durchgesetzt wurden und die Betriebe nicht bereit waren, überflüssige Arbeitskräfte zu entlassen. Nicht weniger wichtig war jedoch die allgemeine Praxis des Plünderns der Betriebe durch das Management, d.h. die Umlenkung staatlicher Mittel in private Taschen. Zu diesem Zweck wurden üblicherweise Handelsgesellschaften im Umfeld der Staatsbetriebe gegründet, die einen gewinnträchtigen Zwischenhandel mit den Vor- und Endprodukten betreiben, wogegen das Produktionsunternehmen in der Regel Verluste macht. Gleichzeitig konnten die Betriebe und ihre Zwischenhändler damit die utopischen Steuerforderungen des Staates umgehen. Wie auch in Russland entwickelte sich eine »virtuelle Ökonomie«, die teilweise – wie von Gaddy und Ickes vermutet – eine negative Wertschöpfung, öfter aber nur ein Verbergen der tatsächlichen Wertschöpfung bedeutete.[8]

Das wichtigste Ziel dieser virtuellen Wirtschaft ist der Zugang zu Bargeld, insbesondere zu US-Dollars. Dadurch entsteht eine klare Hierarchie von Macht und Einfluss. Schwache Akteure können nur den direkten Barterhandel betreiben, sie müssen sich häufig mit dem zufrieden geben, was sie bekommen können. Die starken Akteure sind jene Zwischenhändler, die die Bartergeschäfte entlang der zwischenbetrieblichen Verschuldungsketten betreiben und Käufer und Verkäufer von Vor- und Endprodukten zusammenbringen. Nach Meinung einiger Beobachter sind diese starken Akteuere inzwischen bestimmend in großen Teilen der Wirtschaft und haben die Kontrolle über Verteilungs- und Produktionsentscheidungen übernommen, wobei sie (mehr oder weniger legale) *debt-for-equity swaps* einsetzen, um zukunftsträchtige Produktionsmittel in ihren Besitz zu bringen.

Akkumulation durch Energiehandel

Geld regiert die Welt – und Energie ist sein engster Verbündeter. In der Ukraine ist dies besonders stark ausgeprägt, und die Energiehändler werden als eine besonders einflussreiche Machtgruppierung angesehen. Aufgrund der dominierenden Rolle der Schwerindustrie und der niedrigen thermischen Effizienz des Energiesektors war schon in der Sowjetunion der Energieverbrauch pro Produkt hoch. Nach der Unabhängigkeit ging der Energieverbrauch parallel zum wirtschaftlichen Zusammenbruch zurück, allerdings weniger als erwartet, und die Energieintensität stieg

8 Vgl. Gaddy, Clifford G.; Barry W. Ickes: Beyond a Bailout: Time to Face Reality About Russia's »Virtual Economy«. Washington: The Brookings Institution, http://www.brook.edu/fp/w-papers/gaddy/gaddick1.htm, 2. Juni 1999; Aslund, Anders: Problems with Economic Transformation in Ukraine. Revised paper presented at the Fifth Dubrovnik Conference on Post-Communist Economic Transformation. Washington: Carnegie Endowment for International Peace, 30. September 1999.

zwischen 1989 und 1997 um den Faktor 1,56. Gleichzeitig waren im Energiesektor Zahlungsrückstände und Bartergeschäfte besonders stark ausgeprägt, was im Allgemeinen als Indikator für eine umfangreiche Schattenwirtschaft gewertet wird. 1998 wurden z.B. nur 10–20% der Elektrizität mit Geld bezahlt; dagegen wurden etwa 40% der Lieferungen überhaupt nicht beglichen.[9]

Kohle - vor allem aus dem Donbass - ist die wichtigste heimische Energiequelle. Die meisten Bergwerke arbeiten jedoch mit Verlust und fordern ständig staatliche Unterstützung ein. 1997 betrug der Anteil für Subventionen an den Kohlesektor 3,8% des BIP. Der Umsatz im Kohlehandel wurde jedoch allein im Donezker Oblast auf etwa 1 Mrd. US$ geschätzt - bar, aber in der Schattenwirtschaft.

Mit einem Anteil von über 50% am Gesamtenergieverbrauch ist Erdgas von größerer Bedeutung für die Wirtschaft. 1980 wurden viele Kraftwerke und Industriezweige auf Erdgas umgestellt, wodurch die Ukraine zu einem der größten Erdgasverbraucher der Welt wurde. Da Erdgas zum großen Teil importiert werden muss, ist die Ukraine sehr stark von den Lieferländern abhängig, besonders von Russland. Als Russland nach der ukrainischen Unabhängigkeit die Exportpreise anhob, geriet das Land sofort in Zahlungsschwierigkeiten. Da jedoch die Regierung wiederholt die Verantwortung für Zahlungsrückstände übernahm, gab es kaum einen Anreiz zur Verbrauchssenkung. Als der Erdgasimport an private Händler überging, besserte sich die Situation nur leicht. Allzu oft konnten die Händler harte Budgetschranken durch politischen Druck umgehen, denn mehrfach übernahm der ukrainische Staat die Zahlungsgarantie für Energieimporte. Dadurch erhielten die Händler Anreize, ihre Kunden zu weiterer Energieverschwendung zu bewegen.[10]

Zeitgewinn: Auslandsverschuldung und geopolitisches Spiel

Ende der neunziger Jahre belief sich die Auslandsverschuldung der Ukraine auf mindestens 12 Mrd. US$ bzw. etwa 40% des BIP. Die Gläubiger können grob in

9 Vgl. World Bank: Ukraine. Power Demand and Supply Options, Report No. 11561-UA. Washington 1993; Vincentz, Volkhart; Christian v. Hirschhausen: Price Policies and Subsidies in the Energy Sector of Ukraine. In: Ukraine at the Crossroads (wie Anm. 5); German Advisory Group on Economic Reform with the Ukrainian Government: The Next 1000 Days. An Economic Reform Agenda for Ukraine. Kiew, November 1999.

10 Vgl. Sasse, Gwendolyn: Fuelling Nation-state-Building: Ukraine's Energy Dependence on Russia. CHATHAM HOUSE BRIEFING PAPERS Nr. 17, London: Royal Institute of International Affairs, April 1997; Lovei, Laszlo; Konstantin Skorik: Energy Sector Reform in Ukraine: Mid-term Report. In: Ukraine at the Crossroads (wie Anm. 5); Vincentz, Hirschhausen (wie Anm. 9).

drei Gruppen eingeteilt werden: Die Ukraine schuldet (i) wenigstens 3,5 Mrd. US$ den Neuen Unabhängigen Staaten (NUS) – vor allem den Erdgaslieferanten, d.h. der russischen Regierung, dem russischen Energiegiganten »RAO Gasprom« sowie Turkmenistan –, (ii) 4,9 Mrd. US$ den internationalen Finanzinstitutionen wie dem Internationalen Währungsfonds, der Weltbank und der Europäischen Bank für Wiederaufbau und Entwicklung sowie (iii) 1,6 Mrd. US$ in Form von Eurobonds (Staatsanleihen) privaten westlichen Kreditgebern.[11]

In den ersten drei Jahren nach der Unabhängigkeit bestand die Auslandsverschuldung fast ausschließlich aus Zahlungsrückständen für Energieimporte. Russland drohte, die Lieferungen zu reduzieren, und machte diese Drohung des öfteren wahr. Darauf reagierte die Ukraine mit zwei Strategien. Erstens wurde von den schlecht kontrollierten Transitpipelines von Russland nach Westeuropa Erdgas abgezapft. Erst vor kurzem hat die neue stellvertretende Premierministerin der Ukraine, Julija Timoschenko, diesen Tatbestand eingeräumt: Sie sprach von einer Umlenkung von 110 – 130 Mio. m^3 Erdgas pro Tag mit einem Wert von etwa 10 Mio. US$. Zweitens wurden alle strategischen Aktiva mobilisiert. So wurden die Transitgebühren für russische Erdgasexporte nach Westeuropa durch Gaslieferungen an die Ukraine beglichen. Nachdem 1997 endlich eine Einigung über die Aufteilung der Schwarzmeerflotte erreicht worden war, wurde der ukrainische Anteil an der Flotte gegen Energielieferungen eingetauscht, ebenso wie die von Russland zu zahlende Pacht für die weitere Nutzung des Hafens Sewastopol. Schließlich lieferte die Ukraine Anfang 2000 sechs strategische Bomber an Russland. Die Bedingungen für diese Art des Schuldenausgleichs waren heftig umstritten und zogen häufig langwierige Verhandlungen nach sich.[12]

Russlands Verhandlungsposition erwies sich schwächer als erwartet. Einerseits war es aus technischen Gründen schwierig, die Erdgasproduktion in Sibirien herunter zu fahren. Zum anderen gingen die russischen Erdgasexporte nach Westeuropa notwendigerweise durch die ukrainische Pipeline. Russlands Möglichkeiten, Druck auszuüben, verschlechterten sich noch, als die Ukraine 1994 nach der Einführung von Reformen Zugang zu westlichen Krediten erhielt. So unterstützte der IWF 1995 eine Umschuldungsvereinbarung, gemäß der die Ukraine die Rückstände gegenüber Russland zu 30% mit ukrainischen Waren und zu 70% in konvertierbarer Währung begleichen konnte. Außerdem wurde es möglich, die

---

11 German Advisory Group on Economic Reform with the Ukrainian Government (wie Anm. 9).

12 Vgl. Siegl, Elfie: Die Ukraine spürt schmerzhaft die Abhängigkeit vom Russen-Gas. In: FRANKFURTER ALLGEMEINE ZEITUNG, 23. Februar 2000, S. W4.

Rückstände gegenüber »Gasprom« umzuschulden; das Unternehmen erhielt dafür Optionsscheine für die ukrainische Privatisierung. Die Ukraine hat jedoch seitdem die Bestrebungen »Gasproms«, sich an der Privatisierung zu beteiligen, weitgehend abgeblockt. Obwohl die Reformen 1997 zu einem Stillstand kamen, verweigerten weder Russland noch der Westen dem Land weitere Konzessionen, vor allem weil die Ukraine recht erfolgreich ein geopolitisches Spiel betrieb. Durch den Flirt mit der NATO und der EU konnte sie sowohl den Westen zu politisch motivierten, aber wirtschaftlich nicht gerechtfertigten Krediten bewegen, als auch Russland zu einem stärkeren Entgegenkommen.[13]

Allerdings hat die Ukraine den so gewonnenen Aufschub kaum genutzt, um ihre Abhängigkeit von Energielieferungen zu verringern und eine konsequente Energieeinsparung voran zu treiben. Inzwischen hat sich die internationale Lage zum Teil verändert, und Vorteile aus der geopolitischen Situation werden zukünftig schwieriger zu ziehen sein. Außerdem wird sich Russlands Verhandlungsposition verbessern, weil der Bau einer alternativen Pipeline über belarussisches Territorium nach Westeuropa vor dem Abschluss steht. Damit entfallen in Zukunft nicht nur die Transitgebühren für die Ukraine und die Möglichkeit, illegal Erdgas abzuzapfen, sondern Russland wird dann auch in der Lage sein, die Lieferungen zu drosseln, ohne seine eigenen Exporteinnahmen zu gefährden. Auch scheint der Westen nicht mehr recht gewillt zu sein, das geopolitische Spiel mitzumachen. Über längere Zeit nahm der IWF eine Nichtbeachtung der Kreditkonditionen nicht so genau, in letzter Zeit wird er dafür aber heftig kritisiert. Zudem hat die Ukraine 1999 *de facto* den Zugang zu den internationalen Kapitalmärkten verloren, nachdem sie die Eurobonds privater Investoren nicht mehr bedienen konnte. Obwohl 2000 eine Einigung über die Umstrukturierung dieser Schulden erzielt werden konnte, wird das Vertrauen privater Investoren nur langsam wieder herzustellen sein.[14]

Arzt oder Totengräber: Die Rolle der ukrainischen Eliten

Welchen Verlauf die ukrainische Krankheit nehmen wird, hängt zum einen von den Verwaltungsstrukturen, dem politischen Reformwillen und den administrativen Fähigkeiten des Landes ab, zum anderen von den Interessen der machtaus-

13 Vgl. Sasse (wie Anm. 10).

14 Vgl. Sundakov, Alex: Transition Crisis. Is Crisis Management Delaying Transition? In: Ukraine at the Crossroads (wie Anm. 5); DIW-Wochenbericht (wie Anm. 6).

übenden Eliten. Was den ersten Punkt betrifft, so hat sich die Lage im letzten Jahr (1999) etwas verbessert. Seit Dezember 1999 hat die Ukraine einen Premierminister Wiktor Juschtschenko, der reformfreudiger ist als seine Vorgänger. Noch wichtiger ist, dass sich die Regierbarkeit des Landes verbessert hat, d.h., es ist grundsätzlich leichter geworden, politische Entscheidungen umzusetzen. Sowohl auf nationaler als auch auf regionaler Ebene hat die Macht des Präsidenten entscheidend zugenommen. Noch ist jedoch nicht klar, wie groß dessen Reformbereitschaft tatsächlich ist und inwieweit die Reformpolitik – wie in der Vergangenheit so oft – durch Einzelinteressen blockiert wird. Diese Interessen organisieren sich vor allem im Rahmen von Branchen, Regionen und oligarchischen Holdingunternehmen.

Regierungsführung: Regieren mittels personaler Macht

Die am 28. Juni 1996 verabschiedete Verfassung der Ukraine sieht einen Präsidenten mit umfangreichen Machtbefugnissen innerhalb eines parlamentarischen Systems vor. Der Präsident ernennt den Premierminister, welcher vom Parlament bestätigt werden muss, und die von ihm vorgeschlagene Regierung. Der Präsident führt den Vorsitz im nationalen Sicherheits- und Verteidigungsrat, in dem die Minister über Sicherheits- und Verteidigungsfragen einschließlich aller wichtigen Wirtschaftsentscheidungen wie Waffenhandel, Energieversorgungsoptionen usw. beschließen. Neben der offiziellen Präsidialverwaltung gibt es eine undurchsichtige Struktur von Präsidentenberatern, die nur gelegentlich in der Öffentlichkeit auftauchen. Zu den weiteren Machtbefugnissen des Präsidenten gehören das Recht, die Gouverneure der regionalen Verwaltungen zu ernennen, und das Recht, sein Veto gegen Gesetze einzulegen. Dieses Veto kann nur mit einer Zwei-Drittel-Mehrheit im Parlament entkräftet werden.

In der Vergangenheit haben Präsident und Regierung häufig das Parlament für den schleppenden Verlauf der Reformen verantwortlich gemacht; diese Auffassung war auch im Westen verbreitet. Aber obwohl die »Werchowna Rada« meistens eine reformorientierte Gesetzgebung verhindert hat, käme eine Schuldzuweisung an die Abgeordneten einer Überschätzung ihrer innenpolitischen Macht gleich. Zwar wurden durch Parlamentsentscheidungen wiederholt notwendige Reformen blockiert, z.B. in Fragen der Privatisierung, aber die Exekutive fand immer dann Wege, das Parlament zu umgehen, wenn der politische Wille dafür vorhanden war. Ein bereits erwähntes Beispiel hierfür ist der Staatshaushalt. Die parlamentarischen Verfahren sind natürlich ein erster wichtiger Schritt bei der Aushandlung des Staatshaushalts. Das verabschiedete Budget war jedoch letztlich nie für die Ausgaben bindend. Die Einnahmen stimmten nicht mit den vorgesehenen Zahlen überein, und um schließlich irgendwie zurechtzukommen, ging das Finanzministerium zum täglichen *Cash Management* über. Die tatsächlichen Ausgabeentscheidungen waren dadurch von der Möglichkeit abhängig, politischen Einfluss jenseits des parlamentarischen Prozesses auszuüben.[15]

Außerdem ist die »Werchowna Rada« alles andere als eine monolithische Institution, vielmehr ist sie durch sich immer wieder ändernde Koalitionen und Fraktionen gekennzeichnet. Das liegt vor allem daran, dass die Parteien nicht auf Programmen beruhen, sondern auf pragmatischen Bündnissen starker Persönlichkeiten. Kaum eine Partei hat den Charakter einer Volkspartei, mit Ausnahme vielleicht der Kommunistischen und der Sozialistischen Partei. Selbst »Ruch«, der sich seit der Unabhängigkeit von einer Massenbewegung zu einer Partei entwickelt hat, verlor seine Popularität infolge der Spaltung von 1998/99 und des tödlichen Autounfalls seines charismatischen Führers, Wjatscheslaw Tschornowil. Das verbleibende politische Spektrum ist durch einen ständigen Aufstieg und Niedergang von Parteien mit sich ähnelnden Programmen charakterisiert, die keine Rolle mehr spielen, sobald die Parteien nennenswerten politischen Einfluss gewinnen.

Die Machtstrukturen lassen sich nicht auf einen einfachen Dualismus zwischen Exekutive und Parlament reduzieren. Auch in der Exekutive gibt es permanente Konflikte, d.h. zwischen dem Präsidenten und der Regierung, zwischen den verschiedenen Ministerien sowie zwischen den nationalen Institutionen und den Regionen. Das Kohle- und das Energieministerium haben z.B. immer versucht, ihre Klientel zu begünstigen; diese bestand häufig aus leitenden Mitarbeitern der Ministerien selbst. Kaum jemand auf Regierungsebene ist nicht irgendwie in Geschäfte verwickelt, und sei es durch den Zugang zu Informationen und Amtsträgern oder durch Lizenzvergaben auf kommerzieller Basis. Im Gegensatz zu den Energieministerien haben die Regierungsbehörden, die mit Waffenproduktion, -handel und -lieferung zu tun haben, in der Vergangenheit teilweise Reformen auf den Weg gebracht, da sie den Niedergang dieser zum Teil High-Tech-Industrien aufhalten und selber auf dem militärischen und zivilen Markt der ukrainischen Rüstungsindustrie Fuß fassen wollten. Auch Kutschma als ehemaliger Direktor des Raumfahrtunternehmens Jushmasch in Dnipropetrowsk zeigte ein starkes Interesse an diesem Sektor.[16]

In den letzten Jahren ist es dem Präsidenten gelungen, seine Machtposition zu stärken. Angesichts schwacher Institutionen, insbesondere des Rechtswesens, war es ihm möglich, seine persönlichen Befugnisse auszudehnen, wodurch wiederum die nationalen Institutionen gestärkt wurden. Anders gesagt beruht die Macht des Präsidenten im Wesentlichen auf dem Recht, formelle bzw. informelle

15 Vgl. Sundakov (wie Anm. 4); DIW-Wochenbericht (wie Anm. 6).
16 Vgl. Aslund (wie Anm. 8); Wittkowsky (wie Anm. 2).

Personalentscheidungen über solche Regierungsposten zu treffen, die mit Zugang zu Ressourcen bzw. Möglichkeiten des *rent-seeking* verbunden sind. Der mögliche Verlust ihrer Posten und Privilegien veranlasst die Spitzenfunktionäre, sich wenigstens zum Teil an die für ihre Institutionen geltenden Regeln zu halten. Einige Beobachter halten es für wesentlich, dass es der Regierung gelungen ist, den Sicherheitsdienst, die Steuerverwaltung (einschließlich der Steuerpolizei) und die Medien besser in den Griff zu bekommen. Damit wurden die Kontrolle über die nationalen Ressourcen und die Verhandlungsposition im ständigen Machtkampf verbessert.

Die Regionen: Orientierung auf die nationale Ebene

In den Regionen waren es letztlich die Eigeninteressen der regionalen Eliten, die am meisten zur Konsolidierung des Nationalstaates und zur Verbesserung der Regierbarkeit, besonders der industrialisierten östlichen Gebiete (»oblasty«), beigetragen haben. Diese zeigten Mitte der neunziger Jahre starke separatistische Tendenzen. Unmittelbar nach der Unabhängigkeit hatte die nationale Exekutive fast keinen Einfluss auf diese Regionen, und die Umsetzung von politischen Entscheidungen war meist von politischen Verhandlungen mit den regionalen Führern abhängig. Allmählich jedoch entdeckten die regionalen Eliten die Bedeutung der nationalen Ebene und begannen sich zunehmend in der nationalen Politik zu engagieren.

Insbesondere die Eliten aus Kutschmas Oblast erwiesen sich bei den Personal- und Regulierungsentscheidungen als erfolgreich. Die Männer des Präsidenten kamen zum großen Teil aus Dnipropetrowsk und verfolgten eine Industriepolitik zugunsten des Rüstungs- und Raumfahrtsektors dieser Region. Im Juni 1996 ernannte Kutschma Pawlo Lasarenko zum Premierminister, der sein Amt dazu benutzte, um dem Dnipropetrowsker Unternehmen »Jedyni Energetytschni Systemy Ukraijiny« (Vereinigte Energiesysteme der Ukraine) Starthilfe auf dem lukrativen und stark regulierten Erdgasimportmarkt zu geben. Innerhalb weniger Jahre wuchs so einer der fünf größten Konzerne der Ukraine heran.[17]

Die Donezker Eliten versuchten vergeblich gleichzuziehen. 1994 wurde – damals noch in direkter Wahl – Wladimir Schtscherban, ein Vertreter der lokalen Neuen Ökonomischen Eliten (die »Neuen Ukrainer«), zum Gouverneur gewählt. Unter seiner Führung griff die Regionalverwaltung in großem Umfang in Markt-

17 Vgl. Aslund, Anders: Ukraine Economic Reform in Crisis. In: ÖSTEKONOMISK RAPPORT 8, Stockholm: Institute of East European Economies 1995; Pichowschek, Wjatschelaw: Dnipropetrows'k proti ... Dnipropetrows'ka. Podiji, jakych bulo ochikuwaty. Kiew: Ukrainian Center for Independent Political Research 1996; Varfolomeyev, Oleg: Rival »Clans« Mix Business, Politics, and Murder. In: TRANSITION (Prag), H. 6/1997.

und Privatisierungsfragen im Donbass ein und sah sich dabei zunehmend Angriffen von außen ausgesetzt, besonders aus dem benachbarten Dnipropetrowsk, dessen Eliten Gegenmaßnahmen auf nationaler Ebene veranlassten. Dies zeigte klar, dass Marktregulierung und Eigentumsfragen politisch nicht länger allein auf regionaler Ebene entschieden werden konnten. Das Spiel endete 1:0 für Dnipropetrowsk. Schtscherbans Mannschaft erlitt eine klare Niederlage im nationalen Machtkampf, nachdem Premierminister Lasarenko Schtscherban für die Zweckentfremdung von Zahlungen an die Bergarbeiter im Donbass verantwortlich gemacht hatte und Kutschma den Gouverneur daraufhin entließ.

Auf der Krim wiederholten sich in gewisser Weise die Ereignisse von Dnipropetrowsk und Donezk. Sobald es um konkrete Politik ging, erwiesen sich die Wirtschaftsinteressen als entscheidend, sogar dann, wenn sie vorherrschenden ethnischen oder ideologischen Orientierungen zuwiderliefen. Im August 1994 hatte die ukrainische Regierung die Übergabe des größten Teils des Staatseigentums auf der Halbinsel an die lokalen Behörden angekündigt. Daraufhin stoppte das Krimparlament die vom »Präsidenten« der Krim, Jurij Meschkow, mit Hilfe russischer Politiker initiierte Privatisierung, entzog dem Präsidenten – der insgesamt die Loslösung von der Ukraine vorangetrieben hatte – die Machtbefugnisse und stürzte seine Regierung. Der nachfolgende Premierminister Anatolij Frantschuk vertrat jene Kräfte, die für die Integration der Krim in die Ukraine eintraten, solange damit weitgehende Autonomie und die Wahrung der Eigentumsrechte der Krim verbunden waren. Kompromisse in der nationalen Frage gaben ihnen die Möglichkeit, sich die »Krim-Pirogge« untereinander aufzuteilen – und das von Meschkow bevorzugte russische Kapital außen vor zu lassen.[18]

Es war also egoistisches Interessenhandeln, das zur Stärkung des Nationalstaats führte. Kiew war jedoch keineswegs in der Lage, alles in den Regionen durchzusetzen oder zu kontrollieren, vielmehr hat die nationale Regierung in vielen Gebieten nach wie vor keinen echten Einfluss. Wichtig ist jedoch, dass die nationalen Institutionen den Regionen bei grundlegenden Eigentums- und Regulierungsfragen Grenzen setzen können. Das betrifft auch die Schattenwirtschaft, da keiner der dortigen Akteure seine Position allein auf legalem Wege erreicht hat. Es ist also ein Potenzial vorhanden, die Akteure – wenn notwendig – unter Druck zu setzen, z.B. mit Hilfe von Informationen vom Sicherheitsdienst oder von Steuerprüfungen.

18 Vgl. Wittkowsky, Andreas: Nationalstaatsbildung in der Ukraine: Die politische Ökonomie eines »historischen Kompromisses«. In: OSTEUROPA, H. 6/1998.

Ein weiterer wichtiger Punkt ist das Recht des Präsidenten, Gouverneure zu ernennen bzw. zu entlassen. Nach der Abschaffung der Direktwahl ist dieses Recht in der Verfassung verankert worden. Im Anschluss an die erste Runde der Präsidentschaftswahlen hat Kutschma z.B. jene Gouverneure entlassen, die seinen Wahlkampf seiner Meinung nach nicht genug unterstützt hatten. Dass die Regionen an Macht verloren haben, wurde mehr als deutlich, als der amtierende Präsident mit einem Referendum im April 2000 seinen Wunsch bestätigen ließ, eine zweite Parlamentskammer der Regionen einzurichten. Diese soll natürlich nicht die Macht der Regionen, sondern die des Präsidenten stärken.

Oligarchen: Eine Prinzessin und mehrere Prinzen

Wie auch in anderen Transformationsländern ist in der Ukraine eine Gruppe von Oligarchen entstanden, die als »Makler der Macht« im Verborgenen wirken. Die meisten haben sich ihren Reichtum mit Hilfe von Renten aus dem Energie- oder dem Einzelhandel geschaffen. Mit der Zeit haben sie ihre Wirtschaftsimperien durch den Einstieg in Medien (durch die Beeinflussung der öffentlichen Meinung lässt sich auch gleichzeitig das neue Privateigentum schützen), ins Bankwesen und – in geringerem Umfang – in die Produktion diversifiziert. In der Vergangenheit haben diese Oligarchen Reformen oft blockiert, um ihre Quellen für Rentenaneignung zu schützen. Dieselben Personen haben andererseits einzelne Reformschritte unterstützt, wenn diese neue Möglichkeiten der Rentenaneignung versprachen.

Ein beliebtes Mittel, um in die nächste Spielrunde zu kommen, ist – wie in Russland – die Pflege von Familienbanden mit denjenigen, die an der Spitze der Machtpyramide stehen. So scheint z.B. Wiktor Pintschuk, ebenfalls aus Dnipropetrowsk, seinen politischen Einfluss abgesichert zu haben, indem er Olena, die Tochter von Präsident Kutschma, heiratete, nachdem diese ihre Beziehung zu Igor Frantschuk, einem Sohn des oben erwähnten Premierministers der Krim, gelöst hatte. Pintschuks Unternehmen »Interpipe« begann mit dem Barterhandel von Stahlrohren gegen Erdgasimporte. Mitte der neunziger Jahre wurde das Unternehmen in der Produktion aktiv, d.h. es erwarb Anteile an der »Nischnodniprowsker« Rohrherstellung und ist daran interessiert, auch Anteile an anderen wichtigen Stahlbetrieben zu übernehmen. Pintschuk soll auch Mehrheitsanteile an »Fakty« haben, der größten ukrainischen Tageszeitung.[19]

19 Gorchinskaya, Katya: Profile: Viktor Pinchuk – »I'm trying to stay on the side«. KIEV POST, 15. April 1999, S. 2–3.

Schluss: Die Heilungschancen

Rent-seeking und der Kampf gegen weiche Budgetschranken sind das Hauptübel der ukrainischen Krankheit. Deshalb lassen sich die Aussichten für eine Heilung in Anlehnung an eine Arbeit von Mancur Olson formulieren. In seiner Terminologie ist die Alternative wie folgt: Entweder die Eliten benehmen sich weiterhin wie »vagabundierende Raubritter« und treiben das Land in den Ruin, oder die Raubritter werden sesshaft und ermöglichen damit zumindest eine teilweise Heilung des ukrainischen Patienten. Im ersten Fall hält die Kapitalflucht an - ebenso wie die Flucht der Eigentümer, die ihre kurzfristigen Renten maximieren, indem sie das Land so weit wie möglich ausplündern, bevor sie es verlassen. Im zweiten Fall bleiben die neuen Kapitalbesitzer im Land und entwickeln ein Interesse an einem längerfristigen, nachhaltigen Rentenfluss - und damit am Überleben des Patienten.[20]

Es wird interessant sein zu beobachten, ob die Energiehändler die Rolle der »sesshaften Raubritter« übernehmen werden. Jetzt, da die Grenzen des gegenwärtigen Akkumulationsmodells sichtbar werden, gibt es eine Chance, dass die Interessen jener, die ihre Geschäfte dauerhaft in der Ukraine fortführen wollen, sich auf das Überleben von potenziell wettbewerbsfähigen Betrieben konzentrieren. Da es auch Verlierer geben wird, wird das jedoch nicht ohne Konflikte abgehen. Die Fähigkeit, Reformen voranzubringen, hängt folglich sowohl von der Entwicklung langfristiger Interessen ab als auch von der Fähigkeit, diese im ukrainischen Machtkampf durchzusetzen.

Aus dem Englischen von Bettina Koltermann

2/2001

20 Vgl. Olson, Mancur: Capitalism, Socialism, and Dictatorship. University of Maryland 1996, S. 1 – 22.

Rafał Antczak

Die innere Entwicklung der Ukraine und die Dilemmata ihrer Außenpolitik

Politik zuerst, Wirtschaft zum Schluss

Ich stimme im Großen und Ganzen den Worten meines Vorredners zu, doch ich werde mich bemühen, einigen der angesprochenen Themen noch Ergänzendes hinzuzufügen.

Die ukrainischen Reformen wie auch die gesamte ukrainische Wirtschaft haben bei den polnischen Experten von Anfang an keinen Anlass zu Hoffnung gegeben. Die Ukraine begann ihre unabhängige Existenz mit dem Verlassen der Rubelzone 1993 als einer der ersten Nachfolgestaaten der Sowjetunion. Das war zu diesem Zeitpunkt eine Deklaration ihrer Unabhängigkeit und Souveränität. Diese Abkopplung war die Konsequenz davon, dass die Ukraine die Finanzpolitik von Russlands Zentralbank ganz einfach für zu restriktiv hielt. Somit war ein eigenes Emissionszentrum für den Druck von Geld nötig. Die baltischen Staaten behandelten dagegen die Einführung nationaler Währungen als notwendige Bedingung für den Beginn von Reformen; die Politik der Russischen Zentralbank schien ihnen zu expansiv und und inflationstreibend. Als Folge der Suche nach einem sogenannten »Dritten Weg« der Transformation erlebte die Ukraine als einziger Nachfolgestaat der Sowjetunion, in dem es keine bewaffneten äußeren oder inneren Konflikte gab, eine Hyperinflation. Dieses Land war schon immer auf der Suche nach einem sogenannten »Dritten Weg« – wir haben es den »Dritten Weg in die Dritte Welt« genannt –, aber es sieht weiterhin nicht so aus, als ob ein wesentlicher Fortschritt auf diesem Wege erzielt worden wäre. Hierbei hat die Nomenklatura leider keine glanzvolle Rolle gespielt. Weder Präsident Krawtschuk noch Präsident Kutschma haben sich sich für Wirtschaftsreformen eingesetzt. Sie lebten in der Illusion, es sei notwendig, das ukrainische Staatswesen aufzubauen, und das sei möglich, ohne Wirtschaftsreformen durchzuführen. In Polen hat man das genau umgekehrt gesehen: Die Wirtschaft hat Priorität, die Wirtschaft muss stark sein, denn erst das gibt uns die Chance, unabhängig, frei und souverän sein zu können. Die Ukraine hat das nie so gesehen.

Der Westen oder Russland

Die Ukraine hat seit 1995 sehr klug und raffiniert mit den Interessen der Vereinigten Staaten, der Europäischen Union und Russlands gespielt. Die politische Entscheidung internationaler Institutionen und der Regierungen entwickelter Staaten in den Jahren 1992 – 1997, Russland *de facto* ohne Bedingungen Kredite zu gewähren, andererseits die Behandlung der Ukraine als eines wichtigen politischen Partners, führte dazu, dass sich in der Ukraine eine Forderungshaltung eingebürgert hat. Eine jede Erteilung finanzieller Hilfe an Russland auch ohne Erfüllung der Bedingungen verhärtete die Haltung der ukrainischen Regierung in den Verhandlungen mit dem IWF und der Weltbank und verstärkte die Erwartung einer politischen Entscheidung über »vergleichbare« finanzielle Hilfen. Im Fall von Russland war eine Hilfe in Höhe von einigen Milliarden USD jährlich notwendig. Im Fall der Ukraine genügten 10% dieser Summe, um die wirtschaftliche Stagnation zu finanzieren. Russland wiederum erklärte sich damit einverstanden, die Ukraine mit Energierohstoffen unter dem Weltmarktpreis subventionieren, anschließend durch tolerante Behandlung der Schulden für diese Rohstoffe, schließlich durch die Option, militärische Aktiva gegen Schulden zu tauschen.

Die Wirtschaftskrise, die im August 1998 über Russland hereinbrach, war in der Ukraine nicht so stark zu spüren, wie man es zunächst hätte erwarten können. Das war vor allem deshalb der Fall, weil die Ukraine noch nicht über eine zumindest teilweise so entwickelte Wirtschaft bzw. einen Finanzmarkt wie Russland verfügte, was man wohl auch auf die fehlenden Wirtschaftsreformen zurückführen kann. Also fanden hier auch keine so grundlegenden Veränderungen statt wie in Russland nach der Krise. Die ukrainische Wirtschaft sieht eigentlich vor und nach der Krise in etwa gleich aus. Daher muss die Erwartung, dass die unter der Präsidentschaft Putins härtere Position Russlands die Ukraine zu Reformen drängt, nicht unbedingt der Wahrheit entsprechen. Denn sie kann zu einer Zunahme der Gegenforderungen an westliche Länder führen. Und die Ukraine könnte dieses Spiel die ganze Zeit weiter treiben.

Gescheiterter Reformversuch

Der erste und einzige Versuch einer radikalen Wirtschaftsreform, den der stellvertretende Premier Pynzenyk Ende 1996 unternahm, fand keine Unterstützung, weder beim Präsidenten, noch bei Ministerpräsident Lasarenko oder der »Werchowna Rada« (Ukrainisches Parlament). Sie war von Anfang an zum Scheitern verurteilt, denn sie war vielmehr ein Element im innenpolitischen Spiel zwischen Exekutive und Legislative. Das Ergebnis von Reformen bzw. deren Ausbleiben hatte und hat keine Relevanz für die ukrainische Außenpolitik. Das Spiel mit den strategischen Interessen der westlichen Länder und der Vergleich mit der Umgebung lassen die Motivation, das politische Risiko radikaler Wirtschaftsreformen auf sich zu nehmen, zugunsten eines graduellen Transformationsmodells schwinden.

Der Bezugspunkt – Russland, Belarus

Es scheint womöglich recht kurios, wenn ich sage, dass die wirtschaftliche Lage und die Durchführung von Reformen in Belarus eine ziemlich große Bedeutung für die Ukraine haben könnten. Auch wenn der Bezugspunkt für die Ukraine bzw. die ukrainischen Politiker natürlich Russland und der Neokommunismus in Belarus sind. Andere Bezugspunkte gibt es nicht, denn Polen wird als gesonderter Fall behandelt.

Daher kann die Einführung von Reformen in Belarus sehr wohl auch in der Ukraine dazu führen, dass man ähnliche Reformen für notwendig erachtet. Dagegen muss ein Erfolg von Wirtschaftsreformen in Russland nicht unbedingt zu einem Reformdruck in der Ukraine führen. (Ich glaube, dass man für Reformen in Belarus das drastische polnische Reformmodell heranziehen müsste, was im Moment aber noch rein hypothetisch ist.) Daraus ergibt sich zweierlei. Erstens: Die Ukraine führt von selbst keine Reformen durch, man muss sie dazu zwingen. Und leider sind hier angesichts des strategischen Spiels der Ukraine die Möglichkeiten eines Eingreifens sehr beschränkt. Zweitens bin ich sehr dagegen, dass die Europäische Union von der Ukraine für ihre Strategie ausgenutzt wird. Das in der Ukraine ständig präsente Problem ist die makroökonomische Stabilisierung. Da diese nicht erreicht werden kann, wird das Problem beiseite geschoben, statt dessen spricht man z.B. über europäische Perspektiven oder Verhandlungen mit der Europäischem Union – und somit ist das Problem der Stabilisierung nicht mehr existent. So einfach ist das. Mit einer solchen Strategie hatten wir es bereits sehr oft in Verhandlungen auf Ministerialebene zu tun: Man schuf neue Probleme, um nicht über die alten sprechen zu müssen. Oder man führte neue Vorschriften ein und versuchte diese dann zu ändern, anstatt die alten Vorschriften zu ändern. Das ist ja nichts Neues. Das ist jetzt natürlich kein optimistischer Befund.

Wir können daraus schließen, dass von allen Ländern in ihrer Politik mit der Ukraine eine einheitliche Linie verfolgt werden muss, mit aller Entschiedenheit. Dazu eine kleine Anekdote: Als wir ein Stabilisierungsprogramm in der Ukraine einführen wollten und die Notwendigkeit, die Inflation zu bekämpfen, darlegten, fragte Präsident Kutschma einen der führenden westlichen Botschafter –

keinen Deutschen –, was er denn davon halte. Tja, die Antwort lautete: »Wozu beschäftigt Ihr Euch denn überhaupt so mit dieser Inflation?« So fiel die Sache gleich zu Beginn unter den Tisch. Also ist ein großer Teil unserer Bemühungen in der Ukraine lediglich der Versuch geblieben, die Aktionen unserer Experten zu koordinieren. Und wie man sieht, war das nicht allzu erfolgreich. Daraus haben wir für die Zukunft gelernt, dass es eine einheitliche Linie sowie gleichlautende Signale, wie sie bei einer solchen Konferenz wie der unsrigen zur Sprache kommen, geben muss. Denn das wird es sein, was letztlich Früchte tragen wird.

Aus dem Polnischen von Doreen Daume

9/2000

Olga Alexandrova

Aspekte ukrainischer Außenpolitik

Die bereits angesprochenen Defizite in der Reformpolitik der Ukraine werfen jetzt auch ihre Schatten auf die Außenbeziehungen der Ukraine, nicht nur auf die Außenpolitik des Landes selbst, sondern auch auf die Haltung, die die Partner der Ukraine in verschiedenen Regionen gegenüber diesem Staat beziehen. Und das ist eigentlich sehr schade, weil noch vor vor wenigen Jahren die Außenpolitik der Ukraine im Unterschied zur Wirtschafts- und Reformpolitik ziemlich erfolgreich und dynamisch war. Jetzt gibt es auch negative Erscheinungen in den Beziehungen zu verschiedenen Partnern. Ich werde nicht im Einzelnen auf all diese Aspekte eingehen, sondern versuchen, hier einige Punkte zuzuspitzen und sehr kurz zu schildern, wie im Moment einzelne Bereiche oder – wie das in der ukrainischen außenpolitischen Sprache heißt – Vektoren der ukrainischen Außenpolitik aussehen.

Zu diesen Vektoren gehört vor allem die Politik gegenüber Russland, natürlich steht der große Nachbar an erster Stelle. Dann weiten wir den Blick ein bisschen aus, nach Süden und in Richtung GUS, dann nach Westen gegenüber den ostmitteleuropäischen Staaten und dann auf die Beziehungen der Ukraine zum Westen generell, konkreter: zu Europa, der Europäischen Union und zu Deutschland im Besonderen.

Es gibt hier viele Experten, die sehr gut Bescheid wissen über die ganze faszinierende Geschichte der ukrainisch-russischen Beziehungen. Deshalb werde ich nicht auf alle Einzelheiten eingehen, ich will nur sagen, dass sich diese Beziehungen jetzt, drei Jahre nach der Unterzeichnung des so genannten Großen Vertrags, bestimmt etwas entspannt haben und sich schon seit einiger Zeit in den wirtschaftlichen Bereich verschieben, was an und für sich zu begrüßen wäre. Aber leider bedeutet das im Falle der ukrainisch-russischen Beziehungen keineswegs eine Gesundung der Beziehungen. Die heute schon sehr oft angesprochene Abhängigkeit der Ukraine von Russland, vor allem von russischen Energieträgern, von anderen notwendigen Importen aus Russland besteht nicht nur nach wie vor, sondern wächst sogar. Es ist sehr schwer vorauszusehen – das wäre eine Frage an die Wirtschaftsexperten –, wie sich die steigenden Erdölpreise auf diese Abhängigkeit auswirken werden. Das, glaube ich, ist ein sehr wichtiger Punkt.

Diese wirtschaftliche Abhängigkeit führt letztlich dazu, dass der Handlungsspielraum der Ukraine für eine aktive Politik gegenüber Russland gering bleibt.

Die Ukraine kann auf die russische Politik immer nur reagieren. Sie hat nicht die Ressourcen, um ihre Politik Russland gegenüber zu gestalten. Das ist natürlich ein sehr großes Defizit, wenn dieser selbstständige, flächenmäßig sehr große Staat wegen der ökonomischen Abhängigkeit über die grundlegende Ausrichtung seiner Politik nicht frei entscheiden kann.

Wenn wir einen kurzen Blick auf den GUS-Bereich werfen, dann werden wir sehen, dass das Verhalten der Ukraine gegenüber der GUS als Organisation und auch gegenüber einzelnen Mitgliedstaaten der GUS auf engste Weise einerseits mit dem Charakter und dem Stand der ukrainisch-russischen Beziehungen verbunden ist und andererseits mit der russischen Politik in der GUS, in Abhängigkeit davon, wie Russland selbst seine Rolle im postsowjetischen Raum definiert. Bekanntlich hat die Ukraine auch von Anfang an versucht, sich von der GUS, von dieser supranationalen Struktur, zu distanzieren und sich auf die bilateralen Beziehungen zu einzelnen GUS-Staaten zu konzentrieren. Diese bilateralen Beziehungen waren, abgesehen von der Politik gegenüber Russland, eigentlich sehr schwach entwickelt. Vor drei, vier Jahren begann dann die Ukraine zusammen mit zwei kaukasischen Staaten, später auch mit Moldowa und sehr bedingt mit Usbekistan eine sehr amorphe Struktur innerhalb der GUS oder besser: neben der GUS zu entwickeln. Dies geschah im institutionellen Rahmen der GUUAM. Anfangs bestand diese Struktur nur in einem gemeinsamen Interesse an verschiedenen Kommunikations- und Transportprojekten. Diese Projekte betreffen vor allem den Transport von Energie aus der Kaukasusregion nach Europa, aber auch reine Transportprojekte.

In der letzten Zeit versuchen einige Staaten, vor allem die Ukraine, Georgien und auch Aserbaidschan, eine sicherheitspolitische Komponente innerhalb der GUUAM zu entwickeln. Ob es ihnen gelingt oder nicht, ist sehr schwer vorher zu sagen. Alleine werden sie es bestimmt nicht schaffen, da sind sie auf die Hilfe eines Dritten angewiesen, und dieser Dritte kann natürlich entweder der Westen insgesamt oder ein Vertreter einer der westlichen Organisationen, beispielsweise verkörpert durch die Türkei, sein. Die Initiative in der GUUAM ist eigentlich das einzige einigermaßen Bemerkenswerte an der ukrainischen Außenpolitik im GUS-Raum, ich sage absichtlich im GUS-Raum, nicht in der GUS. Aber diese Beziehungen leiden natürlich unter der Schwäche aller beteiligten Staaten und vor allem der Ukraine selbst, die der größte Staat in dieser Organisation ist und sich selbst eigentlich ja als eine regionale oder subregionale kleine Großmacht sieht. Aserbaidschan und Georgien sind in dieser Konstellation Partner einer für die Ukraine so typischen virtuellen Außenpolitik.

Wenn wir weiter nach Westen gehen, dann kommen wir zu einem sehr wichtigen Bereich für die ukrainische Außenpolitik, zu den ostmitteleuropäischen Staaten. Auch die Politik gegenüber diesen Staaten wird zunehmend durch wirtschaftliche Faktoren bedingt oder bestimmt. Das wäre eigentlich als eine positive Entwicklung zu begrüßen, wenn diese Politik das Ergebnis einer durchdachten Konzeption wäre und nicht einfach einer reaktiven Suche nach Antworten auf entstandene Herausforderungen - ebenso wie im Falle Russlands und der GUS. Diese Politik ist *de facto* die Reaktion auf ein wirtschaftliches, soziales und politisches Armutszeugnis. Es tut mir sehr leid, das sagen zu müssen, aber so sieht es im Moment aus.

In den ersten Jahren der ukrainischen Unabhängigkeit war diese Politik gegenüber den ostmitteleuropäischen Staaten erfolgreich, insofern, als die Ukraine die Ziele, die sie sich gesetzt hatte, erreicht hat, das heißt mit allen diesen Staaten Abkommen oder Verträge über gute Nachbarschaft, über die Regelung der Grenzen und über die Minderheitenfragen abzuschließen. Seitdem befinden sich diese Beziehungen eigentlich in einer Stagnation. Die einzige Ausnahme sind die ukrainisch-polnischen oder besser: die polnisch-ukrainischen Beziehungen.

Zu der ukrainischen Politik gegenüber dem Westen wurden bereits die wichtigsten Aspekte angesprochen, und ich hoffe, wir werden diese in der Diskussion noch vertiefen. Der wichtigste Punkt aus ukrainischer Sicht ist die Anbindung an verschiedene europäische Institutionen und - wie wir alle wissen - im Falle der Europäischen Union nicht nur die Anbindung und Kooperation, sondern sogar die Integration.

Zwei extreme Varianten einer möglichen Entwicklung der ukrainischen Außen- und Sicherheitspolitik - Distanzierung von Europa und Anschluss an den »slawischen« Staatenbund Russland - Belarus einerseits oder Austritt aus der GUS und Beitritt zur NATO andererseits - sind von vorn herein fast mit Sicherheit auszuschließen.

Im ersten Falle würde der Verzicht auf die europäische Option zugleich den Verzicht auf den - wenn auch schwierigen - Weg zu Wohlstand und Demokratie bedeuten; das heutige krisengeschüttelte Russland ist nicht imstande, eine attraktive Alternative zum Westen darzustellen. Die neuen Eliten in der Ukraine sind auch nicht bereit, sich von Moskau aus regieren zu lassen und freiwillig auf ihre Macht zu verzichten, die ihnen die Unabhängigkeit gebracht hat.

Die zweite Option würde einen Konflikt mit Russland bedeuten. Kein ukrainischer Präsident würde es riskieren, die Beziehungen zu Russland ernsthaft aufs Spiel zu setzen, da dies zu einer wirtschaftlichen, politischen, sozialen und ethnischen Destabilisierung des Landes führen würde. Aus diesen Gründen erscheint die Fortsetzung der bisherigen Außen- und Sicherheitspolitik der Ukraine, wenn auch mit diesen oder jenen Korrekturen, als realistische Option.

Die Ukraine wird auch weiterhin versuchen, die beiden Ausrichtungen (Russland, der Westen) irgendwie in einem Gleichgewicht zu halten. Die Anbindung an Europa ist vor allem für die ukrainische Elite sehr wichtig, weil ohne das Ziel der Anbindung mit der späteren Integration in Europa die Ukraine vieles nicht wird erreichen können. Das heißt, dann kann die Ukraine die innere nationale Konsolidierung nicht erreichen. Die Option »zurück zu Russland«, also der *Status quo ante*, würde keine Konsolidierung zur Folge haben, wäre für einen Teil der Bevölkerung vielleicht erstrebenswert, aber nicht für die ganze Bevölkerung und nicht für die junge Generation. Wir müssen berücksichtigen, dass die Ukraine schon zehn Jahre als unabhängiger Staat existiert. Es ist bereits eine Generation von Teenagern herangewachsen, die in einer wie auch immer unabhängigen Ukraine groß geworden sind.

Was sollten die ukrainischen Politiker tun, um sich für Europa interessanter zu machen? Da gibt es natürlich sehr viel zu sagen, angefangen mit den »Banalitäten«, wie der Durchsetzung der Reformen, der Demokratisierung des Landes – das ist alles offensichtlich. Vor allem müssen sich die Ukrainer eines bewusst werden: Sie sprechen sehr viel und sehr gerne über die geopolitische Bedeutung der Ukraine, und sie meinen, diese geopolitische Bedeutung alleine könne die Ukraine für die westlichen Partner interessant machen, und sie begreifen nicht, dass das alleine nicht ausreicht und dass eben die Demokratisierung und die Reformen für die Europäische Union und für die einzelnen Staaten innerhalb der EU, vor allem für Deutschland, wichtiger sind als die angebliche geopolitische Bedeutung. All das bedeutet allerdings nicht, dass der Westen und vor allem die EU und Deutschland als eine der führenden Mächte innerhalb der Union nicht gefragt wären und dass ihre Politik gegenüber der Ukraine vollkommen frei von Fehlern ist.

Maßgebend wird auch die Politik des Westens gegenüber der Ukraine sein. Das Land ist in seinen Bestrebungen auf eine Anbindung an Europa auf das Wohlwollen der westlichen Mächte angewiesen. Mit Ausnahme des engeren militärischen Bereichs der Sicherheitspolitik hat es der Westen bisher verpasst, eine aktive und kohärente Politik gegenüber diesem für die Stabilität im Osten Europas wichtigen Staat zu gestalten. Ukrainische Politiker und außen- und sicherheitspolitische Experten reagieren äußerst empfindlich und mit wachsender Frustration auf diese Zurückhaltung der Europäischen Union und warnen vor der Ziehung neuer Trennlinien in Europa sowie vor den Folgen der »wachsenden Gleichgültigkeit« Europas für die Stimmungslage im Lande.

Diese äußerste Zurückhaltung, diese Angst der Europäischen Union, der Ukraine eine klare Perspektive zu eröffnen, ist ein großer Fehler. Wenn der ukrainischen Elite dieses Ziel genommen wird, dann kann die Zukunft der Ukraine ziemlich schwarz aussehen. Denn es gibt manche Kreise, auch in der Regierung, ich meine nicht unbedingt Kutschma selbst, die wirklich vieles verstehen, die wissen, welche Reformen die Ukraine braucht und dass ohne die Reformen die Ukraine diese Ziele nicht erreichen kann. Diese Politiker – vorausgesetzt, sie bewahren oder erringen Machtpositionen - sind auf die Unterstützung des Westens angewiesen. Wenn diese westliche Perspektive nicht vorhanden ist, dann sind die wirklichen Reformpolitiker sehr schnell von der politischen Bühne verschwunden. Deswegen sollten die Vertreter der EU dazu animiert werden, zwar keine Versprechen hinsichtlich eines baldigen Beitritts zu machen - die Ukrainer selbst sind in dieser Frage realistisch genug, um zu verstehen, dass das nicht innerhalb der nächsten drei oder fünf Jahre passieren kann -, aber zumindest diese Tür offen zu halten.

9/2000

Tadeusz Olszański

Bemerkungen zu den Beziehungen Polen – Ukraine

Es geht im Folgenden um Elemente, die die Beziehungen Polens zur Ukraine – mit anderen Worten die polnische Staatsraison auf diesem Gebiet – bestimmen, wobei ich sagen muss, dass die von mir vorgetragenen Ansichten nicht die eines offiziellen Gremiums sind; ein bedeutender Teil der Leute, die sich in Polen mit der ukrainischen Problematik befassen, teilen meine Ansichten keineswegs.

Ich beginne mit grundlegenden Dingen. Die Ukraine ist für Polen vor allem als unmittelbarer Nachbar wichtig. Es ist der zweitgrößte Nachbar, wenn man die nicht ganz unmittelbare Nachbarschaft zu Russland nicht mitzählt. Es ist ein Land, mit dem Polen seit Jahrhunderten eng verbunden ist, mit dem es einen großen Teil seiner Kultur und seiner Geschichte teilt. Die kulturelle Verbundenheit ist so eng, dass es sogar viele gemeinsame Sprichwörter und Witze gibt. Es ist auch ein Land, in dem eine polnische Minderheit lebt. Im Gegensatz zu der von einem Teil der politischen Elite vertretenen Ansicht ist die Ukraine jedoch nicht lebensnotwendig für Polen – in dem Sinne, dass von ihrer Unabhängigkeit die Unabhängigkeit Polens abhinge.

Das alte, tief im polnischen Denken über die Ukraine verwurzelte Motto »Es gibt kein freies Polen ohne eine freie Ukraine« hat, sollte es je zutreffend gewesen sein, vor anderthalb Jahren seine Aktualität verloren, und zwar in dem Moment, als die Republik Polen Mitglied der NATO wurde. In den polnisch-ukrainischen Beziehungen verwenden wir immer noch die Bezeichnung der »strategischen Partnerschaft«. Das ist ein fataler Begriff. Er entstand in dem Moment, als in beiden Hauptstädten über die Schaffung eines mitteleuropäischen Verteidigungsblocks zwischen der NATO und Russland nachgedacht wurde. Als Polen auf diese Wunschvorstellung verzichtete, wurde dieser Begriff in der polnischen politischen Sprache auf sehr enge Beziehungen angewendet, die herzlicher sind als nur korrekte Beziehungen. In der ukrainischen politischen Sprache wurde der Begriff »strategische Partnerschaft«zu einer Worthülse ohne jede Bedeutung degradiert. Wenn Außenminister Tarasiuk vor einiger Zeit erklärte: »Die Ukraine will eine strategische Partnerschaft mit den Vereinigten Staaten und der Russischen Föderation aufbauen« und gleichzeitig von der »strategischen Partnerschaft« der Ukraine mit Bulgarien oder einem in der europäischen Arena strategisch wichtigen Land wie Estland sprach, so handelt es sich wirklich um eine Worthülse ohne jegliche Bedeutung.

Dennoch bleibt die Ukraine einer der wichtigsten Nachbarn Polens. Polen sollte mit ihr enge und freundschaftliche Beziehungen aufrechterhalten. Aber diese Beziehungen sollten nicht auf diesen oder jenen ideologischen Grundsätzen aufgebaut sein, sondern auf einer realistischen Bewertung ihres Zustandes und der eigenen Möglichkeiten sowie der Möglichkeiten des Partners. Beides wurde im vergangenen Jahrzehnt vielfach unterschätzt.

Die zweite Frage: Polen ist als NATO-Mitglied Frontstaat. Nicht weil die NATO Russland zum Gegner erklärt hat, sondern weil Russland die NATO für seinen Gegner hält, und das kann die NATO nicht ändern. So gibt es keine Möglichkeit, dass Polens östliche Nachbarn der NATO beitreten würden - ich denke, dass Russland nie so schwach sein wird, um dies zulassen zu müssen -, und somit bleibt Polen ein Frontstaat. In diesem Zusammenhang liegt es im Interesse Polens, nur in möglichst geringem Maße ein Frontstaat zu sein. Der Grad der Konfrontation an der Ostgrenze Polens sollte so gering wie möglich sein, was die Stärkung der Unabhängigkeit der Ukraine und der baltischen Staaten sowie, wenn möglich, die Wiederherstellung der Unabhängigkeit von Belarus bedeutet - und hier muss wirklich von einer Wiederherstellung gesprochen werden, da der Präsident dieses Landes auf einen großen Teil der Attribute der Unabhängigkeit verzichtet hat.

Dennoch hat die Ukraine eine Schlüsselbedeutung, einmal als der größte Staat der Region und zum Zweiten wegen der historischen Erfahrung, die zeigt, dass die Beherrschung der Ukraine ein Schlüssel zur imperialen Macht und insbesondere zu den imperialen Plänen Russlands war. Vielleicht ist diese Feststellung nicht mehr aktuell, aber sie ist über Jahrhunderte hinweg aktuell gewesen, und man sollte sie nicht voreilig über Bord werfen.

Der dritte Punkt: Die Ukraine, d.h. eigentlich das Territorium der Ukraine, ist eines der Tore, durch die Gefahren nach Polen eindringen, die mit der Instabilität des ehemaligen Sowjetreiches und einiger anderer asiatischer Länder im Zusammenhang stehen. Über das Territorium der Ukraine und auch von Belarus gelangen illegale Einwanderer, Drogen, Alkohol, Zigaretten und Waffen nach Polen. Diese Gefahren haben sich als geringer erwiesen, als wir das Anfang der neunziger Jahre befürchtet hatten, aber es gibt sie. Eine besonders große Bedrohung liegt im massenhaften Schmuggel von Alkohol und Nikotin, häufig aus illegaler Produktion und von äußerst zweifelhafter Qualität, hauptsächlich aus Rumänien, denn der Strom der Migranten aus Rumänien führt vor allem über Moldowa und die Ukraine.

Polen hat mit Hilfe seiner europäischen Bündnispartner in den letzten Jahren die Sicherheit seiner Ostgrenze enorm verbessert. Das war ein Problem für Polen, weil diese Grenze vor 1989 eigentlich nur von östlicher Seite durch den sowjetischen Grenzschutz geschützt worden war. Gegenwärtig unternehmen wir

Polen große Anstrengungen, um an dieser Grenze europäische Standards einzuführen. Es liegt auch im Interesse Polens, dass in der Ukraine eine reelle Kontrolle des Waren- und Personenverkehrs an ihrer Grenze zu Belarus, Russland und Moldowa sowie an der Meeresgrenze durchgeführt wird. Aus polnischer Sicht wäre die Wiedereinführung der Kontrolle des Personenverkehrs an der rumänisch-moldawischen Grenze wünschenswert, ebenso, aber das ist der Gipfel der Wünsche, die Wiedereinführung der Kontrolle des Personenverkehrs zwischen Belarus und Russland. Die Einführung dieser zusätzlichen Barriere würde Polen den Schutz der eigenen Grenzen erheblich erleichtern, und ich denke, dies wäre auch nicht ohne Bedeutung für Deutschland und die anderen Mitgliedsstaaten der Europäischen Union.

Ein weiteres Problem: Die Ukraine ist ein potenziell wichtiger Wirtschaftspartner für Polen, auch wenn sich die Erwartungen, die vor sechs bis acht Jahren auf beiden Seiten bestanden, als übertrieben herausgestellt haben. Im Grunde waren sie von Anfang an übertrieben, hatte man doch nicht berücksichtigt, dass die Volkswirtschaften Polens und der Ukraine in nur sehr geringem Grad komplementär sind und in einem relativ hohen Grad real oder potenziell in Konkurrenz zueinander stehen. Die Ukraine ist potenziell und vielleicht auch schon reell ein sehr ernsthafter Konkurrent Polens auf dem russischen Lebensmittelmarkt. Beide Länder, beide wirtschaftlichen Systeme kämpfen mit ähnlichen Schwierigkeiten – wie zum Beispiel der Notwendigkeit der Restrukturierung einer überalterten und überdimensionierten Schwer- und Rüstungsindustrie.

Für uns in Polen heißt es außerdem: Polen kann der Ukraine nicht anbieten, was diese am meisten benötigt: große Investitionen, die moderne Technologien bringen. Wir selbst holen uns diese Investitionen und Technologien aus der Welt.

Es gibt viele Felder der Zusammenarbeit, viele Möglichkeiten der Intensivierung der Zusammenarbeit, aber sie hängen vor allem davon ab, ob in der Ukraine wieder eine Transparenz der Spielregeln in der Wirtschaft hergestellt wird und ob klare Regelungen zu den Eigentumsverhältnissen geschaffen werden, insbesondere auch zu dem Zweck, den tatsächlichen Anteil des Eigentums russischer Firmen an der ukrainischen Volkswirtschaft bestimmen zu können. Unter dem gegenwärtigen System ist dies nicht möglich. Die Befreiung zumindest der Schlüsselsektoren der Wirtschaft von halbkriminellen oder offen kriminellen Verbindungen, endlich eine spürbare Deregulierung der Wirtschaft, die der drastischen Korruption Einhalt gebieten könnte, all das ist bitter nötig. Auch wenn ich zugeben muss, dass ich voller Anerkennung für die bisherigen Errungenschaften der Regierung Juschtschenko bin, so bin ich doch in dieser Frage ein entschiedener Pessimist. Die Zukunft der polnisch-ukrainischen Beziehungen wie auch der europäisch-ukrainischen hängt von der Antwort auf drei grundsätzliche

Fragen ab, Fragen, auf die ich mich nicht einmal bemühen werde, eine Antwort zu finden, denn die muss die ukrainische politische Klasse beantworten.

Die erste Frage: Entkommt die ukrainische Außenpolitik der gegenwärtigen Situation, die ich mit »Auf der Stelle treten« bezeichnen möchte und die Kiew mit dem Begriff der »Multivektoralität« bezeichnet? A propos: Mir wurde in der Grundschule beigebracht, dass entgegengesetzte Vektoren einander aufheben, und genau so viel ist auch die ukrainische Außenpolitik wert.

Es ist ein Sich-treiben-Lassen, es fehlt eine Entscheidung zur strategischen Vision des Staates, aber ich sehe nur das Unvermögen, eine solche Wahl zu treffen. Ob also die ukrainische Politik aus dieser Situation herauskommt und wenn, dann in welcher Richtung, das ist eine offene Frage, wenn auch dieser Zustand noch lange anhalten kann.

Eine zweite Frage: Leitet die Ukraine entschiedene Reformen des Gesellschaftssystems ein sowohl in politischer wie auch in wirtschaftlicher Hinsicht, und in welche Richtung werden diese Reformen gehen? Eine wichtige Ergänzung hierzu ist, dass, obwohl die Ukraine keine gesellschaftliche Transformation im Verständnis eines organisierten Übergangs zur Marktwirtschaft hatte, im Land weitgehende, elementare und chaotische Änderungen des gesellschaftlichen und wirtschaftlichen Systems abgelaufen sind und ablaufen. In diesem Moment denke ich, dass es noch nicht abzuschätzen ist, welche Art System sich da herauszubilden beginnt.

Die dritte Frage betrifft die polnisch-ukrainischen Beziehungen: Auf welche Art und Weise wird sich das Verhältnis der ukrainischen politischen Elite auf zentraler und regionaler Ebene zu Polen entwickeln, denn hier beobachten wir ungünstige Erscheinungen. Wenn wir auf die Ebene unterhalb der aufeinander folgenden herzlichen Treffen der Präsidenten blicken, stoßen wir leider immer häufiger auf ernsthafte Schwierigkeiten.

Aus dem Polnischen von Ulrike Bischof

9/2000

Diskussion

Krzemiński: Ich habe mir zwei grundlegende Punkte notiert. Wie aus dem Überblick über die Situation in der Ukraine und aus der vorangegangenen Diskussion zum Thema Russland hervorgeht, betrifft einer dieser Punkte die Europäische Union als normgebende Instanz und der andere eine gewisse strategische Wahl: Soll der Westen Belarus oder der Ukraine beispielsweise durch die Planung und Streckenführung der Gasfernleitung helfen? Es scheint, dass die Europäische Union die Bedeutung der Hilfe für die Ukraine hier leider nicht richtig wahrnimmt. An dieser Stelle zeichnen sich erkennbare Kontroversen zwischen Polen und der Union ab, vielleicht auch eher polnisch-deutsche, denn Deutschland ist ja der Hauptabnehmer im Westen. Wir sind nun einerseits der gemeinsamen Ansicht, dass es notwendig ist, auf die Normen der EU für die Reformen in der Ukraine nachdrücklich hinzuweisen, was vor dem Hintergrund einer bestimmten, bereits offenen Chance des Beitritts der Ukraine zur Europäischen Union erfolgen kann. Andererseits diskutieren wir über gewisse strategische Interessen, die sich auf das zurückführen lassen, was Cornelius Ochmann in einem der vorangegangenen Panels sagte, nämlich welchem Staat denn in erster Linie geholfen werden solle, Russland oder der Ukraine.

Cichocki: Meine verehrten Damen und Herren, mit großer Freude höre ich in diesem Panel allen Gesprächsteilnehmern zu, weil ich den Eindruck habe, dass wir endlich aus dem festgefahrenen Diskussionszirkel über die großen Probleme der Demokratie, des Autoritarismus, der Erweiterung der Europäischen Union heraustreten und uns nun mehr den Details zuwenden. Denn ich bin überzeugt, dass es eben die Details sind – die Abhängigkeit der Ukraine von den russischen Rohstoffen, das Gespräch über die GUUAM und deren tatsächliche Bedeutung für das Manövrierfeld der Ukraine –, die über das spätere Ergebnis der großen Erweiterungsdebatte entscheiden.

Herr Wittkowsky stellte am Ende des Vortrags die Frage, was es für Einflussinstrumente des Westens auf die Situation in der Ukraine geben kann, weil hier wohl alle der Meinung sind, dass die bisherige Politik, sowohl die polnische als auch die westliche, in der Ukraine nicht die Ergebnisse brachte, die wir erwartet haben. Gerade diese Instrumente aber scheinen mir bisher wirkungsvoll zu sein. Ich möchte darauf hinweisen, dass eines der für die Ukraine interessantesten politischen Ereignisse der letzten Zeit – die Nominierung des Premierministers Juschtschenko und die Bildung seiner Regierung – in hohem Maße unter dem

Druck westlichen Einflusses stattgefunden hat. Soweit ich weiß, waren es die Amerikaner, die bestimmte Forderungen sehr deutlich formuliert haben, sogar mit einer konkreten Liste derer, die aus der Umgebung des Präsidenten entfernt werden sollten. Die Europäische Union dagegen und, so weit mir bekannt ist, auch Deutschland, blieben passiv.

Es soll hier eher darum gehen, die Probleme etwas anders zu definieren. Wir wollen aufhören, auf einem abstrakten Niveau zu überlegen, wann und ob wir die Ukraine aufnehmen, d.h. ob die Union den Staat aufnimmt. Wir könnten von der These ausgehen, die sowohl Frau Alexandrova als auch Herr Wittkowsky unterstrichen haben, dass das Problem der inneren Reformen den Schlüssel darstellt, und dann überlegen, wo die Stellen sind, an denen der Westen bestimmte Prozesse inspirieren könnte. Dem entspricht wiederum, dass der dramatischste Prozess die Übernahme der Infrastruktur des Gastransports in der Ukraine durch Russland ist sowie die Suche der ukrainischen Regierung nach einem Partner im Westen. Und das mag der Punkt sein, an dem man sehr konkret Einfluss nehmen und einen andersartigen Impuls für Prozesse geben könnte, die in der Ukraine stattfinden.

Lindner: Zur ersten Frage: Welche Möglichkeiten hat der Westen gegenwärtig? Ich glaube, er hat im Moment in Kiew die ideale Regierung. Es gibt derzeit keine besseren Technokraten, keine anderen Fachleute, die zur Verfügung stehen würden. Amerika – und da haben Sie Recht – hat sich sehr stark gemacht für diese Änderung, mit dieser Regierung muss der Wandel gelingen, oder er gelingt überhaupt nicht. Das kann man sicherlich so sagen. Damit verbunden ist die Frage, ob wir die neuen Kredite, die IWF und Weltbank seit letzter Woche in Aussicht stellen, guten Gewissens nach Kiew vergeben können. Das sind einmal 1,8 Milliarden und weitere Mittel, also signifikante Summen, die natürlich – anders, als wir es von russischen Krediten oder früheren Krediten an die Ukraine kennen – für die Zwecke verwendet werden sollen, für die sie gedacht sind. Herr Juschtschenko steht unter massivem Druck, nachdem er vor zwei Monaten in Amerika zur Rechenschaft gezogen wurde, weshalb verschiedene Bilanzen nicht stimmten. Zum Zweiten denke ich, dass wir, und da ist Deutschland ein ganz gutes Beispiel, mit Beratungshilfe einiges erreichen können, und zwar auf unterschiedlichen Ebenen. Es gibt drei oder vier Beratungsgruppen, allein aus Deutschland, die seit mehreren Jahren aktiv sind und die auch wirklich wichtige Vorschläge gemacht haben, beispielsweise das Programm von Juschtschenko bis 2010, das Regierungsprogramm, das gegenwärtig gültig ist und zu über 50% von dieser deutschen Beratergruppe erarbeitet worden ist. Eine zweite Möglichkeit wäre die Fortsetzung dieser direkten Beratungshilfe, Know-how-Transfer. Ein anderes Beispiel wäre die Verbesserung des Justizsektors. Hier sind gegenwärtig Gespräche etwa bei der Erarbeitung eines Zivilgesetzbuches mit deutscher Hilfe im Gange. Ich bin mir sicher, die polnischen Kollegen könnten weitere Beispiele aufzählen, und ich denke, das ist die Richtung, in der man weiter agieren müsste.

Ein dritter Punkt sind Investitionen, die natürlich mit den ersten beiden Punkten zusammenhängen, nämlich politische Sicherheit und Rechtssicherheit. Aber ich denke, auch hier gibt es Möglichkeiten für die nächste Zeit. Die Unternehmer gehen davon aus, dass diese Regierung ihnen ein Minimum an Rechtssicherheit bietet, und es wird gegenwärtig darüber gesprochen, die Hermes-Kreditlinien wieder aufzunehmen, die ja seit längerer Zeit gestoppt sind. Das sind Möglichkeiten, die wir haben. Es gibt sicherlich auf anderen Ebenen auch andere Möglichkeiten.

Lassen Sie mich noch zwei Problembereiche ansprechen, die ich sehe. Vorhin wurde der Bereich Wirtschaft angesprochen. Hier haben wir es gegenwärtig nicht nur mit ukrainischer Wirtschaft und Politik zu tun, sondern mit einem ganz massiven Druck von russischer Seite. So möchte etwa die Firma Gasprom mit politischem Auftrag aus dem Kreml ganz gezielt strategische Wirtschafts- oder Unternehmenssubjekte der Ukraine übernehmen und Mehrheitsaktienpakete erwerben – beispielsweise im Bereich Energie sämtliche unterirdisch angelegten Gasreserven. Für die Betriebe, die diese Reserven betreuen, sollen Aktienmehrheiten erworben werden. Das sind natürlich ganz strategische Entscheidungen, und darüber wurde inzwischen offen, auch in der ukrainischen Presse, berichtet. Gasprom ist ein wichtiger Faktor, der den russischen politischen Interessen hilft.

Das Zweite ist, dass die Privatisierung, von der in der Ukraine gegenwärtig die Rede ist und die einigermaßen in Gang zu kommen scheint, eine Insider-Privatisierung ist, d.h. es werden dort Ressourcen verteilt und den Personen zugeteilt, die die Erhaltung der politischen Macht sichern können, wie etwa Präsident Kutschmas »Familie«. Auch Oligarchen, die hinter Kutschma stehen, erwerben derzeit wichtige Schlüsselbetriebe, etwa im Energiesektor (»Oblenergo«). Das heißt, auch hier ist eine Pseudo-Privatisierung im Gange, auf die wir natürlich sehr stark Acht geben müssen und die sicherlich nicht so aussieht, wie wir uns eine offene, an marktwirtschaftlichen Prinzipien orientierte Privatisierung vorstellen.

Und ein letzter Punkt, über den noch gar nicht gesprochen wurde: die gegenwärtige Situation im Parlament. Die Parlamentsarbeit findet im Grunde unter fragwürdigen politischen Maßgaben statt. Es gibt keinen offenen politischen Wettbewerb, sondern eine organisierte, mit zum Teil großen Geldern finanzierte Parlamentsmehrheit. Abgeordnete werden von einer Fraktion in die andere abgekauft, um diese Parlamentsmehrheit zu sichern. Da ist natürlich der Westen gefragt, und ich erinnere Sie an die Zeit des Referendums im Frühjahr

2000, als der Westen ausgesprochen moderat reagiert hat bei der Einführung dieser Referendumspunkte. Das heißt, auch hier hätten wir die Möglichkeit, noch stärker demokratische Prinzipien einzufordern und die Handlungsoptionen des Präsidenten bzw. bestimmter Kreise um den Präsidenten entsprechend zu beeinflussen.

Ochmann: Es fällt ja schon auf, wie durchweg pessimistisch die Äußerungen des Panels waren, auf polnischer wie auf deutscher Seite. Die Situation in der Ukraine und die Chancen auf Verbesserung stimmen nicht sehr hoffnungsvoll. Ich kann da leider auch nicht sehr viel Positives hinzufügen. Wir haben Möglichkeiten, die wir auch nutzen, seien es Kredite, sei es ein Beratungsprogramm, wir können den Gaul zur Tränke tragen, aber trinken muss er dann schon selber. Es kommt dann doch auf die interne Umsetzung in der Ukraine an. Und das ist auch ein Teil der Antwort auf die Frage, ob es für die Ukraine eine Perspektive des Beitritts zur EU geben kann, was im Panel ja schon angesprochen worden ist.

Noch einmal zu der Frage, ob wir mehr Druck ausüben könnten oder eine gemeinsame Front bilden. Ich meine, wir tun das ja. Letzte Woche beim EU-Ukraine-Gipfel hat die französische Präsidentschaft diese Punkte noch einmal deutlich gemacht, nicht nur auf wirtschaftlichem Sektor, sondern auch im politischen Bereich, also auch in Bezug auf die demokratische Umsetzung der Ergebnisse des Referendums. Der Westen war während des Referendums keineswegs zu lasch. Immerhin hat der Europarat der Ukraine mit Ausschluss gedroht. Herr Lindner sagte, wir hätten jetzt die beste Regierung, die die Ukraine in Bezug auf die Chance, Reformen umzusetzen, je haben könnte. Dem stimme ich gerne zu, aber was ist, wenn wir sie nicht mehr haben? Wir können ja nicht davon ausgehen, dass Herr Juschtschenko immer bleibt, das wäre zu optimistisch. Wir sollten uns nicht zu sehr auf diese eine Person kaprizieren, sondern uns überlegen, wie es unter anderen Verhältnissen mit der Ukraine weitergeht.

Bingen: Gestatten Sie, dass ich noch mal etwas provoziere. Nach den Panel-Analysen und den Statements hier im Plenum ist die Frage zu wiederholen, welches Interesse wir an der Ukraine überhaupt haben, wir, die EU, Polen, wenn sogar in Polen jetzt ein Konsens zu bestehen scheint, dass die Unabhängigkeit oder Stabilität der Ukraine für die nationale Sicherheit Polens, für die Stabilität Polens nicht mehr entscheidend ist. Ein gewisser Überdruss oder eine Müdigkeit scheint mir feststellbar zu sein. Das Thema Ukraine scheint im Augenblick nicht so zu provozieren. Ist die Ukraine ein schwarzes Loch, sozusagen Kaliningrad im Großen? Oder ist die unabhängige Ukraine *ipso facto* ein stabilisierender Faktor in Europa? Dann müssten aber ganz andere Initiativen ergriffen werden, um die Stabilität des Landes zu fördern.

Die Ukraine bleibt ein entscheidender Faktor der russischen Politik in Europa. Europäische Gleichgültigkeit würde eine entsprechende Revision russischer Politik gegenüber Kiew, gegenüber Westeuropa und gegenüber der Europäischen Integration provozieren. Wenn sich der alte und der neue Westen nicht in der Ukraine engagieren würde, könnte die russische Politik auch in anderen Regionen Europas vielleicht wieder expansionistischer werden. Die Ukraine ist demnach von entscheidender Bedeutung für die europäische Politik. Wenn dem so ist, müsste eigentlich sehr viel mehr geschehen. Im Augenblick habe ich jedenfalls den Eindruck, die Ukraine wird für gar nicht so wichtig genommen, nach dem Motto: Wenn sie sich selbst nicht helfen wollen und wenn die Ansprechpartner in der Ukraine so schwierig ausfindig zu machen sind, dann helfen auch alle Unterstützungsmaßnahmen kaum etwas. Also: Wie wichtig ist die Ukraine?

Timmermann: Meine Frage wäre, wie sich das Verhältnis der Ukraine zu Belarus gestaltet. Es ist ja sicher sensitiv, denn wenn Belarus tatsächlich von Russland absorbiert wird, wäre die Ukraine umklammert. Ich könnte mir also vorstellen, dass die Ukraine stärker daran interessiert ist, dass Belarus über ein gewisses Maß an Autonomie und Unabhängigkeit verfügt. Ich wüsste gerne, ob das so ist und ob hier etwas auf staatlicher Ebene und auch auf der Ebene der gesellschaftlichen Gruppen aktiv getan wird. Gibt es z.B. Solidaritätserklärungen ukrainischer Parteien, Bewegungen oder Initiativen gegenüber Belarus und seiner bedrängten Opposition? Gibt es hier vielleicht gewisse Kontakte zwischen Polen und der Ukraine? Denn Polen ist in ähnlicher Weise an einer Unabhängigkeit von Belarus interessiert, weil sonst an seiner Ostgrenze eine schwierige Lage entsteht.

Adomeit: Meine Frage bezieht sich auf die politische und die wirtschaftliche Abhängigkeit der Ukraine von Russland, die ja heute schon im ersten Panel und in der anschließenden Diskussion eine Rolle gespielt hat. Rainer Lindner hat uns die These vorgetragen, dass über die Aktienbeteiligung der russischen Regierung an Gasprom politischer Druck ausgeübt wird. Meine Frage ist nun: Was würde denn ein westlicher Akteur, wie beispielsweise Ruhrgas, tun, wenn er von zwei Dingen betroffen wäre. Wenn also ein Kunde über Jahre hinweg massive Schuldenberge ansteigen lässt und, zweitens, dieser Konzern nachweisen kann, dass jede Woche und jeden Monat trotz gegenteiliger Stellungnahmen weiterhin erhebliche Mengen von Gas illegal abgeleitet und für eigene Zwecke verwandt werden. Ist es denn so erstaunlich, was von Gasproms Seite aus passiert? Muss es denn unbedingt politischer Druck sein, oder kann man es nicht verstehen, dass Gasprom sein Geld haben will? Und in diesem Zusammenhang eine weitere Frage an das Panel: Mir ist nicht ganz klar, wie der Stand der Dinge mit Öl- und Gasleitungen Russlands über Belarus und Polen nach Westen ist und wie der mit derartigen durch die Ukraine. Vielleicht kann einer der Podiumsteilnehmer darüber Aufschluss geben.

Pełczyńska-Nałęcz: Man sollte den Einfluss, den der Kreml zur Zeit auf große Gaskonzerne und Petroleumunternehmen ausübt, nicht überschätzen. Mir scheint, dass diese Konzerne in Russland sicherlich in gewissem Maße zu einem Instrument der Kremlpolitik werden. Was jedoch die Kontakte nach außen, die tatsächlich großen Geschäfte, anbetrifft, sind sie vor allem Sachwalter der eigenen wirtschaftlichen Interessen und nicht Instrumente in der Hand des Kremls. An ihnen wird diese Zweigleisigkeit der russischen Politik deutlich. Das heißt, einerseits ist es Kremlpolitik, andererseits ist es die Politik der einzelnen Konzerne und Unternehmen.

Ich will damit nicht sagen, dass die russische Politik der Ukraine gegenüber weniger bedeutend ist. Ich würde hier sogar die kontroverse These aufstellen, dass, wenn wir auf solche Faktoren hinweisen, die zukünftig die Entwicklung der Situation in der Ukraine bestimmen werden, und zwar erstens den Willen der ukrainischen Eliten und zweitens die Haltung des Westens, dann sollten wir den dritten Faktor - die Politik Russlands - eben nicht unterschätzen. Vielleicht ist die genauso wichtig oder sogar wichtiger als die Politik des Westens.

Olszański: Es sind neue Rezepte, neue Projekte nötig, und ich glaube nicht, dass solche Projekte außerhalb der Ukraine entstehen könnten. Die Ukrainer selbst müssen einen Weg für sich finden.

Eine andere Sache ist wohl lebenswichtig. Am Anfang dieses Jahres (2000) trat Gasprom, diesmal mit der Unterstützung der russischen Regierung, mit einem Projekt hervor, unabhängig von dem vorgesehenen Bau der zweiten Linie der Rohrleitung.

Deutschland hat durch polnisches Territorium eine Gasfernleitung gebaut, die das russische Gasleitungssystem im Norden mit dem System im Süden auf dem Gebiet der Slowakei »brüderlich« verbinden wird. Auf diese Weise könnte Gasprom den Erdgastransit durch die Ukraine wesentlich einschränken, ohne allgemein den Erdgasexport zu mindern.

Dieses Projekt rief einen sehr stürmischen, allerdings etwas verspäteten Widerspruch in der Ukraine hervor und eine sehr stürmische Diskussion in Polen. *Nota bene* begann diese Diskussion in Polen, und ich kann mich des Eindrucks nicht erwehren, dass erst unter dem Einfluss dessen, was in Polen gesagt und geschrieben wurde, die Sache ins Bewusstsein der ukrainischen politischen Klasse gelangte. Der gegenwärtige Standpunkt der polnischen Regierung ist der, dass wir mit dem Projekt nicht einverstanden sind. Ich dagegen denke, dass die Frage, was sich für Polen lohnt und unter welchen Bedingungen, einer eingehenderen Erörterung wert wäre. Ich möchte das Thema nicht weiter vertiefen, schon deshalb nicht, weil diese strategischen und wirtschaftlichen Kalkulationen über die Schranken meines Wissens und meiner Kompetenz hinausgehen.

Ich wollte das bestätigen, was Frau Nałęcz sagte. Gasprom dient gar nicht immer als Werkzeug der Kreml-Politik. Zugegeben, es kommt vor, aber in den letzten Jahren traten Situationen ein, in denen Gasprom in der Ukraine Ziele anstrebte, die deutlich mit der Politik des Kreml divergierten, und dennoch hat das Unternehmen diese Ziele realisiert. Gasprom beansprucht in der Ukraine nicht nur Anteile am Eigentum des besagten Gases, sondern auch an zahlreichen Unternehmen, die mit dem Erdgasexport direkt nichts zu tun haben. Diese sind jedoch große Gasabnehmer und Produzenten von Erzeugnissen, die Gasprom ziemlich günstig verkaufen kann. Dabei geht es vor allem um die ukrainische Großchemie und die Schwarzmetallurgie. Im Übrigen ist Gasprom natürlich an der großen Zahl von Metall- und Maschinenbetrieben in der Ukraine interessiert, die Rohre und andere Erzeugnisse produzieren, die Gasprom selbst braucht.

Und nun zum Verhältnis der Ukraine zur belarussischen Angelegenheit: Ein Beispiel für Panslawisten, die ungebrochen den Beitritt der Ukraine zum Slawischen Staatenbund verkünden, war Alexander Lukaschenka. In der Ukraine besteht ein gewisser Unwille gegenüber dessen Politik. Sehr deutlich ist die Abneigung der politischen Klasse und des Präsidenten Kutschma selbst in Bezug auf die Person Lukaschenkas. Aber es gibt keine klare Politik in dieser Sache. Verhältnismäßig wenige und schwache politische Parteien zeigen Unterstützung für oppositionelle belarussische Organisationen und für die belarussische Opposition. Ich habe den Eindruck, dass die gesellschaftliche und die politische Bewegung in Polen der belarussischen Opposition eine bedeutend größere Unterstützung zuteil werden lassen.

Was die Frage von Dieter Bingen anbelangt: Ich habe nicht gesagt, dass in Polen ein Konsens in der Frage der abnehmenden Bedeutung der Ukraine für die polnische Souveränität besteht. Solch einen Konsens gibt es eben gerade nicht. Und ich stehe mit meiner Ansicht in dieser Sache eher alleine da. Sehr viele Menschen in Polen, die sich vielleicht weniger mit der Politik als mit dem Nachdenken über sie beschäftigen, wiederholen weiterhin die These, dass die Unabhängigkeit der Ukraine eine *conditio sine qua non* des Erhalts der Unabhängigkeit Polens ist. Ich widerspreche dieser These. Das heißt aber nicht, dass die Unabhängigkeit der Ukraine, abgesehen davon, ob sie dieses *sine qua non* ist oder nicht, unwichtig wäre. Im Gegenteil, sie ist sehr wichtig, doch nicht lebenswichtig, nicht wichtiger als alles andere, wie es die von mir in Frage gestellte These suggerieren möchte. Außerdem bleibt immer, auch unabhängig davon, welche Übereinkommen zur Sicherheitspolitik gelten werden – wobei Polen Mitglied der Union sein wird und die Ukraine nicht –, die grundlegende, wichtigste Dimension der polnisch-ukrainischen Beziehungen bestehen, nämlich all das, was aus der Nachbarschaft und der Geschichte resultiert.

Wittkowsky: Noch ein Punkt, der ja schon angesprochen wurde: Die EU-Entscheidung von Helsinki, die auch die Ukraine betrifft, finde ich richtig. Die Gründe sind schon einmal genannt worden. Ich denke, es ist trotzdem sehr notwendig, sich weitere Gedanken über den Status unterhalb einer Mitgliedschaft und oberhalb der Partnerschaft und der Kooperationsabkommen zu machen, über die sogenannten neuen assoziierten Mitgliedschaften. Wie kann die Annäherung und Integration von Staaten auf realistische Weise gestaltet werden, die in mittlerer Zukunft keine Mitglieder werden. Das ist der eine Punkt, der mir noch auf dem Herzen liegt.

Ich bin bei der Prognose für die Ukraine überhaupt nicht pessimistisch, ich liege da voll auf der Linie des polnischen Außenministeriums. Ich versuche das immer sehr positiv zu sehen und die Analyse so zu gestalten, dass sie möglichst realistisch ist, um dann im Hinblick auf das, was ich da sehe, die Ansatzpunkte für Hoffnung zu suchen. Und die sehe ich im Moment tatsächlich in den Grenzen dieses Modells, wie ich es beschrieben habe. Irgendwann ist es nicht mehr aufrechtzuerhalten, ständig mit der Verschuldung weiter zu machen, ohne sich zu reformieren. Und genau in dem Moment, wo das klar ist, wo es innerhalb der Ukraine ein starkes Interesse daran geben wird, Reformen durchzuführen, in einem solchen Moment hat auch jemand wie Juschtschenko Chancen, tatsächlich Reformen durchzuführen. Das einzige, was im Moment unklar ist, ist die Frage, ob er so lange, wie sich seine Regierung halten kann, entsprechende gesellschaftliche Unterstützung haben wird oder ob sich das so entwickelt, dass man sozusagen diesen Zustand, wie er ist, über die Zeit seiner Regierung hinaus retten kann. Deswegen würde ich auch, solange das nicht entschieden ist, in begrenztem Maße natürlich, die Ukraine mit Krediten unterstützen. Mehr kann man dazu nicht sagen.

Ansonsten plädiere ich dafür, in die Zukunft zu investieren. Da sind Stipendien-Programme in einem Land, wo man offensichtlich von außen wenig tun kann, die beste Investition. Zuletzt noch zur Trassenführung. Wenn man eine alternative Trasse zum Transit durch die Ukraine schafft, kann man das so und so interpretieren. Das kann den Druck auf die Ukraine erhöhen – und das würde bedeuten, Druck in Richtung Reformen –, schafft aber womöglich gleichzeitig eine höhere Abhängigkeit von Russland oder von Gasprom. Und das politisch zu bewerten, überlasse ich Ihnen.

Die polnischen Redebeiträge wurden übersetzt von Aleksandra Piotrowska

III.
Belarus: Innere Entwicklung und außenpolitische Orientierung

Astrid Sahm

Isolationärer Autoritarismus
Die innere Entwicklung in der Republik Belarus

Zehn Jahre nach Verabschiedung ihrer Souveränitätserklärung im Juli 1990 ist die Republik Belarus international weitgehend isoliert. Nach dem umstrittenen Verfassungsreferendum vom November 1996 wurde sowohl der Gaststatus im Europarat als auch die Ratifizierung des Partnerschafts- und Kooperationsabkommens durch die EU ausgesetzt. Gleichzeitig wurden die Kontakte beider Organisationen zur belarussischen Führung auf ein Minimum reduziert. Auch in der parlamentarischen Versammlung der OSZE ist weiterhin der von Präsident Lukaschenka aufgelöste Oberste Sowjet und nicht die neu geschaffene Nationalversammlung die anerkannte belarussische Legislative, obwohl das Land hier ebenso wie in der UNO Vollmitglied ist. Selbst die Beziehungen zu Russland, das als wichtigster Partner von Belarus international häufig als ein Anwalt des Lukaschenka-Regimes auftritt, gestalten sich alles andere als einfach.[1]

Die Gründe für die internationale Isolation des Landes scheinen ausschließlich in seiner inneren Entwicklung zu liegen. Die Verfassungskrise und Menschenrechtsfragen stellen die dominanten Themen in den außenpolitischen Beziehungen dar, die sämtliche Handlungsoptionen beeinflussen. Seit 1998 bemüht sich eine Beobachtungs- und Beratungsgruppe der OSZE darum, über Verhandlungen zwischen Exekutive und Opposition das Land wieder an internationale demokratische Standards heranzuführen. Bis zum Jahresende 2000 konnte sie jedoch keine substantiellen Erfolge erzielen, die eine Anerkennung der Kommunalwahlen vom Frühjahr 1999 oder der Parlamentswahlen vom Oktober 2000 als frei und fair ermöglicht hätten.

Auch im wirtschaftspolitischen Bereich verschließt sich Belarus weitgehend den Anforderungen der Globalisierung und den sich daraus ergebenden Tendenzen zur Harmonisierung nationalen politischen Handelns und zur Delegation von Kompetenzen an supranationale Organisationen. Weder dem Internationalen Währungsfonds noch der Weltbank ist es bisher gelungen, mit der belarussischen Führung in einen ernst zu nehmenden Politikdialog einzutreten. Nach den Reformindizes der Europäischen Bank für Wiederaufbau und Entwicklung

1 Timmermann, Heinz: Belarus im Zeichen von Restauration und Reaktion. In: Europäische Rundschau 25, 1997, Heft 2, S. 61–76.

nimmt Belarus den letzten Platz unter allen europäischen Transformationsländern ein.[2]

Angesichts dieser eklatanten »Lernunfähigkeit«[3] des Lukaschenka-Regimes, die offensichtlich in der Logik des in den vergangenen Jahren etablierten Herrschaftssystems begründet ist, soll im Folgenden versucht werden,

- die wichtigsten Faktoren für die autoritäre Machtentfaltung Lukaschenkas zu benennen;
- die Potenziale für eine Öffnung und für Reformen in der belarussischen Gesellschaft zu ermitteln;
- die Bedeutung, die Polen als Nachbarland für die innere Entwicklung von Belarus hat, zu analysieren.

Ungenutzte Chancen nach 1991

Belarus war wohl die am erfolgreichsten in die Sowjetunion integrierte Unionsrepublik: So gaben dem Moskauer Meinungsforschungsinstitut VCIOM zufolge noch Ende der achtziger Jahre 69 Prozent der belarussischen Bevölkerung die Sowjetunion als ihren vorgeordneten Bezugsrahmen an.[4] Dies lässt sich insbesondere auf unzureichende Vorbilder nationaler Eigenstaatlichkeit vor dem 20. Jahrhundert, auf die Vernichtungserfahrungen und den sowjetischen Sieg im Zweiten Weltkrieg sowie auf den nach dem Krieg einsetzenden, von einer weitgehenden Assimilation an die russische Sprache begleiteten Wirtschaftsaufschwung zurückführen. Die belarussische Unabhängigkeit war daher vor allem das Resultat des durch die Perestrojka entstandenen Moskauer Reformdrucks und der nachholenden Anpassungsleistungen der belarussischen Führung an die Veränderungen in den Nachbarrepubliken. Zwar verdankte sie sich in Teilen auch dem infolge der Verschleierung der Katastrophenfolgen von Tschernobyl eklatanten Vertrauensverlust der belarussischen Bevölkerung in den Moskauer Zentralstaat und den Aktivitäten der belarussischen Nationalbewegung. Insgesamt waren die politische Führung und die Bevölkerung Ende 1991 jedoch nur halbherzig darauf vorbe-

2 Mildner, Kirk: Belarus: kritische Überlegungen zu Politik und Wirtschaft des Lukaschenko-Regimes. Berichte des Bundesinstituts für ostwissenschaftliche und internationale Studien (BIOST), 12/2000.

3 Ebenda, S 3.

4 Lewada, Juri: Die Sowjetmenschen. Berlin 1992, S. 25. Dies war unionsweit der höchste Wert, selbst bei den Russen lag die Identifikationsrate lediglich bei 63 Prozent, bei den Ukrainern waren es nur 42 Prozent.

reitet, gleichzeitig die Aufgaben von Nationalstaatsbildung sowie politischer und ökonomischer Transformation zu bewältigen.[5]

Das offensichtliche Hauptziel der herrschenden Nomenklatura um Premierminister W. F. Kebitsch nach der Unabhängigkeit bildeten die Sicherung des Machterhaltes und die Minimalisierung von Wandel im Interesse maximaler gesellschaftlicher Stabilität. So sollte eine Wiederholung der Massenproteste gegen die ersten massiven Preiserhöhungen im April 1991 vermieden werden. Die einzige relevante Personalveränderung auf der Führungsebene war die im September 1991 erfolgte Wahl des Kernphysikers S. S. Schuschkewitsch zum Vorsitzenden des Obersten Sowjets. Innerhalb des unveränderten Regierungsapparats konnte der neue Parlamentsvorsitzende, der damit zugleich auch Staatsoberhaupt war, daher kaum Unterstützung für seine vorsichtigen, liberalen Reformideen finden. Auf die Einleitung einer institutionellen politischen Reform verzichtete die Nomenklatura vielmehr vorerst ebenso wie auf die Durchführung einer Volksabstimmung, um die neu erworbene Eigenstaatlichkeit zu legitimieren. Allerdings war sie sich hierin weitgehend einig mit den Nationaldemokraten um die Belarussische Volksfront (BNF), die eine unzureichende Unterstützung der Bevölkerung für die Unabhängigkeit fürchteten. Meinungsumfragen hatten hingegen Ende 1991 eine Mehrheit von 69 Prozent für die Unabhängigkeit ermittelt. Ein Jahr später war die Zustimmungsrate freilich bereits auf 42 Prozent abgesunken, da die Regierung trotz einer jegliche Schocktherapie meidenden, ausschließlich sozial orientierten Politik einen ökonomischen Kollaps nicht verhindern konnte.[6] Unter diesen Bedingungen eröffnete der 1991 erfolgte Verzicht auf Gründungswahlen Tür und Tor für populistische Losungen, welche die Legitimität der Auflösung der Sowjetunion anzweifelten.

Zudem war zwischen Nomenklatura und Nationalbewegung kein langfristiger nationaler Kompromiss herstellbar, der zu einer Aufnahme von Oppositionsvertretern in die Exekutive geführt hätte. Um eine Veränderung des politischen Kräfteverhältnisses zu erreichen, initiierte die BNF daher im Frühjahr 1992 gemeinsam mit anderen nationaldemokratischen Parteien ein Volksbegehren, mit dem sie ein Referendum über vorgezogene Neuwahlen im Herbst 1992 erreichen wollte. Das Volksbegehren wurde jedoch vom Obersten Sowjet im September 1992 mit einer nicht ganz einwandfreien juristischen Argumentation abgelehnt. In der Folgezeit verschleppte die auf Bewahrung ihrer Privilegien bedachte Parla-

---

5 Vgl. Sahm, Astrid: Die weißrussische Nationalbewegung nach der Katastrophe von Tschernobyl. Münster 1994.

6 Bugrova, Irina: Politische Kultur in Belarus. Eine Rekonstruktion der Entwicklung vom Großfürstentum Litauen zum Lukašenko-Regime. Untersuchungen des FKKS Nr. 18. Mannheim 1998, S. 26.

mentsmehrheit die quasi als Kompromissangebot für Frühjahr 1994 in Aussicht gestellten vorgezogenen Neuwahlen, obwohl sich seit dem Herbst 1993 auch die neu gegründete Partei der Kommunisten von Belarus (PKB) und die offiziellen Gewerkschaften für eine Selbstauflösung des 1990 gewählten Parlaments stark machten. Infolgedessen herrschte in Belarus eine Atmosphäre des politischen Dauerwahlkampfes, der zu einer Polarisierung der politischen Kräfte und einem Legitimationsverlust des parlamentarischen Organs führte. Gleichzeitig wurde die Entwicklung des bestehenden Parteiensystems gebremst.[7]

Die Präsidentschaftswahlen im Sommer 1994 waren somit die ersten Wahlen im postsowjetischen Belarus. Das Amt des Präsidenten war dabei erst kurz zuvor mit der Einführung der neuen Verfassung im März 1994 geschaffen worden. Dem war eine langwierige Debatte über die Vor- und Nachteile des Übergangs von einer parlamentarischen in eine präsidentiell-parlamentarische Republik vorausgegangen. Angesichts der aus sowjetischen Zeiten ererbten oligarchischen Herrschaftsstruktur innerhalb der belarussischen Nomenklatura blieb die Legislative mit zahlreichen Kompetenzen ausgestattet. Insbesondere verfügte die Exekutive nicht über die Möglichkeit zur Auflösung des Parlaments. Damit sah die 1994-er Verfassung keine Lösungsmechanismen für Konflikte zwischen Exekutive und Legislative vor.[8]

Dass die neue Verfassung überhaupt eine knappe Mehrheit im Obersten Sowjet fand, lag in der Erwartung begründet, dass der bisherige Premierminister Kebitsch sicher zum ersten Präsidenten gewählt würde, so dass die Kontinuität weiterhin gewahrt bliebe. Im Januar 1994 war mit dem erfolgreichen Misstrauensvotum gegen den Parlaments- und Staatschef Schuschkewitsch, dessen Verhältnis zum Premierminister sich 1993 zu einem offenen Machtkampf entwickelt hatte, der einzig ernsthaft erscheinende Mitkonkurrent um das Präsidentenamt ausgeschaltet worden.[9] Zeitplan und Regeln für die Kandidatenaufstellung begünstigten zudem eindeutig den amtierenden Premierminister. Insgesamt vermochten jedoch sechs Kandidaten die erforderlichen Bedingungen für die Zulassung zu den Wahlen zu erfüllen. Dabei trat mit A. H. Lukaschenka auch ein politischer

---

7 Sahm, Astrid: Politische Konstruktionsversuche weißrussischer Identität. Zur Bedeutung des Rückgriffs auf Geschichte für die unabgeschlossene weißrussische Nationalstaatsbildung. In: Jahrbücher für Geschichte Osteuropas 1994, 42. Jg., S. 541 - 561, hier S. 547ff.

8 Vgl. Schramm, Hans-Joachim: Die Verfassung der Republik Belarus vom 30. März 1994. In: Osteuropa Recht 2/1995, S. 134 - 158; van Ooyen, Christian; Wolfgang Schäfer: Die neue Verfassung Weißrusslands. In: Wirtschaft und Recht in Osteuropa 11/1995, S. 401 - 407.

9 Markus, Ustina: Conservatives Remove Belarusian Leader. In: RFE/RL Research Report, Vol. 3, 1994, No. 4, S. 13 - 18.

Newcomer an, der sich in den vorangegangenen Monaten als Vorsitzender des parlamentarischen Untersuchungsausschusses zur Analyse kommerzieller Strukturen große Popularität als Antikorruptionsheld bei weiten Bevölkerungskreisen erworben hatte. Insbesondere hatte er mit seinen Materialien wesentlich zum Sturz von Stanislau Schuschkewitsch im Januar 1994 beigetragen, dem er die Zweckentfremdung staatlichen Eigentums - konkret einer Kiste Nägel - für den Bau seiner Datscha vorwarf.

Die Programme von Kebitsch und Lukaschenka wiesen insgesamt große Ähnlichkeiten auf: Beide setzten sich für eine politische und wirtschaftliche Union vor allem mit Russland, aber auch mit der Ukraine ein. Während sich Kebitsch dabei durch den Verweis auf die negativen Konsequenzen der Auflösung des sowjetischen Wirtschaftsraums sowie auf die höhere politische und wirtschaftliche Stabilität in Belarus im Vergleich zu den anderen GUS-Staaten von der persönlichen Verantwortung für die sich zuspitzende Wirtschaftskrise in Belarus freizusprechen versuchte, erklärte Lukaschenka die Politiker und Parteien mit ihren egoistischen Sonderinteressen für die Auflösung der Sowjetunion und den ökonomischen Kollaps verantwortlich. Obwohl fast alle Umfragen im Vorfeld der Wahlen ein Kopf-an-Kopf-Rennen von Kebitsch und Lukaschenka zeigten, galt allgemein ein Sieg von Kebitsch als sicher, da er in den staatlichen Medien bevorzugt und zudem von der russländischen Regierung unterstützt wurde. Gleichwohl erhielt beim ersten Wahlgang am 23. Juni 1994 überraschend der politische Newcomer Alexander Lukaschenka mit 45,1 Prozent mit Abstand die meisten Stimmen. Premierminister Kebitsch lag mit 17,4 Prozent weit abgeschlagen an zweiter Stelle.[10]

Noch deutlicher war der Triumph von Lukaschenka über Kebitsch bei der Stichwahl am 10. Juli 1994: Für Lukaschenka stimmten 80,1 Prozent der Wähler, für Kebitsch lediglich 14,2 Prozent. Insgesamt stellte die Wahl für Lukaschenka vor allem eine Protestwahl gegen das alte Establishment dar und war somit Ausdruck einer tiefen Vertrauenskrise in die bestehenden politischen Institutionen, denen eine Bewältigung der Wirtschaftskrise nicht zugetraut wurde. Die diffuse Mischung aus Reform- und Resowjetisierungsankündigungen, die Lukaschenka den Wählern anbot, schien hingegen eher die erhoffte Wiederherstellung des alten Lebensstandards zu gewährleisten.

10 Vgl. Zaiko, Leonid (Hrsg.): Pervye prezidentskie vybory v Respublike Belarus' [Die ersten Präsidentschaftswahlen in der Republik Belarus]. Minsk: Nacional'nyj Centr Strategičeskich Iniciativ »Vostok-Zapad« 1994.

Der Weg in die autoritäre Restauration

Die überraschende Wahl von Alexander Lukaschenka zum ersten Präsidenten der Republik Belarus bedeutete zunächst inhaltlich keinen wirklichen Kurs-, sondern eher einen Generations- und Herkunftswechsel innerhalb der Nomenklatura. Allerdings änderte sich der politische Stil im Vergleich zur Regierung Kebitsch grundsätzlich. Paternalistische und klientelistische Methoden verstärkten sich, so dass die Personalisierung der Macht Vorrang vor der Institutionalisierung, das Vertrauen Vorrang vor dem Verfahren erhielt. Bei der Personalauswahl war dementsprechend Loyalität gegenüber dem Präsidenten ein wichtigeres Kriterium als professionelle Qualifikation, wobei insbesondere eine Bevorzugung von Repräsentanten aus Lukaschenkas Heimatprovinz Mahileu feststellbar war. Infolgedessen bildete sich eine spezifische Lukaschenka-Elite heraus, die allmählich die Reformer und die altgedienten Nomenklatura-Vertreter aus dem Staatsapparat verdrängte.[11]

Zu zentralen Herrschaftsinstrumenten wurden außerdem die Entmachtung bestehender Institutionen (Parlament, Nationalbank, Verfassungsgericht) sowie die Bildung eigener Lukaschenka-Institutionen (Sicherheitsrat, Kontrolldienst) und Schatteninstitutionen (Präsidialfonds). Ein institutionelles Rückgrat stellte jedoch der Aufbau der »präsidialen Vertikale« (prezidentskaja vertikal') dar, die im Oktober 1994 durch die Neufassung des Gemeindeverwaltungsgesetzes eingeführt wurde. Diese stellt eine auf persönlicher Ernennung beruhende hierarchische Struktur der Exekutive dar. Demnach werden *de facto* die Vorsitzenden der Exekutivkomitees auf Bezirks- und Kreisebene (oblasty bzw. rajony) vom Präsidenten oder einer in seinem Auftrag handelnden Person ernannt und können auch jederzeit wieder vom Präsidenten abgesetzt werden.[12]

Ausgehend von einem delegativen Demokratieverständnis, demzufolge die unmittelbar als Mehrheitsherrschaft begriffene Volksmacht umfassende Vollmachten an die Person des Präsidenten delegiert, versuchte Lukaschenka nach seinem Amtsantritt zielstrebig eine absolute Dominanz der Exekutive zu Lasten von Parlament und Verfassungsgericht zu erreichen. Zur Begründung verwies der Präsident stets auf Artikel 101.1 der Verfassung, aus dem er *de facto* unbegrenzte Vollmachten für sich ableitete, da er ihn zum Garanten von Souveränität, nationaler Sicherheit sowie von politischer und ökonomischer Stabilität erklärte. Angesichts der seit 1992 verschleppten Parlamentswahlen verfügte der Präsident zudem über einen gewaltigen Legitimitätsvorsprung gegenüber dem Obersten

11 Mildner (wie Anm. 2), S. 24.

12 Dix, Detlef: Kommunale Selbstverwaltung in der Republik Belarus. In: BELARUS-NEWS 3/1998, S. 6 – 8.

Sowjet, der es ihm erleichterte, die Idee des Parlamentarismus im Vorfeld der 1995 stattfindenden Parlamentswahlen öffentlich zu diskreditieren.[13] Es lassen sich folgende Etappen der autoritären Restauration unterscheiden:

Während der ersten Etappe (1994 – 1995) erfolgten die symbolische Besetzung des politischen Raums, eine populistisch-demokratische Machtausdehnung im Rahmen der 94-er Verfassung sowie die Stilisierung der nationaldemokratischen Opposition zum Feindbild. Von besonderer Bedeutung war hierbei das Referendum vom 14. Mai 1995, mit dem Lukaschenka insbesondere die Einführung neuer, eng an die alten, der Belarussischen Sozialistischen Sowjetrepublik (BSSR) angelehnten Staatssymbole anstelle der 1991 eingeführten weiß-rot-weißen Flagge und des Wappens »Pahonja« sowie die Gleichstellung des Russischen mit dem Belarussischen als Staatssprache durchsetzte. Mit den Lukaschenka bestätigenden Referendumsergebnissen waren gleichzeitig die sichtbarsten Erfolge der Nationalbewegung, die diese bis 1991 errungen hatte, zurückgenommen, und die weiß-rot-weiße Flagge sowie das Wappen Pahonja stellten wieder – wie zu Zeiten der Perestrojka – fast ausschließlich Symbole der BNF bzw. der antipräsidialen Opposition dar.[14]

Das Referendum beeinflusste die nach einem absoluten Mehrheitsrecht durchgeführten Parlamentswahlen, indem es a) das Ziel der Parlamentsbildung völlig aus den Augen der Wählerschaft rückte und b) automatisch als Kriterium bei der Auswahl des favorisierten Kandidaten, der sich damit zum oder gegen den Präsidenten bekennen musste, wirkte. Insofern verringerte das Referendum die Wahlchancen der Kandidaten der nationaldemokratischen Opposition, die anders als Agrarier und Kommunisten dem Präsidenten zuwider gegen die Änderung der Staatssymbole sowie für Belarussisch als alleinige Staatssprache eintraten. In dem in vier Wahlgängen Ende Dezember 1995 endlich gewählten Parlament war die national orientierte Belarussische Volksfront dementsprechend nicht mehr vertreten, während Agrarier und Kommunisten die meisten Mandate unter den Parteien erhielten. Ein zeitweiliges Gewerkschaftsverbot und der Entzug der Druckgenehmigungen für unabhängige Zeitungen im Sommer 1996 hatten zudem mit dazu

---

13 Sahm, Astrid: Transformation im Schatten von Tschernobyl. Umwelt- und Energiepolitik im gesellschaftlichen Wandel der Ukraine und Belarus. Münster 1999, S. 90ff.

14 Sahm, Astrid: Kein politischer Frühling in Belarus. Das Scheitern der Parlamentswahlen im Mai 1995 und die Verselbständigungstendenzen der Exekutive. In: OSTEUROPA 45/1995, S. 1021 – 1033.

beigetragen, dass auch liberale und sozialdemokratische Kräfte im Parlament nur schwach vertreten waren.[15]

Die zweite Etappe (1996) zielte auf die manipulativ-demokratische Machtausdehnung durch Änderung der 1994-er Verfassung und die institutionelle Ausschaltung sämtlicher Oppositionskräfte. Obwohl der neu gewählte 13. Oberste Sowjet die Politik des Präsidenten mehrheitlich unterstützte, wie sich u.a. an der Ratifizierung des Vertrags über die Bildung einer Gemeinschaft von Belarus und Russland im April 1996 zeigte, brachte Lukaschenka bereits im Sommer 1996 eine neue Referendumsinitiative ein. Dabei gestand der Präsident dem Parlament nicht einmal ein Mitspracherecht bei der Formulierung des neuen Verfassungsentwurfs zu. Da in der neuen Verfassung das Prinzip der Gewaltenteilung weitgehend aufgehoben war, formierte sich im Parlament ein breiter Widerstand von Agrariern, Liberalen, Kommunisten und Sozialdemokraten gegen die Verfassungsinitiative des Präsidenten, der durch entsprechende Urteile des Verfassungsgerichts mitgetragen wurde.

Die anfänglich durchaus erfolgversprechende Abwehrstrategie von Legislative und Judikative scheiterte jedoch daran, dass sie keine einheitliche Linie durchhalten und sich nicht zu einem geschlossenen Absetzungsverfahren gegen den Präsidenten entschließen konnten. Zudem fehlte ihnen weitgehend der Zugang zu den staatlichen Medien, wo sie ihre Alternativvorschläge in der Bevölkerung hätten verbreiten können. Gleichzeitig gelang es ihnen nicht, eine Mehrheit von Regierung und Präsidialapparat für ihre Position zu gewinnen. Lediglich die letzten Reformpolitiker, wie Premierminister Michail Tschyhir, die 1994 Lukaschenka in der Hoffnung auf eine liberalere Wirtschaftspolitik unterstützt hatten, verließen die Regierung aus Protest gegen den faktischen Staatsstreich des Präsidenten. Ausschlaggebend für die Durchsetzung der neuen Verfassung waren jedoch die Unterstützung Moskaus für den belarussischen Präsidenten sowie erhebliche Verfahrensverstöße bei der Durchführung des Referendums, welche eine Fortsetzung der ignoranten Haltung des Präsidenten gegenüber den Urteilen des Verfassungsgerichts in den vorhergehenden zwei Jahren darstellten.[16]

Bereits zwei Tage nach dem manipulierten Referendum erfolgten die Verabschiedung der neuen Verfassung und die Auflösung des Obersten Sowjets, obwohl das Parlament nicht über das notwendige Quorum zur Annahme dieser Entscheidung verfügte. In die Unterkammer der neuen Nationalversammlung, die

---

15 Zaiko, Leonid (Hrsg.): Parlamentskie vybory. Čast' vtoraja [Die Parlamentswahlen. Zweiter Teil]. Minsk: Nacional'nyj Centr Strategičeskich Iniciativ »Vostok-Zapad« 1995.

16 Sahm, Astrid: Schleichender Staatsstreich in Belarus. Hintergründe und Konsequenzen des Verfassungsreferendums im November 1996. In: OSTEUROPA 47/1997, S. 475 – 487.

sich handverlesen aus den präsidententreuen Abgeordneten des Obersten Sowjets zusammensetzte, wurde keiner der 1995 gewählten Vertreter der liberalen und sozialdemokratischen Partei aufgenommen. Dasselbe galt auch für die Vertreter von Agrarpartei und Kommunisten, die sich gegen die neue Verfassung aussprachen. Infolgedessen spaltete sich die kommunistische Partei in zwei neue Parteien auf, während die Agrarpartei fast völlig aus dem Blick der Öffentlichkeit verschwand. Neben dem neuen »Taschen«-Parlament wurde auch das Verfassungsgericht mit präsidententreuen Personen neu besetzt. Als Folge des Verfassungsreferendums war somit jegliche Opposition aus dem institutionalisierten politischen Entscheidungsprozess ausgeschlossen. Etwa 50 Abgeordnete des Obersten Sowjets setzten mit internationaler Anerkennung die Tätigkeit des 13. Obersten Sowjets als Rumpfparlament fort.

Die dritte Etappe (1997 – 1999) ist durch die Verfassungskrise geprägt, in der in Belarus unterschiedliche politische Legitimationsansprüche miteinander konkurrieren und Parallelinstitutionen existieren. Dabei gelingt es der politischen Führung, ihr neues Verfassungssystem zu etablieren und die politische Opposition weiter zu marginalisieren. Gleichzeitig lässt sich ein Rückgang der populistisch-plebiszitären Momente beobachten, der sich u.a. im Verzicht auf weitere Referenda äußert, während polizeistaatliche Momente, die dem Widerstand in den Reihen des eigenen Apparats und auf gesellschaftlicher Ebene vorbeugen sollen, zunehmen. Dementsprechend wurden nicht nur mehrere Abgeordnete des Obersten Sowjets unter dem Vorwurf des Betrugs und der Korruption verhaftet, sondern auch Mitglieder der politischen Führung, wie die Nationalbankchefin Tamara Winnikau und der Landwirtschaftsminister Wassilij Leonau. Als eine weitere Steigerung verschwanden 1999 mit dem ehemaligen Innenminister Jurij Sacharenka und dem ehemaligen Vorsitzenden der Zentralen Wahlkommission Wiktor Hantschar erstmals bedeutende Oppositionspolitiker spurlos.[17]

Zu weiteren Zielscheiben der staatlichen Aufmerksamkeit wurden in dieser Phase die Nichtregierungsorganisationen (NGO), die für die Opposition neben der Straßendemokratie die letzte Nische politischer Aktivität darstellen. *De facto* unterschieden sich die Parteien hinsichtlich ihrer Kompetenzen und Aktionsmöglichkeiten seit dem Verfassungsreferendum nicht mehr von den NGO. Dementsprechend war es auch nicht verwunderlich, dass Präsident Lukaschenka 1997 den sogenannten dritten Sektor – neben dem Westen, welcher der Verfassung von 1996 die Anerkennung verweigerte – als neues Feindbild entdeckte. Um den Einfluss der unabhängigen NGO zu beschränken, initiierte der Präsident zum

17 Sahm, Astrid: Ohne Garantie: Menschenrechte in Belarus. In: Arnim, Gabriele von u.a. (Hrsg.): Jahrbuch Menschenrechte 2000. Frankfurt am Main 2000, S. 189 – 197.

einen die Gründung von systemloyalen, scheinselbständigen Organisationen, wie die Belarussische Patriotische Jugendunion (BPSM). Zum anderen war er bestrebt, die Tätigkeit der als oppositionell eingeschätzten NGO einzuschränken. Besonderes Aufsehen erregten dabei im Jahre 1997 die Versuche, das Minsker Büro der Soros-Stifung, die Stiftung »Den Kindern von Tschernobyl« und das profilierte Forschungszentrum »Ost-West« mit Hilfe von Finanzüberprüfungen und hohen Steuerforderungen an der Ausübung ihrer Tätigkeit zu hindern. Mit Ausnahme der Soros-Stiftung konnten jedoch alle Organisationen nicht zuletzt dank großer internationaler Solidarität ihre Tätigkeit, wenn auch z.T. unter anderem Namen, fortsetzen.[18]

In den Jahren 1995–1999 lässt sich somit ein schrittweiser Machtausbau von Präsident Lukaschenka hin zu einer weitgehenden Ein-Personen-Herrschaft beobachten, der auch die Wirtschaftspolitik nicht unberührt ließ. Während in der ersten Etappe noch Reformansätze zu beobachten waren, die zu einer Kreditzuteilung durch den IWF führten, kam während der zweiten Etappe die Privatisierung weitgehend zum Stillstand; in der dritten Etappe wich sie einem Dirigismus durch Wirtschaftsdekrete, der sich selbst gegen russische Reformwünsche weitgehend immunisierte. Die als »Marktsozialismus« propagierte Wirtschaftspolitik des Präsidenten ist aber auch nicht auf eine Rückkehr zur Planwirtschaft gerichtet, sondern zielt darauf, über staatliche Regulierung und systemimmanente Korruption die Wirtschaft des Landes in das präsidiale Machtsystem einzuordnen, den Machtapparat zu finanzieren und die Loyalität der Clans im Umfeld des Präsidenten sicherzustellen.[19]

Langfristige Reformperspektiven

Obwohl sich die autoritäre Machtentfaltung Lukaschenkas zu einem großen Teil Manipulationen, Einschüchterung, Repressionen und Medienkontrolle verdankt, konnte sich der Präsident in den vergangenen Jahren auch stets darauf verlassen, eine Mehrheit der Bevölkerung hinter sich zu haben. Selbst unabhängige Meinungsumfragen attestierten ihm eine Unterstützung zwischen 40 und 50 Prozent. Dabei lässt sich in der Wählerschaft eine Spaltung zwischen Stadt und Land sowie zwischen den Generationen feststellen. Das Elektorat Lukaschenkas sind vor allem die Kriegsgeneration und die Landbevölkerung, die sich durch sowjetische Ideale, Gleichheitsdenken und Genügsamkeit auszeichnen. Sie unterstützen

18 Vgl. Human Rights Watch, Republik of Belarus. Crushing Civil Society (August) 1997.
19 Mildner (wie Anm. 2), S. 4.

eine starke Einpersonenherrschaft, ohne jedoch zu radikale Maßnahmen, wie z.B. eine vollständige Abschaffung des Parlaments, zu billigen. Unterstützt wurde die Zustimmung zum Präsidenten durch das so genannte »Wirtschaftswunder« der Jahre 1996 und 1997 mit Wachstumsraten von bis zu 10 Prozent. Diese verdankten sich freilich einer Aufzehrung der noch aus sowjetischen Zeiten vorhandenen Ressourcen durch administrative Methoden, insbesondere durch eine inflationäre Kreditvergabe im Bausektor.[20]

Spätestens mit der russischen Finanzkrise im August 1998 wurde die Brüchigkeit der wirtschaftspolitischen Erfolge Lukaschenkas offensichtlich. Bei einer Inflationsrate von über 250 Prozent und steigenden Lebenshaltungskosten sank der Durchschnittslohn zwischenzeitlich auf unter 40 US-Dollar, während der Schwarzmarkt angesichts der staatlichen Devisenkontrolle aufblühte. Diese drastische Verschlechterung der Lebenssituation hatte einen spürbaren Wertewandel in der Bevölkerung zur Folge. So gaben im Herbst 1998 bei unabhängigen Meinungsumfragen nur 11,4 Prozent der Befragten an, der bisherige Wirtschaftskurs der Regierung ermögliche einen Ausweg aus der Krise. Und im Herbst 1999 sagten über 50 Prozent der Befragten, die wirtschaftlichen Änderungen in der Republik gingen nicht in die richtige Richtung. Gleichzeitig wurde eine insgesamt positive Einstellung zu Privatisierungsmaßnahmen erkennbar, die allerdings durch eine hohe Befürwortung von Preiskontrollen konterkariert wurde.[21]

Obwohl damit der Wunsch nach Veränderungen deutlich zum Ausdruck kommt, ist insgesamt weiterhin ein diffuses und ambivalentes Bewusstsein in der Bevölkerung dominant. Ihr aktives Protestpotenzial ist niedrig, was u.a. durch den hohen Grad an Subsistenzwirtschaft zu erklären ist. Vor allem aber fehlt der Bevölkerung für die durchaus vorhandenen Veränderungswünsche die geeignete Alternative zum amtierenden Präsidenten. So sank im Jahr 2000 zwar die Zustimmungsumfrage zu Lukaschenka erstmals deutlich unter die 40-Prozent-Marke, gleichwohl bewegte sich das »Rating« der Führungspersonen aus der Opposition in der Regel maximal um fünf Prozent. Gleichzeitig gaben über 50 Prozent der Bevölkerung im Vorfeld der Parlamentswahlen an, sich für keinen Kandidaten entscheiden zu können, und trafen ihre Entscheidung erst im letzten Moment.[22]

---

20 Manaev, Oleg: Po tonkomu l'dju. Sociologičeskij portret elektorata Aleksandra Lukašenko [Auf dünnem Eis. Soziologisches Porträt des Elektorats von Aleksander Lukaschenka]. In: Materialy prezentacii belorusskoj associacii fabrik myslej. Minsk 1997, S. 44–56.

21 Wardomackij, Andrej: Popularität Lukaschenkos steigt trotz Krise. In: BELARUS-NEWS, Nr. 4, Winter 1998, S. 11–12; ders.: Umfrage für die International Financial Cooperation vom 20.9.-3.10.1999.

22 Rozumilowicz, Beata: Politischer Veränderungswille ohne geeignete Akteure. In: BELARUS-NEWS, Nr. 11, Herbst 2000, S. 11, 14.

Die zentrale Schwäche der antipräsidialen Opposition, die sich aus unterschiedlichen nationalen, liberalen, sozialdemokratischen und kommunistischen Kräften zusammensetzt, besteht folglich in dem Fehlen einer populären Führungsfigur und einer eingängigen programmatischen Alternative. Selbstverständlich ist die Opposition durch den fehlenden Zugang zu den Massenmedien gehemmt, doch ist ihre Schwäche in den ländlichen Regionen auch durch unzureichende Basisarbeit vor Ort zu erklären, insbesondere in den Jahren vor 1999. Auffallend ist, dass einige Politiker, wie der langjährige BNF-Führer Paznjak, bis heute kontinuierlich ein ihr positives Image übersteigendes Negativimage haben. Hieraus folgt, dass die Opposition eigentlich nur mit neuen Gesichtern diese Wähler für sich gewinnen könnte.

Sämtliche Versuche, eine einheitliche Strategie der Opposition im Kampf gegen Lukaschenka zu entwickeln, waren freilich bisher nicht erfolgreich. Die Unfähigkeit der Opposition zu koordinierten Handlungen zeigte sich exemplarisch bei der Durchführung alternativer Präsidentschaftswahlen im Mai 1999, die z.T. als reale Wahlen, z.T. als symbolische Aktion geplant wurden. Mit der Verkündigung eines unrealistischen Wahlergebnisses durch den Wahlleiter Wiktor Hantschar wurden diese Wahlen vollständig diskreditiert. Ihr wichtigstes Ergebnis war, dass die Chancen des ehemaligen Premierministers Michail Tschyhir, der sich der Wahlaktion als Kandidat zur Verfügung gestellt hatte, für die nächsten offiziellen Präsidentschaftswahlen erheblich geschmälert wurden.[23]

Infolge der Verhandlungsinitiative der OSZE stimmte die Opposition im Sommer 1999 immerhin der Strategie zu, auf eine Rückkehr zur 1994-er Verfassung zu verzichten und sich auf eine Demokratisierung der 1996-er Verfassung einzulassen. Zudem gründeten die wichtigsten Oppositionsparteien auf OSZE-Drängen einen Koordinationsrat. Gleichwohl zeigte die Fähigkeit der Opposition zur geschlossenen Haltung und zum gelebten Pluralismus bereits bei der Verhandlungsvorbereitung enge Grenzen, obwohl die Verhandlungen ein halbes Jahr später hauptsächlich am fehlenden politischen Willen von Präsident Lukaschenka scheiterten. An dem vom Präsidenten im Frühjahr 2000 ohne die OSZE inszenierten gesellschaftlichen Dialog nahmen die Oppositionsparteien mehrheitlich ebenso wenig teil wie an den Parlamentswahlen im Oktober 2000. Durch den Teilboykott – einige Parteien und Einzelpolitiker entschlossen sich ungeachtet der internationalen Standards nicht entsprechenden Wahlbedingungen zur Teilnahme – spielte die Opposition jedoch vor allem dem Präsidenten in die

---

23 Wieck, Hans-Georg: Präsidentschaftswahlen der Opposition bringen keine Wende. In: Belarus-News, Nr. 6, Sommer 1999, S. 5 – 6.

Hände, da sie es erneut versäumte, sich der Bevölkerung als reale Alternative darzustellen.[24]

Im Ergebnis der von der OSZE nicht als frei und fair anerkannten Wahlen gelangten weniger als eine Handvoll Oppositionspolitiker in das Parlament, obwohl Meinungsumfragen den Oppositionsparteien bis zu 30 Prozent der Stimmen signalisiert hatten. Bei einer umfassenden Teilnahme hätte sich daher selbst unter den gegebenen Wahlbedingungen eine größere Oppositionsrepräsentanz im Parlament erzielen lassen. Vor diesem Hintergrund sind auch die Chancen, dass sich die Opposition auf einen gemeinsamen Kandidaten für die Präsidentschaftswahlen im September 2001 einigt und unter wohl kaum verbesserten Bedingungen einen erfolgreichen Wahlkampf führen kann, als äußerst gering einzuschätzen.

Eine Rückkehr des Landes zu Demokratie und Marktwirtschaft ist folglich nicht über einen kurzfristigen politischen Kompromiss der politischen Eliten oder einen Wahlsieg der Opposition bei den Präsidentschaftswahlen, sondern nur langfristig denkbar. Wichtigste Akteure dieses Prozesses dürften die Nichtregierungsorganisationen als Träger von Zivilgesellschaft durch Aufklärung von unten, Entwicklung von Eigeninitiative etc. sein. Die Wirkung der NGO wird in Belarus allerdings begrenzt durch ihre Politisierung von Seiten der Opposition und Staatsmacht sowie durch die staatliche Überregulierung der NGO-Szene mittels Neuregistrierungsauflagen, Kontrollen etc. So gab es in Belarus Ende 1996 etwa 2.500 NGO, von denen sich etwa 200 in der politisch profilierten »Versammlung der demokratischen NGO« zusammengeschlossen hatten. Infolge der Neuregistrierung im Jahre 1999 ging die Zahl auf etwa 1.500 zurück, wobei mehr als die Hälfte der NGO in Minsk registriert ist.[25] Auch hier ist also, wenn auch in geringerem Maße als bei den Parteien, eine Vernachlässigung der Regionen festzustellen. Zu betonen ist, dass es im dritten Sektor von Belarus erstaunlich viele internationale Projekte gibt, die auf der Mikroebene einen wechselseitigen Kulturtransfer ermöglichen. Freilich ergeben sich aus der internationalen Kooperation auch zahlreiche Gefahren, die zu Lasten einer kontinuierlichen Basisarbeit gehen können und die NGO anfällig für die Feindbild-Stilisierung des offiziellen Propagandaapparats machen.

---

24 Lindner, Rainer; Astrid Sahm: »Dialog« ohne Dialog vor »Wahlen« ohne Wahlen. Belarus' am Vorabend der Parlamentswahlen. In: OSTEUROPA 9/2000, S. 991–1003.

25 Ergebnisse der Neuregistrierung. In: BELARUS-NEWS, Nr. 8, Winter 1999, S. 12.

Die Bedeutung Polens für die innere Entwicklung von Belarus

Die belarussischen Beziehungen zu Polen lassen sich ebenso wie die zu Russland nicht einfach als außenpolitische Beziehungen beschreiben, sondern haben eine besondere innenpolitische Dimension. Dies lässt sich nicht zuletzt auf die zeitweilige Zugehörigkeit belarussischer Gebiete zu polnisch und russisch geprägten Staatsverbänden erklären. Die nationale Identität der Belarussen hatte sich nur mühsam in Abgrenzung von Polen und Russen herausbilden können. Vielmehr wurden über lange Zeit Angehörige der orthodoxen Konfession pauschal für Russen und der katholischen für Polen gehalten. Bis heute lässt sich in Belarus die Zuordnung konkurrierender Projekte politischer Kultur und nationaler Eigenstaatlichkeit nach historischen Koordinaten beobachten. Dabei herrscht eine dichotomische Unterscheidung zwischen einem prorussischen kollektiven Projekt und einem propolnischen bzw. prowestlichen aktiven Rechtskulturprojekt vor, das an historische Traditionen der polnischen Zeit anknüpft. Letztere wurden allerdings seit den Teilungen Polens durch das zaristische Russland und später durch die sowjetische Vorherrschaft marginalisiert. Eine propolnische Ausrichtung wird daher in der Regel bis heute als eine antirussische Haltung wahrgenommen.[26]

Die Beziehungen zu Polen werden auch dadurch erschwert, dass bis heute keine gemeinsame öffentliche Aufarbeitung der belastenden historischen Erinnerungen, wie z.B. an die Piłsudski-Zeit, stattgefunden hat. Noch am 3. Mai 1996 sagte beispielsweise der damalige Vorsitzende des 13. Obersten Sowjets Semjon Scharezki vor dem Parlament: »Niemals in der Geschichte wurde das belarussische Volk von ganz Polen unterstützt. Es war eher immer umgekehrt. Diejenigen, die in den Bezirken von Westbelarus leben, können von den ›Freiheiten‹ wissen, die es auf dem von den Truppen Piłsudskis besetzten Gebiet von Belarus gab.«[27] Bereits während der Amtszeit von Stanislau Schuschkewitsch, als sich die Beziehungen zwischen Belarus und Polen insgesamt positiv entwickelten, gab es in der politischen Führung Angst vor einer Polonisierung der westlichen Grenzregionen mit ihrer starken polnischen Minderheit angesichts des polnischen Engagements für die dortige katholische Kirche. Auf der Alltagsebene lassen sich jedoch nur latente Spannungen im Verhältnis der belarussischen Bevölkerung zur polnischen Minderheit feststellen.[28]

---

26 Bugrova (wie Anm. 6).

27 Dajte deneg i ostav'te v pokoe [Gebt Geld und laßt uns in Ruhe]. In: BELORUSSKIJ RYNOK 1996, Nr. 18, 6.-12.5.

28 Vgl. Chakvin, Igor'; Tadeush Novogrodskii: Present-Day National Inter-Ethnic Relations in the Republic of Belarus. In: Segbers, Klaus; Stephan De Spiegeleire (Hrsg.):

Angesichts dieses Konkurrenzverhältnisses, das sich auch auf die Grenzregion Białystok erstreckte, war selbst bei der national orientierten Belarussischen Volksfront lange Zeit ein z.T. ambivalentes Verhältnis zu Polen festzustellen. Seitdem Polen jedoch die Ergebnisse des belarussischen Verfassungsreferendums vom November 1996 nicht anerkannt hat, hat das Land für die belarussische antipräsidiale Opposition eine erhebliche Bedeutung als Vorbild und als Zufluchtsland gewonnen. Dementsprechend ist das Polen-Bild der Opposition heute wieder fast ausschließlich positiv, zumal in Polen wichtige zivilgesellschaftliche Projekte, wie z.B. der belarussische Sender »Radio Racja«, gefördert werden.

Auch der polnische Sejm hat die Position der belarussischen Opposition in mehreren Resolutionen unterstützt. Vertreter des noch agierenden 13. Obersten Sowjets wurden in den letzten Jahren auf der Ebene von Exekutive und Legislative empfangen. Dementsprechend gespannt entwickelten sich die Beziehungen zur belarussischen Führung, die der polnischen Seite Einmischung in die inneren Angelegenheiten vorwarf, gleichzeitig aber - ungeachtet der offenen Kritik am NATO-Beitritt Polens - auf eine Wiederbelebung der offiziellen Kontakte hoffte. Deutlich zeigte sich dies in dem Konflikt um die Anwesenheit des polnischen Außenministers Geremek in seiner Eigenschaft als OSZE-Vorsitzender bei der offiziellen Eröffnung der OSZE-Beobachtungs- und Beratungsgruppe in Minsk im Februar 1998. Eine besondere Rolle Polens in den Vermittlungsbemühungen der OSZE ist daher nicht denkbar. Darüber hinaus reagierte die belarussische Führung auf die Verschlechterung der offiziellen Beziehungen auch mit verstärkten Repressionen gegen die polnische Minderheitenorganisation in Belarus, die über längere Zeit als ein enger Kooperationspartner der Belarussischen Volksfront agierte.[29]

Das belarussische Regime ist zudem aus Gründen der eigenen Legitimation gezwungen, das sozial-ökonomische Konkurrenzmodell Polen in den Augen der eigenen Bevölkerung als nachteilig darzustellen, indem es die Schattenseiten der polnischen Transformation in den Vordergrund zu stellen versucht. Diese Propaganda hat allerdings Meinungsumfragen zufolge ebenso wenig Erfolg wie die Agitation gegen die NATO-Osterweiterung. So sehen 57 Prozent im NATO-Beitritt Polens keine Gefahr für Belarus, und 54 Prozent der Bevölkerung meinen, Polen habe den richtigen Entwicklungsweg gewählt.[30]

Post-Soviet Puzzle: Mapping the Political Economy of the Former Soviet Union. 4 Bde. Baden-Baden 1995, Bd. 4, S. 139 – 165.

29 Karbalevic, V.I.: Mesto Pol'ši v politike Belarusi [Der Platz Polens in der Politik von Belarus]. In: Zaiko, Leonid (Hrsg.): Nacional'no-gosudarstvennye interesy Respubliki Belarus'. Minsk 1999, S. 209 – 251.

30 Lysjuk, A.; M. Sokolsovskaja: Sovremennaja Pol'ša v predstavlenijach belorusov [Das

Darüber hinaus ist Polen für die belarussische Bevölkerung insbesondere der westlichen Gebiete ein überlebenswichtiges Kleinhandelsgebiet: Bei 42 Prozent der Kontakte dient der Besuch in Polen kommerziellen Zwecken. Die zu erwartende Verschärfung des Grenzregimes wird daher von der belarussischen Bevölkerung mit Sorge betrachtet. Immerhin 40 Prozent sprechen sich sogar für die Einführung von Visa mit Russland aus, wenn in diesem Falle die Grenze zu Polen offen bleiben würde. Der Austausch mit Polen unterstützt dabei offensichtlich die Entwicklung von marktwirtschaftlichem Denken in Belarus, wirkt sich jedoch kaum auf die politische Einstellung und Aktivität der Bevölkerung aus.

Durch grenzübergreifende Kooperation auf regionaler Ebene – insbesondere mit dem Brester Gebiet – kann Polen zudem die Entwicklung kommunaler Selbstverwaltung in Belarus unterstützen. In diesem Bereich wären insbesondere die Potenziale von Freihandelszonen und Euroregionen stärker auszuloten. Allerdings dürften die Handlungsmöglichkeiten angesichts der zur Verfügung stehenden polnischen Kapazitäten und des Vorrangs der Ukraine für die polnischen Aktivitäten eher begrenzt sein. Auch gesamtwirtschaftliche Reformanstöße sind nur bedingt zu erwarten, da die ökonomische Interdependenz in den letzten Jahren mit einem Anteil am belarussischen Handelsvolumen von drei bis vier Prozent äußerst niedrig war.

Resümee

Die entscheidenden Weichenstellungen für die Entwicklung einer autoritären Ein-Personen-Herrschaft unter Präsident Lukaschenka wurden bereits in den Jahren vor seinem Amtsantritt gestellt. Auffallende durchhaltende Konstante ist dabei die offensichtliche Unfähigkeit der politischen Eliten, einen tragfähigen Grundkonsens herzustellen, der eine konstruktive Kooperation im Rahmen der bestehenden Institutionen erlaubt hätte. Stattdessen schufen sie mit der 1994-er Verfassung ein System, das keine ausreichenden Mechanismen für die Regulierung von Konflikten zwischen den politischen Gewalten enthielt.

Gleichwohl war die erfolgte Machtentfaltung des belarussischen Präsidenten nicht unvermeidlich. Insbesondere der letztliche Erfolg der Parlamentswahlen im Jahre 1995 und der beträchtliche Widerstand des 13. Obersten Sowjets gegen das gesetzwidrige Verfassungsreferendum zeigten, dass ein Demokratisierungspoten-

moderne Polen in den Augen der Belarussen]. In: Analyticeskij Bjulleten' Belorusskich Fabrik Myslej 2000, Nr. 2, S. 32–37.

zial im Lande besteht. Innerhalb der Bevölkerung findet zudem ein nicht mehr zu übersehender Wertewandel statt.

Die Politik der europäischen Organisationen, die sich auf eine Begrenzung der offiziellen Kooperation mit dem offiziellen Minsk bis zur Lösung der belarussischen Verfassungskrise festlegte, konnte hingegen in den vergangenen Jahren keine substantiellen Fortschritte erreichen. Im Interesse einer Stabilisierung der belarussischen Eigenstaatlichkeit ebenso wie der gesamteuropäischen Sicherheit sollten sie jedoch ihre Kooperationsangebote erweitern, um insbesondere den Transformationsprozess auf der Mikroebene zu unterstützen. Deutschland und Polen, die auf unterschiedlichen Ebenen wichtige Partner von Belarus darstellen, können hierbei eine Schlüsselrolle spielen.

12/2000

Elżbieta Smułkowa

Belarussische Staatlichkeit heute

Nach dem Zusammenbruch der Sowjetunion und der Proklamation des unabhängigen Staates »Republik Belarus« (25.8.1991) ergaben sich neue Möglichkeiten für bilaterale partnerschaftliche Beziehungen von Staat zu Staat zwischen Polen und Belarus. Diese Möglichkeiten wurden auch genutzt. Polen hat als eines der ersten Länder die Unabhängigkeit von Belarus anerkannt (3.9.1991) und diplomatische Beziehungen aufgenommen.

Am 7. Mai 1992 nahm die polnische Botschaft in Minsk ihre Arbeit auf. Die Jahre 1992–1994 waren von reger Gesetzgebungstätigkeit geprägt – der Schaffung der rechtlichen Grundlagen für bilaterale Beziehungen auf Regierungs- und Ministerebene sowie für Zusammenarbeit im Rahmen internationaler Organisationen.

Ein Abkommen über Freundschaft und gutnachbarliche Zusammenarbeit und etwa vierzig weitere Verträge und Übereinkommen wurden unterzeichnet. Es fanden viele Besuche auf höchster Ebene statt, eine parlamentarische Zusammenarbeit wurde aufgenommen. Die gemeinsamen wirtschaftlichen Unternehmungen wurden verstärkt. Der Handel entwickelte sich. Die beiderseitigen Vorteile aus der Zusammenarbeit wurden, insbesondere in den Grenzregionen, schnell sichtbar.

All das geschah nicht ohne Hindernisse, sondern durch mühselige Verhandlungen und manchmal begleitet von aggressiven Attacken seitens der Presse (es kam zu Anti-AK-Kampagnen[1] während der Auszahlung von Unterstützungsleistungen an Bürger der Republik Belarus, die sich während des Zweiten Weltkrieges den polnischen Streitkräften angeschlossen hatten; man versuchte in Zusammenhang mit dem Beitritt Polens zur NATO Ängste zu schüren, indem Polen als Vorhut der angeblich Belarus bedrohenden Streitkräfte des Nordatlantikpaktes dargestellt wurde; man behinderte z.B. die Restaurierung von Soldatenfriedhöfen und anderen nationalen polnischen Gedenkstätten).

Im Großen und Ganzen haben polnische Politiker die Möglichkeit, mit Belarus, Litauen, Russland und der Ukraine bilaterale Beziehungen auf partnerschaftlicher Grundlage zu gestalten, sehr positiv aufgenommen. Auch in der Bevölkerung beiderseits der Staatsgrenze war das Echo positiv. Viele ernsthafte internationale Probleme wurden gelöst (z.B. der Abzug der sowjetischen Truppen

1 AK – Armia Krajowa, die polnische Heimatarmee im Zweiten Weltkrieg.

aus Polen, die Anerkennung der Wahrheit über das Verbrechen von Katyn, der rechtliche Status der polnischen Minderheit in Belarus u.a.).

Es hatte den Anschein, als ob der in Belarus begonnene Prozess, einen unabhängigen Staat auf demokratischer Grundlage aufzubauen, fortschreiten würde.

Die Entstehung des Staates »Republik Belarus« als objektiven Wert für das Volk wusste indes hauptsächlich die Opposition um die BNF (Belarussische Nationale Front) zu schätzen, die an die Ausrufung der Belarussischen Volksrepublik (BRL) im Jahre 1918 anknüpft, sowie einige wenige Vertreter der zentralen und regionalen Regierungen mit dem Parlamentsvorsitzenden Stanislau Schuschkewitsch an der Spitze. Auf diese Gruppe von Parlamentariern ist zurückzuführen, dass die Staatsbezeichnung und die Einführung der nationalen Symbole aus der Tradition des Großfürstentums Litauen – das Pahonia-Wappen und die weiß-rot-weiße Flagge (horizontale, gleich breite Streifen) – sowie die rechtliche Sanktionierung der belarussischen Sprache als Amtssprache beschlossen wurde.

Auch ein Projekt zur Reform der Selbstverwaltung wurde angestoßen, fand jedoch im Parlament keine Mehrheit. Die sich verstärkende ökonomische Krise nach dem Zerfall der zentral gelenkten sowjetischen Wirtschaft, deren Ablösung durch eine konsequente Marktwirtschaft ausblieb, wurde geschickt ausgenutzt, um die Gesellschaft von demokratischen Reformen abzubringen und stattdessen die Losung von der Notwendigkeit eines engen wirtschaftlichen Verbundes mit Russland auszugeben.

Erstes deutliches Anzeichen dafür, dass die Initiativen der belarussischen demokratischen Opposition im Obersten Sowjet der Republik Belarus gebremst wurden, war der Umstand, dass 1992 keine Volksabstimmung über die Frage vorgezogener Parlamentswahlen zugelassen wurde. Und dies, obwohl die hierfür vorgesehenen Bedingungen (Sammlung einer gesetzlich vorgeschriebenen Anzahl von Unterschriften durch die BNF) mehr als erfüllt waren. Die Absetzung von Stanislau Schuschkewitsch als Parlamentsvorsitzendem (Januar 1994) war ein weiterer Schritt in dieselbe Richtung.

Die Präsidentschaftswahlen und die Verabschiedung der Verfassung (15.3.1994), die den Präsidenten als Staatsoberhaupt und Chef der Exekutive legitimiert, waren geplant worden im Hinblick auf einen Sieg des früheren Premiers Wjatscheslaw Kebitsch, der Anhänger einer engen Wirtschaftsunion mit Russland war. Der Wahlsieg Alexander Lukaschenkas (10.7.1994) war sicherlich das Ergebnis verschiedener aufeinander treffender Faktoren; er kann jedoch als Protest der Wähler gegen die korrupte sowjetische Nomenklatura und ihre Politik verstanden werden. Er war auch ein Beweis für die Schwäche der nach der Auflösung der KPB entstandenen politischen Parteien, denn die Wahlkampagne Lukaschenkas stützte sich auf populistische Parolen gegen Korruption und vertrat bewusst keine Parteipositionen.

Die Machtfülle des Präsidenten und die geschickte Einsetzung seiner Vertreter auf allen lokalen Ebenen (die präsidiale Vertikale) wurden schnell zur entscheidenden Machtinstanz im Staat, die sowohl die Tätigkeit der Regierung (z.B. die Nichtbeachtung des von der Regierung erlassenen Antikrisenprogramms durch das Verbot der Freigabe von Lebensmittelpreisen) als auch die des Obersten Sowjets einschränkte.

Auf der Grundlage des Referendums vom 14. Mai 1995, dem eine intensive und gewiefte Propaganda-Aktion vorausgegangen war, wurde auf sehr geschickte Weise, u.a. durch suggestive Fragen (z.B.: »Bist du für die Gleichstellung der russischen und der belarussischen Sprache als Staatssprache?«, was durch den deutlich häufigeren Gebrauch des Russischen die Dominanz der russischen Sprache als Amtssprache legitimierte), die Vorherrschaft national-belarussischer Attribute wie Amtssprache, Wappen und Flagge eingeschränkt. Es wurden Symbole eingeführt, die den zur Sowjetzeit gültigen ausgesprochen ähnlich sahen. Der Präsident erhielt zudem die Möglichkeit, im Falle »einer Verletzung des Grundgesetzes durch das Parlament« den Obersten Sowjet aufzulösen.

Die Außenpolitik der Republik Belarus vollführte in der Zwischenzeit den Balanceakt zwischen einerseits der Aufnahme diplomatischer Beziehungen mit den Ländern der Welt, der Gründung eigener Botschaften und der Anerkennung ausländischer diplomatischer Vertretungen (über 30 Akkreditierungen mit Sitz in Minsk sowie eine bestimmte Anzahl von Botschaftern, die zugleich Funktionen in anderen Ländern, hauptsächlich in Polen und Russland, ausüben), dem Grundsatz der Gleichrangigkeit der politischen Beziehungen mit allen Nachbarstaaten und andererseits der starken Abhängigkeit von der russischen Außenpolitik. Im Verhältnis zu Polen konnte man in der Politik von Belarus schon 1993 beobachten, dass im Vergleich zum Vorjahr die Kontakte zurückgingen – eine Tendenz, die sich in den darauf folgenden Jahren deutlich verstärkte.

Zur Zeit herrscht in Belarus ein autoritäres Präsidialsystem. Präsident Lukaschenka vereinigt alle Macht in einer Hand und stützt sich dabei auf das Referendum zur Verfassung vom 24. November 1996, auf dessen Grundlage er seine Amtszeit um sieben Jahre verlängert hat. Den Ergebnissen des Referendums wurde vom Europarat wegen Nichteinhaltung demokratischer Wahlverfahren die Anerkennung versagt. Gemäß der Verfassung der Republik Belarus aus dem Jahre 1994 war die Amtszeit des Präsidenten 1999 abgelaufen. Die von der Opposition unternommenen Versuche, Neuwahlen zu organisieren, sind im Sande verlaufen. Semjon Scharezki, der rechtmäßige Vorsitzende des Obersten Sowjets der Republik Belarus, dem die Opposition die Funktion eines Staatsoberhauptes zuspricht, ist nach Wilna und später in die USA emigriert. Die Parlamentswahlen 2000 wurden von der Opposition wegen Nichtbeachtung der Antrittsbedingungen (z.B. Demokratisierung der Wahlordnung und Zugang der Opposition zu Massenmedien) durch den Präsidenten boykottiert und als die »bisher undemokratischsten« bezeichnet.

Auch die lokalen und internationalen Beobachter der letzten Präsidentenwahlen in Belarus (4.-9.9.2001) vermeldeten eklatante Verstöße gegen demokratische Wahlbedingungen.[2] Im Bericht der OSZE liest sich dies wie folgt: »Die belarussischen Wahlen erfüllten nicht die internationalen Standards, die es erlauben würden, sie als frei und demokratisch zu bezeichnen.« Dies hielt den Präsidenten jedoch nicht davon ab, selbstzufrieden von einem »eleganten Wahlsieg« zu sprechen (bei einem Fernsehauftritt am Abend des 9.9.2001!).

Die Politiker der demokratischen Länder, darunter Polens, dessen Situation im Hinblick auf die unmittelbare Nachbarschaft sowie die großen nationalen Minderheiten auf beiden Seiten der Grenze eine besondere ist, stehen erneut vor dem Problem, wie sie sich gegenüber dem weiterhin autoritär regierten Belarus verhalten sollen. Der terroristische Angriff auf die Vereinigten Staaten und seine Konsequenzen haben diese Frage etwas aus dem Blickfeld gerückt.

Bevor ich auf die letzten Präsidentenwahlen und ihre Konsequenzen zu sprechen komme, möchte ich auf einige Aspekte eingehen, die zur Charakterisierung und zum besseren Verständnis des heutigen Belarus wichtig sind.

Die wirtschaftliche Situation

Die Belarussische Sowjetrepublik wurde früher scherzhaft »zborny cech SSSR« (dt.: Komplettierungsstelle) genannt. Auf ihrem Territorium existierten nicht wenige Spezialfabriken für Präzisionsmaschinen und -werkzeuge (Elektro-, Rüstungs-, Autoindustrie, polygraphische Industrie mit einer Kartographie auf hohem Niveau und vieles mehr), die in Kooperation mit anderen Republiken als Zulieferer von Rohstoffen und Fertigbauteilen hergestellt wurden. Nach dem Zerfall der UdSSR und dem Verlust einer übergeordneten Entscheidungszentrale gelang es nicht, diese Kooperation aufrechtzuerhalten. Dies ist einer der Hauptgründe für den wirtschaftlichen Niedergang der Republik. Man muss jedoch einräumen, dass ein wirtschaftliches Chaos in Belarus vermieden werden konnte und die Arbeitslosigkeit durch Verkürzung der Arbeitswoche und längere Urlaubszeiten verdeckt ist. Die ineffektive, defizitäre Kolchosenwirtschaft, das Fehlen einer umfassenden Wirtschaftsreform, die mangelnde Rechtssicherheit, die eine wirtschaftliche Zusammenarbeit und den Zufluss fremden Kapitals erschwert, verschärfen diese Krise und bringen Belarus in immer größere Abhän-

2 Siehe z.B. Belaruskaja Perspektywa, Infarmazyjny Bjuleten 7.

gigkeit von Russland, dem Hauptlieferanten von Energieträgern und Hauptabnehmer (ca. 80%) belarussischer Produkte.

Innenpolitik und gesellschaftliche Identität

Der Präsident regiert per Dekret, durch ständige Präsenz auf den Fernsehbildschirmen sowie durch häufige Personalwechsel in führenden Positionen, was den höchsten Beamtenapparat in Unruhe und desto größerem Gehorsam hält. Die Verarmung der Gesellschaft wird kompensiert durch relativ stabile Preise für Grundnahrungsmittel, regelmäßige Lohnzahlungen (bar oder in Naturalien; Letzteres bedeutet, dass z.B. die Arbeiter einer Fabrik für Küchengeräte Kochtöpfe erhalten, die sie später auf Märkten zu verkaufen suchen, die Arbeiter einer Spirituosenfabrik mit Spiritus oder Wodka abgefunden werden usw.) sowie das »gute väterliche Wort«, das die für Misserfolg Verantwortlichen findet und bestraft, diejenigen, die sich um etwas verdient gemacht haben, großzügig belohnt, Erfolge zusichert und eine schnelle Verbesserung der Situation verspricht. Für einen Teil der Bevölkerung (nicht nur den passivsten) ist der Präsident ein Garant dessen, woran sie gewöhnt sind und was man allgemein als »Sowjetkultur« (homo sovieticus) bezeichnen kann. »Das Amt des Präsidenten hat die Stelle des Ersten Generalsekretärs der Partei ersetzt und die Präsidialverwaltung das frühere Zentralkomitee. Erhalten geblieben ist auch die traditionelle Beziehung zwischen Regierung und Gesellschaft«, schreibt Eugeniusz Mironowicz in seinem Buch »Białoruś«.[3] Diese Haltung der Gesellschaft ist verständlich. Das Volk, das leidgeprüft ist durch Krieg, durch die Strapazen und Verfolgungen im Zusammenhang mit der Kollektivierung sowie dem Kampf gegen die »Volksfeinde« in den dreißiger Jahren des 20. Jahrhunderts, ist nicht sehr anspruchsvoll, fürchtet sich vor Veränderungen und schätzt Ruhe über alles: »wenn es nur keinen Krieg gibt«, »wenn es nur nicht schlimmer wird« sind häufig gebrauchte Formulierungen. Um zu überleben, bewirtschaftet man auf dem Land die für den individuellen Bedarf bestimmten genossenschaftlichen Güter. Die Stadtbewohner, die nicht mit Versorgung vom Land rechnen können, bemühen sich um eine »Datscha«, setzen Obstbäume und -sträucher, bauen Gemüse und Kohl für den Winter an. Man muss sich absichern. »Man kann bei uns leben, man muss es nur können«.[4] Aber dies ist nur eine Seite der Medaille.

3 Mironowicz, Eugeniusz: Białoruś. Warszawa 1999, S. 264.
4 Übersetzung aus dem Belarussischen.

Zu beachten ist, dass sich das Stereotyp von den Belarussen als dumpfen Bauern längst überlebt hat. Zum einen gibt es auch auf dem Land Menschen mit höherer oder mittlerer Bildung, können auch einfache Leute eine hohe Kultur, Sensibilität und Weisheit besitzen; sie entziehen sich keineswegs immer der Wirklichkeit durch Flucht in den Alkohol. Zum anderen leben etwa 70 Prozent der belarussischen Bevölkerung in den Städten. Viele von ihnen hegen nach abgeschlossenem Hochschulstudium, hauptsächlich auf dem Gebiet der Mathematik, der Informatik und der Technik, ernsthafte berufliche Ambitionen. Paradoxerweise zeugt davon gerade die Tatsache, dass die Begabtesten das Land verlassen. Die Emigration der besten Köpfe trifft das Land umso stärker, je geringer die Chancen auf ein Leben in Würde und Wohlstand dort sind. Die pseudoideologische Indoktrinierung lastet am stärksten auf den Humanwissenschaften; dennoch haben auch hier belarussische Forscher ihre Verdienste auf dem Gebiet der Objektivierung von Geschichte, der Volkskulturforschung sowie insbesondere der Sprachwissenschaft (z.B. linguistische Geographie und Sprachgeschichte). Es gibt viele künstlerische Talente (im Bereich Poesie, Musik, Malerei, Bildhauerei und vieles mehr). Interessante Entwicklungen können wir in der belarussischen Belletristik verzeichnen. Es bildet sich eine junge, patriotische literarische Avantgarde heraus.

Diese Menschen erwarten von der Welt und insbesondere von den Nachbarn kein Mitgefühl oder Schulterklopfen, sondern Partnerschaft. Sie wollen die Anerkennung, dass sie genauso Europäer sind wie die anderen Bewohner Mittel- und Osteuropas, dass sie ein Recht haben auf einen souveränen Staat und die Wahrung der eigenen kulturellen Werte. Sie sind sich der Tendenz zur Globalisierung bewusst und verstehen die Notwendigkeit, Fremdsprachen zu beherrschen. Sie finden sich nicht ab mit ihrer Isolierung im russischsprachigen Kulturkreis, obwohl die meisten zugeben, dass diese Kultur ihnen am nächsten steht. Sie rechnen mit einer Öffnung von Belarus gleichermaßen nach Osten wie nach Westen. In ihrer großen Mehrheit sind sie Anhänger von Wirtschaftsreformen und sich der Schwierigkeiten, die mit deren Durchführung verbunden sind, wohl bewusst. Ein besonderes Problem stellt für sie die Umstrukturierung der Landwirtschaft dar. Nötig ist eine moderne Konzeption eines einträglichen Genossenschaftswesens mit anfänglich großem Außenkapital. Die entvölkerten belarussischen Landregionen sind zur Zeit nicht imstande, die landwirtschaftliche Produktion durch einfache Privatisierung in Gang zu bringen. Nur vereinzelt gibt es Versuche, farmähnliche landwirtschaftliche Betriebe zu gründen. Angelegenheiten in Zusammenhang mit Grundeigentumsrechten und Ähnlichem verlangen nach einer gründlichen Neuordnung.

Bislang ist die Realität im Inneren des Landes weit entfernt von den oben geschilderten Erwartungen.

Wie verhält sich angesichts dessen der aktivere Teil der belarussischen Bevölkerung? In erster Linie versuchen diese Menschen, möglichst normal zu leben. Sie arbeiten, bilden sich weiter, schaffen sich kleinere oder größere Sphären persönlicher Freiheit. Für Belarus charakteristisch ist sein weites Netz von Nichtregierungsorganisationen (NGO). Wie der Bericht des OSW (Zentrum für Oststudien, Warschau) im Mai 2000 feststellt, sind diese weit stärker ausgebildet als in Russland oder der Ukraine und erstrecken sich bezeichnenderweise auch auf die belarussische Provinz. Einige dieser Organisationen haben sich große Verdienste erworben sowohl um die Herausbildung einer Zivilgesellschaft als auch bei der Entwicklung eines Nationalbewusstseins und werden dementsprechend von der Regierung als Oppositionszentren betrachtet. Sie sind Restriktionen verschiedenster Art, z.B. finanziellen oder organisatorischen, ausgesetzt. Belarussische Bürger dieses Schlages bilden eine passive Opposition oder gründen politische Parteien (die unter den gegebenen Umständen nicht sehr zahlreich und eher unbedeutend sind), sie organisieren patriotische Aufmärsche oder Meetings und nehmen an Demonstrationen teil.

Die formelle politische Opposition wurde völlig aus allen staatlichen Strukturen verdrängt. Sie hat folglich keinen Einfluss auf das Funktionieren des Staates. Die Monopolisierung der Massenmedien durch den Präsidenten macht ihr eine Einwirkung auf die Gesellschaft in größerem Maße unmöglich. Schon 1994 wurden die mit der Opposition sympathisierenden Rundfunkredaktionen »Bielaruskaja maladiożnaja« und »Krynica« geschlossen. Den eher liberalen Tageszeitungen wurde eine scharfe Zensur auferlegt (z.B. weiße Stellen auf den ersten Seiten der Zeitungen nach dem Verbot, die Enthüllungen des Abgeordneten Siarhej Antontschik zum Thema Korruption und illegale Handelstransaktionen durch Personen aus dem Umkreis des Präsidenten abzudrucken). Kurz nach dieser Verordnung des Präsidenten wurde der Chefredakteur der Parlamentszeitung »Narodnaja Hazieta« aus seinem Amt entlassen. 1997 wurde auf Anweisung der Regierung die bedeutendste Oppositionszeitung »Svaboda« eingestellt. Die Tätigkeit der Opposition zeigte sich hauptsächlich in der Organisation von Kundgebungen zur Verteidigung von Demokratie und Unabhängigkeit, die gewöhnlich brutal auseinander getrieben wurden und mit Verhaftungen und Verurteilungen endeten. Sogar während der Demonstration anlässlich des zehnten Jahrestags der für Belarus tragischen Havarie des Atomkraftwerks Tschernobyl (26.4.1986) kam es zu Zusammenstößen mit der Polizei und zu Verhaftungen von Oppositionsführern. Eine gewisse Konsolidierung in den Bemühungen der Opposition und der Tätigkeit einiger staatlicher Organe trat im Frühjahr 1996 ein, als das Verfassungsgericht das Recht des Präsidenten, Verordnungen zu erlassen, als verfassungswidrig bezeichnete und der Vorsitzende des Obersten Sowjets den Präsidenten von Belarus beschuldigte, »eine faschistische Diktatur einführen zu wollen«[5]. Die Situation war äußerst angespannt. Präsident Lukaschenka entließ (am 14.11.) den Vorsitzenden der Zentralen Wahlkommission Wiktor Hantschar. Am 18. November erklärte Premier Michail Tschyhir aus Protest gegen die Wirtschaftspolitik des Präsidenten seinen Rücktritt. Am 22. November 1996 leitete das Parlament von Belarus ein Impeachment-Verfahren wegen mehrfacher Verstöße gegen die Verfassung ein. Dass Lukaschenka von seiner Macht ablassen könnte, erschien Beobachtern der Ereignisse als zu weit vorgegriffen. Hier verdeutlichte sich auch die Haltung der russischen Regierung gegenüber dem Präsidenten von Belarus und seiner Politik. Die nächtelangen Vermittlungsbemühungen von Ministerpräsident Wiktor Tschernomyrdin sowie dem Dumavorsitzenden Genadij Selesnjow, die nach Minsk gekommen waren, brachen den Widerstand der Belarussen, vor allem den des Vorsitzenden des Verfassungsgerichts Walerian Tschichini und des Vorsitzenden des Obersten Sowjets Semjon Scharezki. Am 24. November 1996 fand das bekannte Verfassungsreferendum statt, und am 27. November erließ Präsident Lukaschenka eine Verordnung über die Einberufung eines Abgeordnetenhauses und bestätigte die Liste der 110 Abgeordneten des neuen Parlaments.

Außenbeziehungen

Die folgenden Jahre waren geprägt von einer schrittweisen Stärkung des Bundes zwischen Belarus und Russland sowie einem wachsenden Widerstand der Gesellschaft gegen diesen Prozess – beides verdient eine gesonderte Schilderung und eine tiefergehende Analyse.

Ich erwähne nur die Unterzeichnung des Statuts über die Union zwischen Belarus und Russland durch die Präsidenten beider Länder am 23. Mai 1997 im Kreml sowie die Ratifizierung des Unionsgründungsvertrages zwischen Belarus und Russland durch den Rat der Russischen Föderation und den Rat der Republik Belarus – eines Vertrages, »der beruht auf der Souveränität und Gleichheit der beteiligten Staaten, auf Demokratie und Achtung der Menschen- und Bürgerrechte, auf Zusammenarbeit und gegenseitiger Unterstützung, auf Freiwilligkeit, auf gebührender Erfüllung der gegenseitigen Pflichten sowie auf anderen allgemein anerkannten Grundlagen und Normen des internationalen Rechts«[6]. Der Austausch der Ratifizierungsurkunden erfolgte am 11. Juni 1997. Der Unterzeichnung und Ratifizierung des Vertrages gingen Protestkundgebungen in Bela-

5 Mironowicz (wie Anm. 3).
6 OSW, Wiadomości 97, vom 26.5.1997.

rus sowie ein dem russischen Botschafter in Minsk überreichter Appell der Oppositionsparteien und gesellschaftlicher Gruppierungen an den Präsidenten der Russischen Föderation Boris Jelzin voraus, die »Annexion von Belarus« durch Russland zu verhindern. In dem Appell wurde u.a. aufmerksam gemacht auf die antidemokratische Politik der belarussischen Regierung, auf die Einschüchterung der Bevölkerung, auf Verhaftungen und Durchsuchungen in NGO usw. Es fanden sich dort u.a. folgende Formulierungen: »Russland zeigt sich offen solidarisch mit der Einführung eines diktatorischen Regimes in Belarus [...] Eine Doppelstrategie lässt sich heute nicht mehr verfolgen: Einerseits erklärt Russland, zur Entwicklung der Demokratie beitragen zu wollen, und andererseits fördert es die Zerstörung der demokratischen Grundlagen in Belarus.«[7]

Gewisse Unstimmigkeiten und Missverständnisse zwischen Belarus und Russland, insbesondere vor dem Hintergrund der Einführung einer gemeinsamen Währung mit bloß einer (russischen) Emissionszentrale, hinderten nicht daran, dass im Dezember 1999 in Moskau der Vertrag über die Gründung eines gemeinsamen Bundesstaates anstelle der Union zwischen Belarus und Russland unterschrieben wurde. Dieses Übereinkommen, so kann man dem Bericht des OSW vom Mai 2000 entnehmen, ist angelegt auf die künftige Vereinigung der beiden Staaten, legt jedoch nicht detailliert fest, auf welcher Grundlage ihre Integration vonstatten gehen soll. Der Vereinigungsprozess zielt deutlich darauf ab, dass sich das schwächere Belarus dem russischen Partner unterordnet. Die Regierung in Minsk beteuerte dagegen die Wahrung von Partnerschaftlichkeit und Gleichberechtigung. Am 30. November 2000, als Präsident Lukaschenka wegen der bevorstehenden Wahlen die uneingeschränkte Unterstützung Russlands sowie die Zusage von Stabilisierungskrediten benötigte, kam es zur Unterzeichnung des Vertrages über die Währungsunion (ab 2005 der russische Rubel) und die Errichtung einer gemeinsamen Emissionszentrale. Ungeachtet der sich auf die Verfassung berufenden Proteststimmen von belarussischer Seite wurde das Abkommen endgültig vom Parlament ohne Änderung des Grundgesetzes ratifiziert. Eine von Moskau gelenkte Geldpolitik »bedeutet in der Praxis für Belarus den Verlust eines seiner Attribute staatlicher Souveränität«[8].

Das autoritäre Regime Lukaschenkas und die aufeinander folgenden Rechtsakte, die den Staatenbund zwischen Belarus und Russland gestärkt haben, führten zu einer merklichen Selbstisolierung der Republik Belarus und dadurch zum Verlust der staatlichen Souveränität auf internationaler Ebene. Nach den vom Zentrum für Oststudien erarbeiteten Expertisen zeigen immer weniger Staaten Inter-

---

7 OSW, WIADOMOŚCI 78, vom 25.4.1997.

8 Bericht des OSW vom Mai 2001.

esse an Belarus als selbstständigem Kooperationspartner. So hat z.B. das Ständige Komitee der Parlamentarischen Versammlung der OSZE am 22. Februar 2001 beschlossen, dass der Sitz von Belarus im Parlament bis auf weiteres leer bleibt.

In dieser Isolierung sucht Präsident Lukaschenka Unterstützung für seine Politik bei asiatischen Staaten (Besuche z.B. in China und Nordkorea). Er wendet sich der Ukraine zu: Es wurde ein Vertrag über die Staatsgrenze unterschrieben und über die Grundlagen einer wirtschaftlichen Zusammenarbeit diskutiert. Er entwirft das Bild einer Bedrohung von Seiten der NATO. Er tritt in scharfer Form gegen ihre Erweiterung auf. Seine Wahlkampagne war mit antiwestlichen und antipolnischen Elementen gespickt.

Belarus und Polen

Die Haltung und das Vorgehen von Präsident Lukaschenka sind in Widerspruch geraten zu der früheren Übereinstimmung zwischen Polen und Belarus sowohl im Hinblick auf den strukturellen Umbau der ostmitteleuropäischen Staaten als auch auf die gemeinsame Aufklärungsarbeit angesichts der Geschichtsfälschungen in dieser Region. Die polnische Politik gegenüber der Republik Belarus musste unter diesen Voraussetzungen vorübergehend modifiziert werden. Zwar hat sie nach wie vor eine gute Nachbarschaft, die Unterstützung von Demokratisierung und Selbstbestimmung der Gesellschaft zum Ziel, der politische Dialog und die Kontakte auf höchster Ebene wurden jedoch eingeschränkt. Polen ist als unmittelbarer Nachbar, dessen Grenzen bald die EU-Außengrenzen sein werden, an der Wahrung von korrekten diplomatischen Beziehungen interessiert und unterhält im Nachbarland eine Botschaft, mehrere Konsulate, das Büro eines Handelsrates sowie ein Polnisches Kulturinstitut. Aufrecht erhalten werden auch Kontakte im Bereich Wissenschaft und Forschung: Wissenschaftlicher Nachwuchs wird ausgebildet, Stipendien werden an Studenten aus Belarus vergeben, die in Polen oder an ihrem Heimatort studieren. Auch die Bemühungen um eine Zusammenarbeit im Bereich Wirtschaft und Handel werden fortgeführt, verbunden mit der Schaffung einer entsprechenden Infrastruktur in den Grenzgebieten. Es werden Kurse und Treffen verschiedenster Art veranstaltet, die staatsbürgerliches Bewusstsein fördern sollen, und Führungskräfte für die gesellschaftliche und wirtschaftliche Selbstverwaltung ausgebildet. Es versteht sich, dass ein Teil der oben genannten Initiativen von verschiedenen NGO getragen wird. Sie gehören jedoch auch zur übergeordneten Option polnischer Politik gegenüber Belarus, die auf der Aufrechterhaltung einer guten Nachbarschaft, wirtschaftlicher und kultureller Zusammenarbeit sowie enger zwischenmenschlicher Kontakte beruht. Die Voraussetzungen für diese Kontakte bestehen seit langem. In Belarus leben viele

Polen, in Polen Belarussen. Es gibt viele gemischte Familien. Beide Nationen sind an einer partnerschaftlichen Zusammenarbeit interessiert. Es ist schließlich eine bekannte Tatsache, dass es umso weniger Gelegenheit zur Fälschung von Geschichte und Gegenwart und umso mehr Möglichkeiten zu Verständigung und konkreter Zusammenarbeit gibt, je mehr Kontakte aufgebaut und unterhalten werden.

Zur Zeit besteht meiner Ansicht nach das Grundproblem der polnischen Politik gegenüber Belarus darin, offizielle zwischenstaatliche Beziehungen zu unterhalten und gleichzeitig das autoritäre, menschenrechtsverletzende Regime nicht zu legitimieren. Diese Politik kann man nicht ausschließlich in bilateralen Kategorien betrachten. Sie ist von Bedeutung für die Beziehungen Polens zur Europäischen Union und die künftige politische Rolle Polens in der Union wie auch für die Beziehungen zu Russland. Doch auch mit einer sehr guten und sehr aktiven Politik gegenüber den Ländern östlich unserer Grenze ist Polen alleine nicht imstande, auf deren Demokratisierung Einfluss zu nehmen. Hier ist eine gemeinsame europäische Politik gegenüber Belarus, Russland und der Ukraine vonnöten. Wichtig ist aus unserer Sicht, dass die westeuropäischen Politiker nicht dem Stereotyp einer angeblichen antirussischen Haltung Polens und eines angeblichen Strebens nach dem Aufdrängen seines Einflusses auf die westlichen Nachbarn Russlands aufsitzen.

Wahlkampfatmosphäre

Wieder bezugnehmend auf die wichtigsten Faktoren der innenpolitischen Situation von Belarus vor den Präsidentenwahlen (2001) muss unterstrichen werden, dass die sich verstärkenden Restriktionen von Seiten des um jeden Preis an der Macht festhaltenden Präsidenten in gleichem Maße gesellschaftlichen Widerstand wie auch Protest und Frustration sowie Gefühle von Machtlosigkeit gefördert haben. Die Zweifel daran, ob es der Opposition gelingen könne, angesichts der Auswüchse des autoritären Regiments des Präsidenten und seiner Entourage, denen gegenüber Moskau zumindest ein Auge zudrückt, die Macht zu übernehmen, sind noch stärker geworden. Dies insbesondere, da ein starker Politiker fehlt, der dem allgegenwärtigen Präsidenten Lukaschenka, der etwa 40 Prozent der Bevölkerung hinter sich hat (vor allem unter der älteren Generation und der Landbevölkerung), die Stirn bieten könnte.

Der potenzielle Konkurrent Genadij Karpenko, der weithin bekannt war als erfahrener Unternehmer und Ökonom, als langjähriger Bürgermeister von Molodetschno, als Vizepräsident des Obersten Sowjets der 13. Legislaturperiode, als Vorsitzender des von der Opposition gebildeten Nationalen Exekutivkomitees, als Kandidat für den Vorsitz der Vereinigten Bürgerpartei bei den Oppositionswahlen 1999, ist am 6. April 2001 unter ungeklärten Umständen ums Leben gekommen (Materialien der Helsinki-Stiftung für Menschenrechte).

Die Massenmedien gaben sich sehr viel Mühe, das plötzliche Verschwinden bekannter Politiker herunterzuspielen: General Jurij Sacharenka (7.5.1999), ehemaliger Innenminister, und Wiktor Hantschar (16.9.1999), Rechtsanwalt, aus dem Amt entlassener ehemaliger Vorsitzender der Zentralen Wahlkommission sowie ehemaliger stellvertretender Ministerpräsident zu Beginn der Präsidentschaft Lukaschenkas. Das belarussische Fernsehen übertrug eine Reportage aus Wilna, wo sich Hantschar angeblich befinden soll. Die Presse berichtete ihrerseits, Sacharenka sei in Deutschland gesehen worden, wo sich auch seine Familie aufhalte. Diese Informationen konnten bislang nicht bestätigt werden. Die offiziellen Ermittlungen in dieser Angelegenheit und in anderen Fällen von verschwundenen Personen (z.B. des Geschäftsmanns Anatolij Krasowski am 16.9.1999, des Kameramanns des russischen Senders TV ORT Dmitrij Zawadzki am 7.6.2000) brachten keine Resultate. Die Ehefrauen der Verschwundenen gründeten die Karpenko-Stiftung und appellierten an die internationale Öffentlichkeit (Besuche in Moskau, den Vereinigten Staaten, Frankreich und Polen), sie bei der Suche nach der Wahrheit über deren Schicksal zu unterstützen (Helsinki-Stiftung für Menschenrechte, Warschau, 21.9.2001).

Nicht unerheblich ist, dass Ende November 2000 bei den Führungspositionen der belarussischen Streitkräfte ernst zu nehmende Veränderungen vorgenommen wurden. An die Spitze des Sicherheitsrates trat Ural Latypau, ein intelligenter, gut ausgebildeter Politiker, der kein Belarusse, sondern Mitarbeiter des russischen Spezialdienstes ist. Er übernahm den Platz von Wiktor Schejman, einem engen Mitarbeiter des Präsidenten, der wiederum nach der Entlassung seines Vorgängers das Amt des Generalprokurators innehat. Chef des KGB wurde – nach der Entpflichtung von Wladimir Mazkiewitsch – Oberst Jeryn, ein früherer Mitarbeiter des russischen Spezialdienstes und bis dahin Leiter des Sicherheitsdienstes des Präsidenten.

Unabhängige Kommentatoren bringen diese Veränderungen in Zusammenhang mit den verschwundenen Politikern. Offizielle Informationen sprechen von der Aufdeckung einer »Verschwörung gegen den Präsidenten in den Strukturen der Streitkräfte«[9].

Um den belarussischen NGO, die unabhängige Beobachter für die Wahlkommissionen vorgesehen hatten, ihre Arbeit zu erschweren, erließ der Präsident eine Verordnung, nach der humanitäre Hilfe aus dem Ausland vollständig staat-

9 OSW, Wiadomości 232, vom 5.7.2001.

lich kontrolliert werden sollte (März 2001). Im Falle der Verletzung der in der Verordnung enthaltenen Vorschriften wurde nationalen Organisationen mit Verbot und ausländischen Mitarbeitern mit Ausweisung gedroht.

Am 18. Mai 2001 fand die Allgemeine Belarussische Volksversammlung statt (mit zahlreichen Teilnehmern und in einem sehr feierlichen Rahmen), organisiert von der »präsidialen Vertikalen« zur Unterstützung der Wahl Lukaschenkas.

Eine weitere Verordnung, die die Rechte kleiner Unternehmer und Geschäftsleute beschränken sollte, wurde bekämpft durch gut organisierte Streiks, die insbesondere die Bewohner von Minsk zu spüren bekamen, die an der Haltung der Regierung jedoch nichts änderten.

In der Atmosphäre der oben genannten und vieler anderer Ereignisse bereitete sich die Opposition auf die Wahlen vor und setzte dabei auf die Vereinigung aller, auch der in programmatischer Hinsicht als Randgruppen zu bezeichnenden Oppositionskräfte und die Aufstellung eines gemeinsamen Kandidaten.

Als es nicht gelang, einen Kandidaten zu benennen, willigte der Koordinationsrat der Demokratischen Kräfte in die so genannte Fünferkoalition ein, d.h. es wurden fünf Kandidaten aufgestellt, von denen sich jeder um die Stimmen der Wähler bemühen sollte. Schließlich sollte derjenige Kandidat registriert werden, dem im Wettbewerb mit Präsident Lukaschenka die größten Chancen eingeräumt werden konnten. Es waren dies: Semjon Domasch, aktiver Politiker aus Grodno, ehemaliger Abgeordneter im Obersten Sowjet der 13. Legislaturperiode, Gründer und Vorsitzender der Organisation »Regionales Belarus«, der von der BFN und der Vereinigten Bürgerpartei vorgeschlagen wurde; Wladimir Gontscharik, Vorsitzender der Gewerkschaftsföderation, unterstützt von den Sozialdemokraten; der ehemalige Premier Michail Tschyhir, der ehemalige Verteidigungsminister Pawel Koslowski sowie der Führer der oppositionellen kommunistischen Partei Sergej Koljakin. Die Meinungen über diesen Beschluss des Rates gingen auseinander, doch konnte man ihn als Zeichen von politischem Realismus betrachten.

Noch eine weitere Initiative gilt es zu erwähnen; eine, die vielleicht aussagekräftig ist im Hinblick auf die verschiedenen Versuche, eine Alternative zu dem amtierenden Präsidenten zu finden. Am 21. Mai 2001 wurde die Organisation »Neues Belarus« gegründet, die u.a. die ehemalige Nomenklatura in sich versammelte. An ihre Spitze trat der frühere Landwirtschaftsminister Leonau, der wegen angeblicher Wirtschaftsvergehen lange Zeit in Lukaschenkas Gefängnissen verbracht hatte.

Präsident Lukaschenka blieb Hauptkandidat, obgleich ihm das Unabhängige Institut für Gesellschaftlich-Ökonomische und Politische Forschung auf Grundlage von Meinungsumfragen im April 2001 eine sinkende Popularität (37%) und Michail Tschyhir wachsenden Zuspruch (6,7%) bescheinigte.

Die Wahlen: Verlauf, Ergebnisse, Interpretation

Erst in der zweiten Junihälfte legte das belarussische Parlament den 9. September 2001 als Termin für die Wahlen fest. Über zwanzig Politiker begannen mit ihren Wahlaktionen. Außer Lukaschenka befanden sich unter den bekannteren: Michail Marinitsch, der sich allgemeiner Hochachtung erfreuende ehemalige Minister für wirtschaftliche Zusammenarbeit mit dem Ausland, zur Zeit Botschafter der Republik Belarus in Lettland; Senon Paznjak, Führer der Belarussischen Volksfront »Adradzennie«, die Abgeordnete Natalia Mascherowa, Tochter des populären einstigen Ersten Parteisekretärs in Belarus; die fünf Kandidaten der vereinigten Opposition sowie Wladimir Sinitzyn, der ehemalige Chef des Präsidialbüros. Schon in dieser Etappe setzten rechtswidrige und brutale Aktionen ein, die es einigen Kandidaten, allen voran S. Paznjak, unmöglich machten, die für eine Registrierung im Zentralen Wahlkomitee notwendige Anzahl von Unterschriften zu sammeln.[10]

Letztlich traten drei Kandidaten zur Wahl an: A. Lukaschenka, W. Gontscharik und S. Gajdukewitsch.

Welcher Umstand schließlich dazu geführt hat, dass S. Domasch seine Kandidatur zurückzog, ist nicht bekannt. Er war ein ernst zu nehmender Kandidat, der von Anfang an von der Opposition gestützt worden war. In den Ranglisten, die vor der Wahl in gewissen Abständen aufgestellt worden waren, hatte Domasch einen gewissen Vorsprung vor W. Gontscharik: im April 2,7% zu 1,3%; im Juni 3,1% zu 1,0%; im August 12,4% zu 11,2%. In der Gegenüberstellung mit Lukaschenka im August erreichte Domasch 25,6% der Stimmen (Lukaschenka 49,9%) und Gontscharik 24,4% (Lukaschenka 50,3%).[11] Sicherlich erhoffte sich die Opposition mit der Wahl von W. Gontscharik zum gemeinsamen Kandidaten, dass dieser Funktionär der zentralen Gewerkschaftsorgane in der Endphase der Wahlen eine breitere Unterstützung bei der Nomenklatura fände (auch bei den von dem zunehmend autoritärer agierenden Lukaschenka ins Abseits gedrängten früheren Führungskreisen) und ihm darüber hinaus die Unterstützung der Gewerkschaften sicher sei. Alles weist darauf hin, dass man sich verrechnet hatte. Die national-demokratisch gesinnte Wählerschaft von Domasch unterstützte sicherlich nicht in ihrer Gesamtheit Gontscharik.

Das offizielle Ergebnis der Wahlen, geliefert von der Zentralen Wahlkommission mit der Vorsitzenden Lidia Jermoschin, sah folgendermaßen aus: Luka-

---

10 »Belaruskija Wedamaszi« 6–7/2000.

11 Laut einer Umfrage von Nisepi: http://www.iiseps.by/press-rel02.html.

schenka: 75,65%, W. Gontscharik: 15,65%, S. Gajdukewitsch: 2,48%. Ihre Stimme gaben 83,86% der Wahlberechtigten ab.

Die Möglichkeiten zu einer parallelen Stimmenauszählung durch unabhängige Beobachter wurden so wirksam eingeschränkt, dass man sich nur mit einer gewissen Zurückhaltung auf die am 10. September 2001 in der »Belorusskaja Delowaja Gaseta« veröffentlichten Ergebnisse dieser Zählung berufen kann: Demnach erhielt Lukaschenka 46,7%, Gontscharik 40,8% und Gajdukewitsch 7,1% der Stimmen.

Was wir mit Sicherheit wissen, ist, dass Lukaschenka bei diesen Wahlen auf einen überragenden, für die Opposition vernichtenden Sieg gesetzt und zu diesem Zweck alle Machtmittel ausgenutzt hat: die Streitkräfte (KGB, Miliz, Armee – so fand z.B. ein paar Tage vor den Wahlen das Manöver »Njemen 2001« mit etwa neuntausend Soldaten statt), den Verwaltungsapparat (die zentrale und die untergeordneten Wahlkommissionen sind zu 95 Prozent besetzt von Vertretern der von Lukaschenka abhängigen »Vertikalen«), die Massenmedien, die das Bild vom guten Hausherrn zeichnen, dem warmherzigen Vater der Nation, dem jedes individuelle Leid den Schlaf raubt und der als Einziger geeignet ist, schnelle Abhilfe zu schaffen; die Massenmedien, die zudem die Opposition und ihren Kandidaten Gontscharik in einem schiefen Licht erscheinen ließen, sowie auch die Unterstützung der russischen Regierung. Am Vorabend der Wahlen zeigte die Hauptnachrichtensendung des belarussischen Fernsehens »Panarama« den von mehreren Mitarbeitern umgebenen Präsidenten Putin, dessen Äußerungen zwar mit der Feststellung begannen, die Wahl zum Präsidenten der Republik Belarus sei ausschließlich Angelegenheit des belarussischen Volkes, sich aber darauf reduzieren ließen, dass Lukaschenka Befürworter der Union zwischen Belarus und Russland sei und Russland daran ebenfalls großes Interesse besitze, weswegen er, Putin, eben diesen Kandidaten unterstütze.[12]

In ihrem Abschlussbericht liefert die Internationale OSZE-Wahlbeobachtungskommission eine detaillierte Begründung, weshalb die Präsidentenwahlen in Belarus nicht die internationalen Standards erfüllt hätten, die es erlauben würden, sie als frei und demokratisch zu bezeichnen. Sie betont aber auch positive Aspekte ihrer Beobachtungen: insbesondere die Entstehung einer »pluralistischen Bürgergesellschaft, die grundlegend ist für die Entwicklung demokratischer, verschiedene Gesellschaftsschichten repräsentierender politischer Strukturen«. Ich brauche mich dementsprechend damit nicht länger zu befassen. Es lohnt sich hingegen, einmal darüber nachzudenken, welche Konsequenzen die neue Situa-

12 Eigene Beobachtung, E.S.

tion in Belarus haben wird – und zwar sowohl für das Lager des Präsidenten, der vor neuen Herausforderungen steht, als auch für die »vereinigte Opposition«.

Was die Beziehungen zu Russland betrifft, haben auf kurze Sicht beide Präsidenten erreicht, was sie beabsichtigten: Lukaschenka – Unterstützung bei den Wahlen und die erste Rate des Stabilisierungskredits, Putin – die offizielle Erklärung zur Schaffung eines Bundesstaates und die Ratifizierung des Vertrages über die Währungsunion mit Emissionszentrale in Moskau.

Unmittelbar nach den Wahlen änderte Präsident Lukaschenka die Zusammensetzung der Regierung und berief aktive Berufspolitiker (auch aus dem westlichen Teil von Belarus) hinzu, was nicht nur als Wille zur Stärkung der eigenen Macht, sondern auch zur Stärkung der Staatlichkeit der Republik gedeutet werden kann. Einige belarussische Pressekommentatoren betrachten die Maßnahmen des Präsidenten als Versuch, die »ukrainische Variante« anzuwenden: Der neue Premier (Genadij Nowitzki) wäre demnach eine Übergangsfigur, die einige unpopuläre ökonomische Maßnahmen auszuführen hat und danach durch eine repräsentativere Figur ersetzt wird. Zum Vorsitzenden der Belarussischen Akademie der Wissenschaften wurde (unter Missachtung des Wahlrechts der Akademiemitglieder) der Wirtschaftswissenschaftler und ehemalige Verwaltungschef des Präsidenten, Michail Miaschnikowitsch, ernannt, der u.a. Vizepremier in der Regierung Kebitsch war.

Nach der Wahlniederlage der Opposition tauchen in Belarus viele interessante Ansichten und Analysen auf, die logische Schlussfolgerungen enthalten und perspektivisches politisches Denkvermögen bekunden. Das grundlegende Ziel – die Bewahrung der staatlichen Souveränität und die Übernahme der Regierung durch die Opposition – wird als schrittweise zu erledigende Basisarbeit betrachtet, deren erster Prüfstein die Wahlen zur Selbstverwaltung 2003 sein werden. Unterstrichen wird auch die Notwendigkeit zur Vereinigung der Opposition durch Mobilisierung der Gesellschaft von unten (wie z.B. die tägliche Arbeit in NGO und politischen Parteien) und nicht nur eine gelegentliche Mobilisierung der Führer verschiedener Gruppierungen, wie es in der Vergangenheit der Fall war. Es zeichnet sich die Möglichkeit ab, dass in Zukunft S. Domaschs Organisation »Regionales Belarus« stärker wird Einfluss nehmen können. Diese Organisation verbindet gesellschaftlich-ökonomischen Pragmatismus mit dem Bewusstsein nationaler Besonderheit und dem Bedürfnis nach Entfaltung der kulturellen Werte von Belarus einerseits, mit der Arbeit der Belarussischen Nationalen Front, die ihre Popularität als patriotische, aber nicht extrem nationalistische Bewegung (wie sie von der Regierung dargestellt wird und von einem bedeutenden Teil der Gesellschaft vor den Wahlen angesehen worden ist) zu vergrößern sucht, andererseits. Der bereits erwähnte Bericht der OSZE leistet einen wertvollen Beitrag, die Situation in Belarus besser kennen zu lernen. Es besteht kein Zweifel darüber, dass es zwei einander entgegengesetzte Positionen in diesem Land gibt: einerseits Missbrauch von Macht und andererseits ein wachsendes Bewusstsein der Bürger der Republik Belarus – verbunden mit dem Wunsch nach Demokratisierung des Landes.

Allgemeine Schlussfolgerungen

1. Belarus ist ein kompliziertes Land mit einer zu 80 Prozent ethnisch homogenen, aber unter vielen Gesichtspunkten differenzierten Gesellschaft (u.a. was das Nationalbewusstsein betrifft); ein Land, das seit Jahrhunderten kulturellen Einflüssen aus dem Osten wie dem Westen ausgesetzt ist (das Christentum in byzantinischer und lateinischer Tradition, das kulturelle Erbe des Großfürstentums Litauen und der Polnischen Adelsrepublik, die Teilung des Volkes in einen östlichen und einen westlichen Teil als Folge des Vertrages von Riga[13] und seine Entwicklung unter den jeweils unterschiedlichen Bedingungen Polens und der Sowjetunion); ein Land, das sich in einer beträchtlichen ökonomischen Krise befindet; das – nach Meinung der Opposition – eine wirtschaftliche und eine strukturelle Reform braucht; das sich – nach Meinung des regierenden Präsidentenlagers – dank der Erhaltung der sowjetischen Strukturen einer gesteuerten Wirtschaft in einer stabilen Lage befindet.

2. Unabdingbar für die unabhängige Entwicklung einer belarussischen Eigenstaatlichkeit ist nicht nur die Machtübernahme durch die Opposition, sondern auch der politische Druck der internationalen Öffentlichkeit auf Russland, den Wert der Unabhängigkeit von Belarus anzuerkennen und ein partnerschaftliches Verhältnis zu diesem Land zu suchen. Dies wird äußerst schwierig sein, nicht nur im Hinblick auf die strategischen Interessen der russischen Politik, sondern auch aufgrund des tief verwurzelten russischen Denkmusters, das Belarus als westliche Provinz Russlands betrachtet. Die nach der Teilung durch das zaristische Russland übliche Bezeichnung »Nord-westliches Gebiet Russlands« ist immer noch gebräuchlich. Wie Quellenforschungen (z.B. M. Radwan, I. Matus) belegen, reicht die intensive Russifizierungspolitik in Belarus bis zu den Teilungen der Adelsrepublik im 18. Jahrhundert zurück und hat tiefe Wurzeln geschlagen.

3. Die staatliche Souveränität von Belarus, von Litauen und der Ukraine sowie ihre Öffnung nach Osten und nach Westen liegt im Interesse nicht nur Polens, sondern ganz Europas. Die Souveränität dieser Staaten trägt wesentlich zur Normalisierung der geopolitischen Struktur eines künftigen geeinten Europas bei – eines Europas, in dem Russland die Chance hat, ein wichtiger Partner zu werden

13 Vom 18. März 1921.

und nicht eine Hegemonialmacht, die Europa in konkurrierende Einflusssphären aufteilt.

4. Die Wahl von Präsident Lukaschenka für die nächste Legislaturperiode fiel zeitlich zusammen mit der Bildung einer neuen Regierung in Polen. Hierdurch ergibt sich eine zusätzliche Gelegenheit, das Programm der polnischen Ostpolitik zu verwirklichen. In einem Exposé des Ministerpräsidenten Leszek Miller vom 25. Oktober 2001 finden sich Äußerungen zu einer Vertiefung der polnisch-russischen Beziehungen und zur Unterstützung der Ukraine bei der Öffnung des Landes nach Westen. Belarus betreffend liest man folgende Bemerkung: »Man kann den Stand der Beziehungen zwischen Polen und Belarus nicht anders denn als unbefriedigend bezeichnen. Wir werden Mittel und Wege finden für einen Dialog und – sofern möglich – für eine Annäherung der Standpunkte.«

Aus dem Polnischen von Anne Altmayer

11/2001

Anna Naumczuk / Jacek Cichocki

Belarus – ein Blick aus polnischer Perspektive

Aus der Perspektive Polens gibt es drei Fragestellungen, die in Bezug auf das gegenwärtige Belarus und die dort ablaufenden Prozesse besonders wichtig sind. Erstens die politische Situation in diesem Land, besonders der Charakter und die Basis des gegenwärtigen Regimes, seine Möglichkeiten, weiter zu bestehen, sowie die Bedeutung von Oppositionsgruppen auf der inneren politischen Bühne und der Grad an Selbstorganisation der belarussischen Gesellschaft. Zweitens die Beziehungen zwischen Belarus und Russland sowie die Antwort auf die Frage, inwieweit Belarus ein unabhängiger Staat ist und in welchen Bereichen es Russland untergeordnet ist? Wie wirken sich die belarussisch-russischen Beziehungen auf die innere Situation in Belarus (Stellung des Präsidenten, Handlungsspielraum der Opposition, eventuelle Wirtschaftsreformen usw.) sowie auf die Außenpolitik dieses Landes aus? Drittens schließlich die aktuelle wirtschaftliche Situation in Belarus und die Perspektiven eventueller Wirtschaftsreformen, besonders im Kontext der Chancen auf eine Verstärkung des wirtschaftlichen Austauschs zwischen Polen und Belarus.

Die politische Situation in Belarus

Belarus ist ein Land mit einem stabilisierten autoritären Regime, das jedoch auf einer brüchigen Grundlage steht, denn seine Funktionsfähigkeit ist ausschließlich mit der Herrschaft des Präsidenten Alexander Lukaschenka verbunden. In seinen Händen liegt die gesamte Macht, er trifft die wichtigsten Entscheidungen sowohl im Bereich der Innen- und Sozialpolitik als auch in der Außenpolitik. Das System der Machtausübung basiert formal auf der Verfassung, die auf Initiative Lukaschenkas kraft eines Referendums im November 1996 erneuert wurde. Die Verfassungsänderungen haben das Machtsystem im Staat durch die Ausweitung der Befugnisse des Präsidenten auf Kosten der Kompetenzen der anderen Organe staatlicher Macht fundamental verändert. Die erneuerte Verfassung ermöglicht darüber hinaus eine faktische Verlängerung der fünfjährigen Amtszeit des Präsidenten Lukaschenka (er wurde Mitte 1994 gewählt): Als ihr Beginn wurde der Moment des Beschlusses der Änderungen festgesetzt. Seit diesem Zeitpunkt ist die tatsächliche Machtfülle des Präsidenten von der belarussischen Verfassung gedeckt; daran ändert auch die Tatsache nichts, dass weder die internationale Gemeinschaft noch die belarussische Opposition die Ergebnisse des Referendums anerkennt.

Der Präsident übt die Macht mit Hilfe seiner Verwaltungsbehörden aus. Die Rolle der Regierung besteht nur noch darin, die Direktiven des Präsidenten auszuführen. Die zentralisierte Struktur der Staatsverwaltung ermöglicht Lukaschenka eine aus der Sicht seiner Interessen wirkungsvolle Herrschaft über das Land. Auf den einzelnen Ebenen dieser Staatsverwaltung werden die Entscheidungen des Präsidenten verwirklicht. In Belarus hat sich keine (regionale oder kommunale) Selbstverwaltung herausgebildet. Formal gewählte, den Regierungsbehörden untergeordnete Amtsträger der Selbstverwaltung sind faktisch ein Element der Regierungsbehörden. Dieses zentralisierte Verwaltungssystem funktioniert im Rahmen von Wahlen und Referenden ausgezeichnet, indem es erfolgreich zu Gunsten des Präsidenten und seines Lagers arbeitet.

Die durch das Referendum erneuerte Verfassung garantiert dem Präsidenten außerordentlich weite Befugnisse, wohingegen sie die Gewaltenteilung faktisch aufhob. Man kann heute also nicht mehr von unabhängigen belarussischen Gerichten sprechen. Sie stehen unter der Kontrolle der Exekutive. Eine marginale Rolle spielt auch die gesetzgebende Gewalt, die die Nationalversammlung, das Zwei-Kammer-Parlament, ausübt (es besteht aus dem Unterhaus, der Repräsentantenkammer mit 110 Sitzen, und dem Oberhaus, dem Rat der Republik). In dieser Hinsicht haben auch die Neuwahlen zur Repräsentantenkammer im Oktober 2000 keine bedeutenden Veränderungen gebracht. Die Opposition schmähte sie als die undemokratischsten Wahlen in der ganzen Geschichte des unabhängigen Belarus. Das neue Parlament wird von Günstlingen des Regierungslagers dominiert und scheint – zumindest bislang – dem Präsidenten völlig untergeordnet zu sein.

In Belarus hat sich keine Interessengruppe herausgebildet, die den so genannten Oligarchen, wie wir sie aus Russland oder der Ukraine kennen, ähnlich wäre. Das Fehlen starker, entwickelter Branchen in der belarussischen Industrie hat die Formierung einer solchen Gruppe nicht – wie im Falle der oben genannten Länder – begünstigt. Außerdem wurde der Prozess, in dem sich Anfang der neunziger Jahre Interessengruppen zusammenschlossen, erfolgreich eingedämmt, als Lukaschenka die Präsidentschaft übernahm, der darin eine Gefährdung seiner eigenen Position sah. Das Instrument für diese Eindämmung war die von Lukaschenka betriebene Kaderpolitik, die auf ständigen, häufig ohne jegliche logische Begründung durchgeführten Versetzungen beruht. Diese zerschlugen »Umtriebe«, die sich innerhalb der Administration bildeten, und führten dazu, dass sich unter den Beamten ein andauernder Zustand der Unsicherheit und Bedrohung hielt.

Die Differenzierung der belarussischen Opposition

Nach dem Verfassungsreferendum wurde die Opposition aus allen staatlichen Strukturen eliminiert; ihr wurde jeglicher Einfluss auf die Gestaltung der staatlichen Politik entzogen. Unter den Bedingungen der Monopolisierung elektronischer Medien durch die Behörden wurde der politische Aktionsspielraum oppositioneller Kreise auf die Organisation von Demonstrationen gegen den Präsidenten eingeengt. Die gesellschaftliche Unterstützung für oppositionelle Gruppierungen ist weiterhin gering; sie gelten allgemein als schwach. Trotzdem ist die Opposition schon zu einem stabilen Element der belarussischen politischen Szene geworden, die aus diesem Grunde deutlich in zwei extreme Lager zerfällt – das Regierungslager und die Opposition.

Die belarussischen Oppositionskreise sind stark differenziert. Ihren Kern bildet die so genannte politische Opposition – mehrere wichtigere politische Parteien, wie beispielsweise die Belarussische Nationalfront, die Vereinigte Bürgerpartei, die Belarussische Sozialdemokratische Partei »Narodnaja Hramada«, die Arbeitspartei. Das Gremium, das ihre Arbeit koordiniert, ist der Koordinationsrat Demokratischer Kräfte. Obwohl es sich hier um Parteien verschiedener Ausrichtung handelt (von Rechts bis Mitte-Links), verbindet sie ihr demokratischer Charakter und die Idee, einen souveränen Staat aufzubauen. Aufgrund von Verträgen werden der Opposition auch die Partei der Kommunisten von Belarus, eine von zwei in Belarus tätigen kommunistischen Parteien, sowie die Liberal-Demokratische Partei zugerechnet. Von Opposition spricht man bei diesen Parteien jedoch eher im Kontext einer breiten Gegnerschaft, deren gemeinsames Merkmal die negative Haltung zur Politik von Präsident Lukaschenka ist. Diese beiden Parteien schließen sich nur gelegentlich und wohl eher unter konjunkturellen Gesichtspunkten Initiativen der Opposition an. Ohne Zweifel sind aber die Gewerkschaftsverbände zur Opposition zu zählen – nicht nur die seit Jahren oppositionellen, so genannten freien Verbände, sondern auch der offizielle Verband, der sich seit dem Jahr 2000 immer mehr von den Beeinflussungen der Behörden frei macht. Schließlich gehört zu den Oppositionskreisen ein stark ausgebautes Netz von Nichtregierungsorganisationen (NGO). Es ist stärker als in Russland oder der Ukraine und für Belarus sehr charakteristisch. Der belarussische Nichtregierungssektor ist naturgemäß oppositionell. Die Behörden selbst zwingen ihm die oppositionelle Rolle und damit die Politisierung auf, da sie das Monopol auf alle Sphären des gesellschaftlichen Lebens beanspruchen und Phänomene unabhängigen Denkens als gefährlich vernichten. Im Gegensatz zu den politischen Parteien der Opposition, deren Aktivität vor allem auf die Hauptstadt Minsk konzentriert ist, beziehen die NGOs auch die Provinzen in ihre Tätigkeiten ein. Der »dritte Sektor« stärkt nicht nur den politischen Parteien den Rücken, sondern er fördert die Entstehung eines von staatlichen Strukturen unabhängigen Gerüsts einer Bürgergesellschaft in Belarus.

Die Beziehungen von Belarus zum Westen und zu Polen

Die Politik der Behörden gegenüber der Opposition bestimmt unmittelbar die Art der Beziehungen zwischen dem offiziellen Minsk und den westlichen Staaten sowie internationalen Organisationen, die die von der Opposition vorgebrachten Forderungen nach einer Liberalisierung des Regimes in Belarus unterstützen. Zu Einschränkungen von Kontakten dieser Art kam es bereits nach dem Verfassungsreferendum, dessen Ergebnisse der Westen nicht anerkennt. Damit haben die westlichen Staaten auch das Parlament, das nach dem Referendum gebildet wurde, nicht anerkannt. Der Status des jetzigen Organs der Legislative, das im Herbst 2000 entstand, ist bislang ebenfalls ungeklärt. Formal erkennen die westlichen Staaten auch die Präsidentschaft Lukaschenkas nicht an, da sie von dem Standpunkt ausgehen, dass seine Amtszeit im Juli 1999 abgelaufen ist. Ob sie die Ergebnisse der neuen Präsidentschaftswahlen, die für den Herbst 2001 geplant sind, anerkennen werden und ob sich ihre Beziehungen zu Belarus normalisieren werden, machen sie von demokratischen Veränderungen in diesem Land abhängig.

Zu den Beziehungen zwischen Belarus und den westlichen Staaten gehört auch das Verhältnis zu Polen, dessen Besonderheit jedoch die direkte Nachbarschaft beider Länder und die ziemlich starke polnische Minderheit in Belarus ausmachen. Die Polen fördern viele unabhängige belarussische Initiativen, vor allem im Rahmen des Nichtregierungssektors, und sind dadurch dem Vorwurf ausgesetzt, die belarussische Opposition zu unterstützen und zu finanzieren.

Die russisch-belarussische Integration im Rahmen eines Staatenbundes

Das einzige Land, das imstande ist, auf die innere politische Situation in Belarus entscheidenden Einfluss zu nehmen, ist Russland. Im Dezember 1999 unterschrieben Belarus und Russland in Moskau einen Vertrag über die Gründung eines Staatenbundes (anstelle einer Föderation von Belarus und Russland). Dieser Vertrag ist auf eine künftige Vereinigung der beiden Staaten angelegt, nennt aber keine detaillierten Grundsätze, gemäß derer diese Integration erfolgen soll. Der Einigungsprozess tendiert jedoch dahin, dass Russland sich das schwächere Belarus unterordnen wird. Die Machthaber in Minsk wollen indessen in dem Staatenbund ein Bündnis zweier, wie sie sagen, verhältnismäßig gleichrangiger Partner sehen. In Wirklichkeit liegt ihnen an maximalen Subventionen aus dem russischen Budget und an der Wahrung größtmöglicher innerer Autonomie. Im dem Maße jedoch, in dem die wirtschaftlichen Probleme wachsen und sich zudem die Position von Präsident Putin verfestigt, sinkt der Einfluss der Belarussen und selbst des Präsidenten Lukaschenka auf die Gestaltung der belarussisch-russischen Beziehungen. Seitdem Wladimir Putin die Macht in Russland übernommen hat, bemüht sich Moskau um eine Rationalisierung der Wirtschaftsbeziehungen zu Belarus und um eine Begrenzung der Kosten, die mit der Integration verbunden sind. Russland versucht gewissermaßen die Rolle eines Katalysators der wirtschaftlichen Veränderungen in Belarus zu spielen. Es versprach Belarus Hilfen in Form von Dollar-Krediten, die es allerdings an ziemlich restriktive Bedingungen knüpfte (Beibehaltung eines einheitlichen Kurses für den belarussischen Rubel, Senkung der Inflation, Begrenzung des Haushaltsdefizits). Am 30. November 2000 unterschrieben die Präsidenten von Russland und Belarus eine Vereinbarung über die Einführung einer gemeinsamen Währung und die Gründung eines Emissionszentrums. Den vereinbarten Verpflichtungen zufolge soll die Rolle der Gemeinschaftswährung ab dem Jahr 2005 der russische Rubel erfüllen; die Währungspolitik würde von Moskau aus gesteuert. Die Realisierung dieser Vereinbarung würde in der Praxis für Belarus den Verlust eines seiner Souveränitätsattribute bedeuten. Obwohl es von belarussischer Seite einige Gegenstimmen gab, wurde die Vereinbarung schließlich vom Parlament in Minsk ratifiziert.

Russland und die Präsidentschaftswahlen in Belarus

In Belarus hat sich die Überzeugung verbreitet, dass die Entwicklung der Ereignisse im eigenen Land zu einem hohen Maß vom Standpunkt Moskaus abhängt. Darum bemühen sich vor den Präsidentschaftswahlen sowohl das Regierungslager als auch die Opposition verstärkt um die Unterstützung Russlands. Indessen hat im Mai 2001 der russische Premierminister Michail Kasjanow versichert, dass Russland alles daran setzen wolle, dass die Präsidentschaftswahlen in Belarus von der internationalen Gemeinschaft anerkannt werden. Dies deutet nur darauf hin, dass Russland im weiteren Verlauf Lukaschenka als dem Kandidaten, der die russischen Interessen in Belarus am besten garantiert, einen Vertrauensvorschub leistet. Gewisse Reibereien, die in letzter Zeit im Verhältnis der beiden Staaten aufgetreten sind (u.a. auf dem Hintergrund der Vereinbarung über die Einführung einer gemeinsamen Währung und die Bildung eines Emissionszentrums), rühren wohl daher, dass die Russen versuchen, die Unsicherheit Lukaschenkas vor den Wahlen auszunutzen, um ihn zu bestimmten Schritten zu zwingen. Es ist sehr wahrscheinlich, dass die Russen nicht nur ihre finanzielle Hilfe, sondern auch die Unterstützung für Lukaschenka bei den Wahlen von der Unterzeichnung der genannten Vereinbarung durch die belarussische Seite abhängig gemacht haben.

Die russisch-belarussische Zusammenarbeit im Sicherheitsbereich

Die belarussischen politischen Eliten denken nicht in den Kategorien eines souveränen Staates, sie betreiben darum de facto keine eigene Außen-, Verteidigungs- oder Sicherheitspolitik. Die belarussische Politik ist zu weiten Teilen von der russischen Politik abgeleitet. Sie zeichnet sich durch gemeinsame russisch-belarussische Unternehmungen aus, die im Rahmen des seit einigen Jahren verlaufenden Integrationsprozesses der beiden Staaten unternommen werden. Die besonders intensive Integration im Bereich der Verteidigung und der Sicherheit, die häufig über die Bündnisabsprachen hinausgehen, wird dadurch erleichtert, dass die Melde- und Kommandostrukturen zwischen Moskau und Minsk nach dem Zerfall der UdSSR nicht abgerissen sind. Die engste militärische Zusammenarbeit betrifft das Luftabwehrsystem beider Staaten. Geplant ist die Bildung eines gemeinsamen regionalen Luftabwehrsystems, unabhängig von bestehenden ähnlichen Strukturen im Rahmen der GUS. Gemeinsame Verteidigungsprojekte von Belarus und Russland sind für Russland nötig, um Einfluss auf die militärische Situation in einem Gebiet zu behalten, das an NATO-Länder angrenzt. Für Belarus hingegen ist die immer engere Zusammenarbeit mit der russischen Armee der einzige Weg, sich ein eigenes militärisches Potenzial zu sichern.

Die belarussisch-russische Zusammenarbeit im Sicherheitsbereich wird im Rahmen der Bündnisstrukturen durch das seit 1997 arbeitende Komitee für Sicherheit mit Sitz in Minsk realisiert. Zu seinen Aufgaben gehören die Bedrohungsprognose, die Koordination von Einsätzen der Spezialeinheiten beider Länder und auch die gegenseitige Hilfe bei der Durchführung strategischer Aufgaben. Der belarussische und der russische Sicherheitsdienst führen gemeinsame Aktionen, Übungen und Schulungen durch. Es gibt regelmäßige Treffen der Ressortchefs. Eine große Bedeutung für die Möglichkeiten der Zusammenarbeit hat die Kompatibilität der Strukturen der Sicherheitskräfte beider Staaten. Ein charakteristisches Merkmal sind auch die Bewegungen der Kader zwischen Minsk und Moskau. De facto kann man von der Existenz eines gemeinsamen russisch-belarussischen Sicherheitsraums sprechen.

Die wirtschaftliche Situation in Belarus

Für Belarus war das Jahr 2000 eine Probe für die wirtschaftliche Stabilisierung nach den Reformen, die die Behörden als Antwort auf die russische Krise von 1998 durchgeführt haben. Zu Beginn gab es eine gewisse Verschärfung der Währungspolitik, die jedoch später wieder gelockert wurde. Die Inflation ist weiterhin dreistellig (über 100 Prozent im Zeitraum von Dezember 1999 bis Dezember 2000; dies ist das eindeutig schlechteste Ergebnis unter allen Ländern der GUS).

In der Folgezeit kurbelte das schnelle russische Wirtschaftswachstum die Produktion in Belarus an. Andererseits verschlechterten die steigenden Energiepreise den Umsatzsaldo mit Russland. Die zugänglichen Daten suggerieren auch eine bedeutende Verbesserung der Bedingungen für die Landwirtschaft gegen Ende 2000. In der Konsequenz wird das Wachstum des Bruttoinlandsproduktes im ganzen Jahr 2000 in den offiziellen Statistiken auf ca. 6 Prozent geschätzt. Trotz gewisser Veränderungen, die teilweise zur Liberalisierung des Devisenmarkts beitragen, bleibt Belarus ein Land, in dessen Wirtschaft der Staat die dominierende Rolle spielt. Dies rückt die Perspektive einer Restrukturierung aller Bereiche des ökonomischen Lebens in die Ferne und blockiert die Entwicklung eines Unternehmertums. Die Zukunft des Landes hängt davon ab, wann und wie tatsächliche Reformen angegangen werden.

Die Analyse der Ereignisse der letzten Monate führt zu der Vermutung, dass die oben beschriebenen Prozesse, die in Belarus derzeit ablaufen, andauern werden; nichts deutet auf eine radikale Veränderung der Situation hin, weder in den inneren Verhältnissen dieses Landes noch in seinen Beziehungen zu anderen Staaten. Es scheint, dass Präsident Lukaschenka dank seiner nach wie vor großen Beliebtheit und der Unterstützung des Behördenapparates die Präsidentschaftswahlen im September 2001 gewinnen wird und damit weiterhin die zentrale Gestalt des politischen Lebens in Belarus bleibt. Sehr unwahrscheinlich scheint, dass die belarussische Opposition in der nächsten Zeit einen realen Einfluss auf die Situation im Land erringen wird. Erhalten bleiben auch die starken Beziehungen zwischen Minsk und Moskau. Allerdings ist vorhersehbar, dass die 2001 in Russland und der Ukraine begonnenen Wirtschaftsreformen auch die archaischen Mechanismen der belarussischen Wirtschaft zu Veränderungen zwingen werden. In dieser Situation stellt die Ausarbeitung einer gemeinsamen politischen Strategie bestimmter westlicher Länder wie auch der Europäischen Union gegenüber Belarus weiterhin ein sehr schwieriges Problem dar. Zweifellos ist es beim Planen einer solchen Strategie angebracht, zwei Fragen zu berücksichtigen: erstens die starke Differenzierung der belarussischen Opposition, was bedeutet, dass Programme zur

Zusammenarbeit mit Oppositionskreisen nicht nur auf politische Parteien, sondern auch auf Nichtregierungsorganisationen ausgerichtet sein sollten; zweitens die große Bedeutung der Eliten auf den mittleren und hohen Verwaltungsebenen für die Einleitung von Veränderungen jeglicher Art. Es lohnt sich also, nach Möglichkeiten zu suchen, um die lokale Nomenklatur an den Kooperationsprogrammen, die von der EU oder ihren Mitgliedsstaaten für Belarus konzipiert werden, zu beteiligen.

Aus dem Polnischen von Oliver Engelhardt

7/2001

Heinz Timmermann

Putin: Härtere Gangart gegenüber Minsk Die Beziehungen Russland – Belarus im Zeichen des Unionsstaats-Vertrags

»Symbol der Freundschaft« – mit diesem Aufmacher begrüßte die Sovetskaja Belorussija Russlands Präsident Putin, garniert mit einem großformatigen Foto des Gastes und seines Gastgebers Lukaschenka.[1] Tatsächlich hatte es mehr als symbolische Bedeutung, dass Putin nach seiner Wahl vom März 2000 am 17. April auf dem Wege nach London und Kiew als erste ausländische Hauptstadt kurz auch Minsk streifte: Belarus ist der einzig verbliebene enge Verbündete Russlands. Dies findet nicht zuletzt seinen Ausdruck darin, dass Minsk sämtliche außen- und sicherheitspolitischen Positionen Moskaus auch auf internationalen Foren wie der OSZE vorbehaltlos unterstützt – im Jugoslawienkonflikt ebenso wie im Hinblick auf den Tschetschenienkrieg und seine internationalen Implikationen. Der Prozess der Annäherung beider Länder hat mittlerweile die Etappe eines – beim UN-Sekretariat registrierten – »Unionsstaats« erreicht, dessen vertragliche Grundlagen noch in der ausgehenden Ära Jelzin unterzeichnet und zu Beginn der Ära Putin ratifiziert wurden (8. 12. 1999 bzw. 26. 1. 2000).[2]

Nicht zufällig erhält Belarus daher in der neuen außenpolitischen Konzeption Russlands eine herausragende Position: Als einziges Land findet es im Abschnitt über die GUS, der ihrerseits im regionalen Prioritätensystem der internationalen Beziehungen Russlands Vorrang eingeräumt wird, ausdrücklich Erwähnung. Dort heißt es: »Erstrangige Bedeutung hat die Stärkung der Union zwischen Belarus und Russland als der in der gegenwärtigen Etappe höchsten Form der Integration zweier souveräner Staaten.«[3]

Diese Schwerpunktsetzung signalisiert einerseits gewiss eine prinzipielle Kontinuität in den wechselseitigen Interessen an immer engeren Beziehungen. Sie

1 In ihrer Ausgabe vom 18.4.2000.

2 Vertragstext und Aktionsprogramm finden sich in: Rossijskaja Gazeta vom 29.1.2000 bzw. 1.2.2000. Zum politischen Kontext vgl. Sahm, A.: Integration unter Bombenhagel. In: Belarus-News 8/Winter 1999, S. 2–4, sowie dies.: Perspektiven der belarussisch-russischen Union nach Jelzin, ebenda, 9/Frühling 2000, S. 2.

3 Die »Konzeption der Außenpolitik der Russischen Föderation« ist abgedruckt in: Rossijskaja Gazeta vom 11.7.2000.

finden ihren Ausdruck auch in regelmäßigen gemeinsamen Treffen der Kollegien von Schlüsselministerien (Äußeres, Inneres, Verteidigung) und zentralen Sicherheitsagenturen (Sicherheitsrat, Nachrichtendienste), auf denen die strategischen Positionen beider Seiten harmonisiert werden. Andererseits gab Putin in Minsk jedoch zugleich deutlich zu verstehen: Die Zeiten der blumigen Rhetorik über slawische Brüderschaft, der inszenierten Symbolik und der folgenlosen Absichtserklärungen gehören der Vergangenheit an. Stattdessen gelte es, beim Bau des Unionsstaats ohne Hast, behutsam und zugleich konsequent vorzugehen. Tatsächlich werde die Integration beider Länder nur in dem Tempo verwirklicht werden können, wie die Angleichung der Wirtschaftssysteme (sprich: der Abbau des extremen Minsker Staatsinterventionismus) Fortschritte mache.[4]

Vor dem Hintergrund einer so definierten Interessenpolitik scheint die Linie Putins von pragmatischem Herangehen geprägt. Ganz offensichtlich läuft sie darauf hinaus, die politischen, wirtschaftlichen und militärischen Asymmetrien zwischen Russland und Belarus stärker als unter seinem impulsiv-emotionalen Vorgänger Jelzin für eine härtere Gangart gegenüber dem Unionspartner zu nutzen. Auch wenn dies die Perspektiven des Vereinigungsprozesses hinauszögern sollte: Dem Putin-Regime geht es vorrangig darum, statt leerer Integrationsrhetorik endlich »Nägel mit Köpfen« zu produzieren und Lukaschenka in eine Situation hinein zu manövrieren, in der ihm kein anderer Ausweg bleibt als eine schrittweise Vereinigung zu russischen Bedingungen. Welche Ausprägung findet diese Linie auf den zentralen Feldern der bilateralen Beziehungen?

Russische Dominanz in den Unionsorganen

Anfang 2000 wurden die wichtigsten Unionsorgane gebildet, darunter der Oberste Staatsrat (alternierender Vorsitzender: Lukaschenka) und der Ministerrat (alternierender Vorsitzender: der russische Ministerpräsident Kasjanow). Wahlen zum Unionsparlament sollten Putin zufolge[5] im Herbst 2000 stattfinden, zeitgleich mit den – von Lukaschenka voraussichtlich manipulierten und daher umstrittenen – Parlamentswahlen in Belarus. Die Transformation der – konsultativen – Parlamentarischen Versammlung in ein gewähltes Parlament mit tatsächlichen legislativen Kompetenzen wurde später allerdings auf den Herbst 2001 verschoben, nachdem sich herausgestellt hatte, dass dies in beiden Staaten Verfas-

4 Reuters, 16.4.2000.
5 Interfax, 26.1.2000.

sungsänderungen und damit die Organisierung entsprechender Referenden erfordert.

Trotz der auf den ersten Blick ausbalancierten Gesamtlösung zeichnet sich in den Unionsorganen eine klare russische Dominanz ab. Die Unionspräsidentschaft Lukaschenkas hat kaum mehr als symbolische Bedeutung. Die wirklichen Machtverhältnisse demonstriert die Berufung von P. Borodin zum »Staatssekretär« des Unionsstaats, die von Putin ganz offensichtlich ohne Konsultation mit Lukaschenka vorgenommen wurde und dementsprechend in Minsk heftigen Unwillen erregte.[6] Borodin, der umstrittene und per internationalem Haftbefehl gesuchte frühere Finanzchef des Kreml, ist anders als die Vorsitzenden von Oberstem Rat und Ministerrat mit der operativen Politik der Union befasst und organisiert – in der Aufbauphase besonders wichtig – die personelle Zusammensetzung der politischen Exekutive und ihres Beamtenapparats. Dies garantiert die Bildung einer gegenüber dem Putin-Regime loyalen Anhängerschaft in den Organen des Unionsstaats und bietet gute Voraussetzungen für eine Moskau-konforme, Minsker Kaprizen korrigierende politische Linie.

Harmonisierung der Wirtschaftsordnung

Auf wirtschaftspolitischem Felde verlangt Russland immer drängender eine beschleunigte Harmonisierung der Rahmenbedingungen, die von beiden Seiten – wie Putin in Minsk bemerkte – »unterschiedlich verstanden wird«. Das bezieht sich insbesondere auf das Budget, die Steuergesetzgebung, die Tarife und das Zollwesen. Die Vereinheitlichung der »Regulierungsinstrumente« sei deshalb unverzichtbar, unterstrich Kasjanow, weil nur so gewährleistet werde, dass in Russland und Belarus »einheitliche Bedingungen für wirtschaftliches Handeln und für das Unternehmertum herrschen«[7]. Eine konsequente Verwirklichung all dessen könnte darauf hinauslaufen, das rigide System staatlicher Wirtschaftsplanung Lukaschenkas einschließlich des absoluten Vorrangs für das Staatseigentum zu untergraben und damit eine seiner wichtigsten Machtquellen zu unterminieren.[8]

---

6 Formal wurde Borodin vom Obersten Staatsrat auf 4 Jahre gewählt. Er fungiert als Stellvertretender Vorsitzender des Ministerrats der Union und leitet deren »Ständiges Komitee«, das eigentliche operative Arbeitsorgan des Unionsstaats. Vgl. dazu und zu den Positionen Borodins im einzelnen sein Interview in NEZAVISIMAJA GAZETA vom 23.2.2000. Kritische Bemerkungen zur Ernennung Borodins finden sich u.a. bei Präsidentenberater Posochov, Belapan 11.1.2000.

7 Fokina, K.: Minsk – centr integracii [Minsk – Zentum der Integration]. In: NEZAVISIMAJA GAZETA vom 24.5.2000.

8 So Fadin, A.: Ne tem putem [Nicht auf diesem Weg]. In: NEZAVISIMAJA GAZETA

Auch sonst zeigte sich Moskau gegenüber Minsk materiell alles andere als generös. So senkte Gasprom seinen Preis pro 1.000 cbm zwar von 30 auf 27 Dollar (Ukraine: 60 Dollar), doch liegt diese Summe noch immer erheblich über den von Belarus geforderten russischen Inlandspreisen. Lieferkürzungen scheinen vorprogrammiert, denn seit Jahresanfang 2000 hat Minsk nur 46 statt 106 Mio. Dollar bezahlt (bei einer Gesamtschuld von 160 Mio. Dollar). Darüber hinaus hat Russland aufgrund unfairer Praktiken von Belarus für bestimmte Produkte aus Drittländern erneute Zollbarrieren errichtet, was der neue Ministerpräsident Jermoschin öffentlich als »unfreundlichen außenwirtschaftlichen Akt« wertete.[9] Ähnliches gilt für die russischen Erdöl- und Energiepreise: Auch hier verweigert Moskau die Lieferung zu Inlandspreisen, was Lukaschenka zufolge die Wettbewerbsfähigkeit belarussischer Güter auf den russischen Märkten stark beeinträchtigt. Tatsächlich sank der Handel Russland – Belarus im Zeitraum vom Januar bis September 1999 gegenüber dem gleichen Zeitraum des Vorjahres um über 30 Prozent. All dies zeigt beispielhaft: Das Putin-Regime ist weniger als die Jelzin-Führung gewillt, zugunsten vager Vereinigungsperspektiven die inneren Probleme von Belarus auf Kosten Russlands zu lösen.

Vereinheitlichung der Währungssysteme

Ähnlich verhärtete Positionen bestimmen auch die russische Haltung zur Bildung einer Währungsunion mit ihren Aspekten Geldeinheit und Emissionszentrum für den Unionsstaat. Die belarussische Führung sucht eine schlichte Absorption des »Häschenrubel« durch den russischen Rubel ebenso zu vermeiden wie die Bestimmung der Moskauer Zentralbank zum einzigen Geldemissionszentrum. Dies käme einer Degradierung der Minsker Nationalbank zur Filiale der Zentralbank gleich: In Minsk hat sich inzwischen herumgesprochen, dass die Annahme solcher Bedingungen *de facto* auf den Verlust der nationalen Souveränität von Belarus hinauslaufen würde. Das Lukaschenka-Regime sucht dem mit der Präsentation von allerlei Varianten zu entgehen, beispielsweise durch die Schaffung einer bargeldlosen Geldeinheit als Verrechnungsmittel zwischen Betrieben beider Länder. Lukaschenka selbst bestand gegenüber Zentralbankchef Geraschtschenko ausdrücklich darauf, entsprechend den Bestimmungen des Uni-

---

vom 31.5.2000. Das Paradoxe liegt darin, dass der Autor, aus der Schule des staatsorientierten und imperial ausgerichteten GUS-Integrationsvorkämpfers Zatulin stammend, für liberale Wirtschaftsreformen, Entstaatlichung und Wettbewerb eintritt, um die Vereinigung Russland – Belarus zu forcieren.

9 Fokina (wie Anm. 7).

onsvertrags die Souveränität von Belarus in vollem Umfang zu wahren. Auch im Falle der Vereinigung der Geld- und Finanzsysteme, der sich die Minsker Führung unter russischem Druck mittlerweile zu fügen scheint, müssten zwei Emissionszentren beibehalten werden.[10]

Aus russischer Sicht ist dies völlig inakzeptabel. Ausschlaggebend hierfür ist – neben der Asymmetrie in der Größe des Territoriums und der Bevölkerungszahl – zum einen die dominierende Wirtschafts- und Finanzkraft Russlands und zum andern die feste Absicht seiner Führung, auch im Unionsstaat die uneingeschränkte Kontrolle über das Finanzwesen in der Hand zu behalten. Alles andere – etwa der Druck der gemeinsamen Währung zugleich in Moskau und in Minsk – käme einem »wirtschaftlichen Abenteuer« gleich, heißt es in Moskau: Das wäre so, »als würden legale US-Dollars gleichzeitig in Washington, Mexiko und Tokio gedruckt«[11]. Auch wird auf die von Moskau betriebene Liquidierung der Rubelzone in der GUS im Jahre 1993 verwiesen: Einer der zentralen Gründe hierfür sei gerade die Absicht früherer Unionsrepubliken gewesen, eigene Emissionszentren (auf Rubelbasis) zu gründen.

Tatsächlich ist der Moskauer Fahrplan für die Vereinheitlichung der Geld- und Finanzsysteme vorgezeichnet, wenngleich es hierzu immer wieder auch abweichende Äußerungen gibt. In einer ersten Etappe bis zum Jahre 2003 werden die belarussischen Finanzmärkte in beschleunigtem Tempo an die russischen Bedingungen angepasst. Im Vorgriff darauf gewährte Moskau dem Unionspartner im November 2000 einen Stabilisierungskredit über 100 Mio. Dollar. Danach, im Jahr 2005, wird der nur in Moskau gedruckte Rubel auf dem gesamten Territorium des Unionsstaats zur einzigen Währung. Auf die Konsequenzen wird in Moskauer Finanzkreisen unverblümt verwiesen: »Vom wirtschaftlichen Standpunkt aus wird die Vereinigung Russland – Belarus nicht auf dem Wege einer gleichberechtigten Union erfolgen. Vielmehr wird sie eher an eine Absorption eines kleineren durch ein größeres Unternehmen erinnern.«[12] Jedenfalls werde Putin die Disproportionen zwischen beiden Ökonomien dazu nutzen, um die russischen Positionen in den Verhandlungen mit Minsk gebührend zur Geltung zu bringen.

---

10 Vgl. hierzu Kasaev, A.; V. Kuz'mičev: Moskva diktuet Minsku uslovija integracii [Moskau diktiert Minsk die Bedingungen der Integration]. In: NEZAVISIMAJA GAZETA vom 23.2.2000.

11 Novoprudskij, S.: Derevjannyj, olovjannyj, stekljannyj [Hölzern, zinnern, gläsern]. In: ISVESTIJA vcm 24.2.2000; vgl. auch ders.: Sojuz sovetskich socialističeskich rublej [Die Union der sowjetischen sozialistischen Rubel]. In: ISVESTIJA vom 22.12.1999.

12 Kasaev/Kuz'mičev (wie Anm. 10).

Militärische Zusammenarbeit

Eine besonders dynamische Rolle im Prozess der Integration Russland – Belarus spielt die militärische Zusammenarbeit. In gewisser Hinsicht kommt ihr sogar eine Pilotfunktion zu: Unter vielen Aspekten ist die Integration auf militärischem Gebiet weiter fortgeschritten als in Politik und Wirtschaft. Ähnliches gilt für die Verklammerung des Militärisch-industriellen Komplexes beider Länder im Verhältnis zur Wirtschaft insgesamt. Die aktiv betriebene Vertiefung der Integration auf diesen Feldern ist Ausdruck einer Konvergenz der Interessen. Russland geht es vorrangig um geopolitische Vorteile und um die militärstrategische Sicherung seines westlichen Vorfelds, wie Putin im Zuge der Ratifizierung des Unionsstaats-Vertrags betonte: Dieser entspreche voll und ganz den »militärisch-politischen Interessen« Russlands und sei geeignet, »das eigene strategische und militärische Potenzial zu verstärken«. Belarus seinerseits setzt vor allem auf den politisch-ökonomischen Mehrwert, den es sich von der militärischen Verzahnung und der Profilierung als engster Waffenbruder Russlands erhofft.

Ein starkes Indiz für den Grad der Militärintegration bildet die im April 2000 von Putin unterzeichnete neue russische Militärdoktrin. In ihr heißt es: »Russland entwickelt eine gemeinsame Verteidigungspolitik mit der Republik Belarus, koordiniert mit ihr die Aktivitäten auf dem Gebiet des militärischen Ausbaus, der Entwicklung der Streitkräfte der Mitgliedsländer des Unionsstaats, der Nutzung der Militärinfrastruktur und ergreift andere Maßnahmen zur Unterstützung der Verteidigungsfähigkeit des Unionsstaates.«[13] Dieser Passus der Militärdoktrin ist bemerkenswert nicht nur wegen seiner inhaltlichen Aussagen. Er verdient besondere Beachtung auch deshalb, weil er eine bestimmte Tendenz zum Ausdruck bringt. Denn im Entwurf vom Oktober 1999 war der Belarus-Passus noch nicht enthalten, sondern wurde – ganz gewiss nach entsprechenden Konsultationen mit Minsk – erst relativ spät in die Endfassung eingefügt.

Deutlich sichtbar wird diese Tendenz auf verschiedenen Feldern. Genannt seien hier nur: Pläne zur Formulierung einer gemeinsamen Militärdoktrin Russland – Belarus[14], die Ausdehnung des atomaren Schirms Russlands auf Belarus – allerdings ohne Neustationierung von Nuklearwaffen auf seinem Territorium, wie Außenminister Latypau während seines Deutschlandbesuchs vom März 2000 mit Nachdruck betonte[15]; die Bildung einer insgesamt 300.000 Mann

13 Die Militärdoktrin ist abgedruckt in: ROSSIJSKAJA GAZETA vom 25.4.2000.

14 So das Aktionsprogramm zum Unionsstaatsvertrag (wie Anm. 2); vgl. auch Georgiev, V.: Sovmestnaja gruppirovka uže suščestvuet [Eine vereinigte Gruppierung existiert bereits]. In: NESAVISIMAJA GAZETA vom 19.4.2000.

15 BERLINER ZEITUNG vom 9.3.2000 und FAZ vom 15.3.2000.

starken gemeinsamen Streitkräftegruppierung im Westen des Unionsstaats – freilich nicht als neu zu formierende Armee an der Grenze zur NATO, wie Lukaschenka ursprünglich verkündete, sondern in Form einer engeren Koordinierung der in Belarus sowie in den Militärbezirken Moskau und Leningrad bereits stationierten Truppen (80.000 bzw. 220.000)[16]; der Ausbau des 1996 geschaffenen gemeinsamen Luftabwehrsystems zu einem vereinten Luftabwehrsystem, das die Konstituierung eines einheitlichen Kommandos und offenbar auch die Stationierung russischer Kampfflugzeuge auf belarussischem Territorium vorsieht; die Abhaltung gemeinsamer Manöver nach dem Muster der strategischen Übung »Zapad« (Westen), bei der 1999 die Abwehr einer Aggression gegen Belarus und Kaliningrad simuliert wurde; schließlich auch die verstärkte Einbeziehung belarussischer Rüstungsbetriebe, insbesondere im Hinblick auf elektronisches und optisches Gerät, schwere Lastwagen und landgestützte Raketen, in den russischen Militärisch-industriellen Komplex unter dem Dach des Moskauer Finanz-Industrie-Konzerns »Verteidigungssysteme«.[17]

Belarus: Zwischen Moskau und der EU

Aller Voraussicht nach wird Russland unter Putin seine gegenüber Belarus auf allen Feldern dominierende Position verstärkt nutzen, um die eigenen Vorstellungen über den Gang des weiteren Vereinigungsprozesses durchzusetzen. Dabei wird der neue Präsident allerdings auf eine Reihe von Problemen stoßen, die sich in vielen Widersprüchen und Gegensätzen spiegeln: Widersprüche zwischen den Kompetenzen des Unionsstaats und seinen beiden Teilstaaten; Kontraste zwischen der Vereinigungsrhetorik der Eliten und dem schwindenden Integrationskonsens unter der Bevölkerung beider Länder; Gegensätze in der Einschätzung des Unionsstaats-Vertrags durch Lukaschenka einmal als »Lachnummer« und ein anderes Mal als »epochales Ereignis«. Schließlich muss offen bleiben, ob sich Lukaschenka tatsächlich als zunehmend handzahmer Partner erweisen oder, wie in der Vergangenheit, gelegentlich auch als unangenehmer Widerpart profilieren wird. Seine Handlungsspielräume jedenfalls werden mit dem weiteren wirtschaft-

16 So S. Ivanov, Sekretär des Sicherheitsrats Russlands, in einem ORT-Interview vom 24.4.2000.

17 Dazu im Einzelnen: Belarossija uže ob'edinilas' [Belarus ist schon vereint]. In: KOMMERSANT (Moskau) vom 11.7.2000; vgl. auch Georgiev (wie Anm. 14).

lich-sozialen Abschwung des Landes[18] und seiner gleichzeitig wachsenden Einbindung in das sicherheitspolitische und militärische Dispositiv Russlands enger. Die Unabhängigkeit und die Souveränität von Belarus, im Vertrag über die Bildung des Unionsstaats ausdrücklich festgeschrieben, könnten sich so fast unter der Hand verflüchtigen.

Einen Ausweg könnte die Suche nach einer ausgewogenen Balance im Verhältnis von Belarus zu Russland einerseits und zur EU andererseits bieten, wie sie der Minsker Opposition vorschwebt. Eine solche Balance hätte viele Vorteile für ein »Land mit historischen Wurzeln im Westen und einer umfassenden Abhängigkeit von Moskau während der Sowjetperiode und im 19. Jahrhundert vom zaristischen Imperium«[19]. Interessanterweise weisen auch Vorstellungen aus Teilen der Regime-Elite, z.B. seitens des früheren Außenministers Latypau, in ähnliche Richtung: Auf zwei Deutschlandbesuchen in kurzer Folge (März und Mai 2000) plädierte er eindringlich für ein Ende der EU-Restriktionen gegenüber seinem Land und für eine »umfassende Einbeziehung von Belarus als einem verantwortungsvollen Nachbarn der Union«[20].

Ganz offensichtlich sind die Vertreter solcher Positionen innerhalb des Regimes weniger von überkommenen ideologischen Mythen (»Slawische Brüderschaft«) als von pragmatischen Überlegungen geprägt. Ihre Vorstellungen gehen eher von der Tatsache aus: Die EU ist der leistungsfähigste potenzielle Partner expandierender Handelsbeziehungen, massiver Direktinvestitionen und rascher Bereitstellung moderner Technologie für das auf ökonomischer Talfahrt befindliche Land. Russland dagegen kann Belarus zwar durch verbilligte Energielieferungen, inländische Transporttarife und Bartergeschäfte das Überleben auf niedrigem Niveau sichern; materielle und innovatorische Stimuli für die dringend notwendige Wirtschaftsmodernisierung sind von Moskau jedoch nicht zu erwarten. Niedrige Energiepreise wirken im Gegenteil sogar eher wie eine Droge, führen sie doch zu Innovationsträgheit sowie zu hohem und unrationellem, für Belarus immer schwerer zu bezahlendem Ressourcenverbrauch.[21]

---

18 Zur weiteren Vertiefung der Wirtschaftskrise in Belarus siehe: Die wirtschaftliche Lage der Republik Belarus. Sonderweg immer mehr ein Leidensweg. Wochenbericht der drei deutschen Wirtschaftsinstitute 48/Dezember 1999.

19 So Wieck, H.-G.: The Advisory and Monitoring group of the OSCE in Belarus. In: HELSINKI MONITOR (Den Haag) 1/2000, S. 48 – 59. Der Autor leitet die OSZE-Gruppe in Minsk.

20 Vgl. Latypow, U.: Verantwortungsbewusste Nachbarschaft: Europa und die belarussische Außenpolitik. Münchener Gespräche über Osteuropa 23/2000. Ähnlich sein Beitrag: Ein verantwortungsbewusster Nachbar im Vereinten Europa. In: BELARUS-NEWS 9/Frühling 2000, S. 3f.

21 Siehe hierzu Daneiko, E.: Die Wirtschafts- und Währungsbeziehungen zwischen Bela-

Die Chancen für eine besser balancierte Politik zwischen Russland und der EU ließ Lukaschenka bisher jedoch ungenutzt – trotz gelegentlicher Verweise auf die Notwendigkeit einer »Mehrvektorenpolitik« in den internationalen Beziehungen seines Landes. Die EU – im Konzert mit der OSZE und dem Europarat – war zu einer Öffnung gegenüber Belarus bereit – unter der Voraussetzung freilich, dass Lukaschenka seine auf dem Istanbuler OSZE-Gipfel (November 1999) gemachten Versprechungen eingelöst hätte, im Dialog mit der Opposition die Voraussetzungen für freie und faire Parlamentswahlen vom Oktober 2000 zu schaffen. Dazu gehören insbesondere: ein friedliches politisches Umfeld, eine Wahlgesetzgebung europäischen Standards, Transparenz des Wahlverfahrens, Zugang aller Parteien zu den staatlichen Medien, Erweiterung der Rechte des – von Lukaschenka eingesetzten – zahnlosen Parlaments.[22] Paradoxerweise könnte sich die europäische Staatengemeinschaft bei der Forderung nach Realisierung solcher demokratischer Essentials sogar auf den Wortlaut des Unionsstaats-Vertrags berufen. Dort ist eingangs von der Absicht die Rede, einen »demokratischen Rechtsstaat« zu bilden und dabei »die Rechte und Freiheiten von Mensch und Bürger in Übereinstimmung mit den allgemein gültigen Prinzipien und Normen des internationalen Rechts strikt zu beachten«.

Tatsächlich schlug der Präsident jedoch alle Vermittlungsbemühungen von OSZE, EU und Europarat in den Wind. So fand sich das Regime zwar bereit, im Kontext der Parlamentswahlen gewisse Konzessionen zu machen, etwa im Hinblick auf die beratende Teilnahme von Oppositionspolitikern an den Sitzungen der Wahlkommissionen. In der Substanz jedoch waren die Wahlen sowohl in ihrer Vorbereitung als auch in ihrer Durchführung von Manipulation und willkürlichen Eingriffen der Exekutive und der eng mit ihr kooperierenden Zentralen Wahlkommission geprägt und endeten mit einem fast kompletten Durchmarsch der regimetreuen Kandidaten.

Folgerichtig lehnte die Parlamentarische Troika OSZE/EU/Europarat, die sich zuvor mehrfach zu Vermittlungsgesprächen nach Minsk begeben hatte, eine das Regime legitimierende Anerkennung der Wahlen ab. Der Wahlprozess habe internationale Standards für demokratische Wahlen deutlich verfehlt und »die Minimalanforderungen für freie, faire, berechenbare und transparente Wahlen

---

rus und Russland. Trügerisches Auffangnetz für eine reformunwillige Volkswirtschaft. Aktuelle Analysen des BIOst 26, 2.5.2000.

22 Hierzu im einzelnen Wieck (wie Anm. 19). Vgl. auch die detaillierten Ausführungen von Aufgaben, Zielen und Perspektiven der OSZE-Vermittlungsaktivitäten bei Severin, A.: »Vossoedinjajas', kontinent primirjajetsja sam s soboj« [Wiedervereinigt, versöhnt sich der Kontinent mit sich selbst]. Interview mit NEZAVISIMAJA GAZETA vom 22.6.2000.

nicht erfüllt«, heißt es in dem Troika-Report.[23] Zugleich wird jedoch darin die Tür für eine Lösung des Verfassungskonflikts und damit für ein Ende der Selbstisolierung des Lukaschenka-Regimes nach Westen offen gehalten: Die Parlamentarische Troika unterstrich ihre Bereitschaft, den Dialog mit den Repräsentanten von Belarus fortzusetzen. Sie forderte die Exekutive auf, die für den Herbst 2001 anvisierten Präsidentschaftswahlen auf der Grundlage der erwähnten vier Kriterien zu organisieren, damit »in einem inhaltsreichen Dialog die innere Spaltung und die internationale Isolierung des Landes ein Ende finden«.

Erste Reaktionen Lukaschenkas, in denen die Entscheidung der drei europäischen Organisationen scharf kritisiert und als US-inspiriert charakterisiert wird, lassen vorerst jedoch auf nur geringe Verständigungsbereitschaft des Regimes schließen.[24] Andererseits gibt es aber auch positive Zeichen für eine Auflockerung. Dazu gehört die Ende November 2000 erfolgte Entlassung des Vorsitzenden des einflussreichen Sicherheitsrats, W. Schejman, des wohl mächtigsten Exponenten einer harten Repressionslinie. Freilich fiel er nicht ins Bodenlose, sondern wurde mit dem Amt des Chefanklägers betraut. An seine Stelle trat Außenminister Latypau, der – wie wir sahen – die europäische Richtung in der »Mehrvektorenpolitik« seines Präsidenten stärker betonen und entsprechende Voraussetzungen schaffen möchte.

Scharnier zwischen den Nachbarstaaten in Ost und West?

Moskau appelliert an die westlichen Regierungen, die Minsker Politik der »Öffnung« gebührend zu würdigen und ihre Beziehungen zu Belarus zu normalisieren – so beispielsweise Außenminister Iwanow.[25] Solche Aufrufe böten aber nur dann eine Chance, aus der Sackgasse herauszuführen, wenn sie von entsprechenden Appellen an Lukaschenka begleitet würden, seine Istanbuler Zusagen einzuhalten. Gerade hierauf zielte A. Severin, der Vorsitzende der Parlamentarischen Versammlung der OSZE, als er Moskau zu entsprechenden Initiativen ermunterte. Als strategischer Partner von Belarus übe Russland starken Einfluss auf die Entwicklungen in Belarus aus und müsse, da es sich doch selbst europäischen Demokratiestandards annähere, ein hohes Interesse an der Durch-

23 Report by the Parliamentary Troika on the Political Situation in Belarus in the Light of the Parliamentary Elections of 15 October 2000, hrsg. vom Büro der Parlamentarischen Versammlung des Europarats, Straßburg, 16.10.2000, S. 3.

24 Gosudarstvo – to my! [Der Staat – das sind wir!]. In: BELORUSSKAJA GAZETA (Minsk) vom 20.10.2000.

25 Itar-Tass vom 25.2.2000.

setzung von Demokratie, Pluralismus und Medienfreiheit in seinem Partnerstaat Belarus haben.[26]

Vor diesem Hintergrund sind einseitige Appelle Russlands an den Westen zu einer unkonditionierten Öffnung gegenüber dem Lukaschenka-Regime wenig hilfreich und sogar eher geeignet, vom Präsidenten in Minsk als diplomatische Unterstützung gewertet zu werden und ihm damit in seiner Intransigenz gegenüber den Forderungen von OSZE, Europarat und EU – und mit ihnen der belarussischen Opposition – den Rücken zu stärken. Das Gleiche gilt für die Anerkennung der Ergebnisse der manipulierten Parlamentswahlen durch Präsident, Regierung und Staatsduma in Moskau, für die sich Lukaschenka bei Putin ausdrücklich bedankte.[27] Offensichtlich sieht die Moskauer Führung in Lukaschenka weiterhin den einzig zuverlässigen Garanten für die Vertiefung der Integrationsprozesse Russland – Belarus und gegen ein Abdriften des Landes zu westlichen Ufern.

Auch unter diesem Aspekt liegt eine wichtige Aufgabe der Opposition darin, in programmatisch-politischen Grundsatzpositionen an die Adresse Moskaus (und der EU) überzeugend zu formulieren und zu dokumentieren: Das Alternativangebot zu einer gewaltfreien Ablösung des Lukaschenka-Regimes zielt nicht auf das andere Extrem einer Integration in EU- und NATO-Strukturen. Vielmehr setzt es sich zum Ziel, darauf hinzuwirken, dass Belarus als unabhängiger Staat eine Brücken- und Scharnierfunktion zwischen seinen östlichen und westlichen Nachbarn übernimmt.

11/2000

26 Interview mit NEZAVISIMAJA GAZETA (wie Anm. 22).

27 Romanova, L.: Lukašenko prizvali k porjadku [Lukaschenka wurde zur Ordnung gerufen]. In: NEZAVISIMAJA GAZETA vom 20.10.2000.

Diskussion

Ziółkowski: Wie man sieht, können sich die Diskutierenden nicht darauf einigen, wie viele politische Subjekte es in Belarus gibt und wieviel Hilfe man diesem Land zur Verfügung stellen könnte. Dies sind aber grundsätzliche Fragen, die uns zeigen, dass es nicht so aussieht, als ob die Belaruspolitik von den europäischen Staaten intensiver betrieben würde als bisher. Ich glaube, die Polen stimmen mit mir überein, wenn ich sage, dass es in Belarus zwei politische Subjekte gibt. Die Regierung und Lukaschenka sind das eine, die Bevölkerung ist das zweite Subjekt – und sie sollte auch als solches behandelt werden. In der Sicht der Deutschen, will mir scheinen, ist die Bevölkerung eher ein Hilfssubjekt. Ausschließlich. Ein Subjekt, dem Hilfe geleistet wird.

Worum geht es? Es geht darum, dass man gegenüber einem Hilfssubjekt die Programme, die Art und Weise der Kontaktaufnahme und Ähnliches anders definiert als gegenüber einem politischen Subjekt. Es geht nicht darum, mit der Bevölkerung Politik zu machen, sondern es geht darum, der Bevölkerung zu ermöglichen, Politik mitzugestalten und aktiv zu sein.

Ich möchte hier gerne Frau Sahms Worte kommentieren, die sich über die Zustimmung zu Lukaschenka in der Bevölkerung geäußert hat. Es ist ja nicht so, dass Lukaschenka von 50 Prozent oder 20 Prozent der Bevölkerung unterstützt wird. Nach einigen Jahren der Interpretation bin ich gemeinsam mit Frau Prof. Smułkowa zu der Einschätzung gelangt, dass Lukaschenka dank der Medien im Bewusstsein von 50 Prozent der belarussischen Bevölkerung präsent ist, lediglich präsent. Wir können nicht fragen, ob dieser Teil der Bevölkerung wirklich für Lukaschenka ist, denn dazu haben wir keine Möglichkeit. Wegen der Blockadepolitik, die er erfolgreich zur Anwendung gebracht hat. Andere Politiker sind im Bewusstsein der Bevölkerung nicht präsent. Wenn wir erfahren wollen, was die Bevölkerung denkt und wie man auf sie einwirken kann, wie man sie zur Politik ermuntern kann, dann muss man allerdings andere Mittel anwenden.

Magdziak-Miszewska: Von mir nur ein kurzer Kommentar. Sehr oft begehen wir einen Fehler, wenn wir von der prorussischen Einstellung und Stimmung eines Teiles von Belarus oder sogar der Ukraine sprechen. Bitte bedenken Sie, dass dies keine Sehnsucht nach einer Vereinigung mit Russland ist. Es ist vielmehr die Sehnsucht nach der Rückkehr der Sowjetunion. Und das sind zwei ganz verschiedene Dinge. Ein großer Teil der belarussischen Bevölkerung hat diese Sehnsucht nach der Sowjetunion wirklich. Also nicht nach Russland, das von den einen in

Hinblick darauf betrachtet wird, dass es eine Transformation des Marktes bewirkt und dass es ein besser oder schlechter funktionierendes Mehrparteiensystem hat und so als Bedrohung für die ihnen bekannte Welt erscheint. Das ist das eine. Für die anderen, übrigens auch für Lukaschenka selbst, der selbst zu diesem Russlandbild beigetragen hat, ist Russland ein Land, in dem die Regierung die Renten und Pensionen nicht auszahlen kann. Das Russlandbild ist also nicht eindeutig.

Und noch eine Bemerkung zu Russland: Es ist tatsächlich etwas sehr Merkwürdiges in der belarussischen Bevölkerung geschehen, die auf ganz natürliche Weise im russischen Sprach- und Kulturbereich zu Hause ist. Es ist etwas passiert, und das ist ein Problem für die Mehrheit der belarussischen Opposition, die lange Zeit gar nicht so antirussisch eingestellt war. Man muss wissen, dass Belarus das einzige Land ist, wo das russische Informationsnetz mit Menschenrechten, Demokratie, Pressefreiheit konnotiert wird. Dort werden Kanäle wie ntv oder RTL empfangen, in denen demokratische Werte vermittelt werden. Erst im Jahre 1996 änderte das Verhalten von Premier Tschernomyrdin in Minsk ganz eindeutig die Stimmung innerhalb der belarussischen Opposition. Die Mehrheit der belarussischen Opposition ist im Moment dezidiert antirussisch eingestellt, und es ist sehr schwer, sie davon zu überzeugen, dass sie, um realistisch an die Zukunft ihres Landes denken zu können, eine positive Politik, auch eine positive Russlandpolitik erarbeiten muss. Das ist etwas, wozu paradoxerweise auch viele polnische NGO ermuntern. So sind wir Polen, wir ermuntern die Belarussen zu einer konstruktiven Russlandpolitik.

Frau Sahm hat gesagt, dass im Laufe der ersten vier Jahre nicht viel getan worden ist, um das nationale Selbstbewusstsein zu stärken. Damit bin ich absolut nicht einverstanden. Die Entwicklung der belarussischsprachigen Schulen beispielsweise war in dieser Zeit einfach unglaublich. Dann erfolgte allerdings ihre Liquidation, ein Prozess, der seit 1996 anhält. Aber das Schulwesen hatte sich, im Vergleich zu dem Stand von 1990 bis 1993/94, wirklich enorm entwickelt. In Belarus wurden neue Lehrbücher für Geschichte und Literatur geschrieben. Viele russische und ukrainische Schulen benutzen weiterhin sowjetische Lehrbücher, weil eben keine neuen geschrieben worden sind. In noch einem Punkt stimme ich nicht mit Frau Sahm überein: Das ist die Behauptung, dass ausgerechnet Polen in Belarus als möglicher Konfliktfaktor angesehen wird. Ich würde sagen, dass wir es in Polen mit etwas anderem zu tun haben, nämlich mit einer riesigen Erwartung der belarussischen Opposition, dass Polen noch viel stärker aktiv und engagiert auf das Regime einwirkt.

Und ich möchte auch etwas zu Jacek Cichockis Beitrag sagen. Tatsächlich ist die Entwicklung einer Bürgergesellschaft, wie sie in den letzten zwei oder drei Jahren in Belarus stattgefunden hat, unerhört. Die Anzahl der Organisationen in den Provinzen außerhalb von Minsk: Das ist unvergleichlich mehr als das, was in der Ukraine oder in Russland passiert. Allein mein Zentrum führt über ein Dutzend Schulungen für junge Belarussen durch. Wenn Polen, wie Frau Sahm meinte, nur regional handeln kann, dann überlegen Sie doch bitte einmal, was es heißt, wenn sich, durch NGO in Polen vermittelt, jährlich ca. 15.000 junge Belarussen in allen möglichen Arten von Schulungen in Polen aufhalten, und das bei einer Bevölkerung von zehn Millionen. Da ist der Begriff von regionaler Aktivität doch auf einer anderen Skala zu sehen.

Sahm: Ich möchte direkt zu dem Beitrag antworten, obwohl es auch zu den anderen Beiträgen etwas zu sagen gäbe. Zum ersten, ich habe nicht gesagt, dass gar nichts getan wurde, um die nationale Identität nach 1991 zu stärken. Meine Aussage war, dass es nicht gelungen ist, eine nationale Identitätsbildung in Gang zu bringen, die gesamtgesellschaftlich integrativ wirken kann, sondern dass stattdessen politische Teilkulturen, die eine politische Polarisierung gefördert haben, entstanden sind. Darum ging es mir. Das zweite war, dass die belarussische Opposition erstmals seit 1996 antirussisch geworden sei. Dem würde ich nur bedingt zustimmen. Die Belarussische Volksfront ist explizit von Anfang an antirussisch gewesen und veröffentlichte 1994 einen Artikel über den russischen Imperialismus, der mit die Grundlage für das negative Image der Volksfront in breiten Kreisen der belarussischen Bevölkerung gelegt hat. Und die liberale Bürgerpartei ist damals u.a. dadurch stark geworden, dass sie sich von diesem Antirussismus unterschied und etwas Liberaleres, etwas Ausgewogenes anbot. Vor allem in den letzten zwei Jahren können wir beobachten, dass hier die antirussische Haltung stärker wird. Wobei das immer sehr ambivalent ist, einerseits ist man stark antirussisch, andererseits kann man immer wieder lesen oder hören, dass man hofft, dass Moskau Lukaschenka fallen lässt und jemand anderen unterstützen wird. Und da wird Russland auch für Teile der Opposition manchmal zur einzigen Kraft, die die Situation lösen kann.

Zu Polen: Dass Polen in Kategorien des Konflikts gesehen wird, das ist ein schwieriges Problem. Hier hat sich einiges geändert. Ich erinnere daran, dass der damalige Vorsitzende des Obersten Sowjets noch im Frühjahr 1996 gesagt hat, von Polen hätten die Belarussen nie etwas Gutes erfahren. Das hat damals einen Skandal ausgelöst in der belarussischen Öffentlichkeit, auch in den bilateralen Beziehungen. Einer der positiven Schlüsse, die man aus dem Verfassungskonflikt ziehen kann, ist jener, dass sich das Polenbild der belarussischen Opposition in den letzten Jahren dramatisch zum Positiven hin gewandelt hat. Das hat aber aus meiner Sicht den Umkehreffekt, dass von Regierungsseite eben Polen fast ausschließlich als Unterstützer der Opposition gesehen wird. Polen kann folglich nicht als neutraler Vermittler auftreten. Ich denke, es ist kein Zufall, dass in der parlamentarischen Versammlung der OSZE ein Rumäne sehr aktiv ist, aber beispielsweise kein Pole. Und generell muss man natürlich noch zwischen verschiedenen Ebenen unterscheiden. Das eine wäre das Polenbild auf der politischen Ebene, das andere ist ein Polenbild in den Grenzregionen, und beide unterscheiden sich sehr stark voneinander. Hier auf EU-Ebene würde ich das Kooperationspotenzial sehr viel höher einschätzen. Ich habe daher auch betont, dass eben gerade in den Grenzregionen sehr viel getan werden kann. Aber was den Verfassungskonflikt angeht, so spielt Polen sicher keine besondere Rolle als neutraler Vermittler.

Adomeit: Ich habe einen kurzen Kommentar und zwei Fragen. Der Kommentar bezieht sich auf das Verhältnis Russlands zu Belarus. Im Unionsvertrag von 1996 wird versucht, zwei im Grunde genommen unvereinbare Dinge miteinander zu vereinbaren: einerseits eine enge politische Union und andererseits die Beibehaltung der Souveränität der konstitutiven Teile. Beides zusammen geht nicht, zumindest nicht nach traditioneller völkerrechtlicher Auffassung. Die erste Frage möchte ich aus den vier vorangegangenen Beiträgen ableiten. Heinz Timmermann hat gesagt, es gebe Widerstand in Belarus, auch bei Lukaschenka, gegen ein Emissionszentrum, ein einziges in Moskau; Frau Sahm hat darauf hingewiesen, dass man in Belarus wegen der Überschreibung von Eigentum an Gasprom besorgt ist; Herr Cichocki sagte uns, dass die Versuche von Lukaschenka, praktisch ein Präsident von Russland und Belarus zu werden, fehlgeschlagen sind; viertens hat Frau Smółkowa berichtet, dass es in der Bevölkerung Angst vor dem großen Nachbarn gebe. Wenn ich alle diese Dinge zusammennehme, dann scheint es mir, dass auch diese Runde der Integration nicht sehr viel weiter gehen wird als die Bemühungen in der Vergangenheit, oder gehe ich fehl in dieser Annahme? Das war die erste Frage. Die zweite Frage ist ganz kurz. Insbesondere von Herrn Cichocki haben wir über die Möglichkeiten von Kooperation und von gesellschaftlichen Veränderungen, die von unten ansetzen, gehört, von Zusammenarbeit mit NGO, Universitäten, Gewerkschaften und anderen gesellschaftlichen Organisationen. Ich frage nun: Wo sind die Grenzen derartiger Zusammenarbeit? Es ist ja das Wort von dem Lukaschenka-Regime als einer Mischung aus Populismus und Polizeikontrollen gefallen. Wann setzten die Polizeikontrollen ein? Wie weit kann man den Ansatz verfolgen, das Regime von unten zu unterwandern?

Lindner: Ich habe eine konkrete Frage an unsere polnischen Kollegen, eine Frage, die uns natürlich auch in Deutschland bewegt, und zwar: Wie gehen wir mit der Tatsache um, dass aller Wahrscheinlichkeit nach im kommenden Jahr Lukaschenka für weitere fünf Jahre im Amt bestätigt werden wird? Das stellt uns vor die Aufgabe, aus einer bisher meiner Ansicht nach nur sehr schwach konturiert vorhandenen Politik gegenüber diesem Land eine Art von Politik zu formulieren.

Mich würde interessieren, ob Polen hierzu bereits Vorstellungen hat, ob es hier Ideen gibt, auf welche Weise man mit diesem Dilemma, das Herr Timmermann beschrieben hat – einerseits die Isolation, andererseits eine bedingte Anerkennung des Regimes –, umgehen sollte. Eine zweite Anmerkung. Ich denke, dass es in der Tat mehr Akteure gibt – insofern stimme ich Jacek Cichocki zu – als den Apparat und die Opposition. Nach unserer Erfahrung tut sich vor allem im Bereich der Unternehmerschaft einiges. Das sind Ansprechpartner nicht nur für westliche Partnerunternehmen, sondern auch für die politische Wahrnehmung. Das sind Akteursgruppen, die man ernst nehmen muss, die politisch aktiv sind, nicht nur wirtschaftlich, so etwa der Unternehmerverband in Grodno. In diesem Jahr hat die Zeitung BRESTSKI KURIER den Preis »Junge Presse Osteuropa« der ZEIT-Stiftung gewonnen, d.h. auch auf der Medienebene gibt es Tendenzen, die sehr hoffnungsvoll stimmen und die man angesichts der ja doch ziemlich angespannten politischen Situation gar nicht für möglich hält. Insofern hoffe auch ich, aber wir schwanken in der seit kurzem bestehenden deutsch-belarussischen Gesellschaft auch in unserer Wahrnehmung zwischen einer gewissen Hoffnung und einem Setzen auf gesellschaftliche Gruppen, nicht nur auf die Opposition, und andererseits einer gewissen Resignation mit Blick auf die Perspektiven des Regimes.

Rahr: Erstens: Warum soll eine enge militärische Zusammenarbeit von Russland und Belarus eine größere Gefahr für die europäische Sicherheit sein als die russisch-armenische Militärkooperation im kaspischen Raum? Wäre das nicht eine verständliche Reaktion Russlands auf die NATO-Osterweiterung? Wahrscheinlich wird das auch die einzige Reaktion Russlands auf eine zweite NATO-Erweiterungswelle bleiben, eben eine engere Kooperation mit Belarus.

Zweitens: Kann es sein, dass wie nach der Abwahl von Milošević in Jugoslawien in Belarus ein ähnlicher demokratischer Prozess beginnt, oder glauben Sie, Lukaschenka wird zum neuen Milošević Europas werden, wodurch möglicherweise auch der Druck auf ihn, auf Belarus, wie auf Milošević in den letzten zwei Jahren, von Seiten der demokratischen Gemeinschaft Europas immer stärker wird?

Dritte kurze Frage: Wie gespalten ist Belarus eigentlich in einen Ost- und Westteil? Kann man das mit der Ukraine vergleichen oder nicht? Wie zerstritten ist die Opposition wirklich?

Mein letzter Satz, ich will hier doch an einem Sakrileg rütteln: Worin besteht eigentlich strategisch eine Katastrophe für Europa, wenn es zu einer Wiedervereinigung von Russland und Belarus kommt? Wird Russland eher nationalistisch werden, werden also die nationalistischen Strömungen in Russland dadurch verstärkt, oder wird Russland eher wirtschaftlich so schwach sein, dass es sich damit als Großmacht degradiert?

Antczak: Ich möchte nur kurz auf die Regierung und die wirtschaftliche Entwicklung in Belarus zu sprechen kommen. Zunächst zur russischen Krise und zu dem, was danach kam. Nur wenige haben das Wachstum des belarussischen Wirtschaftsexports in den Westen, besonders nach Deutschland, bemerkt. Außerdem ist es keineswegs klar – ich habe widersprüchliche Informationen darüber –, ob Gasprom und andere russische Firmen die belarussischen Unternehmen wirklich völlig kontrollieren. Ich könnte mir eher vorstellen, dass Lukaschenka diese Karte weiter spielen wird. Daraus resultiert, dass die ganze Zeit sämtliche Optionen für Belarus offen sind. D.h. extreme Optionen – und hier ist die Person Lukaschenka vielleicht sogar zweitrangig –, d.h. die Option der Reformen und die Option der indirekten oder direkten Intervention sowie des Engagements von Russland. Im ersten Fall scheint mir, dass im Bereich der NGO Experten schon ein wenig damit begonnen haben, den Boden für die Reformen zu ebnen. Hingegen habe ich im zweiten Fall große Zweifel, ob das polnische Außenministerium oder die EU und wer auch immer bereits ein Szenario für die Entwicklung einer solch extremen Situation entwickelt hat. Das ist teilweise auch eine Antwort darauf, warum es besorgniserregend wäre, wenn diese Situation eintreten würde. Und noch etwas weiß ich gewiss: Präsident Lukaschenka wird sehr genau die Wahlergebnisse und den Fall Milošević beobachten. Das kann eine sehr große, sogar eine kardinale Bedeutung für die politische Zukunft von Belarus haben.

Wóycicki: Nur kurz, und nicht nur zu Belarus, denn wir sind nicht alle solche Ostexperten. Die erste Überlegung ist die, ob Belarus nicht vielleicht der letzte Fehler der Sowjetologen ist. Etwas ist von dieser Sowjetunion geblieben, und man begeht heute bezüglich Belarus dieselben prognostischen und analytischen Fehler, die in den siebziger und achtziger Jahren schon begangen worden sind. Es fiel die Frage nach dem Verhältnis von nicht-offiziellen und offiziellen Kontakten und ob es da eine Regel gebe. Ich finde, dass man auf diese Frage nicht ohne einen bestimmten Wertmaßstab antworten kann. Wenn demokratische Staaten eine an bestimmten Werten orientierte Politik machen sollen, wenn sie an einer Entwicklung der Demokratie interessiert sind, dann könnte man folgende Regel formulieren: Wir brauchen so viele offizielle Kontakte wie nötig, um die nicht-offiziellen Kontakte aufrecht erhalten und entwickeln zu können. Und ich denke, dass die Erfahrung Polens mit dem Westen in den siebziger und achtziger Jahren darauf hinweist, dass durchaus Ähnlichkeiten zu Belarus heute bestehen. In keinem autoritären Staat gebe es eine Opposition, die über ausreichende Kräfte verfüge, und es gebe keine Möglichkeiten der Entwicklung. So lautet die Erfahrung aus der Außenperspektive; besonders dann, wenn man die Schemata Opposition – Regierung oder Opposition – Obrigkeit verwendet. Der einzig produktive Ansatz ist meiner Meinung nach jedoch die Beobachtung der

Bevölkerung, die aber wiederum unter solchen autoritären Bedingungen schwierig zu beobachten ist. Aber diese Möglichkeit sollte man ergreifen, wenn man von dem Aspekt ausgeht, dass die Demokratie und die Staatsbürger einen Wert an sich darstellen, der für Europa interessant ist.

Ich möchte noch zu einem weiteren Punkt kommen. Es geht mir dabei um eine Kontroverse, die wir nicht ausreichend behandelt haben: Welche Rolle kann Polen spielen? Vielleicht könnten wir eine ähnliche Meinung über die Ukraine hören, wie sie Frau Sahm über Belarus vorgetragen hat. Ich möchte Frau Sahm fragen, woher sie ihre Überzeugung nimmt.

Zum Schluss möchte ich eine Anekdote erzählen: Ich hatte das Glück und das Vergnügen, Herrn Schuschkewitsch in meiner Wohnung in Deutschland eine Woche lang als Gast zu haben. Er spricht hervorragend Polnisch. Eine Woche ist lang. Er hatte viel Zeit, und wir haben die ganze Zeit miteinander geredet. Ich muss sagen, dass ich keine Barriere zwischen polnischer und belarussischer Kultur gespürt habe, sondern dass sich eine enge Verwandtschaft gezeigt hat. Unsere gemeinsame Kultur reicht bis weit in die Vergangenheit, es gibt gemeinsame Bezugspunkte, angefangen von gemeinsamen Kämpfen gegen die Kreuzritter. Es ist gewissermaßen kein Gespräch mit einem Ausländer. Ich habe auch den Verdacht, pardon, wenn ich das so provokant sage, dass Sie, liebe Frau Sahm, Ihre Informationen zum Teil aus russischen oder offiziellen belarussischen Quellen beziehen. Aber haben Sie denn diesen Ton der Kultur, die kulturelle Verwandtschaft, die hier herrscht, nicht erkannt? Diese Verwandtschaft gibt es wirklich. Es gibt gewiss auch Unterschiede, aber zu sagen, dass Polen in Belarus keine Rolle zu spielen hat, das ist für mich so, wie wenn man sagt, dass die Bayern sich kulturell nicht mit den Sachsen verständigen können.

Bingen: Der Beitrag von Herrn Rahr war für mich interessant, aufschlussreich und wichtig: zum Vergleich zwischen der Situation Serbiens und der von Belarus. Die Frage ist, wenn man weiter vergleichen will, ob eine Sanktionspolitik auch gegenüber Belarus erfolgreich sein könnte. Frau Sahm brachte den Begriff des neutralen Vermittlers ein. Wo kann hier aber Neutralität bestehen, wenn man mit einem bestimmten Wertesystem oder einer bestimmten Vorstellung nach Belarus geht? Das spricht nicht gegen Zweigleisigkeit, vielmehr scheint sich hier ein Problem zu wiederholen, ein Einschätzungsproblem wie mit Polen in den achtziger Jahren, also während der Solidarność und in der Zeit des Kriegsrechts. Damals hieß es: Wie kann, wie soll, wie darf Zweigleisigkeit in der Politik gegenüber Polen aussehen, wie viel Kontakt mit dem Regime und wie viele Kontakte mit der Opposition? Obwohl ich die Stärke der Opposition in Belarus nicht mit der polnischen Entwicklung der siebziger und achtziger Jahre vergleichen möchte, stellt sich mir doch eine grundsätzliche Frage: Wie könnten Zweigleisigkeit und der Kontakt mit den Offiziellen in Minsk aussehen? Das ist natürlich eine Kunst, heute in Belarus so wie damals gegenüber Jaruzelski. Mir scheint in der Belarus-Diskussion sehr viel interessanter zu sein, als ich mir das vorher vorgestellt habe, die Frage der Stabilität des Regimes zu diskutieren und sogar mit Serbien zu vergleichen.

Timmermann: Ich bin froh, dass am Schluss doch noch das Problem der doppelgleisigen Politik gegenüber Belarus zur Sprache kommt. Dies ist wirklich ein schwieriger Balanceakt. Ich halte nach wie vor die Doppelgleisigkeit der deutschen Ostpolitik grundsätzlich für positiv und richtig. Doch es sind dabei einige Versäumnisse passiert, die übrigens ihre Urheber heute auch eingestehen, etwa Egon Bahr im Hinblick auf die Solidarność. Ich halte sie für grundsätzlich richtig und auch anwendbar für das aktuelle Verhältnis zu Belarus. Wir sollten – und tun es auch jetzt und auch nach den Parlaments- und Präsidentschaftswahlen – diese Doppelgleisigkeit fortführen, d.h. zum einen mit Regime-Vertretern das Gespräch suchen, soweit das angesichts der Kontaktsperre möglich ist. Wir haben das beispielsweise auch dadurch getan, dass wir zweimal den Außenminister Latypau in Deutschland gehabt haben und ihm die Werte, die wir auch im Hinblick auf Belarus vertreten, vor Augen hielten. Wir haben ihm die Voraussetzungen erläutert, die für eine Aufhebung der Kontaktsperre gegeben sein müssen, und zwar sowohl in öffentlichen Veranstaltungen als auch in internen Gesprächskreisen. Es gibt noch andere informelle Kontakte, die dasselbe bezwecken und auch den Sinn haben, die Differenzierung innerhalb des Regimes für die Einleitung von Demokratisierungsprozessen zu nutzen. Auf der anderen Seite, und hier habe ich mich vielleicht etwas verkürzt ausgedrückt, müssen wir die Opposition in allen ihren Facetten natürlich sehr unterstützen, und wir tun das auch. Es wurde vorhin von Dualismus gesprochen; ich hätte mich begrenzt auf diesen Dualismus Regierung – Opposition. Ich habe das getan angesichts der gegenwärtig laufenden Überlegungen, was wir tun, wenn die Wahlen nicht fair verlaufen, was soll die Opposition tun, welche Kreise sollen wir dort unterstützen.

Ich will noch einen zweiten Punkt erwähnen: Hannes Adomeit fragte nach der Unvereinbarkeit von belarussischer Souveränität einerseits und von Aufgehen in Russland andererseits. Es ist in der Tat ein Paradoxon. Damit werden beide Seiten im Grunde nicht fertig, weder die Russen noch die Belarussen. In dem Vertrag steht, dass beide Seiten ihre Souveränität bewahren. Lukaschenka hat sich ausdrücklich in Moskau beschwert: Er habe erkannt, auch wenn er kein ökonomischer Spezialist sei, dass von Souveränität nicht mehr die Rede sein könne, wenn nur ein einziges Emissionszentrum in Moskau existiere. Unter Hinweis auf den Souveränitätsvorbehalt hat er gesagt: Ein einheitliches Emissionszentrum wird es nicht geben.

Hier wurden auch wirtschaftliche Fragen angesprochen. Man muss die beiden Wirtschaftsordnungen natürlich harmonisieren. Die Steuergesetzgebung, die Zollgesetzgebung, die Privatisierung, die Form des Eigentums, all das kann nicht völlig widersprüchlich sein. Und ein dritter wichtiger kontroverser Punkt ist die Frage des gemeinsamen Parlaments. Man will ein gemeinsames Unionsstaatenparlament kreieren mit Vollmachten, die über die der Duma und des belarussischen Parlaments weit hinausgehen. Dazu muss man aber ein Referendum organisieren und die Verfassung beider Staaten ändern, wovor vor allem Russland zurückschreckt.

Es gibt noch viele weitere Bremsklötze, die die anvisierte Vereinigung zum Unionsstaat schwierig machen. Was nicht bedeutet, dass nicht im militärischen Bereich *de facto* Tatsachen geschaffen werden. Ich will sie nicht noch einmal aufzählen und möchte nur noch ergänzen, dass der Militärindustriekomplex in der Zusammenarbeit wesentlich weiter geht als das Vertragssystem als Ganzes. Was aus unserer und auch aus Moskauer Sicht negativ ist, ist die Unberechenbarkeit Lukaschenkas. Lukaschenka zufolge würden binnen eines halben Jahres 300.000 Mann an die Westgrenze der gemeinsamen Union rücken, und zwar als Antwort auf die Erweiterung der NATO. Das aber hätte bedeutet, dass er über 220.000 Russen gleich mitbestimmen würde. Folgerichtig ist Lukaschenka vom russischen Verteidigungsminister Sergejew sofort korrigiert worden: Nein, nein, da sind nur die westlichen Militärbezirke insgesamt gemeint, nicht die Grenze.

Im übrigen sage ich den Belarussen immer, und ich bin gespannt auf Ihre Meinung dazu: Wenn Ihr Euch in einer Wahl, die frei und fair verläuft, in einem Referendum für die Vereinigung mit Russland entscheidet, so können wir Deutsche nichts dagegen haben. Wir haben uns auf diese Weise ja selbst vereinigt. Wogegen wir uns wehren, sind manipulierte und gefälschte Wahlen, durch die Belarus wieder ein Teil Russlands würde.

Sahm: Ich denke, die deutschen und die polnischen Beiträge des Panels hatten eine unterschiedliche Intention, die sich wunderbar ergänzte. Während es in den deutschen Beiträgen vor allen Dingen darum ging, zu zeigen, dass Belarus nicht als Objekt der internationalen Beziehungen, sondern als ein Subjekt mit seinen eigenen heterogenen Interessen wahrgenommen werden soll, ging es in den polnischen Beispielen um die unterschiedlichen Subjekte innerhalb des belarussischen Staates, der belarussischen Gesellschaft. Und wenn es uns zusammen gelungen ist, beides herüberzubringen, dann finde ich das eigentlich wunderbar.

Eine gute Frage ist jene nach der Neutralität als Vermittler. Hier muss man differenzieren. Ein Vermittler kann sehr wohl für bestimmte Werte eintreten. Die Frage ist, ob er die Werte losgelöst von den Akteuren vertritt oder ob er von vornherein sagt, ein bestimmter Akteur ist in einer Konfliktsituation der

Träger dieser Werte. Das sind zwei ganz unterschiedliche Situationen, und in dem Falle geht es darum zu sagen, die Annahme bestimmter Werte ist eine Voraussetzung für die Integration in europäische Strukturen, d.h. es wird die Erfüllung von Verpflichtungen eingeklagt, die Belarus bereits unterschrieben hat, aber es wird nicht automatisch die Position einer der Parteien eingenommen in diesem Vermittlungsversuch, der ein Unterstützungsversuch für die Möglichkeit einer Konsensbildung in Belarus ist. D.h. man kann zwei unterschiedliche Strategien in Bezug auf eine Veränderung und Demokratisierung in Belarus unterscheiden. Die einen sagen, Demokratisierung kann es nur ohne Lukaschenka geben, also über eine Machtübernahme durch die Opposition. Eine andere Strategie sagt, Demokratisierung kann nur gesamtgesellschaftlich laufen, und es ist noch offen, welche Akteure daran beteiligt sind.

Zur Frage nach der Rolle Polens: Ich habe diese These aufgestellt, nachdem ich auf verschiedenen Konferenzen in Belarus, u.a. auf dem Minsk-Forum, Polen als einen möglichen Vermittler für Belarus in der Beziehung zur EU vorgeschlagen hatte und immer negative Reaktionen geerntet habe, und zwar von sehr unterschiedlicher Seite. Das ist eine der Quellen, über die sich bei mir der Eindruck verfestigt hat, dass Polen in einer Vermittlerposition nicht akzeptiert würde, wobei man allgemein sagen muss, dass sich die belarussischen Kräfte insgesamt als lernresistent gegenüber fast allen internationalen Einflüssen der Beratungsaktivitäten erwiesen haben, sodass man vielleicht das Gewicht verschieben sollte, nicht zu sehr auf eine Besonderheit der polnischen Rolle abstellen, sondern es als ein allgemeines breiteres Problem ansehen sollte. Das hat vielleicht etwas damit zu tun, dass von Polen eben nicht Vermittlung, sondern einfach Unterstützung bestimmter Akteure erwartet wird. Deshalb wollte ich die Akzente verschieben.

Cichocki: Bei den Problemen, die Herr Adomeit dargelegt hat, geht es wirklich darum, dass es einen Widerstand seitens Belarus gegen eine unvollständige Integration gibt. Und hier weiß Präsident Lukaschenka genau, welche Interessen er nicht aufgeben will. Aber in der gegenwärtigen Situation hat Russland alle Trümpfe in der Hand, und Russland bestimmt auch die Termine und das Maß der Integration, selbst wenn Lukaschenka sich, wie ich schon sagte, so schlau bemüht, diese russischen Ideen zu korrigieren, wenn es um die Grenzen des Polizeiapparats geht. Natürlich ist die Polizeikontrolle in Belarus sehr scharf, dabei kommen Menschen ums Leben, es gibt Spione, Verhöre etc. Aber Belarus ist nicht Usbekistan und Turkmenien. Dazu möchte ich ein Beispiel anführen: In Homel ist einer der heute führenden lokalen Aktivisten der Ex-Bürgermeister von Homel, der gegenwärtig einer sehr dynamischen NGO vorsteht und damit rechnet, bei den nächsten Regionalwahlen wieder gewählt zu werden. Das alles spielt sich natürlich trotz aller Kontrollen und trotz des Drucks des Regimes ab.

Ich beziehe mich auf das, was Herr Lindner und Herr Bingen gesagt haben, denn beide haben ein und dieselbe Frage behandelt.

Um darauf zurückzukommen, was Herr Rahr gesagt hat: Natürlich ist es ein interessantes intellektuelles Experiment, sich zu überlegen, wie das, was auf dem Balkan oder etwa in Jugoslawien passiert, Einfluss auf Lukaschenkas Position haben kann. Ich bin ein wenig bösartig, wenn ich behaupte, dass Lukaschenka jetzt wohl gerade vor dem Fernseher sitzt und die Beiträge aus Belgrad ansieht. Nicht etwa weil er damit rechnet, dass vor seinem Fenster bald eine aufgepeitschte Menge von Belarussen erscheint, die ihn entmachten wollen, sondern deshalb, weil er sich überlegt, ob er schon die Villa für seinen strategischen Partner Milošević vorbereiten soll, den er schon in die Union Belarus und Russland aufnehmen wollte, wie Sie sich erinnern. Wenn ich an die Ereignisse um Belarus denke, vergleiche ich es mit dem Balkan. Das ist eine ganz andere Welt. Was auf dem Balkan passiert, kann man überhaupt nicht mit Belarus oder der Ukraine vergleichen. Hier gibt es solche Konflikte und Spannungen nicht, und auch Politik wird anders gemacht, nicht in Hinblick auf einen Krieg, wie das in Jugoslawien der Fall war.

Smułkowa: Ich möchte mich noch einmal zur Frage der Beziehungen der belarussischen Bevölkerung zu Russland äußern. Die von Herrn Adomeit formulierte Frage hat mir ein weiteres Mal vor Augen geführt, wie schwierig es ist, Gedanken in Worte zu fassen. Er hat mich auf die verschiedenen Definitionen dieser Beziehung aufmerksam gemacht. Ich finde, dass in jeder dieser Definitionen ein Körnchen Wahrheit ist, aber keine einzige ist allein ausreichend. Denn unzweifelhaft steckt in der antirussischen Haltung, dem Gefühl der Unterlegenheit und in allen Befürchtungen auch gleichzeitig eine große Nähe zu Russland, zum russischen Volk. Die antirussische Haltung soll man von Anfang an als antitotalitaristische Haltung interpretieren, als Willen zur Stärkung der belarussischen Kultur und nicht als Unwillen gegenüber dem russischen Volk. Am häufigsten trifft man auf diese Definition: »Der Russe ist mein Bruder. Na, aber mein Bruder, das bin nicht ich.« So wird die Distanz und gleichzeitig die Nähe mit dem anderen Volk definiert. Und das ist natürlich nicht nur irgendeine traditionelle Nähe innerhalb der ostslawischen Gruppe, das ist Nähe aus Gewohnheit. Für sie ist der Russe berechenbar. Sie wissen, wie er auf die eine oder andere Haltung reagiert. Der Westen hingegen ist weniger bekannt. Trotz des langen Einflusses der westlichen Kultur, die bis auf Rom zurückgeführt wird, trotz des Zusammentreffens von byzantinischer und lateinischer Kultur in Belarus, trotz der großen Nähe zur polnischen Kultur gibt es diese Nähe zu Russland seit der Zeit der Teilungen in diesem Land. Aber gleichzeitig existiert der Wille, nicht aufzugeben, die eigenen Werte zu bewahren.

Eine andere Agrarkultur, die Tradition der privaten Landwirtschaft ist trotz der Armut im Westen von Belarus und trotz der Kolchosen der Nachkriegsjahre noch immer lebendig. Derzeit ist dort ein leichter Aufschwung zu verzeichnen; im Osten von Belarus gibt es das nicht mehr. Hingegen gehe ich mit der Kollegin Astrid Sahm konform, dass der Osten von Belarus im politischen Sinn ganz einfach in größerem Ausmaß russifiziert ist, auch sprachlich. Allerdings gibt es sicher nicht das Bewusstsein eines so großen Unterschiedes, wie das zwischen der West- und der Ostukraine der Fall ist.

Ich möchte zum Schluss noch auf die provokante Frage des Kollegen Rahr zurückkommen. Der Zusammenschluss von Belarus und Russland wäre gewiss keine Katastrophe für Europa, abgesehen von der Stärkung, welche die politische Handlungskraft von Russland erfahren würde. Aber damit würden wir eine Frage beinahe ganz beiseite lassen, die Frage der Werte, die Frage, dass diese Nation wiederholt auf ihre Besonderheit hingewiesen hat. Und wenn wir ganz einfach zur Tagesordnung übergingen, dann würden wir dem Ende des zwanzigsten Jahrhunderts kein gutes Zeugnis ausstellen. Ich finde, dass man dieser Nation, die zu einer eigenen Staatlichkeit finden will, eine gewisse Achtung entgegenbringen sollte. Ich denke, dass hier die Bedeutung, auf die Herr Bingen hingewiesen hat, die Bedeutung einer wirklichen politischen Unterstützung von Belarus seitens des Westens, sehr wichtig ist. Ich möchte noch einmal betonen, dass wir alle daran interessiert sind, einwandfreie Beziehungen mit Russland zu schaffen, auch wenn das schwierig ist. Das ist ein Axiom. Das ist selbstverständlich.

Die polnischen Redebeiträge wurden übersetzt von Doreen Daume

IV.
Deutsche und polnische Osteuropaforschung und Osteuropapolitik: Stereotype, Wahrnehmungen und Konzeptionen

Barbara Tuge-Erecińska

A New Challenge for the Enlarged European Union: Direct Neighbourhood with Russia, Ukraine, Belarus Theses about a New European Ostpolitik

Mr. Chairman,
Ladies and Gentlemen,
I have accepted with great pleasure an invitation to address the Conference »The European Union after enlargement – A Common European Ostpolitik (Russia, Ukraine, Belarus)« organized jointly by the Polish Germany and Northern Europe Institute and Deutsches Polen-Institut in Darmstadt. It is the second in a series of conferences organized jointly by young, in terms of time, but very ambitious research Institutes of Poland and Germany taking keen interest in the subject of the future eastern policy going beyond the European Union. The organizers of the Conference put forward quite a pertinent postulate – the need for a European perspective of Eastern Europe mentioning in particular Russia, Ukraine and Belarus.

I have been asked to speak on the subject »A New Challenge for the Enlarged European Union: Direct Neighbourhood with Russia, Ukraine, Belarus. Theses about a new European Ostpolitik.« The Conference title implies that the subject under consideration is a new eastern European policy *beyond EU eastern enlargement*, so it must be qualified in terms of:

– geographic scope as regards those states for which the EU has not yet formulated accession prospects and which will find themselves beyond the European Integration process at least in the medium term;

– timing as regards the follow-up questions of enlargement towards the east beyond the present group of candidate countries;

– finality of the Union as regards its future shape and territorial stretch.

These three dimensions are not only relevant for the analyses of Eastern Europe, but also for future policies which will be geared towards all of Europe, beyond the borders of the EU.

I shall speak on those matters later in the course of my address. In the meantime I would like to say that my task is greatly facilitated by the fact that quite recently, on June 13, 2001, the Ministry of Foreign Affairs of Poland has forwarded to the Swedish Ambassador in Warsaw in his capacity of the representative of the Swedish Presidency in the EU and to the Head of the European Commission Mission in Warsaw a document entitled »The Eastern policy of the European Union in the run-up to the EU's enlargement to include the countries of Central and Eastern Europe – the Polish point of view«.

The adoption by the Nice Council of the *Enlargement Strategy* brings closer to us the prospect of an enlarged European Union. Its borders in the East will be those of Poland, Slovakia, Hungary, Romania, Lithuania, Latvia and Estonia, in addition to the existing Finnish-Russian border. The forthcoming EU enlargement will have important implications for the current members as well as for new ones and for those states that will be left out after the completion of the current phase of enlargement covering the present group of candidate countries.

The EU strategy of enlargement features the requirement to elaborate a coherent Eastern policy towards the successor countries of former USSR. The strategy in question replaces the East-West conflict, typical of the cold war period, with a policy of enlargement, this being an element of a new order. In declaring its openness and readiness to receive into its fold new members from Central and East European states, the European Union assumes responsibility for the creation of institutions which will go into the construction of a community founded upon democracy, the rule of law and prosperity.

The accession to the European Union is not a practical proposition for Russia or other countries which came into existence in the Post-Soviet space, with the exception of the Baltic states. Mindful of this, in the mid-nineteen nineties the EU concluded a network of *Cooperation and Partnership Agreements*, Russia and Ukraine included. They were supplemented by agreements with post-Soviet Central Asian and Transcaucasian nations. Originally, they were to have provided a general framework for cooperation with a view to helping them to bridge the gap in political and economic development separating candidate states from their neighbours in the East.

The Partnership and Cooperation Agreement with Russia was next supplemented and expanded into a *Common Strategy of the European Union on Russia*, adopted by the Cologne Council on 3 June, 1999. On 10 December, 1999 the European Council adopted a *Common Strategy on Ukraine*. The EU also got off the ground the TACIS programme designed for all post-Soviet nations, as well as TRACECA and INOGATE strategic infrastructure promotion programmes.

In Poland's opinion, given the prospect of EU enlargement to include countries of Central and Eastern Europe, *there is every justification for enhancement of cohesion and coordination of EU external policy in respect of both the countries which will be sharing the EU's external border, as well as other states in the post-Soviet space.*

The enlargement of the European Union to include Central and East European states creates a new geopolitical situation whereby the Russian Federation, Belarus, Ukraine and Moldova will become the Union's direct neighbours (*by the way*, Moldova which sometimes seems to be a God forgotten country has been, in my view, unjustly omitted in the list of direct neighbourhood countries to be covered by a new European »Ostpolitik«). The emergence across the EU's Eastern border of a configuration of politically stable states and reliable partners for economic cooperation would well serve its interests.

The emergence – in the wake of the collapse of the Soviet Union – of a group of independent states enjoying legal entity and established in international law is an important element of the new European geopolitical configuration. The arrival at the scene of independent states after the collapse of the USSR constitutes a value in itself for the European order. The political and economic independence of those states would be enhanced by raising the levels of activity of European economic and financial institutions in Eastern Europe, Central Asia and Transcaucasia.

A high degree of diversification is characteristic of the European Union's relations with states which came into being following the desintegration of the Soviet Union. In Poland's view, however, the future Eastern policy of the European Union, while taking account of the need to develop individual approaches to particular states, should nevertheless *apply uniform criteria and identical standards to all states established in the post-Soviet space; it should further try to develop a model of cooperation giving all states equal access thereto, ensuring their equal participation therein and guaranteeing equal benefits to be drived therefrom.*

The prospective objective of the EU's policy in that area should be the pursuit of an alignment of friendly states displaying institutional stability, delivering democratic development, the rule of law, respect for human rights and protection of ethnic minorities. The states would be building free-market economies and cooperating with the Union on the Basis of diversified institutional arrangements.

Whatever the economic and demographic potential of individual CIS member states, they all face the need to transform their economic systems, durably re-orient their respective economies towards the free market and meet the competitive challenge from the single market of the European Union to be able to participate in in the exchange of goods and services with EU member states.

An enlarged European Union will face a historical challenge consisting of persuading the political elites and societies of CIS member states about the benefits to be derived from orienting their policies towards cooperation with the European Union, complete with the adoption of European political and legal standards. On the other hand, EU policies vis-a-vis the CIS member states should be underpinned by a sense of reality and should take cognition of the range and scope of both changes taking place in individual states and the latter's expenditure of effort to get their systems adjusted to the requirements of partnership with the European Union.

The strategic objectives of Eastern policy of the European Union should be: the development of good-neighbourly relations with CIS member states and their integration into a common European economic and social area; building of security and cooperation community; helping to generate friendly attitudes towards the EU in countries which either do not aspire to EU membership or are not eligible for it. Furthermore, it is essential to give support to the said countries' efforts focused on getting their systems adjusted to the requirements of partnership with the European Union.

The Eastern policy of an enlarged EU must take into account of the implications of the process of enlargement both for the Union's new members and its Eastern neighbours. *One of the most essential problems in the pipeline for Poland and other states whose borders, following the enlargement of the European Union, will mark the external border of the EU, is the asymmetry of economic and administrative development and of the actual condition of the infrastructure on both sides of the border, which can possibly fuel the widening of developmental disproportions between the nations concerned and endanger the area's fragile economic and social equilibrium.These countries will be the first to bear the brunt of all unfavourable phenomena attending these processes.*

When considering the consequences of the EU enlargement for the direct neighbourhood it should be emphasized that over the past ten years discrepancies in the economic development have not disappeared, and in the case of some countries they have even become more pronounced. The problems facing the peoples of such countries as Russia, Ukraine, Belarus and Moldova resulting from being a part of the command economy of the Soviet state over many years, considerably exceeded the scale of difficulties of such Central European countries as Poland, the Czech Republic or Hungary. Therefore the extent of difficulties in reforming the economy and transforming social and political mechanisms has been much greater in Russia and Ukraine than for instance, in Poland.

From the point of view of Poland as a future member of the EU it is important that the eastern enlargement of the EU does not create a gulf in economic and social development on the Polish border with countries in the direct neighbourhood, such as Russia, Ukraine and Belarus. Policies should be devised to counter the perception of erecting new dividing lines on their Western borders or deepening the Bug River border, and mechanisms should be created so that EU enlargement does not lead to a feeling of »rejection« in the countries in the direct neighbourhood. Those mechanisms should be geared to promoting cooperation and disseminating information about the European Union.

The people of Ukraine and Belarus have minimal access to reliable information on the European Union, the mechanisms of its operation and the values this organization is based on. The public at large in those countries is short of information that would explain why the proximity of the European Union is a chance for their own development and a strong incentive for economic change. The information policy should be addressed more to the people, as only then can there be a belief in the benefits resulting from direct neighbourhood.

The EU's Eastern policy objectives should be *to provide for furnishing the states which emerged following the disintegration of the USSR with alternative prospects for development and construction of new economic relationships, as well as making it realistically possible for them to choose their respective geopolitical orientations.*

The EU's Eastern policy should focus both on foreign policy and security-related issues as well as on economic cooperation, trade, transport and energy, environmental protection, cultural exchange, information and the media. It should also pay due attention to questions regulated by the Schengen *acquis*. A very important place within the framework of a policy thus conceived should go to cooperation in pursuit of civil security; non-governmental organizations have an important role to play in this field of endeavour. What is more, the CIS member states should by all means adopt legislation to bring their internal regulations up to the European Union standards, in order to enable them to meet competition from the single market of the EU and to ensure proper legal and institutional guarantees which would generate a climate helping to attract foreign investments.

In practical terms, the direct neighbourhood policy is predicated on the assumption that it is necessary to surmount barriers resulting from both the asymmetry of socio-economic development and conspicuous differences in administration and infrastructure on both sides of the EU border. Partnership and Cooperation Agreements spelling out the objectives and principles governing cooperation of partners must be supplemented with direct neighbourhood strategies geared to solving specific problems. And the smaller are the actual asymmetries between states involved in direct neighbourship relationships, the more will Partnership and Cooperation Agreements be able to widen the scope of their operations over long periods of time.

In Poland's opinion, the European Union should unveil prospects for further development of relations before the countries-parties to *the Partnership and Cooperation Agreements*, including Russia and Ukraine, which are targeted in its *Common Strategies of the EU*. These should neither rule out any options nor draw *a priori* any borders in an anticipated geopolitical map of Europe. One should not eliminate the possibility of the conclusion *in the future* of a *customs union*, *or new generation association agreements or, closer to our times*, establishing *free trade zones* with selected countries ready to accept relevant solutions and meet the conditions required.

This concerns Russia and Ukraine in particular, for which such a possibility is actually anticipated in *Partnership and Cooperation Agreements.* We have noted with great interest the agreement between Russia and the European Union at their May summit in Moscow to establish a joint high-level group within the framework of the PCA to elaborate the concept of *a common European economic space.* We are looking forward to hearing more about the results of its work.

With reference to other countries covered by the definition of *direct neighbourhood countries*, like Belarus and Moldova, depending upon the evolution of their internal situation and meeting the democratic standards, a prospect should be opened for various forms of cooperation. In particular assistance to them within the framework of TACIS programmes should be made available or increased especially in a new financial perspective going beyond the year 2006.

Further afield, particular prominence among aid programmes should be given to those supportive of projects designed for all CIS states, or a major group thereof, to mention *Interstate Oil and Gas Transport to Europe (INOGATE)*, as well as to those assisting the development of transport and telecommunication infrastructures. It is important that the European Union's fuel imports come not only from Russia but from other Caspian Sea countries as well. That would increase the energy security and safety of fuel deliveries to Europe and economically strengthen the oil-rich countries concerned.

Now I shall touch upon some specific subjects related to the issue of direct neighbourhood. Enlargement of the European Union to include the nations of Central and Eastern Europe will have important implications for the latter's *economic and trade relations with countries of the post-Soviet space.* This will be the consequence of both a change of the candidate countries' trade status following the accession, and their compliance with EU energy security requirements. In its ongoing dialogue with CIS states, the European Union should discuss implications of its enlargement to include Central and East European nations.

Injection by the European Union of new dynamism into its Eastern policy, exemplified by, *inter alia*, growing economic involvement of the EU in the said region, would certainly be in Poland's interest.

Enlargement of the EU eastwards will have significant implications for the relations of the EU – its new members in particular – with neighbouring countries on the eastern side of the Union's border, as regards *matters covered by the Schengen acquis, including border control and visa requirements. High importance will have to be attached to cooperation in combatting organized crime, illegal migration and drugs trafficking*, having in mind that those negative phenomena figure prominently in CIS territory and that the transit routes for drugs trafficking and illegal migration pass through it.

The openness of the EU to *contacts with citizens of countries beyond the Eastern border of the EU will have a crucial bearing on transformation processes in those countries and their adjustment to the neighbourhood of the Union.* That is a profound political problem, with far-reaching social implications. While ensuring effective protection of the country's borders, the adoption by Poland of the Schengen *acquis* and introduction of visa requirements for citizens of the CIS states should also enable our Eastern neighbours to develop better contacts with the European standards of freedom, democracy and market economy. Poland intends to simplify its visa-issuing procedures, expand its network of consular missions and introduce multiple-entry visas and low visa charges.

Poland attaches considerable importance to the European Union's involvement in cooperation with the countries of Northern Europe within the framework of *the Northern Dimension.* Such cooperation would be viewed as the EU's support to countries of the Baltic Sea basin in their pursuit of integration into Europe. Such cooperation is essential from the viewpoint of the EU enlargement. *It is also an important factor of the Union's policy vis-a-vis Russia.* All the circumstances mentioned above prompt a suggestion that the Northern Dimension be recognized as an autonomous, regional initiative of the European Union, as has been the case with the Mediterranean Sea basin and the Western Balkans.

Poland has welcomed the Initiative of the European Commission concerning *the Kaliningrad Region*, expressed in the form of the *Kaliningrad and the European Union* communique. It is ever more important since Poland, a future European Union member state, is supportive of a deepened Russia-EU partnership. Poland regards cooperation with the Kaliningrad Region as an instrument serving the dismantling of economic and civilizational barriers on the European continent.

EU enlargement calls for improvements to both transport links and border controls on the EU's new Eastern border. These questions impact considerably on the neighbouring countries including Poland. In connection with this it will be necessary to successively modernize the border-crossings along the Polish-Kaliningrad Region border (as well as on Poland's borders with Ukraine and Belarus) while at the same time to tighten-up the borders in question. It will also be necessary to implement the important transport infrastructure-related projects which are to facilitate goods shipments and passenger transport. Union resources will also have to be committed to the implementation of those important projects.

As a country which neighbours with the Kaliningrad Region, Poland is interested in developing cooperation with it, including economic cooperation, and in solving problems arising both within the Region and around its points of contact with EU member states. Poland is supportive of all undertakings designed to pull down economic and civilizational barriers existing between the Region and the present and future members of the EU.

Poland attaches considerable importance to *cross-border and interregional cooperation as an effective instrument of building good neighbourhood in the interests of social, cultural and scientific contacts underpinned by economic cooperation.* Expansion of contacts at grass-root level helps enhance mutual trust. While disseminating European standards of democracy, human rights and the idea of civil society, it also promotes a system of common values.

The Polish Government administration, as well as regional local government authorities welcome the development of cross-border contacts as a necessary element of policy helping to mitigate the devisive impact of state frontiers, uphold the cultural cohesion and promote the economic development of the areas and regions involved. The said authorities are confident that also in the context of the EU's eastward enlargement cross-border and regional cooperation has a very important role to play in dispelling the impression of a new division taking hold of the continent, and are ready to line up policies against such a division.

The forthcoming EU enlargement will have important security implications for the present as well as for new members and for those states that will be left out during the current enlargement phase. The evolution of the political situation in Europe with the expansion of NATO in 1999 and the forthcoming EU enlargement have fundamentally changed the security ramifications in Europe. European security identity has changed radically too. Europe has become more and more a community of interests, especially with regard to states beyond EU borders.

Since the start of the political and socio-economic transformations in Poland in the early 90's our security policy was to be based on the membership of Euro-Atlantic institutions of cooperation and security.

This strategic goal of Polish foreign and defense policy was enshrined in *The Principles of Polish Security Policy* adopted on 2 November, 1992. This security strategy document listed the European Community among the Western institutions in which we vested our hopes and aspirations for our security. We have always emphasized political and security issues in our approach to the question of our membership in the EU. Also, we have perceived the competencies and mission of the EU as reaching far beyond the first pillar, the single market and the common economic policies of the Union in different sectors of its activities.

Yet, in spite of its strict orientation towards the West, Polish foreign policy made the point in establishing good neighbourly relations with the countries to the east of Poland, especially with the Baltic states, Russia and Ukraine. By means of bilateral agreements with all neighbour states in the early 90's, Poland succeeded in establishing a stable network of diplomatic, political, economic and societal relations.

The consistant support shown by Poland for the independence of the newly established states after the fall of the USSR, such as Lithuania or Ukraine, was supplemented by simultaneous efforts to maintain friendly relations with the Russian Federation.

The essence of this policy – as promulgated *inter alia* by the former Minister of Foreign Affairs of Poland, prof. Bronisław Geremek in his Sejm's address on the directions of Polish foreign policy on 9 May, 2000 – *was the conviction that the more similarities in the economic and political systems of Poland and its eastern neighbours could be found and the more concurrent the aspirations and values shared by the neighbouring societies were, the smaller the risk of bilateral problems that might affect state security would be.*

Also the current Minister of Foreign Affairs of Poland, prof. Władysław Bartoszewski in his message to the European Commission on the Treaty of Nice of 12 February, 2001, has stressed that *the Treaty of Nice strengthens the idea of an open and democratic European Union. This has a particular significance from Poland's point of view since as soon as membership is achieved, Poland will take on a particular responsibility for the development of active relations with its neighbours to the east as well as in backing the democratic and economic reforms in Central and Eastern Europe.*

Pan-European security covers both *hard security* that relates security to military threats and the ability of states to defend their territories and *soft security* related to the political, social and environmental problems under a broader definition of security. The security implications of the EU eastern enlargement have much to do with the political and socio-economic problems existing in the countries to the east of the EU new borders falling into the category of *soft security.*

The greatest threats to Europe coming from this territory are linked with instability caused by the persistence of crises-prone situations, ethnic or religious conflicts, territorial disputes and violations of human rights. These are compounded by organized crime, illegal immigration and trafficking in arms. That is why in its future foreign policy the European Union should focus on correlating political and economic instruments.

Actions taken in the area should provide for the secure development of all states of the region, by letting them choose their own political orientation included. The development of political dialogue with the CIS nations will serve the implementation of this objective.

Set in the context of the Common European Security and Defense Policy, the Eastern policy of the European Union should rest on the foundation of effective solutions involving in political dialogue all states east of the future border of the EU. That would help strengthen security in Europe, and not just shore up the ambitions of selected countries.

The development of security policy-related dialogue between the European Union and Russia within the framework of their strategic partnership should not negatively affect the intensity of the Union's cooperation with other countries in this field of endeavour. The proposed consultations concerning arms control, disarmament, confidence and security-building measures and mass destruction weapons must take into account the fact that this set of issues has actually been taken up by the OSCE and is also being worked on within the framework of the Russia-NATO dialogue. It would, therefore, be necessary to coordinate the relevant undertakings of the Union with the aforesaid organizations, taking into consideration the results they have achieved so far.

When discussing security, one cannot dismiss the situation in the Kaliningrad Region which merits particular attention. When contemplating contacts with it, one must consider the need to approach it as a region beset by diverse problems requiring comprehensive action, with due account taken of evolving departure from its position of an enclave of special military significance.

Contemporary Russia is seeking its new identity on the international scene. Clear evidence of such thinking can be found in Russian academic thought as well as in official statements. An invitation extended to Russia to take part in a dialogue on European security may be appreciatively received by Russia as a token of recognition of its *European identity* in the context of its global political aspirations.

A security related political dialogue with Ukraine, given the country's geo-political importance and direct neighbourhood, should become one of the EU's Eastern policy priorities. Ukraine's independence is a stabilizing factor which exerts a beneficial influence upon the countries of the region (notably upon GUUAM, but also upon Russia and Belarus).

Involvement of smaller states established in the CIS space in the European security dialogue would, on the one hand, improve their self esteem and, on the other, reposition them *vis-a-vis* Russia by setting in train their progress away from dependence to partnership, and would serve to strengthen their pro-European orientations in the process. The range and scope of security-related cooperation with these states will vary depending upon their size and military capability.

Relations between the European Union and Russia are of key significance for shaping a new European Ostpolitik as evidenced by the Joint Statement of the leaders of the Russian Federation and the European Union who met in Moscow for the seventh Summit since the entry into force of *the Partnership and Cooperation Agreement (PCA).* They reaffirmed in it the special importance that they attach to the strengthening of their long-term strategic partnership based on the principles of democracy, respect for human rights, rule of law and market economy. They also recalled that their aim is to foster economic growth, prosperity, social development, a clean environment and strengthened security and stability, on the basis of shared values.

The European Union and Russia both have an interest in enabling Russia to integrate into a *Common Economic and Social Space in Europe* which they confirmed in the decision to establish a joint high-level group to elaborate this concept in the aforementioned Joint Statement. The creation of mechanisms that would incorporate Russia into the benefits stemming from the close proximity of the European Union would mean obtaining Moscow's willingness to cooperate with the European Union in building economic order and stability east of the EU borders.

The process of defining the doctrine of Russia's role and place in the world is yet to be concluded by the Russians themselves. However, the Kremlin leadership gives priority treatment to the tightening up of cooperation with the EU today and will probably continue to do so for a long time to come. The Russian Federation wants to benefit from the European Union's eastward enlargement. It is interested in both closer integration with the EU and in being included in the common European economic space, while security-related issues will help to considerably extend the thematic spectrum of cooperation, this being in the interest of both sides.

In the *Common Strategy of the European Union on Ukraine*, a vision of the EU for its partnership with Ukraine has been presented. In this document of fundamental importance the European Union underlines that *the strategic partnership between the EU and Ukraine, based on shared values and common interests, is a vital factor enhancing peace, stability and prosperity in Europe. The freedom, independence and stability of Ukraine rank among the greatest achievements in the new Europe rid of old dividing lines. Geography, as well as location along the North-South and East-West axes give Ukraine a unique position in Europe and make it a determinant regional factor.*

Poland fully shares the assessment of the importance of Ukraine in the process of shaping new relations in Europe, especially in Eastern Europe, as presented in the *Common Strategy*. The fact that Ukraine has, since gaining its independence, been a source of regional stability, despite its domestic difficulties and diversities, is a laudable achievement. Poland is interested in the efficient implementation of the *Common Strategy*.

Ukraine's declared European vocation and an ambition to get integrated into Europe are of strategic importance for Poland from the point of view both of economic relations and security. Poland and Ukraine have declared themselves to be strategic partners. The EU support for Ukraine's European orientation and assistance in adjusting its administrative and economic structures to EU standards is in Poland's and the Union's interest. Poland is ready to cooperate with the European Union in this sphere. Poland appreciates *the Common Strategy of the EU on Ukraine* as the key instrument that should steel that country's resolve to pursue its European vocation. Support being lent by the EU and – *toutes proportions gardées* – by Poland for the economic transformation of Ukraine should include projects that would bring that country's economic and financial infrastructure closer to the EU standards. That will help bridge the gulf separating Ukraine from its Western neighbours.

For the time being Ukraine is a case of unfinished transition in need of understanding and help. By way of a strategic answer to the *EU Common Strategy* Ukraine passed its own policy statement on its relations to the EU. It is aimed at early association and the inherent promise of prospective membership. A straightforward no to Ukraine's wish to become a EU member carries the risk of increasing instability caused by the rejection. Therefore the European Commission should formulate a prospect for Ukraine, even in the long-run, to become a EU member provided it performs its share of the task.

Belarus is a special case and presents a serious problem for the European Union in the context of direct neighbourhood. The European Union has signed, but has not ratified the *Partnership and Cooperation Agreement (PCA)* with Belarus. There is a stark discrepancy between Belarussian and European Standards. The authoritarian government of President Lukashenka is characterised by curtailing civil liberties, violating human rights and limiting the freedom of economic activity. The country's economic system is radically different as well.

Irrespectively of the policies of self imposed isolation pursuit by the present political leadership of Belarus, the European Union should not lose sight of that country located on the future EU border. It is in the European interest to contribute to securing stability through a democratization of Belarus. The EU should support local players and advocates of economic reform to bring about domestic change in Belarus and in this way to tighten the country's links to Europe.

Apart from numerous possibilities of cooperation it is also necessary to increase the presence of European institutions in Minsk. To a greater extent Belarus should be covered in the EU information programmes. Also the EU information impact on Belarus should be increased.

Moldova's interest in European integration and its aspirations for early association with the European Union should also be noted. Although this country which is gripped with problems of nation building and strengthening its independence has a long way to cover in terms of political, economic and social transformation and meeting the EU standards, it deserves support in its endeavours. The EU should extand its cooperation and assistance to Moldova as well – the country in the direct neighbourhood of the enlarged European Union.

Being situated in the Easternmost part of an enlarged European Union, Poland is particularly interested in developing a coherent EU policy in respect of the entire post-Soviet space, taking in East European states, Transcaucasia and Central Asia.

It is in the interest of Poland that the European Union should become an attractive partner for post-Soviet states, ready to offer them cooperation at all possible levels. Poland would like to play the role of a promoter of cooperation and a unifying link in relations between the old and the new EU member states and their counterparts in a direct neighbourhood group of countries.

Poland has been developing good neighbourly relations with all its neighbours in the East. Poland will be entering into the European Union unencumbered with legal or border disputes or, for that matter, ethnic minority problems. Poland has been developing close cooperation with the Visegrad Group and the Baltic States, all aspiring to EU membership.

Poland has accumulated a wealth of experience in the realm of transformation of its economic and political systems, building of democracy, the rule of law, and the market economy as well as adjustment of its economy, political and legal systems to European Union standards.

Poland is ready to share and has been sharing these experiences with states situated across the future Eastern border of the European Union to help them get adjusted to their prospective neighbourhood with the Union. Poland is ready to expand cooperation and develop good-neighbourly relations with states and regions adjoining an enlarged EU, that is to say, Russia (the Kaliningrad Region and the North-Western regions of the Russian Federation), Ukraine and Belarus. Keeping in mind the positive experiences gained during its pursuit of contacts within the framework of the *Standing Polish-Ukrainian Conference on European Integration*, this being an element of the implementation of the *Common EU Strategy on Ukraine*, Poland is ready to continue this form of cooperation. Positively responding to the Union's invitation extended to states involved in the accession negotiations, Poland is ready to participate in the implementation of projects contained in the EU *Action Plans* for Russia and Ukraine.

Of great importance and value are the activities of Polish foundations operating in Ukraine. The idea of using the experience of those foundations lays behind the signing in October 1998 in Kiev of a joint declaration launching the »Polish-American-Ukrainian Cooperation Initiative« (PAUCI) – a trilateral cooperation programme involving Poland, the United States and Ukraine. Cooperation has now been developing within three areas: macro-economic reform; development of small business and creation of the local government system.

The PAUCI's task is to shore up the economic reform in Ukraine by providing the country with aid programmes developed on the basis of the Polish experience of economic transformation. Practical cooperation of non-governmental organizations of the three countries is of particular importance for the implementation of those programmes.

Poland enjoys extensive economic contacts with the Kaliningrad Region and commands a wealth of cross-border cooperation-related experience which can effectively help overcome the sense of isolation among Kaliningrad inhabitants. Of great importance in this regard is cooperation between Poland's North-Eastern voivodships and the Kaliningrad Region.

Poland's intellectual and staff resources could be deployed to help with the implementation of EU programmes designed to provide training to the administrative personnel of CIS states involved in cooperation with the European Union, especially of those states which will be in the direct neighbourhood of the Union following enlargement. A very good example of such cooperation is the tripartite Polish-Lithuanian-Russian proposal, voiced with the Kaliningrad Region in mind, to launch an educational programme meant for the Region's public administration officials, border guards and customs officers, with particular emphasis laid on the provision of training targeted at operators of small and medium-sized enterprises.

The above programme's objective would be to bring closer to administration organs and representatives of the Region's business community the regulations and principles governing the management of the EU's external borders. This programme is also a good example of practical cooperation in preparing the countries on the Eastern border of the EU for life in direct neighbourhood of the Union.

In conclusion let me express my conviction that a comprehensive and coherent programme of the European Union for cooperation with the countries of Eastern Europe which will be left out of the present stage of the EU enlargement shapes a European perspective of Eastern Europe. The European Union should offer those countries cooperation at all possible levels.

Poland reiterates its desire to contribute to the future Eastern policy of an enlarged European Union, first voiced in its opening statement made on the 31 March 1998 at the inauguration meeting of the accession negotiations and substantiated in a document *The Eastern policy of the European Union in the run-up to the EU-enlargement to include the countries of Central and Eastern Europe – Poland's viewpoint* forwarded to the Swedish presidency and to the European Commission's representative in Warsaw on 13 June, 2001.

I hope that my own address to the distinguished participants of today's conference would also make a modest contribution to the elaboration of Poland's position on this important subject.

6/2001

Rafał Antczak

Polnische und deutsche Ostpolitik – gegenseitige Wahrnehmung, Stereotype und Vorurteile

Für Polen als Land und für die Polen als Menschen ist in den letzten zehn Jahren eine gewisse Skepsis, ein Kritizismus hinsichtlich der eigenen Errungenschaften und Reformen charakteristisch, und das hat sich als dienlich erwiesen. Somit gestatte ich mir, ebenfalls kritisch zu sein, sowohl gegenüber der Politik der Europäischen Union wie auch ein wenig gegenüber der Politik Deutschlands in den Ländern, in denen ich als Berater gearbeitet habe – es handelt sich sozusagen um Meinungen beinahe von der Front.

Ich stelle hier *drei Hauptsünden* vor:

Erstens, und davon war schon die Rede, die Sünde des wirtschaftlichen Gradualismus. Dies betrifft nicht nur die Europäische Union, nicht die deutschen Experten, sondern ist ein breiteres Problem und betrifft auch die Experten von Währungsfonds und Weltbank. Generell wird das politische Risiko im Zusammenhang mit radikalen Reformen im Falle ihres Scheiterns als schwerer wiegend und wahrscheinlicher erachtet als das Risiko im Falle eines völligen Fehlens jeder Reform überhaupt. Was heißt das? Es heißt einfach, dass der wirtschaftliche Gradualismus akzeptiert wird und damit ein sehr langer Transformationsprozess. Dabei gibt es nur ein einziges Problem, nämlich dass gradualistische Reformen bisher in noch keinem Land geglückt sind. Die Erfahrungen aus anderen Ländern, die den Prozess der Transformation durchmachen, zeigen dagegen eindeutig den Erfolg radikaler Lösungen (»Schocktherapie«) und das Versagen gradueller Reformen. Der »dritte Weg« führt ausschließlich in die Dritte Welt.

Wenn man von solchen konkreten Beispielen ausgeht, dann ist leicht festzustellen, wie die Tatsache, dass Russland und die Ukraine ihre Verpflichtungen gegenüber den Kreditgebern nicht erfüllt haben, als tolerabel gilt und dieser Sachstand politisch offensichtlich akzeptiert wird. Dem entsprechen die Erfahrungen von Beratern in diesen Ländern, die dann mit ansehen, wie die Politiker einen Konsens erreichen und die Mühe der Durchführung von Reformen als verzichtbar gilt.

Ein ähnliches Beispiel war auch die Idee, in der Ukraine eine trilaterale Kommission (Staat, Arbeitgeber, Gewerkschaften) einzuberufen – eine Empfehlung, die von deutschen Experten forciert wurde. In der Ukraine bestand freilich das Problem darin, dass es keine unabhängigen Gewerkschaften gab und in bestimmter Weise die alten, kommunistischen Organisationen unterstützt wurden, um die trilaterale Kommission entstehen zu lassen. Solcherlei Beispiele könnte man noch mehr finden.

Die *zweite* Sünde ist die der politischen Stabilisierung, d.h. generell zieht man eine stabile Situation einer unbekannten Situation vor. Die politische Stabilität der Transformationsstaaten hängt im hohen Maß von der Zufriedenheit der Gesellschaft mit dem Lebensstandard ab, der in Folge von Erfolgen der Wirtschaftstransformation erzielt wird. Das Ausbleiben von Reformen sowie von wirtschaftlichen und politischen Erfolgen führt zu dem Phänomen der Substitution. Internationale Kontakte auf höchster Ebene dienen der Erzeugung von »Erfolgen« in der Innenpolitik in einer Phase der Unzufriedenheit angesichts ausbleibender Reformen und Wohlstandszuwächse. So wird beispielsweise die politische Unterstützung durch die EU zur Lösung innenpolitischer Probleme genutzt. Die EU-Länder betrachten den Mangel an Stabilität als ein Hauptproblem, ohne genügend zu realisieren, dass es in Zeiten der Transformation per definitionem nicht möglich ist, von Stabilität zu sprechen.

Dafür ist Belarus das ideale Beispiel. Man geht davon aus, dass die Situation, die mit Präsident Lukaschenka besteht, die stabilere ist, weshalb die Aufnahme ernsthafter Gespräche mit der belarussischen Opposition – und das wäre ein politisches Signal – als riskant gilt; manchmal wird die Existenz der belarussischen Opposition sogar verneint. Oder ein anderes Beispiel: das hier bereits diskutierte Verständnis des Westens bei der Betrachtung von Programmen und von Personen in den Transformationsländern. Vor einigen Jahren hat die ganze freie Welt Jelzin gegenüber Sjuganow und Schirinowskij unterstützt, weil sich Sjuganow und Schirinowskij auf starke Machtstrukturen stützen konnten, um die Reformen in Russland zu blockieren. Aber wofür stand dann Jelzin letztlich wirklich? Bei Putin handelt der Westen jetzt wieder genau so. Er findet dort Unterstützung, denn ohne ihn sieht man ein »schwarzes Loch« in Russland.

Die *dritte* Sünde ist die Partnerschaft. Partnerschaft beruht auf der Entstehung von (nicht unbedingt durch Verträge abgesicherten) Bindungen zwischen zwei gleichwertigen Partnern. Derzeit wird aber eine andere Art von Partnerschaft exerziert, z.B. im wirtschaftlichen und im politischen Bereich. Es ist schwer vorstellbar, dass man gleichberechtigte wirtschaftliche Beziehungen aufbauen und politisch nutzen kann mit so armen Ländern, wie Russland es gegenwärtig ist. Ich erinnere daran, dass das Bruttoinlandsprodukt von Russland nominal auf dem Niveau des Bruttoinlandsproduktes von Polen liegt, das sind etwas mehr als einhundertsiebzig Milliarden Dollar. Das ist keine reale wirtschaftliche Partnerschaft. Und in der politischen Sphäre erklären sich die Staaten mit dem höchsten demokratischen Niveau und ausgeprägt liberalen Staatsideen, die EU-Staaten, bereit, eine politische Partnerschaft mit diktatorischen Systemen (Belarus) und Ländern mit zweifelhaften Praktiken (Einschränkung der Freiheit des Wortes, Kriminalisierung des politischen Lebens, innere Konflikte) wie Russland und der Ukraine einzugehen. Man kann also bestimmte Doppelstandards für die Beziehungen zu den Ländern Ostmitteleuropas einerseits und die Beziehungen zu den Nachfolgestaaten der Sowjetunion andererseits erkennen. In Zusammenhang damit ziehe ich die Schlussfolgerung - wovon auch schon in den vorhergehenden Panels die Rede war –, dass es notwendig ist, ein ehrliches, einheitliches, transparentes Maß an alle Länder der Erde anzulegen. So könnte man eine politische und wirtschaftliche Strategie für alle Länder formulieren, und diese brächte wahrscheinlich einen größeren Nutzen.

Aus dem Polnischen von Ulrike Bischof

9/2000

Cornelius Ochmann

Europäische Ostpolitik, deutsche Stereotype und polnische Expertise

Die Konferenz hier ist ein Beispiel für den Ansatz, Polen in die europäische Ostpolitik einzubinden. Nach meiner Einschätzung war es bisher leider nicht der Fall, dass man die polnischen Vorstellungen in die Konzeption der Europäischen Union eingebunden hat. Das ist noch Musik der Zukunft. Die Stiftung aber, die ich hier vertrete, versucht seit einigen Jahren, der neuen europäischen Ostpolitik einen konzeptionellen Anstoß zu geben.

Der erste Schritt ist getan, aber ich denke, dass die europäische Ostpolitik sich erst in einem Gestaltungsstadium befindet. Die Entscheidungen der letzten beiden Gipfel – in Köln die Strategie gegenüber Russland und dann in Helsinki die Strategie gegenüber der Ukraine – sind die ersten Ansätze der Europäischen Union, Ansätze, die man seit Jahren gefordert hat. Anfang der neunziger Jahre war eine der wichtigsten Forderungen der Europäischen Union – an Staaten wie Polen, die Tschechoslowakei und Ungarn –, die Probleme mit den östlichen Nachbarn zu diskutieren, die Fragen der Minderheiten zu lösen. Ich darf hier in Erinnerung rufen, dass sich die Politik 1991, 1992 damit beschäftigt hat, wie Polen die Beziehungen mit Litauen gestalten und welche Rolle die polnische Minderheit in Litauen oder in der Ukraine für die künftige Entwicklung in dieser Region spielen kann. In diesen Zusammenhang gehörten auch die Bitte an Ungarn, es möge im Zuge der Osterweiterung die Beziehungen zu Rumänien stabilisieren, die Forderung an Rumänien, die Frage der ungarischen Minderheit zu regeln, ebenso an die Slowakei, die Probleme mit der ungarischen Minderheit zu lösen usw. Nachdem das getan wurde, befinden wir uns jetzt in der Phase, in der die mitteleuropäischen Staaten, die künftigen Mitglieder der Europäischen Union, aktiv in die Gestaltung der europäischen Ostpolitik einbezogen werden.

Hier gibt es jedoch einige Vorurteile, einige Stereotypen. Ich möchte auf ein paar Punkte hinweisen, die in den politischen Eliten in Deutschland bei der Gestaltung der künftigen europäischen Ostpolitik eine wichtige Rolle spielen und die in diesem Zusammenhang auch die polnische Ostpolitik betreffen.

Wenn wir hier über Ostpolitik diskutieren, dann müssen wir uns vor Augen halten, dass Ostpolitik für uns etwas ganz anderes bedeutet als z.B. für die politische und wirtschaftliche Elite in Deutschland. Die Osterweiterung der Europäischen Union führt dazu, dass in der künftigen EU Staaten wie Polen,

Ungarn, Tschechien nicht mehr zu Osteuropa gehören werden. Zur Zeit ist es leider noch so, dass unter Ostpolitik bei sehr vielen Menschen die Osterweiterung der Europäischen Union verstanden wird, dass Ostpolitik als Politik der EU gegenüber Staaten wie der Ukraine, Russland oder auch Moldowa gar nicht existiert. Und deswegen müssen wir auch dazu beitragen, dass der Begriff »Ostpolitik« in der öffentlichen Meinung eine andere Bedeutung bekommt. Genauso wie der Begriff »polnische Wirtschaft« in den letzten zehn Jahren eine bestimmte Transformation erfahren hat, so wird in einigen Jahren der Begriff »Ostpolitik« nicht mehr Polen und Tschechien meinen, sondern Staaten wie Russland, die Ukraine und hoffentlich auch Moldowa.

Ein anderes Problem sehe ich in der Frage der polnischen antirussischen Einstellung. In sehr viele Aussagen, nicht nur der Experten, sondern vor allem der Politiker, wird impliziert, dass die polnische Politik gegenüber Staaten wie der Ukraine und Belarus, aber auch gegenüber den baltischen Staaten einen antirussischen Unterton hat. So ist die Meinung der politischen Eliten in Deutschland.

Das nächste Problem: Es gibt bei den politischen Eliten in Deutschland kein Verständnis für die geostrategische Lage Polens, für die Entwicklung in den letzten zwei Jahrhunderten. Und deswegen kommt es immer noch zu Missverständnissen, wenn der deutsch-russische Dialog zu intensiv wird. Sehr oft wird das in Polen als etwas gegen Polen Gerichtetes interpretiert.

Ein kurzer Ausblick in die Zukunft: Meiner Meinung nach wird Polen in den nächsten Jahrzehnten die Ostpolitik der Europäischen Union maßgeblich beeinflussen. Nicht zur Zeit, aber nach dem Beitritt in die EU. Wir haben Beispiele in der Entwicklung der Europäischen Union: Ich darf nur darauf hinweisen, dass Spanien nach seinem Beitritt einen sehr starken Einfluss auf die Mittelmeerpolitik der Europäischen Union genommen hat. Zur Zeit entsteht erst ein Konzept der Ostpolitik der EU, und Polen kann in diesem Zusammenhang auch in die Diplomatie und Politik der Union eingebunden werden. Sonst sehe ich die Gefahr, die Österreichs Balkanexpertise durchgemacht hat. Die Österreicher hatten und haben die besten Balkanexperten. Leider haben sie während der ersten Phase der Balkankriege überhaupt keinen Einfluss auf die europäische Balkanpolitik gehabt, weil die österreichische Politik nicht fähig war, diese Balkanexpertise in die europäischen Entscheidungsprozesse zu transportieren. Erst in den letzten Jahren haben die Österreicher ihre Vertreter in die Europäische Balkanpolitik eingebracht. Das ist auch eine große Herausforderung für die polnische Politik, ihre ausgezeichnete Osteuropaexpertise auch in den europäischen Entscheidungsprozess zu transportieren. Ich beziehe das nicht nur auf die unmittelbaren Nachbarn, das betrifft auch den zentralasiatischen Raum. Wir haben in der Europäischen Union überhaupt keine Expertise, was die Entwicklung in Zentralasien angeht.

Als wir in der Stiftung versuchten, in dieser Richtung etwas zu unternehmen, fuhren wir nach Amerika, um von den dortigen *think tanks* Informationen darüber zu bekommen, wie sie die Entwicklung in Zentralasien einschätzen. In Bezug auf den Kaukasus läuft derzeit schon etwas. Aber ich sehe hier eine große Chance für die polnische Expertise, in die Europäische Union eingebunden zu werden.

9/2000

Christoph Royen

Zehn Diskussionsthesen zur Politik des wiedervereinigten Deutschlands gegenüber Polen und Russland

1) Seit dem Zusammenbruch des sowjetkommunistischen Gesellschafts- und Staatensystems ist die deutsche Ostpolitik eine »Russia first«-Politik.

2) Zwar bezeichnen deutsche Politiker gegenüber polnischen Partnern Deutschland gerne als »Anwalt« Polens. (Entsprechende Zusicherungen geben sie Partnern aus den anderen mitteleuropäischen Staaten des »Visegráder Vierecks«, des Baltikums oder Südosteuropas.)

3) Mit diesem Anspruch ist es jedoch kaum vereinbar, wenn die deutsche Außenpolitik auf russische Interessen und Empfindlichkeiten, deren Ursache im Festhalten der Moskauer außenpolitischen Eliten an der Legitimität traditioneller Einflusssphären und im Großmachtanspruch Russlands liegt, Rücksicht nimmt.

4) Besonders deutlich trat dieser innere Widerspruch während der Debatten um die Öffnung der NATO nach Osten zutage: Ohne die Wahrnehmung ihrer Führungsrolle im Atlantischen Bündnis durch die USA wäre die Entscheidung der Allianz, Polen zusammen mit Tschechien und Ungarn aufzunehmen, wohl noch heute offen, da Deutschland wie die anderen führenden NATO-Staaten Westeuropas davor zurückscheute, die Moskauer Einwände klar zurückzuweisen.

5) Diese Rücksicht auf den Moskauer Standpunkt zeigte sich erneut während der Bemühungen, Russland für die Intervention der NATO gegen Miloševićs Kosovo-Politik »in das gemeinsame Boot« zu holen, sowie besonders eklatant während des zweiten russischen Krieges gegen Tschetschenien seit dem Spätsommer 1999. Die berechtigte Kritik sowohl der demokratischen Kräfte Russlands als auch der ehemaligen Hauptopfer sowjetischer Expansionspolitik in Mitteleuropa, vor allem in Polen und im Baltikum, sowie der Parlamentarischen Versammlung des Europarats an dem brutalen Vorgehen Moskaus gegen die friedliche Zivilbevölkerung Tschetscheniens galt als störend und wurde beiseite geschoben.

6) Angesichts der Rolle der beiden größeren Nachbarn in der Geschichte Polens waren polnische Beobachter enttäuscht von dem Verhalten Deutschlands, zumal es die deutsche Politik auch bei verschiedenen, von Moskau provozierten oder hochgespielten Konflikten mit Warschau vorzog, öffentlich zu schweigen und intern sogar die polnische Seite zu kritisieren.

Analoges gilt für die ständigen Versuche Moskaus, Estland und Lettland wegen der angeblichen Verletzungen der Menschenrechte der »russischsprachigen Minderheiten« zu diskreditieren. Auch insoweit kann Moskau auf Verständnis in Berlin und anderen westeuropäischen Hauptstädten rechnen. Jedoch hätte gerade Deutschland Anlass, sich der eigenen historischen Mitverantwortung für die Sowjetisierung der baltischen Staaten zu erinnern und daraus die gebotenen Schlussfolgerungen für die Gegenwart zu ziehen.

7) Im Kern weist die deutsche Russlandpolitik seit 1992 durchgehend zwei fragwürdige Grundmuster auf:

a) Vorrang hat die Verhinderung der Rückkehr der Kommunisten an die Macht in Moskau. Sofern die Inhaber der Macht im Kreml das garantieren können, erhalten sie Unterstützung und gelten sogar als »Garanten für Demokratie und Reformen«, obwohl wesentliche Elemente eines demokratischen Rechts- und Sozialsystems nach wie vor in Russland fehlen oder erste Schritte bereits teilweise wieder rückgängig gemacht werden.

b) Zunehmend gilt es im wiedervereinigten Deutschland als normal, der »Real«politik vor den offenbar als »irreal« betrachteten Verfassungsprinzipien der internationalen Wertordnung den Vorzug zu geben.

8) Gleichzeitig ist auf die Versäumnisse der deutschen Polenpolitik hinzuweisen:

a) Die schon von ihren Gründungsvätern konzipierte Errichtung und Vollendung der Europäischen Integration verlangt die Osterweiterung der EU. Seit dem Eintritt in die konkrete Verhandlungsphase mehren sich indessen insbesondere in Deutschland die Stimmen, die den Beitritt Polens wegen der damit verbundenen Kosten hinauszögern wollen. Die 1993 auf dem Kopenhagener Gipfel des Europäischen Rats definierten Voraussetzungen der vollen Übernahme des »acquis communautaire« sowie der Aufnahmefähigkeit der EU erweisen sich dabei zunehmend als Bremshebel.

b) Die fatale Hinterlassenschaft der preußischen, nationalsozialistischen und SED-Polenpolitik behindert das Entstehen einer engen Nachbarschaft in der deutsch-polnischen Grenzregion. Die Standardformel deutscher Außenpolitik, das deutsch-polnische Verhältnis solle so eng und gut werden wie das deutsch-französische Verhältnis, bleibt daher so lange eine Leerformel, wie die inzwischen von Bonn nach Berlin umgezogene Bundesregierung die Entwicklung der deutsch-polnischen Nachbarschaft nicht zu ihrem energisch verfolgten Hauptziel macht.

9) Die vom Deutschen Polen-Institut hier in Darmstadt organisierte Begegnung deutscher Experten für Polen und für Russland bietet die Gelegenheit, das folgende Problem zu diskutieren:

Bis zum Untergang des sowjetischen Hegemonialsystems genügte es, um als Ostpolitik-Experte tätig zu sein, russische Quellen zu beziehen und auszuwerten. Heute genügt das offensichtlich nicht mehr. Dennoch tendieren in Deutschland die zahlreichen Russlandexperten nach wie vor dazu, sich über die ehemaligen kleineren Mitglieder der »Sozialistischen Staatengemeinschaft« und ihre Beziehungen zu Russland vorrangig aus Moskauer Quellen zu informieren. Ihr somit zwangsläufig einseitig geprägtes Urteil beeinflusst sodann wiederum die deutsche Ostpolitik. Besonders deutlich war das während der bereits erwähnten Debatte um die NATO-Osterweiterung festzustellen, als deutsche Diplomaten und ihre Berater darin übereinstimmten, man könne Russland dies nicht zumuten. Demgegenüber würden die deutschen Polen-Fachleute sich hüten, aufgrund ihres Studiums polnischer Quellen Urteile über russische Politik auszusprechen, obwohl die Presse und die Fachliteratur Polens zu Russland eine beachtliche Breite und Tiefe aufweist – einige der Autoren nehmen an unserer Konferenz teil –, wohingegen in Russland die Polenkenner nur eine sehr kleine Gruppe bilden, die zudem kaum zu Wort kommt.

10) Es wäre daher lohnend zu überlegen, welche praktisch gangbaren Wege beschritten werden können, um die analytischen Kapazitäten Deutschlands und Polens auf dem Feld der Ostpolitik intensiver als bislang zusammenzuführen.

9/2000

Robert Traba

Polnische Wahrnehmungen deutscher Osteuropapolitik

Wie auf jedem Gebiet ist auch hier zwischen Polen und Deutschland eine bestimmte Asymmetrie zu beobachten, wohl schon wegen unserer unterschiedlichen Größe und der daraus resultierenden Bedeutung für das jeweils andere Land. Da ich mich gemeinsam mit Ihnen an diesem Panel beteilige, denke ich, dass die folgende Perspektive sicher nicht drastisch im Widerspruch zu den bereits verkündeten Thesen steht, aber in gewisser Weise einen neuen Raum in der Diskussion eröffnen wird: die Sichtweise auf Stereotype und Vorurteile nicht aus dem Blickwinkel der Politik oder der Politologie, sondern aus dem der öffentlichen Meinung bzw. der durch gesellschaftliche Eliten geformten öffentlichen Meinung. Ich versuche also auf das Bezug zu nehmen, was sich nicht unmittelbar als ein Problem zwischen den Politikern darstellt, was aber im Ergebnis in den Kontakten zwischen Ost und West sehr wesentlich ist: Wie nehmen wir uns gegenseitig wahr? Natürlich können das nur einige Schlaglichter sein, die das Problem ansatzweise umreißen.

Die erste These, die ich aufstellen möchte, ist die, dass die polnische Bewertung der deutschen Ostpolitik natürlicherweise sehr eng mit der Haltung, die Deutschland gegenüber Polen zeigt, verbunden ist. Aus dieser Wahrnehmung resultiert die Bewertung der gesamten deutschen Ostpolitik.

Ich stelle fest, dass Stereotype, die sich in Begriffen wie »polnische Wirtschaft« in Deutschland und »Drang nach Osten« oder »deutsche Ostforschung« in Polen ausdrücken, blasser werden und aufhören, die Rolle neurotisch wahrgenommener Ereignisse zu spielen. Dies erscheint mir für beide Seiten wichtig und beeinflusst auch in beiden Ländern die gegenseitige Bewertung der Politik.

Ein zweiter Punkt sind die Vorurteile, die weniger dauerhaft als Stereotype sind, aber aus der aktuellen Rezeption der Ereignisse der jüngsten Vergangenheit resultieren. Hierher gehören drei Wahrnehmungen, die, so scheint es mir, ziemlich stark verwurzelt sind und zu spezifischen Vorannahmen bei der Bewertung der deutschen Ostpolitik führen.

Erstens geht es um das angeblich übermäßige Sicherheitsdenken in der deutschen Politik. Dieses wird natürlich besonders in den Kreisen des Solidarność-Lagers (mit ihren immer noch frischen Erinnerungen an die deutsche Politik gegenüber der polnischen Oppositionsbewegung) mit der Politik der deutschen Regierungen und der Haltung von Ex-Kanzler Willy Brandt 1985 verbunden.

Dieses Misstrauen zieht sich noch immer als zwar verhallendes, jedoch immer wiederkehrendes Echo auch durch die Zwangsarbeiterdebatte.

Eine zweite, zu dieser Meinung und zu diesem Vorurteil in Widerspruch stehende Wahrnehmung ist die der übermäßigen wirtschaftlichen Aktivität, die wiederum die häufig irrationale Furcht vor einem übermäßigen deutschen Engagement im Osten nährt. Ich erinnere mich an eben solche Reaktionen auf die ersten Versuche einer deutschen Wiederansiedlung im Gebiet Kaliningrad Anfang der neunziger Jahre.

Die dritte Wahrnehmung ist die interessante Erscheinung einer positiven Wahrnehmung bzw. mehr noch einer – wie es ein Publizist beschrieb – bestimmten Mystifizierung der polenfreundlichen Ausrichtung der westdeutschen Christdemokratie. Das heißt, dass die deutsche Christdemokratie in Polen als ideales Muster des Verhaltens gegenüber Polen wahrgenommen wird, was auch auf die Wahrnehmung der deutschen Politik gegenüber dem Osten übertragen wird. Dabei werden nicht nur offensichtliche Fehler dieser politischen Formation übersehen, sondern zugleich auch die Authentizität der Haltung der gegenwärtigen deutschen Regierung aus Sozialdemokraten und Grünen in Abrede gestellt, umso mehr, als diese Einschätzung durch die schizophrene Haltung in Kreisen des Solidarność-Lagers gegenüber den Postkommunisten im eigenen Land und den Postkommunisten in den Ländern Mittel- und Osteuropas belastet ist.

Und noch eine dritte These: Die Wahrnehmung, die ich als das sehr frische, sehr von der jeweiligen Situation abhängige Entstehen bestimmter Ansichten von einem Tag auf den andern verstehe, kann auch der Änderung unterliegen. Hier beziehe ich mich vor allem auf meine Erfahrungen aus zehn Jahren Arbeit für die Gesellschaft, die »Borussia« heißt und die ich hier nicht näher vorstellen will. Wie bei der Herausbildung von Stereotypen die Politik und die Medien eine sicher sehr wichtige Rolle spielen, so ist der Faktor, der Einfluss auf die Herausbildung oder Nivellierung von Stereotypen nimmt, mit Sicherheit das gesamte Netz der NGO. Nach allem, was ich weiß, gibt es in der Ukraine ungefähr 3.000 NGO, davon vielleicht einige Hundert aktive, ebenso in Belarus sind sehr viele NGO tätig – im Widerspruch zu dem, was die Regierung Lukaschenka anstrebt. In Polen gibt es etwa 25.000 solcher Organisationen.

Meine Erfahrungen aus mehreren Dutzend solcher Begegnungen und mit mehreren Hundert Menschen, die ich getroffen habe, zeigen die überaus interessante Erscheinung des Abbaus von Vorurteilen und Gefühlen von Verletzungen, die am Anfang den persönlichen Umgang bei vielen Treffen noch bestimmt haben.

Aus dem Polnischen von Ulrike Bischof

9/2000

Henri Ménudier

Frankreich, Deutschland und die Ostpolitik

Nach den Teilungen von 1792, 1793 und 1795 verschwand die polnische Eigenstaatlichkeit. Mehr als zwei Jahrhunderte lang wurde Polen zum Opfer seiner Nachbarn, ganz gleich, ob sie Preußen, Deutschland, Russland und Österreich-Ungarn hießen oder ob sie später als Drittes Reich oder Sowjetunion handelten. Bessere Erinnerungen verbinden Polen hingegen mit Frankreich. Einige Franzosen haben sogar die Königswürde in Polen erreicht. Wegen der königlichen Verwandtschaften aus dem 18. Jahrhundert haben wir den Polen den wunderschönen, mit Schmiedeeisen geschmückten Platz Stanislaus in Nancy zu verdanken. Das Herzogtum Lothringen diente als Entschädigung für den polnischen Exkönig Stanislaus I. Leszczyński, den Schwiegervater Ludwigs XV., und fiel nach dessen Tod vertragsgemäß an Frankreich (1766). Napoleon I. gründete das Herzogtum Warschau (1807–1813), dann kam die Personalunion mit Russland. Am Tag des Waffenstillstands nach dem Ersten Weltkrieg am 11. November 1918 entstand ein neues Polen, dessen Westgrenze vom Versailler Vertrag festgelegt wurde.

Ende September 1939 verschwand Polen wieder als Staat; das Land und seine Menschen wurden Opfer der mörderischen Politik Hitlers und des Dritten Reichs, aber auch der UdSSR. Das Warschauer Ghetto, Auschwitz und Katyn bleiben die tragischen Symbole dieser schrecklichen Zeit. In den Jahren 1939–1945 kamen über 6 Millionen Polen, unter ihnen rund 3 Millionen Juden, ums Leben. Eine polnische Exilregierung kam nach Paris, musste aber wegen der Niederlage von Juni 1940 nach London fliehen. Unter dem Druck der Sowjetunion setzten sich im Sommer 1945 das Lubliner Komitee und die Kommunisten durch. Das neue Polen, zwischen Curzon-Linie und Oder-Neiße-Linie verschoben, wurde durch die sowjetische Präsenz, durch das Comecon und den Warschauer Pakt im Ostblock fest verankert. Es spielte nur eine begrenzte Rolle im Ost-West-Dialog, wobei die Ostpolitik Willy Brandts neue Perspektiven eröffnete. Erst mit der Solidarność seit dem Jahr 1980 und trotz der Verhängung des Kriegsrechts am 13. Dezember 1981 konnte Polen seine Rückkehr nach Europa vorbereiten. Polen hat entscheidende Impulse für den Transformationsprozess in Europa Ende der achtziger Jahre gegeben. Seit März 1999 ist es mit der Tschechischen Republik und Ungarn Mitglied der NATO, und bald wird es in die Europäische Union (EU) aufgenommen. Trotz der leidvollen Erfahrungen in der Vergangenheit haben die Polen immer in enger wirtschaftlicher, kultureller und geistiger Symbiose mit Europa gelebt. Dieses vielfältige Erbe darf nicht vergessen werden.

Im Zusammenhang mit der Bewertung der französischen Ostpolitik stellen sich folgende Fragen: Wie hat sich Frankreich in der Ostpolitik engagiert? In wie weit war diese vom Verhältnis zu Deutschland bestimmt? Was bedeutet für uns eine Ostpolitik, in der Polen nicht mehr Objekt, sondern gleichberechtigter Partner in einem von Imperialismus, Nationalismus und Totalitarismus befreiten Europa ist? Das Verhältnis zur Sowjetunion war dabei lange von entscheidender Bedeutung. Der große Unterschied zu früher ist, dass heute Ost- und Westeuropäer ihre gemeinsame Zukunft unabhängig von den Großmächten vorbereiten können.

Von de Gaulle bis Giscard d'Estaing

Nach der Niederlage im Juni 1940 wollte General Charles de Gaulle mit Hilfe der Résistance Frankreich wieder auf die Seite der Großmächte USA, Großbritannien und UdSSR bringen. Frankreich wurde in Jalta als Besatzungsmacht in Deutschland anerkannt, bekam aber keine Einladung nach Potsdam. Am 10. Dezember 1944 hatte de Gaulle eine Allianz mit der Sowjetunion abgeschlossen, die gegen das Wiederaufleben der deutschen Gefahr gerichtet war. Er wollte damit auch eine Unterstützung für seine Deutschlandpolitik erhalten, die Stalin ihm nicht gab, und hoffte so, die Grundlagen für eine neue Ostpolitik legen zu können. De Gaulle lobte die »belle et bonne alliance«, die an das Bündnis mit den letzten Zaren anknüpfen wollte. Er dachte, dass Geschichte und Geographie stärker wären als die Ideologien. Doch seine Rechnung ging nicht auf. De Gaulle trat schon am 21. Januar 1946 als Regierungschef zurück, weil er mit dem Machtanspruch der Parteien nicht einverstanden war. Der Kalte Krieg blockierte danach die Möglichkeiten der Ost-West-Zusammenarbeit. Über die NATO und die Europäischen Gemeinschaften war Frankreich zu stark im Westen verankert, um eine Sonderrolle zwischen Ost und West spielen zu können.

Die IV. Republik ging wegen des Krieges in Algerien (1954 – 1962) unter. Die Armee holte de Gaulle zurück, der auf seinem Landsitz in Colombey-les-deux Eglises seine Memoiren schrieb. Am 1. Juni 1958 wurde er von der Nationalversammlung zum Regierungschef gewählt. Er ließ eine neue Verfassung erarbeiten, die dem Präsidenten der Republik viel Macht auf Kosten des Parlaments und der Parteien gab. Es war die Verfassung der V. Republik, die heute noch gilt und für die 79,25 Prozent der Franzosen am 28. September 1958 stimmten. Drei Monate später wurde de Gaulle durch eine indirekte Wahl Präsident der Republik.

De Gaulle verfolgte mit Konrad Adenauer die Politik der deutsch-französischen Versöhnung und der europäischen Integration der IV. Republik weiter, obwohl er sich gegen die Supranationalität und gegen die Aufnahme Großbritanniens in die EWG in den Jahren 1963 und 1967 aussprach. Die ersten Jahre seiner Ostpolitik waren vor allem an der Sicherung des Status quo orientiert. Wegen des Berlin-Ultimatums Chruschtschows 1958 – 1959, des Baus der Berliner Mauer am 13. August 1961 und der Kubakrise im Oktober 1962 pflegte er ganz bewusst die Solidarität mit den Westmächten. Das Ende des Krieges in Algerien 1962 und die Enttäuschungen über die deutsch-französische Zusammenarbeit mit Bundeskanzler Ludwig Erhard gaben der Ostpolitik jedoch eine neue Bedeutung. De Gaulle wollte die bilaterale Struktur des Ost-West-Verhältnisses und das Gesprächsmonopol zwischen Washington und Moskau brechen. Die Tatsache, dass die UdSSR sich mit China beschäftigen musste, eröffnete vielleicht neue Chancen für den Dialog zwischen Frankreich und der Sowjetunion.

Die gaullistische Politik der »Détente, Entente et Coopération« (Entspannung, Verständigung und Zusammenarbeit) fing 1964 und 1965 mit den gegenseitigen Besuchen der Außenminister, Maurice Couve de Murville und Andrej Gromyko, an. Ende März 1966 kündigte de Gaulle den Rückzug Frankreichs aus der NATO an, ohne das Bündnis zu verlassen. Vom 20. Juni bis zum 1. Juli 1966 machte de Gaulle einen Staatsbesuch in der Sowjetunion. Trotz Intensivierung des Wirtschafts- und Handelsaustauschs waren die politischen Erfolge begrenzt. De Gaulle sprach sich zwar für die Oder-Neiße-Linie und gegen die atomare Aufrüstung der Bundeswehr aus, war aber nicht bereit, die DDR anzuerkennen, da er sie für eine künstliche Schöpfung der UdSSR hielt. Der russische Ministerpräsident Kossygin kam im Dezember 1966 nach Paris, und Georges Pompidou reiste im Juli 1967 nach Moskau.

Der Staatsbesuch de Gaulles in Polen im September 1967 bildete einen Höhepunkt der französischen Ostpolitik. Auf beiden Seiten wurde die lange Tradition der französisch-polnischen Beziehungen und Affinitäten, von den Königen bis Frédéric Chopin und Marie Curie, bemüht; beide Länder hatten darüber hinaus böse Erfahrungen mit Deutschland gemacht. De Gaulle sprach das nationale Gefühl der Polen an und wollte sie zu mehr Unabhängigkeit im Verhältnis zur UdSSR ermutigen, damit Frankreich und Polen das neue Europa bauen können. Er unterstrich, dass er die Oder-Neiße-Linie schon seit 1944 anerkannt hatte. Er bezeichnete sogar Zabrze (früher Hindenburg) als die »schlesischste aller schlesischen Städte und daher die polnischste unter den polnischen«. Der Chef der Polnischen Vereinigten Arbeiterpartei, Władysław Gomułka, war aber nicht bereit, auf das Bündnis und die Zusammenarbeit mit der Sowjetunion zu verzichten. Warschau verlangte auch als ersten Schritt die Anerkennung der DDR. Die Erklärungen über die Oder-Neiße-Linie und den endgültigen Verlust der ehemaligen deutschen Gebiete verursachte Kontroversen in der Bundesrepublik, wo auch erkannt wurde, dass de Gaulle sich für die deutschen Interessen, die Wiedervereinigung und die Ostpolitik einsetzte. Ein Auszug aus der Rede de Gaulles vor dem polnischen Parlament am 11. September 1967 erklärt den Geist einer Politik, die langfristig angelegt war[1]:

»Würde sich zwischen allen, vom Atlantik bis zum Ural, eine entschlossene Politik und Praxis der Entspannung, Verständigung und Zusammenarbeit entwickeln, dann gäbe es auch eine begründete Aussicht, dass in der so entstandenen neuen Lage und Atmosphäre die europäischen Nationen gemeinsam die Probleme in Angriff nehmen, die sie selbst angehen und unter denen das wichtigste das Schicksal des deutschen Volkes ist. Frankreich, das wie Polen an dieses große Land angrenzt und seit jeher, besonders in diesem Jahrhundert, schwer unter den germanischen Ambitionen zu leiden hatte, unternimmt es dennoch heute, nach dem Zusammenbruch des Reiches und nachdem Deutschland den Missetaten abgeschworen hat, mit seinem Nachbarn jenseits des Rheins freimütige Beziehungen der Versöhnung zu unterhalten. Zugleich ist es bemüht, seine herzlichen und konstruktiven Kontakte mit den Staaten Ost- und Mitteleuropas auf allen Gebieten zu festigen, genau wie es dies mit den westlichen Staaten tut. Kann man nicht die Hoffnung hegen, dass sich auf diese Weise allmählich eine europäische Ordnung herausbildet, an der alle Länder dieses Kontinents teilhaben und für die alle solidarisch Gewähr leisten würden? Sollten nicht Polen und Frankreich, um dieses Ziel zu erreichen, Seite an Seite den Weg dahin zurücklegen?«

Das Ziel de Gaulles war es, den Menschen im Osten ihre Würde wiederzugeben, damit sie über ihren freien nationalen Willen verfügen konnten. Mitte Mai 1968 machte de Gaulle einen Staatsbesuch in Rumänien, die dritte Reise in ein Ostblockland. Nicolae Ceauşescu war empfänglicher als Gomułka für das Thema der nationalen Unabhängigkeit, aber wegen der Studentenunruhen in Paris ging der Besuch unter, und die Innenpolitik hatte wieder den Vorrang. Der Einmarsch der Truppen des Warschauer Paktes in Prag am 20./21. August 1968 lähmte für einige Zeit die Versuche einer Ost-West-Annäherung.

Die UdSSR wollte damit zeigen, dass sie nicht bereit war, ihren Machtbereich destabilisieren zu lassen. Zur Rechtfertigung der militärischen Intervention in der ČSSR vertrat Leonid Breschnew die Doktrin von der »beschränkten Souveränität« und dem »beschränkten Selbstbestimmungsrecht« aller sozialistischen Staaten. Sie wurde erst 1989 aufgegeben. Der Ostblock war noch nicht bereit, ein »Europa vom Atlantik bis zum Ural« aufzubauen. Aber de Gaulle war trotzdem nicht gescheitert. Er hatte gezeigt, dass auch in der ideologischen Gegnerschaft der Dialog möglich war. Peter Bender hat zu recht darauf hingewiesen, de Gaulle sei

1 Dokumente. Die deutsch-französischen Beziehungen 1948 – 1999. Chronologie und Dokumente. Bonn 2000, S. 49 und 51.

der erste Staatsmann des Westens gewesen, der das Ost-West-Schema durchbrach und »die Welt wieder von Europa aus« dachte[2].

Georges Pompidou und Willy Brandt, 1969 – 1974

Nach dem Scheitern der Volksabstimmung über die Regionalisierung trat General de Gaulle sofort am 28. April 1969 zurück. Am 15. Juni wurde sein Premierminister der Jahre 1962 – 1968, Georges Pompidou, zum Präsidenten der Republik gewählt. Ohne auf die großen Orientierungen des Generals zu verzichten, trat er außenpolitisch viel bescheidener auf. Seine Europa- und Atlantikpolitik war vorsichtig. Das Verhältnis zum Osten gewann wieder an Bedeutung, weil Willy Brandt und die neue Bundesregierung ab Ende Oktober 1969 eine aktive Deutschland- und Ostpolitik entfalteten, die Paris nicht gleichgültig lassen konnte. Um nicht marginalisiert zu werden, konnte Frankreich es sich nicht leisten, dass die Verhandlungen nur zwischen Moskau, Bonn und Washington liefen, zumal eine europäische Sicherheitskonferenz einberufen werden sollte. Es war kein Zufall, dass der erste Staatsbesuch Pompidous in der Sowjetunion vom 6. – 13. Oktober 1970 zwei Monate nach der Unterzeichnung des deutsch-sowjetischen Vertrages über Gewaltverzicht und Anerkennung der in Europa bestehenden Grenzen stattfand. Bis 1974 traf er fünf Mal mit Leonid Breschnew zusammen. Der erste Staatsbesuch führte Breschnew Ende Oktober 1971 nach Frankreich, die letzte Reise zu Breschnew fand zwei Wochen vor dem Tod Pompidous am 2. April 1974 statt. Dagegen traf sich Georges Pompidou nur drei Mal mit dem amerikanischen Präsidenten Richard Nixon. Pompidou machte sich keine Illusionen, er wusste, dass er nicht der wichtigste, aber ein erstrangiger Partner Moskaus blieb.

Die Tageszeitung LE MONDE veröffentlichte am 14. März 1974 folgende skeptische Meinung Georges Pompidous über den Weg, den de Gaulle mit dem französisch-sowjetischen Dialog eröffnet hatte: »Dieser Pfad ist eine Autobahn geworden, auf der andere nun mit hoher Geschwindigkeit rasen.« Gemeint war Willy Brandt!

Georges Pompidou hat die deutsche Ostpolitik positiv begleitet. Bei dem ersten deutsch-französischen Gipfeltreffen nach der Bildung der Regierung Brandt/Scheel, das am 30./31. Januar 1970 in Paris stattfand, erklärte Pompidou, dass Frankreich »den Anstrengungen der deutschen Regierung zustimme,

---

2 Bender, Peter: Neue Ostpolitik. Vom Mauerbau bis zum Moskauer Vertrag. München 1986, S. 84.

ein Gespräch mit der Sowjetunion und ihren Verbündeten anzuknüpfen«. Er hat diesen Standpunkt öffentlich immer wieder vertreten. Nach dem Moskauer Vertrag entsprach der deutsch-polnische Vertrag den französischen Vorstellungen. Durch das Viermächteabkommen über Berlin am 3. September 1971 war Frankreich direkt an den Verhandlungen über die Deutschlandpolitik beteiligt. Die Annäherung zwischen beiden deutschen Staaten passte auch in das französische Konzept. Frankreich konnte natürlich nicht für die Détente werben und die Bemühungen der Bundesrepublik in diese Richtung verurteilen. Die Skepsis war aber vorhanden. Frankreich fürchtete eine unkontrollierte Dynamik zwischen Ost und West oder zwischen Bundesrepublik und DDR.

Für Georges Pompidou war die Ostpolitik schon ein Schritt in Richtung deutsche Wiedervereinigung. Er fragte sich, ob die deutsch-deutsche Verständigung mit dem Osten nicht zu einer Lockerung der Westbindung der Bundesrepublik führen könnte. Es wurde oft in Paris Bezug auf Rapallo genommen und auf die Versuchung Bonns, sich von Europa und der Westbindung abzuwenden, um die Wiedervereinigung um den Preis der Neutralisierung zu erhalten.

Georges Pompidou war neidisch auf das internationale Ansehen Willy Brandts, der 1971 den Friedensnobelpreis für seine Verdienste um die Ost-West-Verständigung erhielt. Er dachte immer noch in den Kategorien des Gleichgewichts. Er fürchtete Veränderungen des Status quo und den möglichen Rückzug der Amerikaner aus Europa oder eine Verständigung zwischen der UdSSR und den USA auf Kosten der Europäer. Georges Pompidou begleitete Schritt für Schritt die deutsche Ostpolitik, um zu verhindern, dass sie für Europa schädlich wurde. Es gab ein generelles französisches Misstrauen auch gegenüber Egon Bahr. Klaus Harpprecht schrieb über den damaligen Bundesminister für besondere Aufgaben: »Er ist ein Nationaler. Er weiß nach des Kanzlers Worten nicht, wo Frankreich liegt. Er ist gewiss kein Europäer. Aber er ist klug, er ist redlich, er ist gescheit, er ist loyal.«[3]

Giscard d'Estaing und Helmut Schmidt, 1974 – 1981

Die Jahre 1974 – 1981 erlebten eine enge Zusammenarbeit zwischen Valéry Giscard d'Estaing und Helmut Schmidt. Beide trugen dazu bei, dass wichtige Entscheidungen zur Stärkung der EG getroffen wurden. Die Gründung des Eu-

3 Harpprecht, Klaus: Im Kanzleramt. Tagebuch der Jahre mit Willy Brandt. Reinbek 2000, S. 323. Klaus Harpprecht war 1972 – 1974 Chef der Schreibstube und Berater des Bundeskanzlers.

ropäischen Rats im Dezember 1974, des europäischen Regionalfonds im März 1975, des Europäischen Währungssystems in Bremen im Juli 1978 und die erste direkte Wahl des Europäischen Parlaments im Juni 1979 gingen auf ihre Initiative zurück. Die Außenbeziehungen der EG verdichteten sich. Das erste Abkommen mit 46 AKP-Staaten (Afrika, Karibik und Pazifik) über Handels-, Finanz- und Technologiefragen wurde am 28. Februar 1975 in Lomé/Togo unterschrieben. Das zweite Lomé-Abkommen 1979 zählte schon 58 Staaten. Im September 1975 wurden offiziell Beziehungen zwischen der EG und China aufgenommen, und im März 1980 kam ein Kooperationsabkommen zwischen der EG und den Staaten der ASEAN (Association of South East Asian Nations) zu Stande. Im Juli 1980 gab es ein Kooperationsabkommen zwischen EG und Rumänien, und am 1. Januar 1981 wurde Griechenland als 10. EG-Mitglied aufgenommen. Nach den deutsch-französischen Gipfeltreffen und der Gründung des Europäischen Rats erreichten Giscard d'Estaing und Schmidt, dass ab 1975 die sieben größten Industriestaaten sich einmal im Jahr zum Weltwirtschaftsgipfel trafen. Der erste fand in Rambouillet statt.

Die Bilanz der Ostpolitik war ambivalent. Nach zweijährigen Verhandlungen in Genf und Helsinki wurde die KSZE-Schlussakte (Konferenz für Sicherheit und Zusammenarbeit in Europa) am 1. August 1975 in Helsinki unterzeichnet. Helmut Schmidt und Erich Honecker wohnten der Schlusskonferenz bei, saßen auf gleicher Höhe, symbolisch durch einen breiten Gang getrennt, konnten aber miteinander sprechen. Die KSZE sollte eine wichtige Rolle für die innere Entwicklung der Oststaaten und für das Ost-West-Verhältnis spielen. Die Schlussakte war kein völkerrechtlicher Vertrag, sondern ein politisch-moralischer Verhaltenskodex über Gewaltverzicht, Nichteinmischung in innere Angelegenheiten, Menschenrechte sowie wirtschaftliche und kulturelle Zusammenarbeit. Frankreich war skeptisch bezüglich der möglichen Folgen von Helsinki, erkannte aber die Bedeutung des 3. Korbes über humanitäre Fragen. Die Bundesrepublik war wegen Berlin und der deutsch-deutschen Beziehungen stärker engagiert. Die KSZE blieb nicht bei den verabschiedeten Absichtserklärungen und wurde durch Nachfolgekonferenzen fortgesetzt. Ab 1. Januar 1995 wurde die KSZE in OSZE (O steht für Organisation) umbenannt.

In den siebziger Jahren wuchs der Handel zwischen der Bundesrepublik und der UdSSR schneller als der Handel Frankreichs mit der UdSSR. 1957 war Frankreich der erste Kunde des Comecon, dessen Führung 1978 die Bundesrepublik übernahm. Valéry Giscard d'Estaing wollte aber die Ostpolitik der Bundesrepublik nicht allein überlassen. Es gab also keine koordinierte deutsch-französische Ostpolitik, sondern zwei parallele Ostpolitiken. Für Giscard d'Estaing hatte der Dialog mit der Sowjetunion Priorität. Wegen der gemeinsamen Mitgliedschaft im Sicherheitsrat der Vereinten Nationen, der Vier-Mächte-Verantwortung für Berlin und Deutschland und wegen der nuklearen Waffen sah er eine Gleichheit zwischen Paris und Moskau.

Zwei Ereignisse störten den deutsch-französischen Dialog und die Ostpolitik. Zum einen handelte es sich um den Streit um die Mittelstreckenraketen in Europa (NATO-Doppelbeschluss vom 14. Dezember 1979), der viele Spannungen im Ost-West-Verhältnis brachte. Zum andern wurde der Einmarsch der Sowjetunion in Afghanistan am 27. Dezember 1979 als ein gefährlicher Rückschritt angesehen. Diese Intervention stellte die EG vor eine Belastungsprobe. Die USA und deren Präsident Jimmy Carter forderten von den Europäern eine Unterstützung ihrer harten Reaktionen und Retorsionsmaßnahmen. Die EG tat sich allerdings schwer, eine gemeinsame Position festzulegen, weil sie die Fortsetzung der Entspannung nicht gefährden wollte. Im Alleingang, ohne Auftrag der EG, flog der französische Präsident am 19./20. Februar 1980 nach Warschau, um dort Leonid Breschnew zu treffen. Er hatte Helmut Schmidt nur einen Tag vorher informiert, obwohl die Vorbereitungen für diese Reise seit einem Monat liefen. Breschnew kündigte einen partiellen Rückzug aus Afghanistan an, der aber nicht stattfand. Giscard d'Estaing verbreitete die Botschaft des Rückzugs und wurde spöttisch von François Mitterrand, dem damaligen Chef der Sozialisten, als »kleiner Telegraphist aus Warschau« bezeichnet. Frankreich war am 9. Mai 1980 der einzige westliche Staat, der auf dem Kremlplatz den Feierlichkeiten beiwohnte.

Während 55 Länder, darunter die Bundesrepublik Deutschland, die XIX. Olympischen Spiele in Moskau im Sommer 1980 boykottierten, nahmen die französischen Sportler an den Spielen teil. Man konnte also nicht behaupten, dass damals die deutsch-französische Verständigung und Solidarität in der Ostpolitik effizient und weit entwickelt waren. Helmut Schmidt war vorsichtig, hatte aber Moskau seine Meinung deutlich gesagt. Die Reaktionen von Valéry Giscard d'Estaing waren zu weich und haben ihm viel Kritik im westlichen Ausland eingebracht.

Von Mitterrand zu Chirac – Veränderungen und Herausforderungen

François Mitterrand war 14 Jahre lang Präsident der Französischen Republik und konnte 13 Jahre lang zusammen mit Helmut Kohl, der seit dem 1. Oktober 1982 Bundeskanzler in Deutschland war, den Ausbau der EG in einer Zeit größerer Umbrüche wesentlich mitbestimmen. Von großer Bedeutung war die Ernennung von Jacques Delors, dem ehemaligen Finanzminister, zum Präsidenten der Europäischen Kommission im Januar 1985, ein Amt, das er bis 1995 ausübte. Ohne die Amtszeit hier kommentieren zu können, sollten zumindest die wichtigsten Entscheidungen dieser Jahre erwähnt werden. Am 2./3. Dezember 1985 einigte sich der Europäische Rat in Luxemburg auf eine Reform der Institutionen, auf die Erweiterung der Gemeinschaftskompetenzen und auf einen rechtlichen Rahmen für die außenpolitische Zusammenarbeit. Diese Vertragsveränderungen wurden in der »Einheitlichen Europäischen Akte« (EEA) festgelegt. Anfang Februar 1988 wurde das »Delors-Paket« über die Reform des Finanzierungssystems, die gemeinsame Agrarpolitik und die Verdoppelung der Strukturfonds der EG angenommen. 1992 gab es ein zweites Delors-Paket zur Finanzierung der EG bis 1999, dessen Fortsetzung dann die »Agenda 2000« darstellte. Das Schengener Abkommen über den schrittweisen Abbau der Kontrollen an den Binnengrenzen der Mitgliedsstaaten (1990 unterzeichnet, erst 1995 in Kraft getreten) und der Vertrag von Maastricht (am 7. Februar 1992 unterzeichnet und am 1. November 1993 in Kraft getreten) mit der Gründung der Europäischen Union (EU), der Gemeinsamen Außen- und Sicherheitspolitik (GASP) und der Wirtschafts- und Währungsunion (WWU) gehörten zu den wichtigsten Erneuerungen dieser Zeit.

In diesen Jahren hat sich auch die internationale Rolle der EG/EU weiter entwickelt. Fünf neue Länder Westeuropas wurden aufgenommen (Portugal und Spanien 1986; Finnland, Österreich und Schweden 1995) und ein Europäischer Wirtschaftsraum (EWR) zwischen der EG und den EFTA-Staaten im Mai 1992 gegründet. Die EG wurde auch sehr aktiv in Richtung Osten. Im August 1990 wurde ein Paket von Maßnahmen zur Eingliederung der DDR (und später der Neuen Bundesländer) in die EG aufgenommen. Die EG verabschiedete erste Europaabkommen mit der ČSFR, Polen und Ungarn (16. Dezember 1991) und Bulgarien (22. Dezember 1992). Ungarn und Polen waren die ersten ostmitteleuropäischen Staaten, die Anfang April 1994 ihren Antrag auf Beitritt zur EU stellten. Zwischen der EU und Russland wurde im Juni 1994 eine Partnerschaft beschlossen. Diese Bilanz darf nicht unterschätzt werden, auch wenn François Mitterrand in der Ostpolitik gezögert hatte und unsicher wirkte.

Die Politiker in Frankreich wie in Deutschland wurden vom Ende des Kalten Krieges in Europa ziemlich überrascht und hatten kein Konzept für das Zusammenleben beider Teile Europas. In Frankreich gab es viel Sympathie für die Solidarność-Bewegung in Polen, für die Fortschritte der Selbstbestimmung der Völker (vor allem 200 Jahre nach der französischen Revolution) und für die Perspektive der Überwindung von Jalta. Der Fall der Mauer wurde mit Freude aufgenommen, gleichzeitig aber lebten die alten Befürchtungen über das eventuelle Großmachtstreben eines vereinigten Deutschlands auf.

Es darf nicht geleugnet werden, dass die deutsche Einheit und der Zusammenbruch des Kommunismus im Osten ebenso wie die Perspektive der Osterweiterung die EG vor schwierige Fragen stellten. Der Prozess der europäischen Einigung seit 1948 war eine Antwort auf die sowjetische Gefahr gewesen. Was sollte jetzt die EG/EU zusammenhalten, wenn die UdSSR verschwand? Welche

Länder sollten aufgenommen werden und nach welchen Kriterien? Mit anderen Worten – es galt die Frage zu beantworten, wo die Grenzen Europas lagen. Welche institutionellen Reformen waren notwendig, damit eine größere Gemeinschaft effizient arbeiten konnte? Würden die Beitrittskandidaten in der Lage sein, den »Acquis communautaire« anzunehmen? Sehr schnell wurde deutlich, dass die neue Erweiterungswelle nachhaltigere Folgen für die EG haben würde als die Erweiterungen von 1973 bis 1986 bzw. mit Finnland, Österreich und Schweden 1995. Vertiefung und Erweiterung konnten nicht mehr getrennt von einander diskutiert werden. Wie haben Frankreich und Deutschland reagiert?

Die europäische Konföderation François Mitterrands

Mit der Vorstellung des »10 Punkte-Programms zur Überwindung der Teilung Deutschlands und Europas« am 28. November 1989 hatte Bundeskanzler Helmut Kohl die Initiative in der Frage der deutschen Einheit übernommen. Nachdem mehrere Staaten in Osteuropa sich vom Kommunismus verabschiedet hatten oder dabei waren, es zu tun, ergriff François Mitterrand eine Initiative, indem er Ende Dezember 1989 eine europäische Konföderation vorschlug. Man hätte denken können, die deutsche Einheit sollte die Angelegenheit Helmut Kohls und die größere europäische Einheit die Angelegenheit Mitterrands werden. Aus Gleichgewichtsgründen wollte der französische Präsident vermeiden, dass das vereinte Deutschland allein in Osteuropa tätig wurde. Sein Ziel war es, die Rolle und den Einfluss Frankreichs in diesem Teil Europas zu behaupten. Die USA sollten auf Distanz gehalten werden.

Die Konföderation sollte alle europäischen Staaten assoziieren, damit die EG-Mitglieder die Mittel- und Osteuropäischen Länder (MOEL) wirtschaftlich fördern und ihnen sicherheitspolitische Garantien geben könnten. Sie sollte im Rahmen des Europarats oder der KSZE/OSZE organisiert werden. Dieser Plan wurde sehr schnell als Versuch verstanden, den Status quo in der EG zu erhalten und die MOEL lange auf eine Aufnahme in die EU warten zu lassen. Auf einer Konferenz in Prag im Juni 1991 wurde der Plan abgelehnt, da Deutschland sich zurück hielt und Václav Havel ihm den Todesstoß gab. Damit war klar, dass die zukünftigen Kandidaten nicht so lange warten und sich zudem nicht von den USA abschneiden lassen wollten. Jacques Delors war ebenfalls für die Konföderation, um den objektiven Widerspruch zwischen der Vertiefung und der Erweiterung zu lösen. Für François Mitterrand bedeutete Vertiefung einen Ausbau des intergouvernementalen Europas.

Es war eine bittere Niederlage für Mitterrand, der die Zukunft der EG nun auf anderem Wege beeinflussen wollte. Zusammen mit Helmut Kohl hatte er darauf hingewirkt, dass der Europäische Rat in Dublin am 25./26. Juni 1990 eine Regierungskonferenz zur Verwirklichung der WWU und eine zweite Regierungskonferenz zur Politischen Union einberief. Nach der Unterzeichnung (1992) und dem Inkrafttreten des Vertrags von Maastricht (1993) und ganz besonders mit der Perspektive der WWU konnte es keine Zweifel mehr geben an der festen und endgültigen Verankerung des vereinigten Deutschlands in Europa. Helmut Kohl hatte immer gesagt, die deutsche und die europäische Einheit seien zwei Seiten der gleichen Medaille. Im Juni 1993 befürwortete der Europäische Rat in Kopenhagen den Beitritt der MOEL. François Mitterrand schloss sich an, stellte aber einige Forderungen. Er verlangte eine ausgleichende Mittelmeerpolitik, die Übernahme des gesamten »Acquis« durch die Kandidaten und die Durchführung der Reform der Institutionen noch vor der Erweiterung.

PS und SPD

Bis zur Regierungsübernahme Ende Oktober 1998 hatte das Thema Ostpolitik keine Priorität bei der SPD, die in der Opposition wenig bewegen konnte. Als Folge der Ostpolitik Willy Brandts hatte sich die SPD stark auf die zwischenstaatlichen Kontakte fixiert und tat wenig für die Bürgerbewegungen und Dissidenten in Osteuropa. Das neue Grundsatzprogramm, das am 20. Dezember 1989 in Berlin angenommen wurde, sprach sich sehr allgemein für eine gesamteuropäische Lösung aus: »Sie [die EG] muss auch bereit sein, alle Demokratien Europas als Mitglied aufzunehmen und vielfältige Formen enger Kooperation mit allen Ländern Osteuropas anzubieten, um damit die Spaltung Europas zu überwinden«, hieß es in dem Programm. In der Frage der Zusammenarbeit mit den MOEL und der Erweiterung zeigte sich die SPD damit offener und flexibler als die französischen Sozialisten (Parti socialiste, PS) und François Mitterrand. In den Jahren 1993 bis 1997 waren PS und SPD in Paris und Bonn in der Opposition. Mitterrand blieb zwar Präsident der Republik, die Rechte gewann aber die Parlamentswahlen von 1993, weshalb es zur zweiten Kohabitation mit Eduard Balladur (RPR, Neogaullist) als Premierminister kam. Es ist interessant zu beobachten, dass in diesen gemeinsamen Jahren der Opposition PS und SPD sich in der Bewertung der Osterweiterung und ihrer Folge näher gekommen sind. Aus wahltaktischen Gründen wurde die SPD kritischer. Wie die PS und François Mitterrand sprach sich die SPD für eine kompensierende Mittelmeerpolitik aus.

Der Stabilitätspakt Eduard Balladurs

In seiner Antrittsrede als Premierminister am 8. April 1993 überraschte Eduard Balladur mit der Ankündigung der Einberufung einer Europakonferenz: »Ich halte es für wünschenswert, dass eine internationale Konferenz einberufen wird, die die Stabilisierung der Lage in Europa und die Herstellung eines Gleichgewichts zum Ziel hat. Eine solche Konferenz könnte im Rahmen der Europäischen Union vorbereitet werden. Ihre Ergebnisse könnten anschließend der KSZE vorgelegt werden.«[4]

Der Krieg in Jugoslawien, die zahlreichen Probleme der Minderheiten und die Streitigkeiten über die endgültige Festlegung der Grenzen in Osteuropa könnten das gesamte Europa gefährden. Deswegen schlug Balladur vor, dass die MOEL Abkommen untereinander abschließen, die dann in einen gemeinsamen »Stabilitätspakt« eingebracht werden sollten. Diese Initiative sollte in der GASP eingebettet und in der Kontinuität der KSZE-Bemühungen gesehen werden. Zur Konferenz waren alle europäischen Staaten, Russland, die USA und Kanada eingeladen. Das Hauptbemühen der französischen Regierung war es, die potenziellen Konflikte im Osten, abgesehen von Jugoslawien, noch vor dem Beitritt in die EU zu lösen.

Der Vorschlag Balladurs wurde tatsächlich als erste Aktion der GASP angenommen. Die Eröffnungskonferenz zum Stabilitätspakt fand Ende Mai 1994 in Paris statt. Im Februar 1995 kamen die 52 Teilnehmerstaaten nach Paris, um etwa 100 Verträge, Vereinbarungen und gemeinsame Erklärungen in den Pakt einzubringen. Außenminister Alain Juppé sprach von einer nützlichen »Übung präventiver Diplomatie«. In ihrer Bewertung der Konföderation Mitterrands und des Stabilitätspakts Balladurs schrieben Michael Meimeth und Christoph Nesshöver:

»Beide Initiativen lassen jedoch auch erkennen, dass Frankreich bis zum Ende der Ära Mitterrand noch keine adäquate Neudefinition seines gesamteuropäischen Engagements gelungen ist. Während das Scheitern des Konföderationsprojektes den überholten Charakter und die mangelnde europäische Konsensfähigkeit einiger Grundpfeiler der – unter den Bedingungen des Kalten Krieges durchaus erfolgreichen – französischen Sicherheitspolitik unterstrich, konnte auch der ›Balladur-Pakt‹ nur für wenige der neuen die Sicherheit und Stabilität Gesamteuropas bedrohenden Konfliktpotentiale Lösungen anbieten. Wie in anderen Bereichen der französischen Sicherheitspolitik – etwa der NATO – oder der Deutschlandpolitik – konnte Paris auch auf der Ebene gesamteuropäischer Sicherheitsbemühungen

4 Frankreich-Info vom 19.4.1993, N. 17, S. 23.

das zunehmend akute Dilemma zwischen nationalem Autonomiestreben und Führungsansprüchen einerseits und den Kooperationszwängen europäischer Integration und atlantischer Verflechtungen andererseits nicht überzeugend auflösen.«[5]

Jacques Chirac und Gerhard Schröder

Jacques Chirac (RPR-Neogaullist) wurde im Mai 1995 zum Präsidenten der Republik gewählt. 1997 löste er unvorsichtigerweise die Nationalversammlung auf und bekam eine linke Mehrheit, so dass Frankreich erneut mit der Kohabitation leben musste. Lionel Jospin (PS) wurde Premierminister einer linken Regierung. Gerhard Schröder (SPD) gewann in Deutschland die Bundestagswahlen und wurde Ende Oktober 1998 Kanzler einer SPD-Grünen-Koalition, die es auf Bundesebene bisher noch nicht gegeben hatte. Die Bilanz der zweiten Hälfte der neunziger Jahre ist nicht schlecht: Vertrag von Amsterdam (1997), Ausbau des Schengener Abkommens, planmäßige Einführung der WWU, Verabschiedung der »Agenda 2000« (der Finanzrahmen 2000 – 2006), um die Osterweiterung am Anfang finanzieren zu können, Ernennung von Javier Solana zum Hohen Vertreter der EU für die GASP (6. Juni 1999), Erarbeitung der EU-Grundrechtecharta sowie die Regierungskonferenz von Nizza (7.-11. Dezember 2000).

Die Außenbeziehungen sind weiter zügig ausgebaut worden. Es wurden Abkommen mit vielen Ländern in allen Kontinenten unterschrieben. Besonders erwähnenswert ist die Konferenz in Barcelona (Ende November 1995), die eine Partnerschaft zwischen EU, Nordafrika und Nahem Osten mit dem Ziel einer Freihandelszone bis 2010 begründen soll. Besonders wichtig ist, dass die Beitrittsverhandlungen mit den MOE-Staaten endlich eröffnet wurden; zunächst für Estland, Polen, Slowenien, Tschechien, Ungarn und Zypern (Europäischer Rat in Luxemburg, Mitte Dezember 1997), dann für die anderen Staaten: Bulgarien, Lettland, Litauen, Rumänien, Slowakei und Malta; die Türkei erhielt den Kandidatenstatus (Helsinki, Mitte Dezember 1999). Die Perspektive eines Europas mit 27 und sogar 28 Mitgliedern (mit der Türkei) hat sich konkretisiert.

Der Rücktritt der europäischen Kommission unter Jacques Santer am 16. März 1999 muss leider als Folge negativer Entwicklungen bewertet werden.

Die deutsch-französischen Gegensätze waren bei den Verhandlungen über die »Agenda 2000« (Europäischer Rat in Berlin, 24.-26. März 1999) offensichtlich.

5 Die verhinderte Großmacht. Frankreichs Sicherheitspolitik nach dem Ende des Ost-West-Konflikts. Hrsg. von Hanns W. Maull, Michael Meimeth, Christoph Nesshöver. Opladen 1997, S. 171.

Gerhard Schröder wollte den deutschen Nettobeitrag zum EU-Haushalt reduzieren, Frankreich verhinderte aber die Reform der Agrar- und der Strukturpolitik. In diesen Bereichen werden den MOE-Staaten längere Fristen abverlangt.

Die Regierungskonferenz in Nizza (7.-11. Dezember 2000) hat auch deutsch-französische Gegensätze besonders in der Frage der Summengewichtung im Ministerrat erlebt. Da Frankreich sich in der Frage der EU-Erweiterung relativ zurückhaltend benahm, hat sich Gerhard Schröder zum Anwalt der MOE-Staaten und ganz besonders von Polen gemacht. Dies hat den Bundeskanzler aber nicht daran gehindert, eine siebenjährige eingeschränkte Freizügigkeit für polnische Arbeitskräfte zu verlangen. In Paris fühlt man sich in dieser Frage weniger betroffen – schon allein aus geographischen Gründen.

Lionel Jospin gilt nicht als begeisterter Europäer. In einer Rede vor der Nationalversammlung am 9. Mai 2000 zeigte er sich sehr skeptisch über die Erweiterung der EU: »Kann eine Union mit 30 Mitgliedern wirklich funktionieren? Kann sich ein erweitertes, zwangsläufig heterogenes Gebilde eine kohärente und wirksame Wirtschafts- und Sozialpolitik geben? Wie können wir sicherstellen, dass die EU, indem sie sich erweitert, nicht auf eine Freihandelszone reduziert wird, sondern eine wirkliche Gemeinschaft bleibt?«[6]

Die Debatte über die Finalität der EU und über die Reform der Institutionen hat gezeigt, dass Paris und Berlin eine Verfassung wünschen. Jacques Chirac und Lionel Jospin favorisieren nach wie vor die intergouvernementalen Methoden, Joschka Fischer und Gerhard Schröder haben sich sehr deutlich für ein föderales Modell ausgesprochen.

Für die Zukunft Europas und besonders in der Frage der Ostpolitik gibt es keine deutsch-französisch abgestimmte Strategie. Jedes Land verteidigt vor allem seine Interessen. Die Lage ist trotzdem nicht verzweifelt, denn die komplizierte und langsame EU-Maschinerie zwingt die EU-Staaten, enger zusammen zu wachsen. Für Ost- und West-Europa sollte dies im Geist der Solidarität und der Toleranz möglich sein und eine der schönsten Herausforderungen des 21. Jahrhunderts darstellen.

Heute Ostpolitik, morgen Innenpolitik

Was wir heute Ostpolitik nennen, wird morgen in einem erweiterten Europa nur Innenpolitik einer großen und heterogener gewordenen Gemeinschaft sein. Dieses Europa wird sich neben den USA und China als Weltmacht in der glo-

---

6 Journal Officiel 2000. Assemblée Nationale, débats, 2e séance du 9 mai 2000, S. 3282.

balisierten Welt behaupten müssen. Die Ostpolitik von morgen wird sich dann mit unserem Verhältnis zu Belarus, zur Ukraine, zu Russland und Moldawien beschäftigen. Was wird aus Kaliningrad? Wenn die Türkei aufgenommen wird, dann wohnen unsere Nachbarn im Kaukasus und im Nahen Osten. Auch wenn diese Umwelt als gefährlich gilt, darf sich das erweiterte Europa nicht in eine Festung verwandeln. Europa hat immer vom Austausch mit seiner Peripherie gelebt. Wir müssen uns heute schon auf diese neue Nachbarschaft vorbereiten.[7]

8/2001

7 Zu diesen Nachbarschafts- und Zukunftsfragen siehe: Weidenfeld, Werner (Hrsg.): Nizza in der Analyse. Gütersloh: Verlag Bertelsmann Stiftung 2001 (und besonders der Beitrag von W. Weidenfeld).

Rainer Lindner

Osteuropaforschung und Osteuropapolitik in der Transformation Anmerkungen zu einer überfälligen Diskussion

Einführung

Ein Jahrzehnt hält der Wandel in Osteuropa[1] inzwischen an. Die Veränderungen haben stärker als erwartet eine Neuorientierung der Osteuropaforschung und der Osteuropapolitik bewirkt. Mit den Staaten des östlichen Europas sind zeitgleich die Kategorien und Instrumente des Westens zu deren Beurteilung in Bewegung geraten. Überkommene Wahrnehmungsmuster des europäischen Ostens hatten schnell ihre Gültigkeit eingebüßt. Der Untersuchungsraum, den Historiker, Politologen, Ökonomen und Geographen bis 1989 erschlossen zu haben glaubten, erwies sich als weitaus komplexer und heterogener. Neue Quellen und neue Medien erlaubten alsbald eine differenziertere Beurteilung von natürlichen Gegebenheiten, von wirtschaftlichen Wirkungszusammenhängen, von Vergangenheit und Gegenwart. Als Komplementärbereiche sahen sich die osteuropabezogenen Sozialwissenschaften, ebenso wie Politikberatung und Außenpolitik, mit einer neuen Uneindeutigkeit konfrontiert. Für die Historiker gab es jetzt mehr als die Geschichte von Gruppen und Strukturen und neue Untersuchungsgegenstände auch außerhalb »Russlands«. Um Russlandpolitik zu machen, war es fortan wichtig, nicht nur die Akteure im Kreml und deren Interessen zur Kenntnis zu nehmen, sondern auch informelle Netzwerke und Interessengruppen aufzudecken und die nichtrussischen Peripherien und dezentralen Wirtschaftsräume in die Wahrnehmung einzubeziehen.[2]

Erste Schritte zur Neubestimmung von Gegenstand und Methode sind in Wissenschaft und Politikberatung gleichermaßen unternommen worden. Dazu zählt eine Ende der neunziger Jahre im Umkreis der Zeitschrift Osteuropa ange-

1 Es wird ein Osteuropabegriff zugrunde gelegt, der Ostmittel- und Osteuropa gleichermaßen einschließt.

2 Zuerst Segbers, Klaus; Stephan DeSpiegeleire: Post-Soviet Puzzles. Mapping the Political Economy of the Former Soviet Union, Baden-Baden 1995/96, Vol. 1–4.

regte Diskussion »Wohin steuert die Osteuropaforschung?«, die als konstruktive Selbstverständigung die Defizite und Herausforderungen deutscher Osteuropaforschung benannt hat.[3] Im Bereich der Politikberatung sind die Diversifizierung des Beratungsmarktes und eine synergetische Konzentration von Beratungskompetenz gleichermaßen zu beobachten. Sowohl in der Wissenschaftsdebatte als auch für die Neuordnung der Politikberatung stehen greifbare Ergebnisse noch aus. Dennoch soll hier im Folgenden versucht werden, Stand und Perspektiven der Osteuropaforschung und der osteuropabezogenen Politikberatung zu prüfen und ihr Potenzial zur Formulierung einer neuen Ostpolitik näher zu bestimmen. Dabei soll exemplarisch auf das Potenzial nichtstaatlicher Handlungsträger im Kontext einer »öffentlichen Diplomatie« eingegangen werden. Osteuropaforschung und Osteuropapolitik, das ist das Plädoyer dieses Aufsatzes, sollten in einen engeren Wirkungszusammenhang treten. Die Forschung kann ihren wachsenden Bedarf an materiellen Ressourcen solchermaßen rechtfertigen und künftige Stellenstreichungen vermeiden. Die osteuropabezogene Außenpolitik ist aufgefordert, stärker als bisher die Angebote und Forschungserkenntnisse aus universitären und außeruniversitären Einrichtungen abzufragen. Als Vermittler an der Schnittstelle zwischen Wissenschaft und Politik steht die institutionalisierte Politikberatung zur Verfügung.

Osteuropaforschung

Die lange Tradition der Beschäftigung mit Osteuropa in Deutschland hat bislang nicht zur Selbstverständlichkeit einer fachdifferenzierten Osteuropaforschung geführt. Nur langsam hat sich die »Ostforschung« der Bundesrepublik vom Verdacht politischer Auftragsforschung emanzipieren können. Als der Kommunismus zusammenbrach, ohne dass dies von den Sozialwissenschaftlern prognostiziert worden war, ist die Deutungshoheit bezüglich der historischen und gegenwärtigen Ereignisse im Osten Europas zusätzlich in Frage gestellt worden. Sowohl von außen als auch innerhalb der Zunft selbst wurden mehrfach Fragen nach Effizienz und Wettbewerbsfähigkeit der deutschen Osteuropaforschung gestellt. Dabei sprach es für die neue Diskussionskultur des Faches, dass die kritischen Fragen, selbst nach der Existenzberechtigung einer separierten Erforschung der osteuropäischen Geschichte, vor allem in den eigenen Reihen gestellt und diskutiert wurden. Dem mutigen Plädoyer Jörg Baberowskis für einen »Ausbruch

3 Creuzberger, Stefan; Ingo Manteuffel, Alexander Steininger, Jutta Unser (Hrsg.): Wohin steuert die Osteuropaforschung? Eine Diskussion. Köln 2000.

aus der institutionellen Selbstisolation« und eine Integration des Faches Osteuropäische Geschichte in die Allgemeine Geschichte wurde von der Kollegenschaft erwartungsgemäß mit überwiegender Skepsis begegnet.[4] Im Fall einer »Selbstauflösung« laufe das Fach Gefahr, dass »die Beschäftigung mit der Geschichte Osteuropas an Boden verlöre«. Als wissenschaftliche Regionaldisziplin, so Andreas Kappeler, ermögliche es die Osteuropäische Geschichte vielmehr, den abgrenzbaren historischen Raum Osteuropa unter Zuhilfenahme eines spezifischen Rüstzeugs zu erforschen.[5]

Abgesehen davon, dass die Entscheidungshoheit über eine künftige Fächerstruktur an den Universitäten fest in den Händen der Kultusministerien ruht und viel Energie aufzubringen sein wird, die heute existierenden Lehrstühle, Institute und Institutionen überhaupt langfristig zu sichern, hat die Debatte die Sonderkompetenzen der Osteuropaforschung neu zutage treten lassen: Sprache, Landeskunde, Archivzugänge, persönliche Netzwerke sind Voraussetzungen, ohne die ein Osteuropawissenschaftler keine ertragreiche Arbeit zu leisten vermag und die ihn von der individuellen Ausstattung eines Historikers deutscher und westeuropäischer Geschichte unterscheidet. Zugespitzt formuliert: Ein Osteuropahistoriker kann russisch-britische Beziehungen zur Zeit Peters des Großen, vor dem Zweiten Weltkrieg oder während der Jelzin-Ära untersuchen und eine beiderseits archivgesättigte Arbeit vorlegen. Der England-Spezialist wird über das Referieren übersetzter russischer Quellen nicht wesentlich hinauskommen. Das ist kein Nachteil des England-, aber ein Vorteil des Osteuropahistorikers. Für Politologen, Wirtschafts- und Rechtswissenschaftler gilt dasselbe gleichermaßen. Das Rechtssystem des Zarenreiches wird in seiner eigentümlichen, im petrinischen Russland übrigens zumeist aus deutschen und schwedischen Gesetzessammlungen übertragenen Terminologie nur interpretieren können, wer über den sprachlichen Zugang und die komparativen Fähigkeiten verfügt. Das Wirtschaftssystem der Perestrojka-Zeit und im postsowjetischen Russland wird sich demjenigen ungleich schneller erschließen, der von den Zentrum-Peripherie-Beziehungen, von sowjetischen Betriebs- und Kollektivstrukturen, von Elitenvernetzungen sowie von Arbeitskultur und dem Sanktionsapparat der Sowjetzeit weiß. Zur Perestrojka haben sich ganze Heerscharen von Politikwissenschaftlern geäußert, Beraterstäbe aus renommierten Institutionen haben den Weg weisen wollen. Bestand hatten nur diejenigen Analysen, die von historischen Voraussetzungen ausgingen,

---

4 Baberowski, Jörg: Das Ende der Osteuropäischen Geschichte. Bemerkungen zur Lage einer geschichtswissenschaftlichen Disziplin. In: ebenda, S. 27 – 42.

5 Kappeler, Andreas: Bemerkenswerte Diagnose – Problematisches Rezept. Zum Plädoyer Jörg Baberowskis »Das Ende der Osteuropäischen Geschichte«. In: ebenda, S. 52 – 55.

Gespräche mit Akteuren und Beobachtern im Lande selbst einbezogen und die Auswertung neuerer sozialwissenschaftlicher Erkenntnisse nicht scheuten.

Die Osteuropaforschung hat bei aller Sonderkompetenz Defizite zu beklagen. Lange, zu lange Ausbildungszeiten bei Studierenden und Doktoranden, frühzeitige thematische (regionale und zeitliche) Eingrenzung der Fachinteressen, ausgedehnte methodische Inkubationszeiten sowie Promotionen und Habilitationen für einen eng gezirkelten Leserkreis sorgen dafür, dass die öffentliche Wahrnehmung und damit die finanzielle Ausstattung des Faches vergleichsweise gering ist. Hinzu kommt, dass die konkurrierende Kollegenschaft zumeist jünger ist. Wenn diese Beobachtungen zutreffen und nach neuen Horizonten in der Osteuropaforschung, in der Osteuropapolitik und vor allem in der Vermittlung beider Komplementärbereiche gesucht wird, ist nach den Bedingungen und Zielen einer solchen Neuorientierung zu fragen.

Was wäre zu tun?

Das Angebot an speziellen anforderungsgerechten Osteuropastudiengängen, die den Absolventen mit den für seine Berufsorientierung nötigen Wissensbeständen ausstatten, muss deutlich erweitert werden. Wissenschaftler, die sich mit Osteuropa befassen, haben Zusatzqualifikationen (Sprache, Kultur, Landeskunde) zu erwerben, die sie schnell ins zeitliche Hintertreffen gegenüber Kollegen geraten lassen, die sich etwa mit Deutschland befassen.

Für die Geschichte, Politikwissenschaft, Soziologie oder Ökonomie sind eine interdisziplinäre Methodenoffensive, eine nachfrageorientierte Themenauswahl und eine stärkere Wahrnehmung öffentlicher Interpretationsverantwortung unabdingbar.

Die Diskussion über die Abschaffung der Habilitation ist langfristig eine richtige Diskussion; sie folgt damit dem Trend der Technik- und Naturwissenschaften. Hier wird allerdings eine andere Richtung der Diskussion vorgeschlagen. Es geht nicht um die Abschaffung des »zweiten Buches«, nicht um die Eingrenzung der wissenschaftlichen Qualifikation. Vielmehr muss eine Ausweitung der Qualifikation angestrebt werden. Eine komplexe schriftliche Abhandlung muss von einer breiten fachlichen Expertise des jungen Hochschullehrers begleitet sein. Die Absolventen, die die höchsten akademischen Weihen erhalten, sollten nicht nur erheblich jünger sein, wenn sie auf den Markt drängen, sondern ein größeres Forschungsfeld überblicken, als sie es in ihrer Dissertation (die in aller Regel aus einer Magisterarbeit und die wiederum aus einer Hausarbeit des letzten Semesters hervorgegangen war) und ihrer Habilitation untersucht haben.

Dazu bedarf es bereits einer ebenso breiten wie fachspezifischen Ausbildung;

hier sind an den Universitäten Konzepte gefragt, wie sie von Gerd Meyer in OSTEUROPA (9/2000) am Beispiel der integrierten Bachelor-Studiengänge (3 Jahre) oder Master-Studiengänge (2 Jahre) mit darauf folgender Dissertation (2 – 3 Jahre) dargelegt wurden. Storck/Roeser plädieren für einen Regionalstudiengang Osteuropa. Ziel ist eine vertiefende praxisnahe Ausbildung, die die Verwendbarkeit von Osteuropastudien-Absolventen erweitern und dem Bedarf in verschiedenen Bereichen von Wirtschaft und Öffentlichkeit gerecht würde.

Das Primat der Mutterdisziplin sollte gleichwohl gewahrt werden. Die zusätzlich erworbene regionale Kompetenz kann den Bewerbern jedoch entscheidende Vorteile auf dem Arbeitsmarkt der Zukunft sichern. Auf diesen werden in einer erweiterten EU eben nicht nur die Greencard-Informatiker, sondern immer stärker auch Greencard-Consultants mit osteuropäischer Muttersprache drängen.

Diesen Wettbewerb werden die westlichen Osteuropastudien nur offensiv bestehen können. Entscheidend ist aber, dass überkommene altakademische Traditionen maßvoll regeneriert und die neue Altersstruktur der potenziellen Mitbewerber aus Europa und außereuropäischen Ländern berücksichtigt werden. Die Reformbestrebungen in Baden-Württemberg zur Verkürzung der Schul- und Studienzeiten sind richtige Schritte. Die Einführung von Studiengebühren für Langzeitstudierende macht dort Sinn, wo nicht primär die ökonomische oder soziale Lage des Studierenden die verlängerte Studienzeit hervorrufen.

Einige abschließende Bemerkungen zu thematischen Prämissen künftiger Osteuropaforschung. Ich beschränke mich dabei auf die Felder der Forschung, die ich (mit einiger Mühe) selbst überblicken kann. In der Geschichtswissenschaft hat seit dem *linguistic turn* die Kulturgeschichte Einzug in Seminare, Vorlesungen und vor allem in die Qualifizierungsarbeiten des Hochschulnachwuchses Einzug gehalten. Es macht vor dem Hintergrund der zurückliegenden sozialgeschichtlichen Forschungsperiode tatsächlich Sinn, die soziale Praxis, die Lebenswelten und Symbole von Gruppen und Individuen stärker als bisher zu untersuchen. Hinzu kommt eine Regionalisierung bzw. »Ethnisierung« der osteuropäischen Geschichtsforschung. Plötzlich sind Kalmücken, Tschetschenen, Ukrainer, Juden, Belarussen ebenso häufig Gegenstand der Untersuchung wie Russen oder Russland. Der seit den ausgehenden neunziger Jahren unternommene Vergleich totalitärer Systeme erscheint als professionelle quellengestützte Überwindung der Initialthesen Ernst Noltes aus den achtziger Jahren.

Die Soziologie geht über die weitere Schärfung ihrer Begriffe für die Wahrnehmung der sozialen (Um-)Welt hinaus und untersucht verstärkt soziodemographische und soziopsychologische Wandlungsprozesse, etwa im Bereich der Gruppen- und Familiensoziologie. Für Osteuropa kommt mit der Minderheitensoziologie ein entscheidendes Forschungsfeld hinzu, das die Schlüsselfragen des ethnischen

Zusammenlebens näher untersucht. Aber auch Prozesse der Differenzierung und Integration lassen sich mit dem Instrumentarium der Soziologie genauer erfassen und analysieren. Die Politikwissenschaft hingegen setzt seit Beginn der neunziger Jahre auf interdisziplinäre vergleichende Systemwechselforschung. Akteursanalysen und/oder Patchworkstudien dringen in das komplizierte Personen- und Interessengeflecht aus sowjetischem Erbe und postkommunistischem Wandel ein. Im Zentrum des Interesses stehen dabei die neuen Eliten und die soziale Differenzierung. Aber auch die mentalen Folgen des Statusverlustes etwa für die russische Außen- und Sicherheitspolitik sind immens und erforschenswert.

Osteuropabezogene Politikberatung an der Schnittstelle zwischen Wissenschaft und Politik sollte eher »Politikbegleitung« sein als politische Vorgaben zu formulieren. Andererseits hat der langjährige Direktor des Kölner Bundesinstituts Heinrich Vogel zu Recht darauf verwiesen, dass es keine »Bringschuld« der Wissenschaftler gebe, sondern die Notwendigkeit von Kommunikation zwischen Wissenschaft und Politik als zentrale Aufgabe betrachtet werden müsse. Die Osteuropaforschung hat in den zurückliegenden Jahren ein hohes Maß an Sonderwissen und Expertise über politisch nicht erschlossene Räume und Strukturen akkumuliert. Wer konnte vor zwanzig Jahren mit Personenkenntnissen über den strategisch wichtigen russischen Gasmarkt aufwarten, wer konnte, wie heute per Internet möglich, täglich auf dem letzten Stand der Tagespolitik in den Ländern Osteuropas sein oder verdeckte Koalitionen und Interessengruppen vor Ort mit den Akteuren selbst diskutieren. Es ist erkennbar, dass dabei keineswegs nur die Russlandexpertise zugenommen hat. So war, bezogen auf Belarus und die Ukraine, in Deutschland eine deutliche Zunahme der wissenschaftlichen Erforschung zu beobachten.

Hinzu kommt mit der Osterweiterung der EU die Möglichkeit einer grenzüberschreitenden Wissenschaftskooperation. Sowohl in den Fachdisziplinen der Sozialwissenschaftler wie auch in der Politikberatung ist der internationale Austausch an die Stelle von Systemkampf und Misstrauen getreten. Die gegenseitige Wahrnehmung kann direkt diskutiert, und Missverständnisse können vermieden werden. Politikberatung sollte, wenn sie erfolgreich sein will, die Erkenntnisse der Mutterdisziplinen akkumulieren und in Handlungsempfehlungen niederlegen. Ohne die Einbeziehung der soziologischen Ausgangsbedingungen, der historischen Wirkungszusammenhänge, der wirtschaftlichen und politischen Implikationen kann Politikberatung nur an der Oberfläche bleiben. Daher sollen im Folgenden die Möglichkeiten des Zusammenwirkens von Wissenschaft und Politik im Rahmen von Nichtregierungsorganisationen beschrieben werden.

Osteuropapolitik

Wer nach einer neuen »europäischen Ostpolitik« fragt, wird zunächst mit der alten Frage: Was ist Osteuropa? konfrontiert. »Was ist Zentraleuropa?«, fragte in diesem Zusammenhang im Frühsommer 2000 der britische ECONOMIST.[6] Dabei trat zutage, dass sich in der öffentlichen Wahrnehmung des Westens eine neue geographische Zuordnung herauszubilden beginnt. Deutschland liegt danach nicht länger in Mitteleuropa! Es begreife sich als Teil des Westens und damit Westeuropas. Das Gebilde »Mitteleuropa«, das zwischen den Weltkriegen Gegenstand heftiger geostrategischer Debatten gewesen war, werde demnach heute von den Aufnahmekandidaten in die EU und Nato gebildet: Polen, Tschechien, die Slowakei und Ungarn. Spätestens mit ihrer Aufnahme in diese Organisationen würden jedoch auch diese Länder beginnen, sich als »westlich« zu bezeichnen. Sie würden versuchen, »dem Osten« und gleichsam der Geschichte zu entkommen, und sich als Teil »des Westens« begreifen wollen. Der britische Beobachter sieht die geographische Mitte, also Zentral- bzw. Mitteleuropa, vor einer Schwerpunktverlagerung nach Osten. Im Osten des EU-Mitglieds Polen wird sich das Mitteleuropa des Jahres 2010 ausbilden, da insbesondere von Polen als dynamischem Akteur des heutigen Zentraleuropas zahlreiche Impulse der Demokratisierung und wirtschaftlichen Transformation seiner östlichen Nachbarn – Litauen, das Belarus der Opposition, Ukraine – ausgingen. In dieser szenarischen Perspektive rücken geographische und politische Bestimmung des Begriffes Mitteleuropa erstmals eng zusammen. In dem Europa der verschiedenen Geschwindigkeiten, der unterschiedlichen Umlaufbahnen um einen oder mehrere Gravitationskerne werden die neuen Nachbarn der EU eine neue Dynamik ihrer politischen und wirtschaftlichen Entwicklung erfahren und ihre Integration in das Brüsseler Bündnis entweder beschleunigen oder andere Integrationskerne suchen. Die allgegenwärtige Integrationskonkurrenz stellt die Ukraine und Belarus langfristig vor schwer wiegende Entscheidungen.

Vorläufig liegen freilich andere Aufgaben vor Europa. Die Aufnahme der Länder des bisherigen Ostmitteleuropas ist eine Herausforderung für die EU ebenso wie für die Staaten selbst. Auch dabei sind historische Ausgangslagen zu berücksichtigen, wenn künftig vermieden werden soll, dass der rumänische Außenminister in manchen Ländern der Union »Lehrmeister« sieht, die sich so verhielten, als wären sie allein in Europa zu Hause, während die mittel- und osteuropäischen Länder eine Gemeinde von »Gästen« seien: »Sind wir immer noch Eindringlinge?« Vor dem Hintergrund solchermaßen belasteter Wahrnehmung

6 THE ECONOMIST, 8.7.2000, S. 31f.

verwundert es auch nicht, dass bei allen Beitrittswünschen eine eigentümliche Stagnation in der zentraleuropäischen Begeisterung für Europa zu beobachten ist. Nachdem in Skandinavien mehrere EU-Mitglieder per Referendum Nein zu Europas Integration sagen, organisieren sich Europagegner in Warschau und Budapest zusehends. Die Prager IMF-Tagung im September 2000, die ein Zeichen setzen sollte, endete als »Symbol von Frustration und Desillusion über enttäuschte Hoffnungen auf schnelle Segnungen der Marktwirtschaft, aber auch [als] ein Symbol für die Aufforderung zum Durchhalten«[7]. Die Reaktionsdifferenz der osteuropäischen Staaten auf die Ausdehnung »des Westens« ist naturgemäß groß. Von West nach Ost nimmt die Akzeptanz eines solchen Schrittes deutlich ab. Minsk und Moskau beziehen aus der Erweiterung von EU und Nato ein großes patriotisches Mobilisierungspotenzial, das einer Annäherung an das westliche Europa vorläufig im Wege steht.

Nicht zuletzt deshalb muss die Erweiterung in der vorgesehenen Geschwindigkeit fortgesetzt werden, ohne dass man dabei das Maß für das Machbare verliert und eine beiderseitige Überforderung bewirkt. Die EU-Kommission hatte am 15. September 2000 die Aufnahme von über zehn Kandidaten bis 2005 für möglich gehalten. Damit hatte Brüssel kurzzeitig dieses Maß verloren. Europa kann und wird bis auf Weiteres größer als die EU (aber auch kleiner als die UEFA mit über 50 Mitgliedern) bleiben. Es wird immer auch mehr als eine reine Wertegemeinschaft bleiben, nämlich ein durch geographische Grenzen oder »mental maps« definierter Raum, ein Raum, der an den Erblasten des Kalten Krieges trägt und sich erst von der überkommenen Politik der symbolischen Handlungen und Simulationen verabschieden muss. Russland hat nach dem verloren gegangenen Großmachtanspruch noch keine Identität finden können und rangiert zwischen Reintegrationsversuchen innerhalb der postsowjetischen Welt und einer Öffnung nach Westen als selbstbewusste Nation.

Ein Land wie die Ukraine, die sich von der Peripherie zum »strategischen Partner« Russlands und der USA gleichermaßen entwickelt hat, leidet dennoch an einer chronischen Unterfinanzierung seiner eigenen Ambitionen. Das Wort von der schnellen Mitgliedschaft in der EU verstummt in den gefährlichen Gruben des Kohlebergbaus, die gleichsam die marode Wirtschaft symbolisieren, aber es verstummt auch am Grab des ermordeten Journalisten Georgi Gongadze, dessen Tod im Herbst 2000 die Medienfreiheit des Landes ad absurdum geführt hatte. Belarus, das *enfant terrible* der europäischen Politik, hat sich nach dem Fall Miloševićs den traurigen Ruf der »letzten Diktatur Europas« erworben. Präsident Lukaschenka hat auch den letzten Test seiner Demokratiefähigkeit in den Wahlen

---

7 Zitiert nach FRANKFURTER ALLGEMEINE ZEITUNG, 18.9.2000, S. 17.

vom September 2001 verloren. Seine symbolstarken Gesten in Richtung Russland werden von dort immer kühler erwidert, will doch Moskau selbst Tempo und Umfang der Integration bestimmen. Die Opposition des Landes hat in einem Reifeprozess zu einer gewissen Einigkeit gefunden und wird gegen den amtierenden Präsidenten nur gemeinsam erfolgreich; die demokratische Welt, vertreten durch die OSZE in Minsk, wird dem Land bei seiner Rückkehr nach Europa behilflich sein müssen.[8]

Die Rolle Polens in diesem Prozess ist kaum zu überschätzen. Das Land ist historisch und kulturell mit seinen Nachbarn verbunden. Die längste Zeit der neuzeitlichen Geschichte gehörten Polen, Belarus und weite Teile der Ukraine zu einem staatlichen Verbund. Die Sprachen sind eng verwandt. Heute kann es weniger um eine individuelle »Ostpolitik« Polens als vielmehr um eine koordinierte europäische Ostpolitik Polens mit eigenen spezifischen Akzenten gehen. Polen bringt fraglos mehr Sensibilität und Toleranz für die Entwicklung in Minsk und Kiew auf als die westlichen Hauptstädte. Polen kann besser als andere Staaten die Prämissen einer Osterweiterung vermitteln und selbst als gelingendes Beispiel europäischer Integration gelten. Die historischen Gegensätze zwischen Polen und Russland finden gerade in der Politik gegenüber Belarus und der Ukraine eine Vermittlung, waren die Territorien dieser Länder doch häufig Zankapfel oder Aufmarschgebiet für die Auseinandersetzungen. Hier kann die Überwindung von Stereotypen in praktische Politik münden.

Polen wird das übrige EU-Europa zu Regelungen für den Grenzverkehr mit seinen Nachbarstaaten bewegen müssen. Ein neuer Eiserner Vorhang kann in niemandes Interesse sein. Die Politik der »offenen Tür« vor allem gegenüber der Ukraine hat nicht zuletzt in den Vereinigten Staaten große Befürworter. Zbigniew Brzezinski hat sich frühzeitig nach dem Ende des Ost-West-Konflikts für eine solche Integrationslösung für die Ukraine ausgesprochen. Präsident Bush hat mit seiner Warschauer Rede im Frühjahr 2001 alle Zweifel über die langfristige Politik des Westens bezüglich der Ukraine ausgeräumt. Wie alle Länder zwischen Ostsee und Schwarzem Meer müsse auch der Ukraine der Weg in die EU und die Nato prinzipiell offen stehen. Die EU selbst hat dieses Statement aufgegriffen und war bemüht, die Ukraine-Politik zu intensivieren.

Zu den Strategien künftiger Osteuropapolitik sollte gehören, Konzepte einer »weichen« Annäherung ohne weltfremde Integrationseuphorien zu verfolgen. Dazu

8 Ausführlich: Lindner, Rainer: Neue Nachbarn. Ukraine, Belarus und Moldowa als Anrainer von Nato und erweiterter EU. In: van Scherpenberg, Jens; Peter Schmidt (Hrsg.): Stabilität und Kooperation. Aufgaben internationaler Ordnungspolitik. Baden-Baden 2000, S. 310–327.

steht das Konzept der »Direkten Nachbarschaft« zur Verfügung, das am Zentrum für Angewandte Politikforschung in München erarbeitet wurde. Es sieht die Regulierung der komplexen Beziehungen, *cross-boarder*-Aktivitäten etc. vor. Aufgrund der Komplexität, der Dezentralisierung und Sedimentierung der internationalen Beziehungen im Zeitalter der Globalisierung kommt es darauf an, akteurspezifische außenpolitische Angebote zu machen. Es geht um eine Kombination aus Diplomatie und »Paradiplomacy«, die hier als »multilayered diplomacy«[9], als Ergänzung der klassischen Diplomatie durch Bemühungen der Nichtregierungsorganisationen, der Wirtschaft oder wirtschaftsnaher Verbände, aber auch von Bildungsinitiativen, Städtepartnerschaften etc. zu verstehen ist. Diversifizierung und Regionalisierung der politischen Handlungsträger verlangen nach einer Anpassung des politischen Instrumentariums. Die eigenständige Außenpolitik zahlreicher russischer Regionen zeigt, dass wir mit einem zentralen Zuschnitt der Außenpolitik nur noch unzureichend auf die neuen außenpolitischen Gestaltungsräume reagieren können. Sicherheitspolitisch geht es primär um Vertrauensbildung, Kommunikation, um die Unterstützung bei den anstehenden Militärreformen, Konversion etc. Die Herausforderungen des internationalen Terrorismus, des Drogenhandels und auch der illegalen Migration verlangen nach transnationalen Lösungen.

Die neue Ostpolitik der EU in Bezug auf ihre neuen Nachbarn sollte vom Erfahrungshintergrund der vergangenen zwanzig Jahre ausgehen und dabei keineswegs nur auf den Demokratie- und Stabilitätstransfer von West- nach Osteuropa setzen. Die Entwicklung in Osteuropa seit der Schlussakte von Helsinki von 1975 hat gezeigt, dass die Hauptimpulse von außen und innen ausgingen. Sowohl die Entwicklung in Polen seit Ende der siebziger Jahre, als auch Perestrojka und Runde Tische seit Mitte der achtziger Jahre sind aus dem Zusammenspiel externer und interner Faktoren hervorgegangen und zu großer Wirkung gekommen.

Inzwischen, ein Jahrzehnt später, nimmt die Osterweiterung der EU konkrete Formen an und setzt dabei auf die neuen Eliten der ostmitteleuropäischen Staaten und die Entwicklung der nationalen Wirtschaft und Zivilgesellschaft. Fremdhilfe allein würde ein Projekt dieses Ausmaßes kaum bewältigen können. Der Abbau von Transformationsasymmetrien und Demokratiedefiziten kann nicht durch externe Berater und politische Abkommen herbeigeführt werden, sondern hängt von der Ausbildung neuer Werthorizonte und Strukturen in den Übergangsgesellschaften ab.

Die Hilfe von außen muss solchermaßen auch auf die Gesellschaft selbst und nicht allein auf die politischen Eliten zielen. Bestandteil der Paradiplomacy

---

9 Ausführlich Lindner (wie Anm. 8), S. 326f.

oder öffentlichen Diplomatie ist das Wirken im Spannungsfeld zwischen Politik, Wirtschaft und Gesellschaft. Diesem Ziel sind im Westen, aber auch in Deutschland zahlreiche Organisationen verpflichtet. Zwei Beispiele sollen dies belegen. Das deutsch-ukrainische Verhältnis hat in den zurückliegenden zehn Jahren immer stärker die Gesellschaften erfasst. Seit Ende der 1990-er Jahre sind neue wichtige Akteure in Erscheinung getreten. Dazu gehört insbesondere das Deutsch-Ukrainische Forum, das am 5. Februar 1999 als politisch-wirtschaftlicher Interessenverband zur Förderung der deutsch-ukrainischen Beziehungen gegründet wurde. Maßgebliche Unterstützung erhält das Forum durch die DaimlerChrysler AG in Stuttgart. Erstmals trafen bei den Mitgliederversammlungen große und kleinere deutsche Unternehmen mit Wissenschaftlern und anderen Ukraine-Interessierten zusammen. Es wurde eine Patenschaft für das Kinderheim Bojarka im Kiewer Gebiet übernommen, eine Konzertreise des Ludwigsburger Festspielorchesters in die Ukraine organisiert und eine Zeitschrift (DEUTSCH-UKRAINISCHE RUNDSCHAU) gegründet, die seit 1999 zweisprachig erscheint.

Das Deutsch-Ukrainische Forum ist darüber hinaus seit seiner Gründung zu den Regierungsgesprächen hinzugezogen worden. In der Ukraine wurde sehr schnell eine Schwestergesellschaft, das Ukrainisch-Deutsche Forum, gegründet, dessen Gründungsvorsitzender der damalige Nationalbankchef und spätere Premier Wiktor Juschtschenko war. In Deutschland sind darüber hinaus wissenschaftliche Gesellschaften tätig, die die Ukraine-Kompetenz in Deutschland zu koordinieren versuchen. Von der Deutschen Assoziation der Ukrainisten e.V. und dem Münchener Arbeitsforum Ukraine e.V. gingen bislang die wichtigsten Initiativen aus. Sie führen Veranstaltungsreihen in Deutschland und der Ukraine durch, pflegen Kontakte zu ukrainischen Partnern und fördern mit Publikationen die Ukrainistik in Deutschland.[10] Neben dem Deutsch-Ukrainischen Forum und anderen Organisationen hat die Deutsche Gesellschaft für Osteuropakunde als größter wissenschaftlicher Verband mit fast 900 Mitgliedern seit 1999 verschiedene Veranstaltungen zur Ukraine durchgeführt, wobei sie sich vor allem der Mediensituation im Land, aber auch Wirtschaftsfragen gewidmet hat.

Eine Organisation, die sich für die Erweiterung der Beziehungen zu Belarus einsetzt, ist die Deutsch-Belarussische Gesellschaft e.V., die am 22. Oktober 1999 in Berlin gegründet wurde. Sie versteht sich als Dachorganisation für zahlreiche Einzelinitiativen, gibt einen eigenen elektronischen Newsletter heraus, unterhält u.a. gute Arbeitskontakte zur Belarussischen Botschaft, zum Auswärtigen Amt,

---

10 Lindner, Rainer: Die Ukraine und Deutschland im neuen Europa: Hypotheken und Chancen ihrer Partnerschaft. In: Simon, Gerhard (Hrsg.): Die neue Ukraine. Das erste Jahrzehnt, 1991 – 2001. Köln u.a. 2002, S. 297 – 320.

zur Deutsch-Belarussischen Parlamentariergruppe des Deutschen Bundestages, zur Friedrich-Ebert-Stiftung, der Stiftung West-Östliche Begegnungen oder zum Bundesverband Deutscher West-Ost-Gesellschaften. Die Veranstaltungen der Gesellschaft finden zumeist in Kooperation mit einem dieser Partner statt. Die internationale Tagungsreihe »The Minsk Forum« findet seit 1997 in der belarussischen Hauptstadt statt und versteht sich als Dialogveranstaltung für die unterschiedlichen Lager der belarussischen Politik, aber auch als Form des kritischen Dialogs zwischen Belarus und dem Westen. Die Deutsch-Belarussische Gesellschaft versucht dabei in Kooperation mit der Friedrich-Ebert-Stiftung, der Deutschen Gesellschaft für Osteuropakunde sowie der Beobachtungs- und Beratungsgruppe der OSZE weiterhin, die Kontakte zur politischen Klasse und zur Öffentlichkeit in Belarus nicht abreißen zu lassen. Über 110 Wissenschaftler, Politiker und Mitglieder gesellschaftlicher und privater Assoziationen aus Belarus, Deutschland, Litauen, Frankreich, den USA und Russland trafen sich im November 2000 zum vierten Mal zu einem Gedankenaustausch. Gefragt wurde nach den politischen und wirtschaftlichen Bedingungen des Landes im Jahr der Parlaments- und Präsidentschaftswahlen und dem Platz, den Belarus im neuen Europa einnehmen wird; schließlich wird das noch immer autokratisch regierte Land in wenigen Monaten mit einer über 400 Kilometer langen Grenze an die Europäische Union anrainen.

Einladungen an den vormaligen belarussischen Vizepremier und Außenminister und jetzigen Chef der Präsidialadministration, Ural Latypau, im Frühjahr und Sommer 2000 sowie ein Symposium mit führenden Repräsentanten der belarussischen Opposition und der offiziellen Politik sowie Vertretern internationaler Organisationen (OSZE, Europarat, Europäische Union) im Juli 2000 in Berlin sind nur die wichtigsten Formen der Paradiplomacy, die die Deutsch-Belarussische Gesellschaft in der zurückliegenden Zeit gefunden hat. Angesichts der schwierigen politischen Lage im Land kam es der Gesellschaft vor allem auf den Dialog mit allen an, die am Austausch zwischen West und Ost Interesse haben. Gegenüber Repräsentanten des Lukaschenka-Apparates wurden die Prinzipien verdeutlicht, die einer künftigen Zusammenarbeit zwischen den Staaten der EU und Belarus zugrunde liegen würden. Die Gesellschaft ist stets für die Bewahrung der offiziellen Kontakte eingetreten, um auf diese Weise den Strom der inoffiziellen Kontakte und humanitären Hilfe nicht abreißen zu lassen.

In den meisten dieser Nichtregierungsorganisationen, vor allem aber in wissenschaftlichen Gesellschaften wie der Deutschen Gesellschaft für Osteuropakunde stellen Osteuropaforscher die deutliche Mehrheit. Politikwissenschaftler, Ökonomen, Historiker, Sprachwissenschaftler können auf diese Weise den wissenschaftlichen Austausch pflegen und gleichzeitig in Kontakt mit den politischen Handlungsträgern treten, die ebenfalls Adressaten dieser Veranstaltungen sind. Ein aktiver Austausch findet dort statt, wo Analytiker und Akteure sich begegnen, sich gegenseitig auf Veranstaltungen einladen.

Fazit

Zum 43. Deutschen Historikertag 2000 war der Neurobiologe Wolf Singer um ein Eingangsstatement gebeten worden, worin er Wissenschaftler und Politiker auf die »selektive Aufmerksamkeit« in ihrer Wahrnehmungsweise hinwies. Dieses Problem ist westlichen Sozialwissenschaftlern und Außenpolitikern gleichermaßen bekannt. So gehen Historiker und Politikwissenschaftler nicht selten Fragen nach, auf die sie vorgefertigte Antworten zu kennen glauben; aus der Masse der Quellen wird den Belegen der Ausgangsthesen gegenüber Gegenbelegen häufig der Vorrang gegeben. Methodische oder thematische Neuausrichtungen wurden in der Vergangenheit gern als »revisionistisch« bezeichnet. In der Politik, zumal in der Osteuropapolitik, wurden seit dem Ende der kommunistischen Zeit vor allem in der Ära Jelzin mit einer »selektiven Aufmerksamkeit« vor allem diejenigen Akteure und Interessen zur Kenntnis genommen, die den eigenen am nächsten zu liegen schienen. Spätestens mit der Agonie des Systems Jelzin und dem Amtsantritt Wladimir Putins ist ein neuer Realismus geboten, der den Tschetschenien-Krieg ebenso wenig ausblendet wie die Angriffe auf die Pressefreiheit oder den Umgang mit Katastrophen wie im Fall des havarierten U-Bootes »Kursk«. Die Osteuropaforscher haben gerade die Präsidentschaft Putins sehr genau beobachtet und können mit ihren Expertisen eine weitere »selektive Wahrnehmung« verhindern. Es geht dabei nicht um die Aufkündigung der Kontakte zu Russland, sondern um dessen Anbindung an den Diskurs des Westens zu Demokratie und Menschenrechten.

Die intensive Kommunikation zwischen Wissenschaft und Politik ist im Informationszeitalter unabdingbar. Die westliche, darunter die deutsche Osteuropaforschung, ist im Begriff, einen Informationsvorsprung zu erarbeiten, der durch die Verfügbarkeit neuer Quellen und Medien bewirkt wurde. Die neu erschlossenen Archive in Russland und anderen Staaten der postsowjetischen Welt, neu zugängliche professionalisierte soziologische Erhebungen, die neuen wissenschaftlichen Forschungsmethoden oder auch die via Internet zugänglichen elektronischen Quellen stellen dem sprachkundigen Osteuropawissenschaftler ein bislang unbekanntes Maß an Informationsmaterial zur Verfügung, so dass dieser in der Datenflut zu ertrinken meint. Die Konzentration der Wissenschaftslandschaft in Deutschland steht dieser neuen Datenflut entgegen. Es ist zudem ein Trugschluss, dass das Ende des Ost-West-Konflikts geringere Ausgaben für die Erforschung des östlichen Europas rechtfertige. Solche Entscheidungen politisieren nicht nur post factum die Osteuropaforschung, sondern verkennen auch das Maß an Verantwortung, das gerade im Prozess der EU-Osterweiterung auf den Osteuropawissenschaften lastet. Es wird den Historikern, Soziologen, Politologen, Religions- und Rechtswissenschaftlern vorbehalten bleiben, die gegenseitigen Wahrnehmungsmuster zu erforschen, die Wirkung alter und neuer Stereotype zu prüfen, die Bedingungen der wirtschaftlichen Annäherung zu analysieren oder Migrationsbewegungen von Ost nach West vorauszusagen. Ohne die neuen Wissensbestände der Osteuropaforschung können Politikberatung und Außenpolitik nur im Trüben fischen. Die wissenschaftlichen Gesellschaften, die osteuropabezogenen Nichtregierungsorganisationen oder die Städtepartnerschaften tragen zudem das ihre dazu bei, dass zum Bereich der klassischen Diplomatie die öffentliche Diplomatie tritt. Ausgerüstet mit dem Wissens- und Faktenreservoir der Osteuropaforschung, mit persönlichen Beziehungen in die Länder und ihren spezifischen Interessen werden sie zu einem zunehmend wichtigen Faktor in den internationalen Beziehungen. Osteuropaforschung und Osteuropapolitik sind in einem Wandel begriffen. Die Transformation in Osteuropa wirkt auf unsere Instrumentarien und Werthorizonte zurück. Die europäische Integration wird nur dann gelingen, wenn ihr eine umfassende Annäherung der Länder des ehemals geteilten Kontinents vorausgeht. Nach dem 11. September 2001 wird es uns noch deutlicher als zuvor. Zur Integration der zivilisierten Welt gibt es keine Alternative.

9/2001

Alexander Rahr

Gemeinsamkeiten und Unterschiede der deutschen und polnischen Osteuropaforschung und -politik

Der Begriff »Osteuropa« befindet sich meiner Meinung nach im Wandel. Andererseits stimme ich mit Herrn Lindner dahingehend nicht ganz überein, dass es irgendwann einmal einen anderen, größeren Westen geben kann. Vielmehr bin ich überzeugt, daß auch der traditionelle Begriff des »Westens« allmählich verschwinden wird und wir als Deutsche, Franzosen und Polen in Zukunft gemeinsam den Begriff »Europa« verwenden werden.

»Osteuropa« bezeichnet – in Abgrenzung dazu – die GUS (Gemeinschaft Unabhängiger Staaten), das heißt den Raum der ehemaligen Sowjetunion ohne die baltischen Staaten. Es drängt sich allerdings die Frage auf, wie lange die GUS als solche in dieser Form noch Bestand haben wird.

In Gesprächen mit Kollegen habe ich bemerkt, dass sich die traditionelle Osteuropaforschung schon sehr weit in den östlichen OSZE-Raum hineinwagt: In den einschlägigen Zeitschriften finden sich vermehrt Artikel, die wissenschaftliche Analysen über den transkaukasischen und den kaspischen Raum sowie über Zentralasien zum Thema haben.

Mit dem Beitritt der transkaukasischen Staaten zum Europarat, der bald abgeschlossen sein wird, wird die Diskussion über die Grenzen Europas erwachen.

Wenn man in diesem Zusammenhang über die deutsche Osteuropapolitik spricht, also von der deutschen Politik gegenüber Russland, der Ukraine, Belarus und anderen GUS-Staaten, so kann man grundsätzlich feststellen, dass wir von allen EU-Staaten mit Russland wahrscheinlich politisch und wirtschaftlich am engsten verbunden sind. Man vergleiche nur einmal unsere Investitionen mit denen Frankreichs oder Großbritanniens. Die Ursache für diese Situation ist u.a. auch darin zu suchen, dass Deutschland und Russland Anfang der neunziger Jahre die deutsche Wiedervereinigung sowie das kolossale Problem des sowjetischen Truppenabzugs regeln mussten: Hier haben sowohl der damalige Kanzler Kohl als auch der damalige Staatspräsident Jelzin nicht nur eine Saunafreundschaft begründet, wie sie heute belächelt wird, sondern in der Tat auch eine wichtige Kommunikationsstruktur aufgebaut – zumindest auf hoher politischer Ebene –, die half, diese Probleme effektiv zu überbrücken. In ihrem Gespräch ging es nicht nur um den Truppenabzug, sondern auch um andere schwierige Themen wie die NATO-Osterweiterung, um Beutekunst, Schulden und andere Probleme, die einvernehmlich gelöst werden konnten.

Während dieser ganzen Zeit war niemals die Rede von einer deutsch-russischen Achse, die Erinnerungen an Rapallo hätte heraufbeschwören können. Die deutsche Politik verhielt sich diesbezüglich immer sehr vorsichtig und suchte den Eindruck zu vermeiden, sie handele hinter dem Rücken anderer ostmitteleuropäischer Staaten. Mit dem Erfolg, dass tatsächlich kein Misstrauen ausgelöst wurde, auch nicht in Amerika. Die Art von Diplomatie, die Kohl damals mit Jelzin betrieb, hat Russland noch enger an Europa herangeführt.

In Deutschland heißt es jetzt, dass wir auch in der Zusammenarbeit mit den russischen Sicherheitsstrukturen im Kampf gegen die organisierte Kriminalität, gegen Terrorismus und Drogenhandel usw. eine Vorreiter-Rolle spielen sollten – Bereiche, die für die Zukunft und die Sicherheit Europas von großer Wichtigkeit sind, möglicherweise noch wichtiger als die Frage der NATO-Osterweiterung.

Eine sogenannte Troika Deutschland – Frankreich – Russland, die Jelzin Ende 1997 ins Leben rufen wollte, hat ebenso wenig eine Chance wie eine deutsch-russische Achse. Solche Troika-Treffen, die für einen Moment ein gewisses Misstrauen in Polen geweckt haben, gehören inzwischen schon wieder der Vergangenheit an.

Dagegen müssen wir uns heute mit dem sogenannten Putin-Faktor auseinandersetzen: Bei der neuen russischen Führung können wir ein gewisses Interesse feststellen, Deutschland wieder als wichtigen Partner zu benutzen, um enger an Europa heranzurücken. Die Deutschland zugemessene Bedeutung wird unter anderem daran sichtbar, dass Putin Deutschlandberater nicht nur im Kreml, sondern auch in seine Ministerien eingebunden hat. Wie es heißt, will er die gute Erfahrung, die Kohl und Jelzin miteinander verbunden hat, als Basis für eine Erweiterung und Vertiefung der deutsch-russischen Beziehungen nutzen. Dabei hat Putin gewisse Lehren aus den Jahren zuvor gezogen. Eine Zusammenarbeit mit Deutschland soll demnach nicht bedeuten, dass Russland versucht, uns aus der EU oder aus einer engen Zusammenarbeit mit Amerika herauszulösen. Dass dies nicht beabsichtigt ist, zeigt sich u.a. im Helsinki-Strategie-Papier Russlands vom Oktober 1999. Das russische EU-Strategiepapier, zu dem u.a. Herr Timmermann einige Analysen geschrieben hat, ist deutlich als eine neue Offerte Russlands an Deutschland und die EU zu verstehen, wirtschaftliche bzw. politische Fragen, die gemeinsame Weltraumerforschung oder die Kooperation auf dem Informationssektor voranzutreiben. Die EU gewinnt als Adressat der russischen Außenpolitik zunehmend an Profil und spielt eine stärkere Rolle auf der Prioritätenskala, als dies in den Zeiten Jelzins der Fall war: Während dessen Amtszeit war die Beziehung Russlands zum Westen vornehmlich durch das Verhältnis zum transatlantischen Gegenüber USA bestimmt – den Beziehungen zu Brüssel wurde damals weit weniger Bedeutung zugemessen.

Es gibt zahlreiche gemeinsame außenpolitische Herausforderungen für Deutschland und Polen für die nächsten Jahre. Als eine der globalen Herausforderungen sehe ich eben die bereits erwähnte zweite NATO-Erweiterungsrunde, weniger die EU-Erweiterungsrunde. Ich denke, dass die zweite Erweiterungsrunde auf jeden Fall eintreten wird. Die Europäer und der Westen insgesamt sollten jedoch nicht den taktischen Fehler wiederholen, der meines Erachtens in den Jahren 1996–1997 begangen wurde, indem man vorab zunächst die NATO-Osterweiterung beschloss und dann versuchte, Russland mit einem NATO-Russland-Rat abzuspeisen. Vielmehr muss es dieses Mal umgekehrt verlaufen: Ein Sicherheitsdialog mit Russland sollte in Gang gebracht werden, damit für Russland zuerst einmal vorab die Probleme, die es angesichts der zweiten NATO-Osterweiterung gegeben hat, abgefedert werden können; mit dieser Vorbereitung wäre es denkbar, die zweite Runde der NATO-Osterweiterung vorzuziehen. Ein derartiges Prozedere erscheint mir durchaus möglich und erfolgversprechend. Natürlich liegen meine Überlegungen zum Teil im spekulativen Bereich. Dennoch sehe ich eine reelle Chance, einen Sicherheitsdialog auf einer neuen europäisch-russischen Ebene zu führen. An diesem Dialog sollten die Beitrittskandidaten im Rahmen der Gemeinsamen Außen- und Sicherheitspolitik (GASP), für die der neue Hohe Beauftragte der EU, Javier Solana, steht, selbstverständlich beteiligt werden.

Diese Chancen, die neue, erst im Entstehen begriffene Strukturen schaffen, sollten unbedingt genutzt werden. Sie könnten zum einen die Möglichkeit zu einem globalen Dialog bieten, zum anderen aber auch helfen, über regionale Konfliktfelder zu sprechen und sie zu lösen, wie z.B. die Frage der Zukunft Kaliningrads.

Dabei ist auch die nördliche Dimension der EU herausgefordert, die von den Schweden nun während ihrer Präsidentschaft wieder auf die Tagesordnung gesetzt wird.

Mehr und mehr rückt jedoch auch der »kaspische Stabilitätspakt« in den Vordergrund des EU-Interesses. Nicht zuletzt in Deutschland, aber auch in anderen Ländern wird im Zeichen der Ausweitung der Interessen der Europäischen Union in den Raum der südlichen GUS-Staaten zunehmend über dieses Thema nachgedacht.

Dies als mein Kommentar zur Osteuropapolitik.

Im Anschluss daran möchte ich nur ganz kurz drei, vier Anmerkungen zur Osteuropaforschung machen, die sehr kritisch ausfallen werden. Wie Herr Lindner bereits erwähnt hat, stehen wir erstens vor einem Kommunikationsproblem, zweitens aber auch vor einem finanziellen Problem. Es ist katastrophal, mit ansehen zu müssen, wie nach dem Ende des Kalten Krieges in Deutschland, aber wohl auch in Frankreich und England wie überhaupt in ganz Europa die traditionellen wissenschaftlichen Institute, die sich mit den ehemals kommunistischen Ländern und Gesellschaften Ost- und Ostmitteleuropas beschäftigt haben, geschlossen wurden. Die Universitäten, die diese Rolle übernehmen sollten, wie z.B. die Münchner oder die Mannheimer Universität, sind bisher noch nicht in den Stand gesetzt worden, die ihnen zugedachte Funktion der traditionellen wissenschaftlichen Institute zu übernehmen.

Ich kann an dieser Stelle nur aus meiner eigenen Erfahrung berichten und beispielsweise auf das für meine Begriffe wirklich hochkarätige Radio Free Europe Institute in München verweisen, das bekanntlich 1994 aufgelöst wurde. Ich selbst habe zehn Jahre dort gearbeitet. Vor kurzem habe ich versucht, Einblick in eine meiner damals angelegten Mappen aus dem Budapester Institut von George Soros, der das Archiv von Radio Free Europe praktisch aufgekauft hat, zu erhalten. Man gab mir zur Antwort, dass diese Dienstleistung Geld koste. Mit der leichtsinnigen Schließung dieses Forschungsinstituts auf deutschem Boden hat man einen großen Fehler gemacht. Insgesamt ist zu beklagen, dass die westlichen Staaten kaum noch Geld für die Osteuropaforschung ausgeben, die Osteuropaforscher über eine stetig schrumpfende Lobby verfügen. Immer weniger Abgeordnete in Deutschland lassen sich für Russland interessieren, eine stets nachlassende Zahl von ihnen fährt nach Russland oder in andere Länder Ost- und Ostmitteleuropas. Noch vor zehn Jahren ergab sich ein ganz anderes Bild. Inzwischen haben wir jedoch sogar Probleme, Delegationen zusammenzustellen, weil die Region nicht mehr auf hinreichendes Interesse zu stoßen scheint. Für die Durchführung größerer Konferenzen stehen kaum noch Mittel zur Verfügung. Selbst durch den Berlin-Umzug der Bundesregierung hat sich an dieser problematischen Situation wenig geändert, obwohl die deutsche Hauptstadt dadurch 600 km weiter in Richtung der Transformationszone Ostmitteleuropa verlagert worden ist, ja sogar mitten in der Transformationszone liegt. Wir in Berlin sehen uns zusätzlich mit neuen Problemen konfrontiert, sprich: mit der ehemaligen Bürokratie von Westberlin, die jahrelang von Subventionen aus der Bundesrepublik lebte und die wir heute viel deutlicher spüren als zu der Zeit, als wir in München oder Bonn gearbeitet haben.

Die deutsche Außenpolitik befindet sich im Unterschied zu der polnischen – möglicherweise – in einer sehr komfortablen Sicherheitslage. So scheint es zumindest ganz offensichtlich die Generation von Politikern zu sehen, die Herausforderungen und Gefahren, die um Europa herum und in der Weltpolitik bestehen, nur sehr peripher wahrnimmt: Da besteht die Tendenz, nur dann zu reagieren, wenn man wirklich »an die Wand gedrückt wird«. Dies wird auch deutlich in der Frage der EU-Osterweiterung. Für die meisten Politiker sind die nächsten Wahlen stets greifbarer als der Brennpunkt Europa. Ein strategisches Denken in Bezug auf große Problemfelder, die nicht zum engeren Sicherheitsbereich Europas gehören, fehlt offenbar grundsätzlich.

Zum Schluss möchte ich noch auf das zunehmende Kommunikationsproblem für die Osteuropawissenschaft eingehen, das man meiner Meinung nach ganz offen erläutern sollte. Es hat schon unter der CDU/FDP-Regierung existiert, und nun besteht es unter der Regierung von SPD/Grünen fort. Weiterhin leidet sichtbar die Verständigung zwischen Politikern und Wissenschaftlern. Politiker fordern kurze prägnante Analysen von wissenschaftlicher Seite, die Wissenschaftler ihrerseits wollen Politiker auf einem hohen Informationsniveau auf dem Laufenden halten. Auch die Wirtschaft, die hier durchaus eine (eigenständige) Rolle spielen sollte, kann sich mit vielem, was in Forschungsinstituten stattfindet, nicht anfreunden. In Amerika und den angelsächsischen Ländern trifft man dagegen auf andere Regelungen: So finanzieren dort große Wirtschaftskonzerne teilweise die Forschung. Im Vergleich dazu kann man bei uns nur von einem Teilbereich sprechen. Hier sollte Abhilfe geschaffen werden. Zu erhoffen wäre die Wiederherstellung der Kommunikation in einem gut funktionierenden Dreieck von Politik, Wissenschaft und Wirtschaft, damit die Probleme, die ich jetzt kurz angerissen habe, gelöst werden können.

7/2002

Marek Ziółkowski

Neue Quellen der polnischen Ostpolitik

In der allgemeinen Beurteilung fällt die Effektivität der polnischen Ostpolitik äußerst ungünstig aus, insbesondere in der Gegenüberstellung mit den polnischen Anstrengungen zur Einbindung Polens in die westliche Welt. Der NATO-Beitritt hat den Anstrengungen die symbolische Dimension der Rückkehr Polens in die Gemeinschaft des Westens und seiner Werte gegeben. Kritische Äußerungen über unsere Ostpolitik zeugen davon, dass dieser symbolische Durchbruch in den Beziehungen mit dem Osten bisher nicht erreicht worden ist.

Vorwürfe hinsichtlich der nach Osten gerichteten Politik Polens betreffen sowohl das Fehlen einer Doktrin, d.h. eines Politikentwurfs, wie auch das Fehlen zufriedenstellender Resultate. Diese Bewertung rührt aus der Überzeugung vom Minimalismus der bisher unternommenen Anstrengungen und dem Unvermögen der die Politik gestaltenden Institutionen her. Diese kategorische Meinung, die sogar allgemein als richtig gilt, bewirkt, dass die Ostpolitik beinahe in den Kategorien des Stillstandes und sogar der Niederlage gesehen wird.

Um sich zu orientieren, ob die Ostpolitik irgendwelche wesentlichen Errungenschaften zu verzeichnen hat, wie die Politiker es gern hätten, oder ob diese Errungenschaften unzulänglich und blass sind und zudem einer Doktrin beraubt, wie es die Kritiker sehen, sollte man einen Vergleich durchführen, was in den polnischen und europäischen Realitäten gegenüber dem Osten tatsächlich möglich ist und was man als unrealistische Vision bezeichnen kann.

Diese Realitäten nehmen wesentlich auf eine Änderung der politischen Ziele Einfluss, nicht nur deshalb, weil einige davon realisiert werden, sondern vor allem deshalb, weil völlig neue Umstände für die Durchführung einer Außenpolitik entstanden sind. Vor einigen Jahrzehnten, als im Umfeld der Pariser KULTURA die Anfänge einer modernen polnischen Ostpolitik entstanden, herrschte auf der Welt das bipolare Gleichgewicht, das die Möglichkeit der Entstehung neuer Staaten in Osteuropa nicht vorsah. Unter jenen Bedingungen war der Gedanke von Jerzy Giedroyc, der eine Änderung der Vorkriegspolitik der Republik Polen gegenüber den nationalen Minderheiten hin zu einer Nachbarschaft Polens mit den Völkern von Belarus, von Russland und der Ukraine verlangte, ziemlich radikal. Im Jahr 1989 wurde dieser Gedanke eine Grundthese der polnischen Ostpolitik.

Im Verlauf des letzten Jahrzehnts fiel die Bipolarität der Welt auseinander, und in Europa waren euroatlantische Ideen und die Idee der europäischen Integration an der Tagesordnung. Die Idee von Giedroyc wurde weitestgehend umgesetzt, und die Position unseres Staates als eines Teilnehmers und Mitgestalters der internationalen Politik wandelte sich radikal – Polen wurde Bestandteil der westlichen Gemeinschaft.

Polen muss als NATO-Mitglied und in naher Zukunft als EU-Mitglied eine Politik führen, die der Tatsache ins Auge schaut, dass die Position Polens in den europäischen Organisationen von den guten Beziehungen mit unseren östlichen Nachbarn abhängt, von ihrer dauerhaften Unabhängigkeit und auch von ihrer politischen und ökonomischen Kraft in Europa.

Die polnische Ostpolitik und die NATO- und EU-Erweiterung

1989 haben wir zum ersten Mal seit vielen Jahrzehnten die Chance erhalten, souverän die Beziehungen zu den Nachbarvölkern zu gestalten. Daher war eines der ersten Gebote der polnischen Staatsraison die bedingungslose Anerkennung der Selbstständigkeit und Unabhängigkeit der Staaten, die durch den Zerfall der Sowjetunion entstanden waren.

Man muss daran erinnern, dass die Politiker Westeuropas, die gemeinsam mit uns die Ideale der Freiheit unterstützten, häufig die Bedeutung der unabhängigen ehemaligen Sowjetrepubliken unterschätzt haben, da sie fürchteten, der Zerfall der UdSSR könnte zu einer tiefgreifenden Destabilisierung in Osteuropa führen.

Dem Akt der Anerkennung der Unabhängigkeit gingen Bemühungen um die Anbahnung von Moskau unabhängiger Kontakte mit den Regierenden der Sowjetrepubliken im Rahmen der sogenannten Politik der Zweigleisigkeit oder des Parallelismus voraus. Die Anerkennung der Unabhängigkeit der ehemaligen Sowjetrepubliken bedeutete eine symbolische und faktische Grenzöffnung, einen Verzicht auf Grenzstreitigkeiten, den Aufbau einer rechtlichen Basis der zwischenstaatlichen Beziehungen sowie das Entstehen einer völlig neuen internationalen nachbarschaftlichen Umgebung im Osten Polens. Die Grenzöffnung brachte ein Anwachsen von ein paar Hunderttausend (in den achtziger Jahren) bis zu über zehn Millionen Personen, die unsere Ostgrenze überschritten, und mit allem Für und Wider eine Belebung der gesellschaftlichen Beziehungen. Die Offenheit der gesellschaftlichen Kontakte ist schon ein Wert an sich und dies unabhängig von den Schwankungen der politischen Konjunktur in den einzelnen Ländern.

Für das Projekt der Ostpolitik ist die Bemerkung grundsätzlich, dass wir in den letzten zehn Jahren bereits einen großen Teil des Weges der Rückkehr nach Europa zurückgelegt haben. Die Effekte und die Spezifik des Weges veranlassen dazu, eine neue Perspektive auch für die Ostpolitik aufzuzeichnen. Diese Perspektive muss sowohl Reflexionen über unsere Vergangenheit beinhalten, aus der – so möchte man sagen – die natürliche Akzeptanz für die »Rückkehr nach Europa« herrührt, wie auch vor allem das Bekenntnis, dass jene »Rückkehr« ein neuer Anfang in der polnischen Geschichte ist, ein Sprung in die Zukunft. Für diesen Sprung in die Zukunft ist die Reflexion über die Überwindung des Erbes von Jalta nicht gewinnbringend. Nach dem Beitritt zum Nordatlantikpakt und in der Zeit der Bemühungen um den EU-Beitritt ist eine solche Art geopolitisch-historischer Reflexion ein Anachronismus, auch wenn die Beseitigung der Zweiteilung Europas nicht sofort neue Prinzipien der internationalen Beziehungen eingeführt hat. Über diese Prinzipien entscheidet die Idee der europäischen Zusammenarbeit und Integration.

Die Prozesse, an denen die Länder Mittel- und Osteuropas seit zehn Jahren teilnehmen, sind die Erweiterung der bürgerlichen Freiheiten, der Aufbau der Marktwirtschaft, die Entideologisierung des gesellschaftlichen und politischen Lebens, der Aufbau verschiedener demokratischer Institutionen, die Schaffung demokratischer Systeme der Machtausübung sowie die Einbindung einzelner Länder in die gesamteuropäische und globale Güter- und Werteordnung. Diese Prozesse sind – neben der Bedeutung für die Innenpolitik jedes einzelnen Landes – Elemente des gesamteuropäischen Prozesses der wirtschaftlichen und politischen Integration sowie des Aufbaus der euroatlantischen Sicherheits- und Demokratiegemeinschaft. Unter solchen Umständen wird die Außenpolitik eines Landes zu einer aus drei Elementen bestehenden Staatsaufgabe:

- Teilnahme an der europäischen Integration,
- Zusammenarbeit beim Aufbau der europäischen Sicherheit,
- Gestaltung der guten Nachbarschaft.

Die europäische Integration, der Aufbau der europäischen Sicherheit und die gute Nachbarschaft werden zu Kriterien sowohl für die Planung als auch für die Bewertung der Wirksamkeit der polnischen Ostpolitik. Die Prioritäten unserer Ostpolitik können sich jedoch nicht wesentlich verändern:

- Unterstützung der Unabhängigkeit und internationalen Selbstständigkeit unserer östlichen Nachbarn,
- Aufbau einer sicheren Nachbarschaft,
- Unterstützung der Demokratisierungsprozesse (darunter der Selbstverwaltungen) und der Entwicklung der Marktwirtschaft,
- Förderung des Bildes von Polen, darunter kulturelle, wissenschaftliche und mediale Zusammenarbeit,
- wirtschaftliche Zusammenarbeit,
- Fürsorge für die dort lebenden Polen und das polnische Kulturerbe.

In Abhängigkeit von der Situation können sich dagegen die konkreten Aufgaben der Ostpolitik von Land zu Land ändern. Beispielsweise ist eine Aufgabe, die bereits an Bedeutung verloren hat, der Aufbau der rechtlichen Grundlagen der bilateralen Beziehungen, denn diese Grundlagen wurden in den Jahren 1992–1994 gelegt. Auch andere Aufgaben wurden bereits realisiert, z.B. die Rückführung der sowjetischen Streitkräfte aus Polen.

Die Erreichung des Zieles der Sicherung der eigenen Entwicklung in einer freundschaftlichen internationalen Umgebung bedeutet unter den europäischen Gegebenheiten die Beteiligung an der NATO- und EU-Erweiterung. Diese Prozesse schaffen völlig neue strategische und institutionelle Rahmen für die internationale Politik. Der Beitritt zur NATO und zur EU ist für Polen kein Selbstzweck, sondern ermöglicht die Erfüllung der Grundsätze der polnischen Staatsraison. Offensichtlich wird der Erfolg unserer Außenpolitik an der raschen Feststellung gemessen werden, dass die Ostpolitik Polens nicht von den Integrationsbestrebungen zu trennen ist, an denen wir selbst teilgenommen haben und teilnehmen, d.h. von der NATO- und der EU-Erweiterung.

Darüber entscheidet nicht nur der Wunsch nach der Kohärenz in der Außenpolitik, wie man noch vor einigen Jahren hätte meinen können. Der Beitritt zur NATO und der Verhandlungsbeginn mit der EU schließen die Suche nach einem »dritten Weg« für Polen gegenüber Russland oder der Ukraine aus. Auch die Unterschiede zwischen unserer Stellungnahme und der Meinung der NATO oder der EU zu einigen politischen Erscheinungen im Osten können nur noch Unterschiede in der politischen Technik sein, aber keine prinzipiellen Unterschiede. Es ist vorauszusehen, dass die NATO- oder die EU-Erweiterung nicht das letzte Stadium der Vereinheitlichung der Außenpolitik unserer europäischen Partner sein wird. Das nächste, wenn auch entfernte Stadium wird die Gemeinsame Außen- und Sicherheitspolitik der EU sein. Unter diesen Umständen wird es noch schwieriger sein, die Andersartigkeit der polnischen Außenpolitik zu formulieren. Es geht aber nicht darum, dass die NATO- oder die EU-Mitgliedschaft unsere außenpolitischen Programme beschränken könnte. Bei ehrlicher Einschätzung des Sachstandes sind die Möglichkeiten unserer Außenpolitik durch die Mitgliedschaft in der NATO und der EU gewachsen und werden weiter wachsen. Das einfachste Beispiel hierfür ist das ständige Wachstum des Handelsaustausches mit den EU-Staaten oder die Offenheit der gesellschaftlichen Kontakte in fast ganz Europa. Durch die Institutionen der NATO – und in bestimmtem Maße auch der EU – sind wir in der Lage, an der Stärkung und Erweiterung der Einflüsse des einheitlichen Europas teilzunehmen. Durch die eigene Aktivität in der Ostpolitik können wir dazu beitragen, dass sich in den Ländern, die nicht in die EU streben, freundschaftliche Haltungen gegenüber der EU ausbilden und – was noch wesentlicher ist – dass Anstrengungen unternommen werden, diese Länder an die Nachbarschaft mit der EU anzupassen.

Sich in der Ostpolitik auf die Grundsätze von vor zehn Jahren zu beschränken oder sich auf die gesellschaftlichen Erwartungen und Vorstellungen vom Osten zu berufen, würde zu einer Polen-zentrierten politischen Vision führen, die in der politischen Praxis ein Anachronismus wäre. Eine Theorie für die polnische Ostpolitik ist aus der Spezifik der gesamteuropäischen und weltweiten Prozesse abzuleiten, und Polen hat durch seine Teilnahme daran bereits eine bedeutende Position in der Region als Land der erfolgreichen gesellschaftlichen und wirtschaftlichen Transformation errungen. Die gesellschaftlichen Umgestaltungen in Europa wurden von Änderungen der geopolitischen Konfiguration begleitet. Es ist ein neuer Sicherheitsvertrag entstanden, dessen Fundament die Zusammenarbeit in der euroatlantischen Gemeinschaft und die Anwesenheit der USA in Europa sind. Dieses System ist weder geschlossen noch gegen irgendjemanden gerichtet, stellt jedoch eine dauerhafte Garantie für die Einheit Europas und die Beseitigung seiner Aufteilung in Blöcke oder Einflusszonen dar. Unsere Erfolge bei den Transformationen sowie die euroatlantischen Sicherheits- und Stabilitätsgarantien sind ein neuer Ausgangspunkt für die Politik gegenüber unseren östlichen Nachbarn, was es gestattet, das nationale Interesse in den Kategorien der aktuellen europäischen Politik zu interpretieren. Es bleiben spezifisch polnische Interessen, wie zum Beispiel die Aufrechterhaltung der Verbindungen mit den im Osten lebenden Polen. Es bleibt auch eine starke Abstufung der Beziehungen zu einzelnen Staaten, sei es wegen deren unterschiedlicher Einstellung zu den europäischen Organisationen, sei es wegen der Spezifik der Kontakte zwischen Polen, Ukrainern, Russen und Belarussen.

Die Ostpolitik der NATO und der Europäischen Union

Sowohl im Fall der NATO wie auch der EU finden wir den spezifisch östlichen Aspekt ihrer Politik in der Strategie der Osterweiterung dieser Organisationen. Der strategische Konflikt Ost – West wird durch die Politik der Erweiterung ersetzt, die ein Element der neuen europäischen Ordnung ist. Vor allem die Union trägt die Verantwortung für den Aufbau der Institutionen, die für das Entstehen der auf Demokratie und Wohlergehen basierenden Gemeinschaft notwendig sind. Weder die NATO-Strategen noch die EU-Politiker sehen die Notwendigkeit, eine gesonderte einheitliche Strategie gegenüber dem gesamten GUS-Raum herauszuarbeiten, da aus diesem Gebiet in den nächsten Jahren kein neues NATO- oder EU-Mitglied kommen wird. Die wichtigsten Instrumente der NATO im Hinblick auf die Staaten dieser Region sind das Programm der Partnerschaft für den Frieden, der Europäische Rat für Nordatlantische Partnerschaft, die Grundsatzakte NATO – Russland sowie die Charta NATO – Ukraine. Die Instrumente der

EU sind die Verträge über Partnerschaft und Zusammenarbeit (PCA) mit einzelnen Ländern, die EU-Strategie gegenüber Russland und der Ukraine sowie die Programme TACIS, PHARE, INOGATE, TRACECA. Überlegt wird auch der finnische Vorschlag der sogenannten nördlichen Dimension der EU. Diese sichtbare Vielgestaltigkeit der Instrumente ist eine Funktion der erwarteten politischen Wirksamkeit sowie der Lageeinschätzung in den einzelnen Ländern. Die strategischen Ziele von NATO und EU gegenüber den GUS-Staaten bleiben jedoch einheitlich: der Aufbau offener, demokratischer Gesellschaften und politischer Systeme, die Entwicklung der Marktwirtschaft, die Erweiterung der Zone des Friedens und der Stabilität in Europa, die Eindämmung ökologischer und zivilisatorischer Gefahren.

Polen ist weder als NATO-Mitglied noch als EU-Beitrittskandidat federführend bei der Festlegung der Grundsätze und Bedingungen für die Erweiterungsprozesse dieser Organisationen, aber es nimmt daran teil. Die Annahme dieser Grundsätze ergab sich aus der polnischen Staatsraison – Erlangung einer Sicherheitsgarantie und wirtschaftlicher Entwicklung –, mehr noch, sie war von großer gesellschaftlicher Akzeptanz begleitet.

Sowohl im Fall der NATO als auch im Fall der EU sind wir zur strengen Einhaltung der Verpflichtungen und Regeln verpflichtet. Das heißt für die polnische Ostpolitik einerseits Abschied nehmen von der Utopie der NATO-B oder der EU-B. Andererseits veranlasst es zum Nachdenken darüber, was Polen unter solchen Umständen im Osten tun kann oder wie es sich in die NATO- oder die EU-Strategie gegenüber den GUS-Staaten einbringen kann. Hier ist an die Meinung von Juliusz Mieroszewski zur Rolle Polens in Europa zu erinnern. Er formulierte, »dass wir im Westen so viel zählen werden, wie wir im Osten zählen – und nicht umgekehrt«[1]. Dies ist heute aktueller denn je. Unsere Aufgabe gegenüber Westeuropa ist nicht nur die Erfüllung der Standards von NATO und EU, sondern das aktive Engagement in Osteuropa.

Die polnische Mitgliedschaft in der NATO und die gegenwärtige Etappe der Annäherung an die EU veranlassen dazu, die Beziehungen zu unseren östlichen Partnern zu korrigieren. Im Fall der NATO heißt das: die Erfüllung unserer Bündnispflichten bei der Gestaltung der Zusammenarbeit im Bereich Sicherheit mit unseren östlichen Nachbarn sowie die Betonung der Geschlossenheit des Bündnisses. Im Fall der EU heißt es, in den Beziehungen zu unseren Nachbarn neue rechtliche Regelungen in einigen Fragen anzunehmen, damit diese konform mit den EU-Kriterien sind. Unsere Mitgliedschaft in der NATO blockiert – abge-

1 Mieroszewski, Juliusz: Modele i praktyka [Modelle und Praxis], Band 1. Paris 1970, S. 35.

sehen vom Widerstand von Russland und Belarus gegen die NATO-Erweiterung – die Beziehungen zu den GUS-Staaten nicht. Ähnlich rufen unsere Bemühungen um eine Mitgliedschaft in der EU keine grundsätzlich negative Reaktion unserer östlichen Partner hervor. Es ist jedoch eine Etappe, in der sie – insbesondere Russland und die Ukraine – ihre Bedenken ob der negativen Folgen für sie zu Gehör bringen. Diese betreffen z.B. den Handel mit den Staaten, um die die EU erweitert wird.

Die größte Kontroverse, die dabei ein breites öffentliches Interesse im Osten hervorruft, ist die Frage, welche Verpflichtungen sich aus dem Abkommen von Schengen ergeben, was heißen kann, dass Polen die Visapflicht für Bürger aus Russland, Belarus und der Ukraine einführen muss. Für Polen ist das ein ernsthaftes Problem, das mit politischen Konsequenzen im Hinblick auf den EU-Beitritt verbunden ist. Die Einführung der Visapflicht verursacht (zumindest vorübergehend) eine Erschwernis in den Beziehungen zu unseren Nachbarn. Dass die Entscheidung über die Einführung der Visapflicht in einigen Jahren fallen wird, gibt die Möglichkeit einer entsprechenden Vorbereitung, damit der politische und vor allem gesellschaftliche Preis, den Polen dafür zahlen muss, nicht zu hoch ausfallen muss. Das schwierigste Element in dieser Frage ist jedoch, dass auch die Staaten außerhalb der EU Anstrengungen unternehmen müssten, sich an eine solche Nachbarschaft anzupassen, damit diese auch für sie nutzbringend sein kann. Die Visafrage ist ja nur die Oberfläche eines wesentlich schwerer wiegenden Problems als nur des Grenzübertritts. Wir können nicht die Augen vor der zunehmenden Verschlechterung des Lebensniveaus in Osteuropa im Vergleich zu Westeuropa verschließen, und das in einer Zeit, wo so viel von der Einigung des Kontinents geredet und so viel dafür getan wird.

Der Beitritt der Staaten der Madrider Dreiergruppe (Polen, Ungarn, Tschechische Republik) zur NATO hat die Bedingungen der Außenpolitik dieser Staaten stark modifiziert und die Strategie des Bündnisses entscheidend beeinflusst. Polen tritt solidarisch mit anderen NATO-Mitgliedern im Namen der Transatlantischen Gemeinschaft auf – als Staat, der an Russland und ehemalige Staaten der UdSSR grenzt. Diese Nachbarschaft hat jedoch einen völlig anderen Charakter als vor dem historischen Umbruch Ende der achtziger Jahre – nicht gemeinsam mit der Sowjetunion gegen die Vereinigten Staaten von Amerika und Westeuropa, sondern gemeinsam mit den USA und dem Westen bieten wir Russland und den GUS-Staaten eine partnerschaftliche Zusammenarbeit an. Es ist gerade an Polen, sich um eine aktive Ostpolitik der NATO zu bemühen, um gute Beziehungen mit Russland und der Ukraine, um die Beförderung einer friedlichen Entwicklung der internationalen Beziehungen der GUS-Staaten, was unteilbar verbunden ist mit der Stärkung demokratischer Organe und einer Stärkung der Stabilität und der wirtschaftlichen Entwicklung. Im Bündnis müssen wir die Vision eines an die NATO angrenzenden Gebietes von Meer zu Meer vertreten: von der Ostsee über das Schwarze bis zum Kaspischen Meer, das eine neue europäische Achse der wirtschaftlichen Zusammenarbeit und demokratischer Gesellschaften schafft.

Einer der Grundsätze der polnischen Außenpolitik ist die Verkündung und Umsetzung des Prinzips »Open Door« zur NATO und auch die Unterstützung der EU-Erweiterung. Die Ratio der Strategie der offenen Türen soll verhindern, dass in Brüssel und natürlich in Washington eine Entscheidung über die Grenzen der neuen geopolitischen Landkarte Europas nach dem Niedergang des Kommunismus gefällt wird. Polen kann mit dem eigenen Beispiel dienen, dass hier nicht die Geographie, sondern vor allem die Wirksamkeit der Innenpolitik und die gesellschaftliche Unterstützung für die europäischen Ziele entscheiden sollte. Einer der Erfolge der Politik von NATO und EU sowie der Strategie der Erweiterung ist es, dass die Kriterien klar und transparent festgeschrieben wurden, so auch in den Assoziierungsverträgen, Verträgen über die Partnerschaft und Zusammenarbeit oder im Programm der Partnerschaft für den Frieden. Die Aufgabe Polens gegenüber den östlichen Partnern ist es zu unterstreichen, dass für die Innen- und Außenpolitik dieser Staaten vor allem die gewissenhafte Erfüllung dieser Kriterien von Wichtigkeit ist und nicht das Streben nach einer formellen Institutionalisierung der Beziehungen, insbesondere zur EU.

Als spezifisch polnische Aufgabe sollten wir es verstehen, für Polen den Status des östlichsten EU-Landes zu vermeiden und auch, dass uns die Rolle des EU-Bollwerks aufgezwungen wird. Selbst unter den unterschiedlichsten Bedingungen in den Wirtschaftssystemen und im Lebensniveau darf die Ostgrenze der EU nicht undurchlässig bleiben für Werte, zwischenmenschliche Kontakte sowie Informations- und Kulturaustausch.

In unserer unmittelbaren Umgebung kann man gegenwärtig die Ukraine als ein Land bezeichnen, dessen Mitgliedschaft in der NATO und der EU nicht ausgeschlossen werden sollte.

Bei Belarus und Russland liegt der Fall jeweils anders. Bei Belarus ist es nicht abzusehen, wann es in die europäische Politik zurückkehren wird.

Eine zusätzliche Aufgabe für Polen kann es sein, die europäischen Partner davon zu überzeugen, dass die östlichen Nachbarn systematisch in den Prozess der europäischen Integration eingebunden werden sollten. Wir haben ein Recht dazu, Überzeugungsarbeit dahingehend zu leisten, dass die europäische Integration sich nicht nur auf eine Erweiterung der Institutionen beschränken kann. Sie umfasst den breit verstandenen Austausch von Ideen, der Ost wie West zu einem ununterbrochenen Dialog auch außerhalb der offiziellen Verträge verpflichtet. Es spricht viel dafür, dass allein das Vorhandensein dieses Dialoges die politischen

Eliten in den Ländern, die einen EU-Beitritt anstreben, darauf vorbereitet, die EU-Beitrittskriterien ehrlich zu erfüllen. Das, woran es im Osten fehlt, sind nicht Erklärungen zur Beitrittsabsicht, sondern starke gesellschaftliche Gruppen und die gesellschaftliche Überzeugung, dass dies auch wirklich zu tun sei. Gegenstand des Dialogs sollten verschiedene Aspekte der europäischen Integration sein wie auch moderne Instrumente der Weltwirtschaft, z.B. Freihandelszonen. Um eine eher technische Sprache zu benutzen: Es werden noch viele Jahre vergehen, ehe sich die Repräsentanten der EU, häufig »Euro-Bürokraten«, wirklich mit den Politikern Osteuropas, die häufig »Euro-Ignoranten« sind, verstehen werden.

Eine interessante Chance für die polnische Außenpolitik ist die aktive französisch-deutsch-polnische Zusammenarbeit im Rahmen des Weimarer Dreiecks. Es hat eine Mission in Europa zu erfüllen, die in der Stabilisierung auf dem Kontinent mit Berücksichtigung der Auswirkungen auf den Osten Europas beruht. Die Weimarer Zusammenarbeit gibt die Möglichkeit zur Vertiefung der strategischen polnisch-deutsch-französischen Beziehungen und kann auch dadurch die Entwicklung konkreter Formen der Anbindungen der Nachbarn Polens, insbesondere der Ukraine, an den europäischen Dialog und Markt befördern.

Die polnische Sorge sollte darauf gerichtet sein, unsere westlichen Partner an allen GUS-Staaten zu interessieren und dies auch zugunsten einer stärkeren Unterstützung von deren internationaler Rolle durch Brüssel. Die europäische Integration und die Idee des Nordatlantikpaktes werden durch die GUS-Staaten nicht akzeptiert, wenn die gegenwärtige Politik Brüssels und Washingtons einzig und allein an Russland adressiert ist. Eine solche Ausschließlichkeit gibt es übrigens nicht mehr. Es geht aber darum, dass Brüssel dauerhafte Richtlinien gegenüber den GUS-Staaten aufbaut, die von den Beziehungen EU – Russland unabhängig sind.

Der Osten und Polen

Ein wichtiger Einwurf zu dem von mir behandelten Thema, also zur Ostpolitik Polens als eines mit allen Rechten ausgestatteten Mitglieds der europäischen Gemeinschaft, sind einige Anmerkungen zur gesellschaftlichen Bedeutung und zum polnischen kulturellen Kontext der Ostpolitik. Dieser Bereich ist seit Jahrhunderten ein Streitpunkt um die Verwicklungen Polens im Osten, um den Grad seiner Verwurzelung im Osten und auch um unsere Mission im Osten und die vor dem Osten gehegten Befürchtungen. Ich gehe dabei davon aus, dass die gesellschaftlichen Erwartungen hier der Ausgangspunkt bei der Gestaltung der Ziele der Außenpolitik sein sollten, die aber nur in geringem Maße auf diese Politik Einfluss nehmen können.

Sowohl das Bild des Ostens wie auch des Westens ist im Bewusstsein der Polen mythologisiert. Dies betrifft auch die gegenseitigen Beziehungen. Der in der Regel reiche und stabile Westen steht hier dem armen Osten gegenüber. Man kann die Behauptung wagen, dass diese Bilder ihre Wurzeln in den entsprechenden zivilisatorischen Codes haben. Eine andere stark inhaltsreiche Unterscheidung ist die zwischen Ost und West anhand religiöser Parallelen: Rom und Byzanz, Katholizismus und Orthodoxie. Nach wie vor ist die Diskussion um die byzantinischen Wurzeln Europas schwierig, als ob sie eine außerhalb Europas stehende Erscheinung beträfe.

Die Einseitigkeit des Bildes des Ostens als Zone der Bedrohungen und der Unsicherheit hat – nicht nur in Polen – den starken Wunsch der Rückkehr in die Welt des Westens genährt. Es entstand ein einfaches Schema: Ein Land, das die Einhaltung der westlichen Prinzipien erklärte, wünschte sofort, ein westliches Land genannt zu werden. Unsere östlichen Nachbarn geben ungern zu, dass sie zum Osten gehören. Der Westen erweitert sich dementsprechend immer mehr, der Osten verschwindet. Geographische und kulturelle Wurzeln bleiben jedoch auch in den eigenen Historizismen stark. Dies betrifft Polen als Land Ostmitteleuropas, dank seiner Außenpolitik schon zu Westeuropa gehörig. In der polnischen politischen Praxis hat sich die kulturelle Verwurzelung im Osten wie im Westen häufig in eine Haltung des Paternalismus gegenüber unseren östlichen Nachbarn verwandelt. Ungeachtet der bekannten Gefährdungen bleibt der Osten in der allgemeinen Wahrnehmung ein Bereich, in dem Polen erfolgreich sein soll, seine wirtschaftliche und zivilisatorische Mission zu erfüllen hat. Wir finden hier die Überzeugung, dass wir im Osten mehr vermögen als andere. Es gibt auch das Gefühl einer Verpflichtung gegenüber dem Westen, an dessen Institutionen wir uns anschließen, dass Polen einen Teil seiner Mission für den Westen im Osten erfüllen könnte.

Zur Spezifik der polnischen Vorstellungen vom Osten gehört auch der Mythos von der Funktion Polens als Brücke zwischen Ost und West. Dies ist eine deutliche Herausstellung der Position Polens. In der Wirklichkeit sind wir für die östlichen Nachbarn eines der westlichen Länder, eines mit einem relativ großen Potenzial an Wissen über den Osten und mit gesellschaftlichen und wirtschaftlichen Reformen nach den Jahren des Kommunismus – aber ohne ein besonderes wirtschaftliches oder kulturelles Potenzial, um gegenüber dem Osten eine besondere Mission erfüllen zu können. Den »Brückenmythos« begleitet eine kritische Einstellung zur Politik des Westens gegenüber den GUS-Staaten und insbesondere gegenüber Russland. Es ist nicht sicher, ob diese Manier davon zeugt, dass wir uns nicht vollständig mit dem Westen solidarisieren wollen, obwohl wir dazugehören, oder ob es sich um eine natürliche Vorliebe für Kritik handelt. In der

Politik, insbesondere nach der Erweiterung der NATO, würde eine solche Kritik fehlende Verantwortung bedeuten.

Im polnischen politischen Leben ist eine dogmatisch starke Vorstellung allgegenwärtig: Antikommunismus setzen wir mit Demokratie, Liberalismus und Freiheit gleich. Auf diese Art und Weise bewerten wir auch die Änderungen im Osten. Leider stellen zehn Jahre »Demokratie« in den Staaten der ehemaligen Sowjetunion diese Hypothese nicht ganz so klar unter Beweis. Kommunismus gibt es nicht mehr, aber Autokratie, Beschneidung der Medien und der Opposition sind Methoden des Kampfes, u.a. mit dem Kommunismus, im Namen angeblicher Reformen, auf angebliche Anforderungen des Westens. Schrittweise sollten wir zu einer ausgewogeneren Kategorisierung der politischen Systeme dieser Staaten heranreifen, um die Anfänge der Demokratie und die Reste der Freiheit zu bewahren. Ohne freie Gesellschaften wird es in der Zukunft keine gute Nachbarschaft geben können, wir erreichen dann – höchstens – eine friedliche Koexistenz.

Die emotionale Bindung zu den Polen, die östlich des Bugs leben, ist auch ein dauerhafter Bestandteil unseres Nachdenkens über den Osten. Mit dem Osten verbindet sich ein Teil des tragischen Schicksals des polnischen Volkes: die sowjetischen Verbrechen, Zwangsumsiedlungen auf Stalins Befehl, hunderttausende Landsleute blieben im Osten, nachdem die Grenzen der Republik Polen als Ergebnis des Zweiten Weltkrieges geändert worden waren. Insbesondere mit den sowjetischen Verbrechen verbindet sich der starke Wunsch nach Wiedergutmachung. Keiner der rechtlichen oder historischen Erben der Sowjetunion möchte sich zu ihnen bekennen und noch viel weniger dafür Entschädigungen zahlen. Dieses Problem wird voraussichtlich für Jahre und vielleicht für Jahrzehnte ein wesentlicher Streitpunkt zwischen Polen und den östlichen Nachbarn bleiben.

Einer der besonders wichtigen Punkte der polnischen Ostpolitik ist die Situation der Polen in Belarus, in der Ukraine, in Russland und Kasachstan wie auch in anderen GUS-Staaten. Aufgabe der Ostpolitik ist die Schaffung von zwischenstaatlichen Regelungen, die voll und ganz die Rechte der Polen als nationale Minderheit des jeweiligen Landes gewährleisten. Unsererseits sind wir verpflichtet, entsprechende Garantien für die nationalen Minderheiten zu übernehmen, die in Polen leben, nicht nur gegenüber den Nachbarstaaten, sondern auch gegenüber den europäischen Institutionen, insbesondere dem Europarat. Solche juristischen Regelungen in Form entsprechender Vereinbarungen in zwischenstaatlichen Verträgen haben wir. Die Problematik der nationalen Minderheiten wird jedoch sowohl aus unserer Initiative als auch der unserer östlichen Partner häufig in bilateralen Gesprächen behandelt. Unsere Partner im Osten versuchen manchmal die Frage der Unterstützung für nationale Minderheiten paritätisch zu regeln, d.h. sie gewähren so viel organisatorische und materielle Hilfe wie Polen den nationalen Minderheiten in Polen. Eine solche Behandlung des Problems ist eindeutig abzulehnen, führt sie doch unmittelbar dazu, aus Minderheiten Geiseln der Außenpolitik zu machen. Seitens unserer Nachbarn gibt es auch Vorwürfe, dass Polen seine Verpflichtungen gegenüber den Ukrainern und Belarussen, die in Polen leben, nicht erfülle. Polen erfüllt alle Verpflichtungen gegenüber den Vertretern dieser Gruppen der Minderheiten, die gleichzeitig auch polnische Staatsbürger sind. Eine andere Frage (allerdings nicht für Politiker, sondern für Soziologen) sind die Assimilationsprozesse, an denen in Polen viele Vertreter dieser Minderheitengruppen beteiligt sind. Häufig verbindet einen Belarussen oder einen Ukrainer in Polen außer seiner Nationalität nichts mit der jeweiligen Volksgruppe. In dieser Assimilierungstendenz sind die Gründe dafür zu suchen, dass das Interesse an Schulen für slawische nationale Minderheiten in Polen oder an deren eigenen kulturellen Aktivitäten nachlässt.

Die Polen im Osten waren nie Verhandlungsmasse der Politik. Die Einhaltung der Verpflichtungen unserer östlichen Nachbarn gegenüber den nationalen Minderheiten ist häufig unbefriedigend. Der Ehrlichkeit halber kann man anführen, dass die Gründe hierfür vor allem materieller Natur sind.

Es bleibt eine grundsätzlichere Frage zu lösen als die Streitigkeiten der Politiker: Wovon hängt das Schicksal der Polen im Osten ab? Sich in der Antwort nur auf den Umfang der Hilfe durch Polen (u.a. durch einige verdienstvolle Stiftungen) sowie die selbstverständliche Forderung nach Vergrößerung dieser Hilfe zu beschränken, wäre eine unzumutbare Vereinfachung. Genau so wichtig wie die unmittelbare Sorge um die Polen ist auch die Bemühung um das Erscheinungsbild Polens in der Gesellschaft unserer östlichen Nachbarn. Alle Ressentiments, die sich in den dortigen Gesellschaften fortgepflanzt haben, mit Polen verbunden sind und die dort lebenden Polen als Erben unserer nationalen Tradition belasten, können einzig und allein durch ein positives Bild des modernen Polen entkräftet werden. Dass man in jenen Ländern einfach kein Bild vom heutigen Polen hat, ist einer der Gründe, weshalb man ungern mit den dort lebenden Polen Kontakte pflegt. Eine stärkere finanzielle Unterstützung für solche »Reklametätigkeit« im Osten ist also unabdingbar.

In den Bereich der nationalen Erlebnisse und der Heimwehliteratur gehört die Problematik der östlichen Grenzgebiete, der »Kresy«, die untrennbar verbunden ist mit dem Schicksal vieler Polen heute. Die Vorläufer unserer Ostpolitik denken über diese Randgebiete jedoch ganz nüchtern. Juliusz Mieroszewski schreibt, »dass die ›Kresy‹ an der Peripherie lagen, und seit Jahrhunderten opferte man solche Randgebiete in ähnlichen Verhandlungen wie Jalta. Das Exotische an den Erzählungen von diesen im Grenzland gelegenen Kastellaneien besteht darin, dass die Menschen aus dem Innern des Landes davon überzeugt sind, dass ihnen etwas

Ähnliches nicht widerfahren könnte.«[2] In einer Zeit, da wir uns im »Innern des Landes« befinden und den Fluch von Jalta überwunden haben, ist die Gegenwart der Grenzgebiete, der Kresy, anders zu interpretieren – vielleicht als gute Nachbarschaft angrenzender Völker.

Die Mehrzahl dieser Beobachtungen zeigt, dass die Wirksamkeit der Ostpolitik häufig zu dem spezifischen polnischen kulturellen Kontext in Beziehung gesetzt wird, aber nicht zu den internationalen Realitäten und den Möglichkeiten des Partners. Vor dem Politiker, der sich mit Ostpolitik befasst, steht die Aufgabe, Doktrinen und Aufgaben zu kreieren, die nicht nur eine Auseinandersetzung mit den gesellschaftlichen Erwartungen sind oder deren Ergänzung, sondern eine reife Präsentation der polnischen Staatsraison, in der die Vorstellung der polnischen nationalen Interessen den internationalen Kontext ihrer Umsetzung berücksichtigen wird.

Die Kenntnis der gegenwärtigen internationalen Realitäten lässt absehen, dass keine aufrüttelnde, visionäre Doktrin der Ostpolitik entstehen kann, die dem Prometheus-Mythos entsprechen würde. Zunächst müssen wir berücksichtigen, dass wir, wenn wir die eigene gesellschaftliche und politische Realität von der Ideologie befreien, die Ostpolitik nicht als neue Ideologie konstruieren können. Zweitens legen jene internationalen Realitäten stärker als noch vor Jahrzehnten die Instrumente sowohl der Außen- als auch der Innenpolitik fest. Es sind ja Realitäten einer engen politischen, institutionellen und wirtschaftlichen Kooperation. Hier ist nur Platz für Visionen, die diese Kooperation vertiefen können, wie z.B. das Erreichen weiterer Etappen bei der Integration des gemeinsamen Marktes.

Wer sind unsere Nachbarn?

Einer der Vorläufer unserer modernen Gedanken über die östlichen Nachbarn, Bohdan Skaradziński, hat seiner Hoffnung auf eine normale Nachbarschaft mit Belarus, Litauen und der Ukraine so Ausdruck verliehen: »Stalin selbst hat gesagt, dass die Hitlers kommen und gehen, die Völker aber bleiben ... Er hatte Recht. Setzen wir einfach andere Namen oder Imperien ein, so geben wir ihm gern Recht. Irgendwann kommt die Zeit für eine normale Nachbarschaft mit Belarus, Litauen und der Ukraine.«[3]

---

2 Ebenda, S. 7.

3 Skaradziński, Bohdan: Białorusini, Litwini, Ukraińcy [Belarussen, Litauer, Ukrainer]. Białystok 1990, S. 7.

Die Völker sind zwar tatsächlich wieder auf der Bühne der Geschichte aufgetaucht, aber noch immer sind es ihre Führer, die für ihr Schicksal und das Wohlergehen der Länder wichtig sind.

Der Zerfall der Sowjetunion hat in den Gesellschaften der ehemaligen Republiken keine so eindeutige Euphorie geweckt wie der Fall der Berliner Mauer bei den Polen, Ungarn, Tschechen oder Deutschen. Der Zerfall des Sowjetimperiums weckte Hoffnungen, aber auch Ängste, und beides ist in Erfüllung gegangen. Es entstanden unabhängige Staaten mit einem unterschiedlichen Niveau von bürgerlichen Freiheiten, die Verschlechterung der täglichen Lebensbedingungen ist jedoch allgegenwärtig. Riskant wäre die Äußerung, dass der Zusammenbruch des Kommunismus nur positive Effekte hervorgebracht hätte. Zehn Jahre nach der Auflösung der Sowjetunion weckt der Blick auf die Gegenwart in den Ländern der ehemaligen UdSSR keinen Optimismus, Perspektiven einer Entwicklung sind nicht zu erkennen.

Weil die polnische Ostpolitik sich in der politischen Praxis auf die Länder der ehemaligen Sowjetunion bezieht, scheint eine kurze Diagnose des politischen Erscheinungsbildes des Gebietes von Nöten, das nach Gründung dieser Gemeinschaft im Dezember 1991 anstatt der aufgelösten Sowjetunion entstand und häufig GUS genannt wird. Rein geographische Kriterien sind jedoch zu ungenau, da die Ostpolitik Litauen und Lettland nicht umfasst, wohl aber die mittelasiatischen Staaten, die ehemaligen Sowjetrepubliken.

Die Gemeinschaft Unabhängiger Staaten hat keinen einheitlichen Standpunkt in Fragen der Welt- oder Europapolitik. In der internationalen oder wenigstens in der europäischen Politik hat die GUS als internationale Organisation keinen Stellenwert. Für Polen wesentlich ist es jedoch, sich in der Spezifik der geopolitischen Phänomene in der GUS zurechtzufinden. Unter diesem Gesichtspunkt ist die GUS kein einheitlicher Raum. Seit einigen Jahren erweist sich die Wiederherstellung einer geopolitischen Einheit der GUS unter russischer Vorherrschaft als unmöglich. Vorwand sollte die Modernisierung des Abkommens von Taschkent von 1992 sein. Die meisten entscheidenden Politiker der Länder der GUS lehnen jedoch entschieden die Möglichkeit einer Umgestaltung dieser Organisation in ein Bündnis oder einen Verteidigungsblock ab und teilen die russischen Befürchtungen über die Konsequenzen einer NATO-Erweiterung nicht. Von einer solchen Tendenz zeugen u.a. die unterschiedlichen Reaktionen der GUS-Staaten auf die NATO-Erweiterung sowie die wesentlichen Unterschiede in den Reaktionen der GUS-Staaten auf die NATO-Aktionen im Kosovo. In den Fragen der regionalen Sicherheit im GUS-Gebiet haben sich über die letzten Jahre hinweg andere Strukturen und Initiativen herausgebildet – in Alternative zum Vertrag von Taschkent: der Vorschlag zur Einrichtung einer atomwaffenfreien Zone in Mittelasien, die Konferenz zu vertrauenschaffenden Maßnahmen in Mittelasien,

GUUAM, die Zusammenarbeit Kiew – Kischinjow – Tiflis – Baku (seit 1999 mit Usbekistan).

Die politische Zusammenarbeit der Präsidenten dieser fünf Staaten übte in den letzten Monaten den größten Einfluss auf die zunehmende Emanzipation der GUS gegenüber Russland aus. Anfänglich sollte sie den Staaten ein schnelleres Vorankommen beim Bau des eurasischen Transportkorridors ermöglichen, seit April 1997 (zeitweise Blockierung der Ratifizierung des CFE-Abkommens) drückt sie den gemeinsamen Standpunkt dieser Staaten in Fragen der Sicherheit aus. Insbesondere unterstreicht man die euroatlantischen Absichten dieser Staaten.

Auf dem Gebiet der GUS entsteht kein neues antirussisches Verteidigungsbündnis, und dies sollte aus dem polnischen und dem NATO-Gesichtspunkt auch nicht entstehen, denn dies würde eine Konfrontation Russlands mit der formal NATO-freundlich eingestellten Gruppierung GUUAM auf dem GUS-Gebiet bedeuten. Diese würde den Weg für eine wie auch immer geartete Kooperation der NATO, darunter auch Polens, mit Russland und anderen Staaten der GUS versperren. Die gewünschte Entwicklung wäre eine stufenweise, auch institutionelle Kooperation der GUS-Staaten (darunter Russland) mit der NATO und die Verhinderung der Entstehung von Bündnissen mit alternativen oder zur NATO konkurrierenden strategischen Zielen. Wichtig ist auch die Unterstützung für die euroatlantischen Bestrebungen einiger GUS-Staaten. Es geht hier sowohl darum, die institutionelle Zusammenarbeit dieser Länder mit den europäischen Institutionen (Europarat, EU, OSZE) zu unterstützen, die Eliten dieser Staaten davon zu überzeugen, dass nur die Orientierung an rechtlichen und politischen europäischen Standards die Entwicklung ihrer Länder sichern kann, und unseren europäischen Partnern zu zeigen, dass die europäische Sicherheit nicht ohne harmonische Zusammenarbeit Europas mit den GUS-Staaten hergestellt werden kann, insbesondere nicht ohne das internationale Engagement der internationalen Gemeinschaft bei der Lösung lokaler Konflikte in den einzelnen Staaten der GUS. Polen sollte sich bemühen, die Tatsache herauszustreichen, dass die mangelnde Einheitlichkeit bei der pro-westlichen Option in den einzelnen GUS-Staaten nicht nur mit den inneren Bedingungen in diesen Staaten zusammenhängt, sondern auch mit den Beziehungen zu den anderen GUS-Staaten.

Die Analyse der politischen Realitäten der GUS kann für polnische und westliche Politiker ein Gradmesser der Effizienz der wirtschaftlichen Zusammenarbeit und auch der Einflussnahme des Westens in den Bereichen Information, Erziehung und Kultur auf die Prozesse in den GUS-Staaten sein. Die Intensität des Austauschs entscheidet darüber, ob die Grenzöffnung vor zehn Jahren Sinn gehabt hat, oder ob sie nur der Anlass war für oberflächliche Veränderungen auf dem Arbeitsmarkt, für Migration und das Anwachsen der internationalen Kriminalität. Hier gibt es keine klare Antwort und auch keine klare optimistische

Perspektive, weder bei der wirtschaftlichen Zusammenarbeit noch bei der Nutzung zwischenmenschlicher Kontakte zum Ideenaustausch. Hier lässt sich auch kein Drehbuch mit einem fertigen Happy End schreiben. Eine stabile Entwicklung jeglicher Zusammenarbeit hängt von der erfolgreichen Durchführung der Transformationsprozesse in der Wirtschaft und der Demokratisierung des politischen Systems ab. Für die Länder der euroatlantischen Gemeinschaft (dieses Problem betrifft nicht nur die unmittelbar an die GUS angrenzenden Länder) ist das Problem, ein wirksames Mittel für eine Beschleunigung der Transformationen zu finden, wichtiger als das Niveau der internationalen Investitionen oder die Stabilität des Finanzmarktes.

Die GUS-Gipfel, d.h. die Treffen der Präsidenten der GUS-Staaten, zeugen trotz der angeblichen Reform von der Niederlage der Modelle der Zusammenarbeit zwischen den Staaten der ehemaligen Sowjetunion, wie sie durch Russland konzipiert worden sind. Die Geschlossenheit der GUS lässt sich an der politischen und wirtschaftlichen Realität der Beziehungen der GUS-Staaten zu Russland erkennen, insbesondere an den engen wirtschaftlichen Verflechtungen, an der Kooperation der Verteidigungsindustrie, der Teilnahme Russlands an lokalen Konflikten, der Beständigkeit des sowjetischen Verkehrssystems, der Abhängigkeit von Rohstofflieferungen, an dem gemeinsamen Informationsraum sowie an der Durchlässigkeit oder dem Fehlen von Grenzen zwischen den GUS-Staaten. Die GUS-Staaten müssen zudem mit vielen Erscheinungen des gesellschaftlichen und wirtschaftlichen Abstiegs kämpfen. Das macht es schwierig, hier die statistische Kategorie des Wirtschaftswachstums anzuwenden. Der Niedergang der Volkswirtschaften hält seit zehn Jahren ununterbrochen an, was eine Verringerung der wirtschaftlichen Bedeutung der GUS für die Weltwirtschaft zur Folge hat. Daraus leitet sich der sehr geringe Anteil an ausländischen Investitionen in diesem Gebiet (insgesamt in den letzten 8 Jahren ca. 60 Mrd. $) ab. Ähnlich sind in allen GUS-Staaten der Grad der Zerstörung der gesellschaftlichen Strukturen und Beziehungen wie auch negative demographische Erscheinungen: niedrige Geburtenrate oder Entvölkerung, Migration innerhalb der GUS, Arbeitslosigkeit, Verschlechterung des Gesundheitszustandes, Korruption von einem Ausmaß, das beweist, dass Korruption eines der Prinzipien der Funktionsweise der politischen Systeme der GUS-Staaten ist.

Eine Stärkung erfahren innerhalb der GUS präsidiale Systeme der Machtausübung. Angefangen mit den Änderungen der Verfassung der Russischen Föderation im Dezember 1993 kann man über den belarussischen Verfassungsumsturz 1996 bis hin zu den usbekischen und kasachischen Referenden über die Verlängerung der Amtszeit des Präsidenten eine konsequente Gestaltung präsidialer – häufig autoritärer – Regierungen verfolgen. Diese Erscheinungen werden begleitet von einer Marginalisierung der parlamentarischen und außerparlamentarischen Opposition und auch von einer direkten Unterstellung der Exekutive unter das Präsidentenamt. Die politische Praxis dieser Länder lässt erkennen, dass das Hauptzentrum der Macht die Verwaltung des Präsidenten ist und dass der Regierung eine marginale Rolle zufällt. Auch wenn die Stärkung der Präsidialgewalt keinen Einfluss auf die Linie der Außenpolitik der einzelnen GUS-Staaten hat, gibt es Grund zu der Annahme, dass diese Tendenz die Demokratisierungs- und Transformationsprozesse in Richtung Marktwirtschaft in den GUS-Staaten bremsen wird.

Die Ereignisse beginnend mit der russischen Finanzkrise im August 1998 veranlassen viele Analytiker zu Kritik, ob die Strategie des Westens gegenüber den GUS-Staaten mit den Kategorien: wirtschaftliche und politische Transformation, europäische Integration und Erweiterung der euroatlantischen Sicherheitsgemeinschaft und Demokratie die richtige ist. Diese Kategorien sollen – jenen Kritikern zufolge – nicht Instrumente oder Mittel einer bestimmten Politik sein, sondern *a priori* Kategorien, die nicht zur Natur der politischen Wandlungen in den GUS-Staaten passen. Solche Überlegungen haben keine ernsthafte Begründung. Der Zusammenbruch der bisherigen Art und Weise der Finanzhilfe, insbesondere für die russische Wirtschaft, bedeutet nicht gleichzeitig die Niederlage des gesamten Integrationsangebots des Westens für die GUS-Staaten. Die Situation ist hier sehr differenziert. Nur Russland und Belarus kehren zu der Politik der Konkurrenz zum Westen statt der Zusammenarbeit mit dem Westen zurück. Aserbaidschan, Georgien und die Ukraine unterstreichen stärker als noch vor Jahren ihre euroatlantischen Absichten. Diese Beispiele illustrieren die Kompliziertheit der politischen Ereignisse in den GUS-Staaten, sie sagen nichts über eine Tendenz aus. Würde man darauf verzichten, die Vorteile der Integration mit Europa und der euroatlantischen Gemeinschaft zu propagieren, so würde man bereits jetzt die aktive Zusammenarbeit mit dem gesamten Gebiet einstellen und es zu einem weiteren Dritte-Welt-Gebiet erklären. Für solche Entscheidungen ist es noch viel zu früh. Das Fehlschlagen der bisherigen Versuche einer wirtschaftlichen und politischen Transformation verlangt tatsächlich eine ehrliche Analyse, die man allerdings nicht mit der Kritik der Grundthesen beginnen kann. Es geht viel mehr um die praktische Politik und das erwartete Tempo der Umgestaltungen. Sicherlich wären stärker als bisher die Gesellschaften der GUS-Staaten als Ziel der Einflussnahme und der Politik des Westens zu akzentuieren; man sollte sich weniger auf die makroökonomischen Umgestaltungen konzentrieren. Die letzten Jahre beweisen, dass man sich in der Außenpolitik nicht nur an den Machthabern orientieren kann, sondern auch breitere gesellschaftliche Kreise berücksichtigen muss. Im Fall der GUS-Staaten ist das nicht die Teilung in Regierende und Opposition, sondern in Machthaber und solche, die mit der Macht nichts zu tun haben wollen. Meiner Meinung nach liegt der Schlüssel für eine

Einflussnahme auf die Situation in der Soziologie, nicht in der Ökonomie. Durch soziale Reformen wird man sowohl die Wirtschaft reformieren als auch die Krise überwinden können, die sich in der Verweigerung vor staatlichen Angelegenheiten äußert. Es ist wichtiger zu lehren, wie man im Dorf einen Brunnen baut, d.h. wie man eine gesellschaftliche Mikrostruktur schafft, die dieses Werk vollbringt, als die Grundlagen der marktwirtschaftlichen Makroökonomie zu unterrichten, wobei die westlichen Experten sehr schnell ins Moralisieren verfallen.

Polen muss zwei Szenarien der Nachbarschaft mit der GUS vor Augen haben: die GUS als ein Gebiet ohne Reformen oder (in ferner Zukunft) als ein Gebiet mit einer gelungenen politischen und wirtschaftlichen Transformation. In den nächsten Jahren hat man sich auf die Realität nicht-reformierbarer wirtschaftlicher und politischer Systeme mit starken Präsidenten einzustellen und muss gleichzeitig die Reformversuche in den Staaten unterstützen. Diese für die Reformen notwendige Unterstützung von außen kann Polen durch seine eigenen Erfahrungen bereichern.

Gute Nachbarschaft

In die Sprache von Politik und Diplomatie wurde zu Beginn der neunziger Jahre der Begriff der »guten Nachbarschaft« eingeführt, der in den zwischenstaatlichen Abkommen die »brüderliche Freundschaft« aus den Zeiten des Warschauer Vertrages ablöste. Bis heute bleibt die gute Nachbarschaft sowohl Ziel als auch Grundsatz unserer Ostpolitik. Es ist außerdem einer der europäischen Grundsätze, und ohne seine Anwendung kann von einer Einbeziehung unserer östlichen Nachbarn in Projekte der europäischen Integration keine Rede sein.

Gute Nachbarschaft ist nur eine notwendige, keine hinreichende Bedingung für eine effiziente Ostpolitik. Damit die gute Nachbarschaft keine farblose »friedliche Koexistenz« bleibt, sondern schöpferische Zusammenarbeit wird, ist es notwendig, den Begriff nicht nur mit den eigenen wirtschaftlichen Möglichkeiten und kulturellen und politischen Maßnahmen zu füllen, sondern auch mit den sogenannten europäischen Standards. Es geht hier nicht um formales »Europäertum« oder die Verbreitung von »Eurooptimismus«, sondern um jene Menge rechtlicher, institutioneller und politischer Normen, die wir übernommen haben, um gleichberechtigt und effektiv am europäischen Markt teilhaben zu können. Wichtig sind aus dieser Sicht sowohl die Strichkodes an den Waren wie auch die Grundsätze der Zulassung ausländischer Investitionen, die Rechtsprechung in den Bereichen Umweltschutz und Schutz des Privateigentums wie auch moderne Konventionen und Prinzipien zum Schutz der Menschenrechte. Alle diese Elemente haben die Umgestaltung unseres Landes in ein modernes europäisches

Land ermöglicht. Jeder, der nur ab und zu in Russland oder der Ukraine ist, weiß, wie weit es diese Staaten zu solchen Formen der gesellschaftspolitischen Ordnung haben. Dies erschwert die Zusammenarbeit und macht sie von Zeit zu Zeit unmöglich.

Gute Nachbarschaft sollten wir jedoch weder auf den Horizont der europäischen Integration reduzieren noch daraus entfernen. Sie muss der europäischen Integration sowohl vorausgehen wie auch diese ersetzen, wenn es den Staaten Osteuropas nicht gelingt, der Herausforderung der Integration zu entsprechen. In einer solchen Situation muss Polen immer bereit sein, ein offenes Fenster der EU zu bleiben und nicht deren unüberwindliche, geschlossene Grenze. Die Rolle Polens ist es u.a., eine erhöhte Sensibilität für die Ängste unserer östlichen Nachbarn sowohl vor marktwirtschaftlichen Reformen als auch der Demokratisierung und der Unsicherheit der eigenen Zukunft zu haben. Je weniger Markt und Demokratie in den Ländern der ehemaligen Sowjetunion herrscht, desto größer wird die Rolle der Aufrechterhaltung intensiver gutnachbarschaftlicher bilateraler Beziehungen. Je mehr Kontakte es geben wird, desto weniger Konflikte und desto mehr Chancen für Zusammenarbeit und Verständnis wird es geben.

Gute Nachbarschaft kann die einzige reale Politik für den Fall bleiben, dass Russland oder die Ukraine ihre europäische Politik neu definieren. Gegenwärtig legen beide Länder Interesse für die Teilnahme an Prozessen der europäischen Integration an den Tag. Würde sich diese Tendenz ins Gegenteil verkehren, würden wir uns in den Beziehungen zu diesen Ländern in einer ähnlichen Situation befinden wie mit Belarus, d.h. Aufrechterhaltung der wirtschaftlichen, kulturellen und anderer Kontakte bei gleichzeitig eingeschränktem politischen Dialog.

Die politische Regel der europäischen Integration, d.h. Zusammenarbeit statt Rivalität, kann auch gute Nachbarschaft gestalten und verhindern, dass sie auf die Lösung bilateraler Fragen reduziert wird. Diese Einschränkung ist wesentlich, da einige Länder unserer Region die Politik gegenüber Russland oder der Ukraine einzig und allein auf bilaterale Fragen (wirtschaftliche Zusammenarbeit, nationale Minderheiten usw.) einschränken und einen Dialog zu den Fragen der europäischen Integration und der europäischen Sicherheit vermeiden.

Nachbarschaftliche Umgebung: Belarus, Russland, Ukraine

Der Gedanke von Jerzy Giedroyc über die Nachbarschaft Polens mit den unabhängigen Staaten Belarus, Litauen und Ukraine war die grundlegende Idee für die zukünftige Ostpolitik der Republik Polen. Diese Idee setzte sowohl die Gleichberechtigung der Beziehungen zu den Nachbarstaaten als auch eine den polnischen Interessen entsprechende einheitliche geopolitische Struktur Europas voraus, in der Russland nur die Rolle eines Teilnehmers zukommt und nicht des Aufsehers, der Europa in Einflusszonen teilt. Die Idee der gleichberechtigten Nachbarschaft wurde realisiert, und die europäische Integration ermöglicht ihren dauerhaften Bestand. Unterwandert wird die Unteilbarkeit der europäischen Gemeinschaft nicht durch die Suche nach weiteren Grauzonen oder strategischen Rivalen, sondern durch Widerstand gegen die Prozesse der europäischen Integration oder einen geringen Beteiligungsgrad. Und das ist das Hauptproblem unserer Nachbarn. Sie unterscheiden sich stark nach ihrem Verhältnis zur Demokratie und ihren Institutionen, nach der Sicherheitspolitik und dem Grad der marktwirtschaftlichen Ausrichtung. Nur aus diesem Grund und nicht wegen einer speziellen polnischen politischen Präferenz haben sich die Beziehungen mit diesen Ländern in den letzten Jahren höchst unterschiedlich gestaltet. Die Unabhängigkeit der Ukraine ist neben der NATO-Osterweiterung ein Garant für die Sicherheit Polens. In den Beziehungen zu Russland, das nur unter Schwierigkeiten in Richtung Demokratie und Marktwirtschaft strebt und auch auf der Suche nach einer neuen Formel für die eigene Identität ist, suchen wir die Möglichkeit der Entwicklung des gesamteuropäischen Dialogs. Auf einen Durchbruch wird man hier jedoch warten müssen, bis Russland aufhört, die Geopolitik in eine neue Ideologie umzugestalten, und seine Außenpolitik der Unantastbarkeit der europäischen Ordnung und der euroatlantischen Zusammenarbeit entspricht. Belarus ist in dieser Reihe der Staat mit der am schwächsten ausgeprägten staatlichen Selbstständigkeit, der nicht aktiv an der Entwicklung der Demokratie oder der Marktwirtschaft teilnimmt und demnach nicht als aktiver Partner für eine Zusammenarbeit in Betracht kommt.

Schon die oberflächliche Betrachtung der Beziehungen zu jedem einzelnen dieser Länder stellt unter Beweis, welche schwere Prüfung für die Anwendung der bereits aufgezählten Kriterien der Ostpolitik die Gestaltung eben dieser Beziehungen darstellt: gute Nachbarschaft, europäische Integration, europäische Sicherheit. Für jedes dieser Länder sind wir ein guter Nachbar, jedoch nimmt nur die Ukraine konsequent den Dialog mit uns zur europäischen Integration und europäischen Sicherheit auf. Russland lehnt diesen Dialog nicht ab, aber seine Intensität ist stark eingeschränkt.

Obwohl man in den Meinungen zur Effektivität der Ostpolitik keinen Durchbruch erkennen kann, sind die konkreten Erfolge deutlich. Sie sind die Grundlage für unsere nachbarschaftlichen Beziehungen, sogar in europäischer Perspektive:

– Regulierung der Grenzbeziehungen,

– Verankerung des Bildes der unabhängigen Staaten Belarus, Russland und Ukraine im gesellschaftlichen und politischen Bewusstsein der polnischen Bevölkerung,

– Abzug der sowjetischen Streitkräfte aus Polen,

- Aufdeckung der Wahrheit über das Verbrechen von Katyn,
- Schaffung einer rechtlichen Basis für bilaterale Beziehungen,
- Offenheit der zwischenmenschlichen Beziehungen,
- Ermöglichung eines systematischen Kontaktes der Polen in diesen Ländern mit der Heimat,
- Einleitung eines Prozesses der nationalen Versöhnung zwischen der Ukraine und Polen,
- Schaffung vieler Instrumente des politischen und gesellschaftlichen Dialogs in den Beziehungen zur Ukraine (»strategische Partnerschaft«).

Diese Erfolge reichen nicht aus, um die polnische Ostpolitik als eine erfüllte Aufgabe anzusehen. Wie viel dabei fehlende Aktivität ist, wie viel harte politische Realitäten von Russland, Belarus oder der Ukraine sind, ist schwer zu sagen. Polen kann nicht unmittelbar Einfluss nehmen auf den Stand der bilateralen Beziehungen unserer Nachbarn. Russland und die Ukraine oder die Ukraine und Belarus müssen ihre bilateralen Probleme selbst regeln, ohne Vermittlung von außen. Wir sollten jedoch insbesondere als NATO-Mitglied die Wechselwirkung unserer Beziehungen zu Russland, zur Ukraine und zu Belarus und unsere Rolle und Bedeutung im Bündnis bedenken. Jedwede Verschlechterung der Beziehungen zu einem der östlichen Nachbarn untergräbt, wenn das nicht wie im Fall Belarus durch dessen eigene Wahl begründet ist, die Position Polens als eines Landes, das einen Teil der Verantwortung für die Ostpolitik der NATO trägt. Es scheint, dass die gegenwärtige Ostpolitik Polens mehr der Taten als der Theorien und der Analysen bedarf. Wo wir doch wissen, wie im Westen Erfolg zu erlangen war, sollten wir es uns jetzt leisten, über den Osten nachzudenken – nicht über Machtausübung, sondern über eine ausgewogene Konzeption der Nachbarschaft mit diesen Ländern. Klassische Formen der Politik sind hier durchaus angesagt. Vor allem Frieden und noch etwas mehr: gute Nachbarschaft, wirtschaftliche Zusammenarbeit, Kultur, ein besseres Schicksal der Polen in diesen Ländern, Überzeugungsarbeit bei den politischen Eliten dieser Länder ob der Werte des Westens. Eine übermäßige Phraseologie des Erfolgs oder des Umbruchs ist hier nicht von Nutzen. Die Politik gegenüber den Ländern Osteuropas besteht im über Jahre andauernden geduldigen Warten auf eine Chance, in die dortigen Realitäten einen Teil unserer materiellen und geistigen Güter übertragen zu können – ein Warten mit der Bemühung um den Aufbau gesellschaftlichen Vertrauens und nicht von Feindschaft.

Belarus

Seit einigen Jahren bleibt Belarus ein hervorragendes Beispiel für die Allgemeingültigkeit von Regeln, die für die internationalen Beziehungen gelten (Regeln der Konkurrenz und der Zusammenarbeit). Die Regierung der Republik Polen hat den Kampf gegen diese Regeln aufgenommen, wodurch Belarus schnell in die Isolation geraten ist.

Nach der Aufnahme der diplomatischen Beziehungen zwischen unseren Ländern im April 1992 wurde der anfängliche, einige Jahre dauernde Gleichklang von Polen und Belarus hinsichtlich der Richtung des Umbaus des Staates und Europas durch die Politik des Präsidenten Lukaschenka untergraben, ganz im Gegensatz zu den Regeln der Demokratie.

Deutlich sichtbar wurde auch der Unwille der belarussischen Machthaber gegenüber Umgestaltungen in der Wirtschaft. Belastend wurden die früher nicht thematisierten Meinungsunterschiede zum geschichtlichen Erbe unserer beiden Völker und zur Interpretation konkreter Fragmente der Geschichte.

Die Verletzung der Menschenrechte sowie gegensätzliche Prioritäten der belarussischen Außenpolitik führten zu grundsätzlichen Einschränkungen in dem zweiseitigen politischen Dialog. Ähnliches geschieht in den Beziehungen von Belarus mit den Staaten der EU und mit den USA. Die Forderungen der polnischen Regierung, zu den Regeln der Demokratie zurückzukehren, blieben bisher wenig erfolgreich. Als mit der EU und den USA solidarisches Land sollte Polen gemeinsam mit ihnen aktivere und wirksamere Wege und Mittel der Einflussnahme auf Belarus und seine Machthaber suchen. In der Außenpolitik gegenüber Belarus sind die Kontakte mit den demokratischen Kräften zu exponieren und zu beleben. Diese Kräfte sollten Objekt des ständigen Interesses und der Einflussnahme von Seiten der europäischen Staaten sein, insbesondere der Nachbarstaaten. Die polnische Außenpolitik muss sich von der Aussicht und der Hoffnung auf das gesellschaftliche und politische Erwachen von Belarus leiten lassen.

Die polnisch-belarussischen Beziehungen haben auch ihre aktuellen Fundamente. Es lohnt, an sie zu erinnern, besonders gegenwärtig, da die nächsten polnisch-belarussischen Spannungen diese Perspektive zu verdecken scheinen. Die Beziehungen mit Belarus bauen wir auf einer reichhaltigen rechtlichen Grundlage auf (darunter der Vertrag über gute Nachbarschaft und Zusammenarbeit) und unter den Bedingungen einer *de facto* offenen Grenze, des intensiven Zustroms von Personen und des (zumindest von unserer Seite) freien Austauschs von Gütern und Personen. Vor diesem Hintergrund zeichnen sich die konkreten staatlichen (darunter auch der einzelnen Ministerien) und gesellschaftlichen Interessen ab, die gleichzeitig die polnischen Forderungen gegenüber Belarus sind: wirtschaftliche Zusammenarbeit, grenzüberschreitende Zusammenarbeit im Umweltschutz, in Bildung, Kultur und Information. Diese Formen der Zusammenarbeit sollten sich unabhängig vom Zustand der politischen Beziehungen entwickeln.

In den Beziehungen zu Belarus kann man die Kategorie der europäischen Integration und der euroatlantischen Gemeinschaft nicht effektiv zum Einsatz bringen. Besondere Bedeutung gewinnt somit die gute Nachbarschaft. Die polnische Außenpolitik der letzten Jahre ist ein guter Beweis für die Anerkennung dieser Strömung der Politik. Für die polnisch-belarussischen Beziehungen gibt es auch ein historisches Prinzip. Die polnisch-belarussische Zusammenarbeit ist vor allem die Nachbarschaft der Völker, denen die Geschichte eine einmalige Chance für die eigenständige Gestaltung ihrer Beziehungen gegeben hat. Die Unterstützung für den Aufbau der modernen belarussischen Staatlichkeit dient hierbei der Realisierung unserer Interessen.

Eine besondere Erklärung verlangt die Bedeutung der kulturellen und Informations-Zusammenarbeit mit Belarus. Die Notwendigkeit der Entwicklung dieses Bereiches ergibt sich aus der Spezifik der polnisch-belarussischen Nachbarschaft. Die Überzeugung, dass eine Abschwächung der politischen Kontakte mit Belarus zur Einstellung der kulturellen Zusammenarbeit berechtigen würde, kann fatale Konsequenzen haben. Das, woran es in Belarus fehlt, sind moderne Informationstechnologien und ihre europäischen Inhalte. Hier liegt der Grund für die zivilisatorische Attraktivität Polens gegenüber Belarus und insbesondere gegenüber seiner Gesellschaft. Ein solches Polen tritt aber dort nicht in Erscheinung oder nur in äußerst bescheidenem Maße. Es fehlt an Presse, Büchern, moderner Unterhaltung, die kulturelle Zusammenarbeit ist sehr eingeschränkt. Ein Vorteil, den wir gegenüber anderen Ländern haben, bleibt ungenutzt: Die belarussische Intelligenz verfügt über eine passive Kenntnis der polnischen Sprache. Polen ist attraktiv nicht nur für die belarussischen Polen, sondern auch für die Belarussen selbst, insbesondere für die der polnischen Sprache mächtige Intelligenz. Ungewöhnlich lebhaft reagierten diese Kreise auch auf die 1996 aufgenommene Tätigkeit des Polnischen Institutes. Unter der belarussischen Intelligenz wurden die Befürchtungen vor einer Polonisierung, wie es scheint, ersetzt durch die Hoffnung auf einen lebhaften Kontakt mit unserem Land. Unverständlich ist, warum um Belarus solche Ereignisse wie die Präsentation des Films »Pan Tadeusz« einen Bogen machen, ist es doch der eigentliche Ort des historischen Geschehens.

Russland

Hängt von der polnisch-russischen Verständigung irgendetwas ab? Vielleicht kann in Zeiten, wo wir ein Teil des Westens sind, die polnisch-russische Verständigung (kein Bündnis) ein attraktives Element der europäischen Ordnung sein. Über Jahrhunderte waren die polnisch-russischen Beziehungen von häufig tragischer Rivalität gezeichnet. Nichts Neues in internationalen Beziehungen. Raymond Aron sagt:

»Die zwischenstaatlichen Beziehungen haben eine bestimmte originelle Eigenschaft, die diese von allen anderen gesellschaftlichen Beziehungen unterscheidet: Sie werden im Schatten des Krieges verwirklicht oder auch, um einen genaueren Begriff zu verwenden, die Beziehungen zwischen den Staaten tragen in sich, aus ihrem Wesen heraus, die Alternative zwischen Krieg und Frieden.«[4]

Nach dem Zerfall der UdSSR versuchen die europäischen Staaten und die USA, auf die Rivalität zugunsten der Zusammenarbeit mit Russland zu verzichten. Die Frage nach der Zusammenarbeit und dem partnerschaftlichen Dialog mit diesem Land ist ein innovatives Projekt. Welcher Platz kommt Polen in diesem Projekt zu?

Der Erfolg der Politik Polens gegenüber Russland ist darin zu sehen, dass der partnerschaftliche Dialog über die Schlüsselfragen der europäischen Integration und der Sicherheit in die intensiven politischen Kontakte eingefügt worden ist, dass in vielen bilateralen Fragen ein geschickter Kompromiss erreicht worden ist, dass eine Entwicklung der Zusammenarbeit mit bestimmten Gebieten Russlands, insbesondere mit dem Gebiet Kaliningrad, zu verzeichnen ist und ungünstige Tendenzen in der wirtschaftlichen Zusammenarbeit gebremst werden konnten. Wir sollten die Beziehungen zu Russland mit Zurückhaltung hinsichtlich unserer besonderen Rolle und der besonderen Chance auf Erreichung eines Durchbruchs entwickeln. Diese besondere Rolle kann darin bestehen, dass wir als Nachbar eine besondere Sensibilität für den Standpunkt Russlands zu manchen Ereignissen und Prozessen der europäischen Politik walten lassen. Eine schlechte Definition der polnisch-russischen Beziehungen wäre ihre Darstellung als strategischer Streit um die Gestalt der europäischen Sicherheit oder den Grad der russischen Einflussnahme auf die Länder Ostmitteleuropas. Nach der NATO-Erweiterung und noch mehr nach dem EU-Beitritt würde ein solches Vorgehen den Weg für eine eventuelle Verbindung Russlands mit Europa versperren, die eine Zusammenarbeit der Institutionen und Unternehmen sowie einen Informationsaustausch, sogar unter Beibehaltung der häufig grundsätzlichen Interessenunterschiede, brächte. Die russischen Eliten haben übrigens nichts dagegen, viele westliche Technologien (im weitesten Sinne) nach Russland zu importieren, sind jedoch nicht bereit, in einem ähnlichen Maße westliche Werte anzuneh-

4 Aron, Raymond: Pokój i wojna między narodami [Friede und Krieg zwischen den Völkern]. Warszawa 1995, S. 17 (dt: Frieden und Krieg: eine Theorie der Staatenwelt. Frankfurt am Main 1986).

men. Damit Polen an der Verbindung Russlands mit dem europäischen Kontinent teilhaben kann, sollte es in den Beziehungen zu Russland den Grundsatz walten lassen, eine pragmatische Zusammenarbeit aufzubauen, die die Interessenunterschiede berücksichtigt und damit die Vision eines strategischen Streites als dominierenden Kontextes unserer Beziehungen abschafft.

Manchmal kritisieren wir die Politik des Westens gegenüber Russland, seine Verschwendung bei der finanziellen Unterstützung für dieses Land oder die übermäßige Kompromissbereitschaft bei Menschenrechtsverletzungen wie im Fall Tschetschenien. In dieser Frage sollten wir berücksichtigen, dass eine solche Kritik immer noch den Vorwurf des versteckten Russenhasses erzeugt und dass wir gegenwärtig schon als Repräsentant des Westens auftreten, insbesondere auf dem NATO-Forum. Unser Standpunkt kann aus zwei Gründen angezweifelt werden: Man verdächtigt uns von Zeit zu Zeit, dass unsere Kritik eine Folge der historischen Belastungen sein könnte und auch, dass wir leicht kritisieren können, da wir nicht zu den Gläubigern Russlands gehören. Ich denke, wir sollten einer solchen Kritik an unseren Analysen zur Situation in Russland nicht übermäßig nachgeben, denn unsere Analysen sind in der Regel ausgewogen, realistisch und begründet.

Das Problem der Glaubwürdigkeit unseres Wissens liegt woanders. So wird unser Wissen über die Ukraine oder Belarus nicht kritisiert. Warum könnte sich unser Wissen über Russland zu unseren Ungunsten auswirken? Darum, weil in der Optik vieler unserer Bündnispartner der Wert solcher Analysen nicht an ihrer Substanz gemessen wird, sondern durch den Stand der bilateralen Beziehungen Polens mit Russland fokussiert wird. Und hier haben wir keine spektakulären Erfolge zu verzeichnen.

In unserer Politik können wir mit einer Erklärung beginnen, welches Russland von uns Polen erwartet wird. Die Antwort ist einfach: ein stabiles Russland mit wirtschaftlichem Wohlstand, nicht imperial, sondern europäisch. Das Problem beginnt, wenn wir fragen, ob ein solches Russland entstehen wird und was für ein Polen wiederum Russland wünscht. Hier gibt es auf keine der Fragen eine klare Antwort. Die Diagnose der gegenwärtigen Situation in Russland gibt weder ein klares Bild der inneren Situation noch Angaben, die etwas zur Zukunft dieses Landes aussagen könnten. Einerseits sind wesentliche Errungenschaften zu verzeichnen: die Einführung des Parlaments, Pressefreiheit, eine teilweise Umgestaltung der Wirtschaft, die Verdrängung der kommunistischen Ideologie. Andererseits aber gibt es wirtschaftlichen Niedergang, instabile Machtverhältnisse, die Instrumentalisierung demokratischer Institutionen, Korruption, eine neoimperiale und antiwestliche Rhetorik. Es scheint, dass in Russland grundlegendere Probleme der Innen- und Außenpolitik als die Frage des staatlichen Wirtschaftsprogramms zu lösen wären: die Beziehungen Zentrum – Regionen, die Rolle der Armee im Staat, Charakter und Anzahl der demokratischen Institutionen, die Eigentumsverhältnisse, die Systeme der sozialen Fürsorge, die Beziehung zum historischen und politischen Erbe der ehemaligen UdSSR, die Grenzen der russischen Einflusszonen, die grundsätzlichen Ziele der russischen Außenpolitik, das Verhältnis zur europäischen Integration und zur NATO-Erweiterung. Die ununterbrochene Darstellung des Bildes von Russland als Weltmacht gewinnt starke gesellschaftliche Unterstützung, in der Welt nimmt der reale Einfluss Russlands jedoch von Jahr zu Jahr ab. Das Problem besteht nicht darin, ob Russland ein gewünschter Teilnehmer des internationalen Dialoges ist, sondern darin, was Russland in diesen Dialog einbringen will. Russland gefällt sich in der Rolle eines Widersachers der gegenwärtigen Weltordnung. Eine große Bedeutung für Polen hatten das Nein Russlands zur NATO-Osterweiterung wie auch die Bedenken gegen eine EU-Erweiterung. Russland reduziert seine Beziehungen zu Polen auf seine Interessen in Europa und die Beziehungen mit den Vereinigten Staaten. Aus dem Blickpunkt der russischen Politik besitzt Polen wie auch andere Länder Ostmitteleuropas keine so starke politische Selbstständigkeit, als dass Russland es in den Plänen der strategischen Zusammenarbeit in Europa berücksichtigen müsste.

In der polnischen Politik muss man sich an Kontakten mit denen orientieren, die real die Macht ausüben. Das Postulat der Aufrechterhaltung und Aktivierung politischer Kontakte sollte Kontakte mit den zentralen wie auch mit den regionalen Ebenen einschließen. Die polnische Politik gegenüber Russland darf nicht auf Moskau zentriert sein. Zumal die zentralen Strukturen in Moskau in der Absicht, die Kontakte mit den Regionen auszubauen, keine Konkurrenz oder Versuche sehen, das Zentrum zu umgehen. Die regionalen Kontakte sind kein wunderbares Zeugnis großartiger Fortschritte in den polnisch-russischen Beziehungen, können aber Werbung für Polen als Partner in neuen wirtschaftlichen und kulturellen Kontakten sein und auch eine Zusammenarbeit zwischen den polnischen Wojewodschaften und den russischen Regionen initiieren. Die russischen Regionen sollten in Polen präsentiert werden. Derartige Kontakte sollten ein fester Bestandteil der polnisch-russischen Nachbarschaft werden. Von einer solchen Zusammenarbeit wie auch von der Zusammenarbeit anderer Regionen in Europa kann man jedoch keine raschen Resultate erwarten. Aber ohne eine solche Initiative, und zwar von polnischer Seite aus, wird es mit Sicherheit gar keine Resultate geben. Die Zusammenarbeit mit den Regionen kann eine interessante Ergänzung der Kontakte der polnischen und russischen Vertreter aus den zentralen Organisationen werden, eine solche Zusammenarbeit bleibt von der für zentrale Gespräche so wesentlichen geopolitischen Kontroverse zur europäischen Sicherheit unbelastet.

Eine wichtige Form der bilateralen Beziehungen bleiben politische Kontakte auf der höchsten Ebene. Das Programm solcher Treffen umfasst die Bewertung des bisherigen Standes der polnisch-russischen Beziehungen und auch den Dialog zu den wichtigsten Problemen der Weltpolitik, vor allem aber der europäischen Politik. Seit langem steht der Kalender solcher Treffen fest. Im Jahr 1999 gelang es, einen Besuch des Außenministers in Moskau sowie Treffen der Minister für Wirtschaft und Kultur zu verwirklichen. Anfang 2000 hatten die russischen Politiker die Ausweisung von neun russischen Diplomaten aus Polen wegen Geheimdiensttätigkeit sowie die Verletzung der Exterritorialität des russischen Konsulats in Posen durch eine Gruppe von Demonstranten zum Anlass genommen, um die bilateralen Beziehungen einzufrieren. Es scheint jedoch, dass schon nach wenigen Monaten die Rückkehr zu polnisch-russischen Aktivitäten möglich war. Davon zeugen die Kontakte der Wirtschaftsministerien, der Moskau-Besuch des Präsidenten der Republik Polen im Juli 2000 und vor allem die Eröffnung der Soldatenfriedhöfe in Katyn und Miednoje. Wichtig ist, dass den polnischen Politikern immer die Überzeugung vor Augen steht, dass nicht die Lösung von Zwischenfällen der Inhalt der Beziehungen mit Russland ist, sondern die Problematik der wirtschaftlichen und kulturellen Zusammenarbeit sowie der partnerschaftliche Dialog zum Thema EU-Erweiterung und europäische Sicherheit.

Russland wird in Polen nicht nur als Land gesehen, das eine Chance für die Entwicklung partnerschaftlicher Bedingungen in sich birgt, sondern auch als Erbe der UdSSR und somit auch der sowjetischen Verbrechen gegen das polnische Volk. Die Tatsache, dass Russland die Verantwortung für diese Verbrechen nicht übernehmen will, wird das Miteinander von Polen und Russen in den nächsten Jahren erschweren. Es ist zum Beispiel schwerlich mit einer Verständigung mit Russland in der Frage der Entschädigungen für die nach Sibirien Verschleppten zu rechnen, kontrovers bleibt auch die Einschätzung des sowjetischen Überfalls auf Polen am 17. September 1939. Ein wesentlicher Durchbruch in den Beziehungen des polnischen und russischen Volkes ist die Bekanntgabe der Wahrheit über das Verbrechen von Katyn. Zum 60. Jahrestag dieses Verbrechens wurde der Bau eines Friedhofs in Katyn zum Abschluss gebracht.

Eine wesentliche Dimension des polnisch-russischen politischen Dialogs können die Fragen der europäischen Sicherheit und des Standpunktes Russlands zur EU-Osterweiterung sein. Dieser Dialog sollte geführt werden, um unsere politische Aktivität in der Region und in der NATO unter Beweis zu stellen und die Prinzipien der Koexistenz Russlands mit der erweiterten NATO und insbesondere der erweiterten EU zu prüfen.

Die polnisch-russischen Kontakte weisen darauf hin, dass Russland an diesem Dialog interessiert ist und unsere NATO-Mitgliedschaft hierbei kein unüberwindliches Hindernis darstellt. Russland beginnt einzelne Fragen der bilateralen Beziehungen zu Polen, Tschechien und Litauen zu definieren, wie dies aus den Verhandlungen Russlands mit Brüssel über die EU-Erweiterung hervorgeht. Dies ist ein neues Element der polnisch-russischen Beziehungen. Umso mehr muss man sich darauf vorbereiten, der russischen Seite unsere Vision der europäischen Sicherheit und Zusammenarbeit mit europäischen Institutionen vorzustellen. Ein solcher Dialog kann ganz konkrete Fragen betreffen, z.B. die Tätigkeit der OSZE in verschiedenen Ländern der ehemaligen Sowjetunion, die Zusammenarbeit NATO – Russland oder die Gestalt des europäischen Marktes in der Perspektive der EU-Erweiterung. Die in der Politik gegenüber Russland angewandten Kriterien der guten Nachbarschaft, der europäischen Integration und des Aufbaus eines Systems der europäischen Sicherheit können zur Umsetzung von zwei Szenarien beitragen: eine Partnerschaft Polens (als EU-Mitglied) mit Russland oder eine pragmatische Zusammenarbeit ähnlich den Beziehungen Westeuropas zu den Staaten des Warschauer Pakts in den Zeiten der Entspannung.

Eine besondere Aufgabe der Beziehungen Polens mit Russland ist die Zusammenarbeit mit dem Gebiet Kaliningrad. Bis vor kurzem wurde das Gebiet vor allem als Quelle militärischer Gefahren für Polen begriffen – Kaliningrad als der unbesiegbare Panzerkreuzer. Nach der NATO-Erweiterung und einer wesentlichen Reduktion des militärischen Potenzials im Gebiet sollte dieser Aspekt nicht der Hauptpunkt des polnischen Programms der Zusammenarbeit mit diesem Teil Russlands sein. Das Gebiet Kaliningrad muss man vor allem im Kontext von Projekten der europäischen Integration und der EU-Osterweiterung sehen. Die Einflussnahme Polens und der europäischen Staaten auf Kaliningrad sollte zu solchen Veränderungen in diesem Gebiet führen, die es aktiv am gemeinsamen europäischen Markt teilnehmen lassen. Wir sollten die zentralen Entscheidungsgremien Russlands davon überzeugen, dass dies die einzige günstige Perspektive für Kaliningrad und für Russland ist und dass, wenn die russische Regierung dieser Öffnung Kaliningrads nicht zustimmt, dieses Gebiet von der europäischen Zusammenarbeit ausgeschlossen bleibt. Die jüngsten wirtschaftlichen und gesellschaftlichen Tendenzen sind beunruhigend. Aber Übertreibung ist auch hier fehl am Platze. Die Bevölkerung des Gebietes öffnet sich immer mehr nach Europa, die Mehrzahl der Kontakte der Kaliningrader sind Kontakte mit Litauen und Polen und nicht mit Russland. Polen und insbesondere die nördlichen Wojewodschaften entwickeln seit Jahren eine intensive Zusammenarbeit mit dem Gebiet. Gegenwärtig muss diese Zusammenarbeit formal den neuen Strukturen angepasst werden (neue Wojewodschaften in Polen) und auch um Programme in den Bereichen Bildung, Umwelt und Werbung für Polen erweitert werden.

Man kann auch weder auf das Angebot der Zusammenarbeit im militärischen Bereich noch im wirtschaftlichen Bereich verzichten. Im Jahr 1998, als die Handelsumsätze Polens mit Russland stark zurückgingen, sind sie mit dem Gebiet Kaliningrad um 70 Prozent gewachsen.

Das starke Interesse der EU und der baltischen Staaten (insbesondere Litauens) an der Situation im Gebiet Kaliningrad belegt nicht nur theoretisch, sondern auch praktisch die Bedeutung der europäischen Integration. Das Gebiet Kaliningrad wird nach der EU-Osterweiterung geographisch innerhalb der EU liegen. Man kann sich schwer eine Kooperation des Gebietes Kaliningrad mit der EU vorstellen, ohne dass sich dieser Teil Russlands elementar auf das Wirtschaftssystem der Europäischen Gemeinschaft einstellt und in die Ausbildungsprogramme Elemente des Wissens über die EU aufnimmt. Die Staaten der EU suggerieren unentwegt, dass die Rolle Polens bei einer derartigen Vorbereitung des Gebietes Kaliningrad nicht nur eine aktive, sondern eine führende sein muss.

Ukraine

In der polnischen Außenpolitik nimmt die Ukraine eine Schlüsselposition ein. Die Unabhängigkeit der Ukraine ist eine der Bedingungen für die Sicherheit Polens. Nach fast zehn Jahren der polnisch-ukrainischen Zusammenarbeit stehen vor Polen und der Ukraine vor allem die Zukunft und die Gegenwart, nicht die Vergangenheit. Die Zusammenarbeit mit der Ukraine ist ein Maßstab für die Fähigkeit beider Länder, die These zu akzeptieren, dass die Geschichte nicht das einzige Kriterium für die Beziehungen zwischen zwei Ländern sein kann. Wir verfügen über eine beeindruckende Menge politischer, ministerialer und gesellschaftlicher Kontakte. Der intensive politische Dialog verleiht den zwischenstaatlichen Beziehungen die notwendige Transparenz und Widerstandsfähigkeit gegenüber nichtvorhersehbaren Umständen, z.B. Ereignissen in der Region.

Polen und die Ukraine sind in Europa strategische Partner. Eben diese strategische Bedeutung gewinnen die polnisch-ukrainischen Beziehungen jedoch nicht nur auf dem Gebiet der Sicherheit. Solange die Ukraine zu keinem Verteidigungsbündnis gehört, kann eine solche Zusammenarbeit, wenn sie auch intensiv sein mag (Schaffung eines gemeinsamen Bataillons), nicht über eine im strikten Sinne strategische Dimension verfügen. Jedoch muss die Ukraine nicht Mitglied der NATO oder der EU sein, um für Polen ein strategischer Partner zu sein. Es gilt anzumerken, dass in den polnisch-ukrainischen Beziehungen die auf Übereinstimmung in den grundlegenden Fragen der Zukunft Europas fußende Zusammenarbeit Polen – Ukraine, der intensive Dialog und die gute Nachbarschaft und auch viele gemeinsame regionale Interessen ein Ereignis von strategischer Bedeutung sind. Den gegenwärtigen ukrainischen Eliten haben es die Mechanismen der globalen Politik angetan. Unterstützt wird dies durch die großen Strategen der Gegenwartspolitik, Zbigniew Brzezinski und Samuel Huntington. Der erste meint, dass die Ukraine ein strategischer »Dorn« sein könne, der zweite, dass die Ukraine nicht der NATO beitreten könne, weil sie zu einer anderen als der westlichen Zivilisation gehöre. Unter Berücksichtigung der Realitäten der Weltpolitik und vor allem der Realitäten der Ukraine muss man für die Einbindung der Ukraine in die globale Politik die richtigen Proportionen finden. Die Ukraine ist für die Welt nur in dem Maße von Bedeutung, in dem sie in der Lage ist, Mitglied der breit verstandenen europäischen Gemeinschaft zu werden, und vor allem in dem sie aus den Beziehungen zu den Nachbarn in der Region Nutzen zieht.

Die gegenwärtige Politik Polens gegenüber der Ukraine muss aus einer ehrlichen Bilanz des bisher Erreichten, einer Diagnose der gegenwärtigen Situation in der Ukraine sowie unserer Möglichkeiten als Nachbar und als eines der NATO-Mitglieder und EU-Beitrittskandidat hervorgehen. Eine aktive Zusammenarbeit der Ukraine mit der NATO, die die Perspektive einer Mitgliedschaft dieses Landes im Bündnis offen lässt, kann der Ukraine zur Rolle eines Stabilisators an der Grenze dreier geopolitischer Regionen verhelfen: Mitteleuropa, Südeuropa und die ehemalige UdSSR. Voraussetzung für die Erfüllung dieser Rolle sind jedoch innere Stabilität und Entwicklung. Die polnische Politik sollte verschiedene Instrumente und Institutionen zum Einsatz bringen, um der Ukraine in ihrer Grundaufgabe zu helfen, die in der Durchführung der wirtschaftlichen und politischen Transformation besteht. Diese Instrumente sollten in großem Maße unabhängig von den Änderungen der politischen Konjunktur in der Ukraine sein und vor allem dabei helfen, die europäische Rolle dieses Landes zu definieren. Ohne eigenständige europäische Rolle, die in großem Maße vom Erfolg der ukrainischen Innenpolitik abhängig sein wird, kann die polnisch-ukrainische Zusammenarbeit ihre strategische Dimension verlieren und damit Polen die Erfüllung seiner eigenen europäischen Aufgaben beträchtlich erschweren.

Ungewöhnlich zeitig wurde in Polen nach den Veränderungen von 1989 die Bedeutung der politischen Selbstständigkeit der Ukraine für Europa und für Polen begriffen. Seitdem wurde mit dem Aufbau rechtlicher Beziehungen zwischen unseren Ländern begonnen. Die Beziehungen mit der Ukraine wurden zum Beispiel für den Aufbau der Beziehungen zu den anderen Nachbarstaaten. Gegenwärtig verlangt die polnisch-ukrainische Partnerschaft die neue Festlegung von Prioritäten und Zielen. Ihre Liste sollte umfassen:

- Bereitstellung von Expertenhilfe bei den ukrainischen Reformen, gestützt auf polnische Erfahrungen,
- Aufrechterhaltung des intensiven polnisch-ukrainischen Dialogs,
- Intensivierung der regionalen und kommunalen Zusammenarbeit,
- Jugendarbeit und Stipendien,
- Suche nach Formen der Entwicklung der wirtschaftlichen Zusammenarbeit,

– Bau der Erdölleitung Odessa – Brody – Danzig, die ökonomische Rentabilität der Investition vorausgesetzt,

– Anpassung der Infrastruktur Bahn/Straße auf dem Transportweg Ostsee – Schwarzes Meer (Danzig – Odessa) an internationale Standards,

– Unterstützung der polnischen NGO, die in der Ukraine tätig sind.

Ein gutes Beispiel dafür, dass die polnische Politik diese Prioritäten erfüllt, sind zwei Ereignisse in den Märztagen 2000: die Erklärung von Vizepremier Leszek Balcerowicz in Kiew, der eine Hilfeleistung seitens der polnischen Regierung für die Regierung der Ukraine bei der Durchführung von Wirtschaftsreformen in Aussicht stellte, und der Besuch des ukrainischen Parlamentspräsidenten Iwan Pljuschtsch in Warschau. Die bisher schwierigste Aufgabe ist die Entwicklung der Jugendarbeit. Sie erfordert die Bindung erheblicher finanzieller Mittel im Staatshaushalt und organisatorische Anstrengungen; beides ist bisher nicht erfolgt.

Die unterzeichneten Verträge garantieren jedoch weder intensive staatliche Kontakte noch entscheiden sie über deren tatsächliche Inhalte. Das beste Beispiel dafür ist die wirtschaftliche Zusammenarbeit unserer Staaten, die vor allem vom Zustand der ukrainischen Wirtschaft und von der Situation auf dem dortigen Markt abhängt. 1999 hat es hier besonders ungünstige Veränderungen ergeben – wir notierten einen 40%-igen Rückgang unseres Handelsumsatzes. Zur Illustration der Schwierigkeiten der polnisch-ukrainischen Zusammenarbeit mag auch die mehrjährige Arbeit an dem Projekt der Erdölleitung Odessa – Brody – Danzig dienen. Die Lage unserer Länder zwischen dem Schwarzen Meer und der Ostsee eröffnet große wirtschaftliche Möglichkeiten, die das Maß an Vorteilen übertreffen, das gewöhnlich eine nachbarschaftliche Zusammenarbeit mit sich bringt. Europa braucht eine neue Verkehrsader Nord – Süd, die die Häfen der Ost- und Nordsee mit den Schwarzmeerhäfen verbindet. Eines der Elemente dieser Verkehrsader ist das Projekt der Rohrleitung Odessa – Brody – Danzig, durch die das kaspische Erdöl über die Ukraine nach Polen geliefert werden könnte. Wir erkennen die politische Attraktivität dieses Projektes an, sollten jedoch schnellstens die ökonomische Rentabilitätsanalyse in Angriff nehmen. Der Erfolg des Projektes wird von der Zustimmung beider Regierungen zur Einberufung eines internationalen Konsortiums abhängen, das sich mit dieser Investition befassen wird.

Bisher ist eine solche Übereinkunft noch nicht erzielt worden. Bescheiden sehen auch die Möglichkeiten der aktiven Teilnahme des ukrainischen Partners an der Gasverteilung in Europa aus. Die ukrainische Seite hat außer Dankbarkeit gegenüber der Regierung der Republik Polen für ihren Einspruch gegen das Projekt von Gasprom, eine Gasleitung in die Slowakei unter Umgehung der Ukraine zu bauen, nichts Konkretes anzubieten.

Schrittweise entwickelt sich ein vielgestaltiger Dialog zwischen der polnischen und der ukrainischen Gesellschaft. Dies macht Kontakte von Millionen Ukrainern mit Hunderttausenden Polen zur Norm. Früher fanden die Kontakte unserer Gesellschaften in der Form statt, dass die Erinnerung der Generationen weitergegeben wurde, und hier vor allem negative Stereotype. Die Veränderung dieser Vorurteile, die sich positiv auf die Versöhnung zwischen den Nationen auswirken wird, ist durch einen intensiven Informationsaustausch, durch kulturelle und wissenschaftliche Kontakte möglich. Keinesfalls darf man auf diesem Gebiet ins Klagen verfallen. Wir haben hier eine ganze Liste verschiedener Veranstaltungen und wissenschaftlicher Kontakte, es gibt auch feste Verträge und Spezialinstitute, so zum Beispiel das Polen-Institut in Kiew, das Institut für Mittel- und Osteuropa in Lublin, das Südost-Institut in Przemyśl. Ein besonders interessantes Beispiel des polnischen Engagements zugunsten der Ukraine ist die mehrjährige dauerhafte Tätigkeit einer Vielzahl polnischer Stiftungen und NGO. Ihre Programme sind vor allem auf die Fragen der Umgestaltung der ukrainischen Wirtschaft konzentriert, aber auch auf die Schaffung gesellschaftlicher Mikrostrukturen, z.B. in den Kommunen. Ihre Diagnose der gegenwärtigen Situation in der Ukraine ist überaus präzise und erfolgt in Kategorien, die denen entsprechen, die wir selbst gegenwärtig in Polen bei der Durchführung der Reformen verwenden.

Wichtig ist die Ausnutzung einer deutlichen prowestlichen Orientierung der Ukraine, die die Integration in europäische und euroatlantische Strukturen als strategisches Ziel ihrer Außenpolitik formuliert hat. In den Kontakten der Ukraine mit der EU ist es nicht gelungen, das politische Hauptziel der ukrainischen Regierung umzusetzen, das auf ein Versprechen abzielte, dass mit der Ukraine ein Assoziationsvertrag geschlossen würde oder die EU-Beitrittsabsichten der Ukraine anerkannt würden. Trotz der skeptischen Einschätzung der Integrationsmöglichkeiten der Ukraine ist es ein bemerkenswerter Erfolg der prowestlichen Ausrichtung der ukrainischen Politik, der durch ihre Aktivität in den Kontakten mit der EU erreicht wurde, dass die EU die Notwendigkeit erkannte, eine gesonderte Strategie auch für die Ukraine und nicht nur für Russland zu erarbeiten. Problematisch bleibt, dass die Ukraine nicht imstande ist, ihre proeuropäischen politischen Erklärungen in die Tat umzusetzen. Eine durch polnische und westliche Experten durchgeführte Analyse der realen Möglichkeiten der Ukraine zum Beitritt zu den EU-Institutionen weist aus, dass zum gegenwärtigen Zeitpunkt weder die EU-Assoziierung noch die EU-Mitgliedschaft der Ukraine real ist. Besonders in den letzten Monaten verstärken sich die pessimistischen Einschätzungen zum Zustand der ukrainischen Volkswirtschaft und den Möglichkeiten ihrer schnellen Transformation. Polen, das selbst noch kein EU-Mitglied ist, sollte die ukrainischen Bestrebungen vor allem dadurch unterstützen, dass das Interesse der Ukraine an den internationalen Wirtschaftsorganisationen WTO, OECD und IWF akzentuiert wird. Ist doch die Erfüllung der Kriterien dieser Organisationen Zugangsvoraussetzung für eine dauerhafte Einbindung der Ukraine in den Dialog über die Erweiterung der EU um einige Länder der ehemaligen Sowjetunion.

Die Hauptinstitutionen des polnisch-ukrainischen Dialoges sind das Konsultationskomitee der Präsidenten Polens und der Ukraine, die Gemischte Wirtschafts- und Handelskommission, das Polnisch-Ukrainische Forum der kommunalen Selbstverwaltungen, das Polnisch-Ukrainische Wirtschaftsforum, der Polnisch-Ukrainische zwischenstaatliche Koordinierungsrat für die Zusammenarbeit der Regionen, die Ukrainisch-Polnische Parlamentariergruppe, die Ständige Konferenz zur europäischen Integration sowie PAUCI – die Polnisch-Amerikanisch-Ukrainische Initiative für Zusammenarbeit.

Insbesondere die Ständige Konferenz und PAUCI unterstützen die ukrainische Annäherung an europäische Strukturen und marktwirtschaftliche Reformen. Die Ständige Konferenz soll folgende politische Ziele ermöglichen:

– Aufzeigen reellerer Möglichkeiten zur Beteiligung der Ukraine an der europäischen Zusammenarbeit in Formen wie regionale Zusammenarbeit, Erreichung der WTO- und OECD-Standards,

– Übermittlung der polnischen Erfahrungen aus der Zusammenarbeit mit der EU,

– positive Umstimmung der ukrainischen Außenpolitik, um das Gefühl der Bedrohung durch die EU-Erweiterung zu verringern,

– Unterstützung der prowestlichen Eliten in der Ukraine.

Eine andere Form des polnischen Dialogs mit der Ukraine ist die Entwicklung der multilateralen Zusammenarbeit mit der Ukraine und anderen Ländern, die an einer erfolgreichen Entwicklung des ukrainischen Staates interessiert sind. Im Oktober 1998 wurde in Kiew die gemeinsame Erklärung über die Polnisch-Amerikanisch-Ukrainische Initiative für Zusammenarbeit unterschrieben, die drei Bereiche umfasst: makroökonomische Reformen, Entwicklung des Kleinunternehmertums und Schaffung eines Systems der kommunalen Selbstverwaltung. Aufgabe von PAUCI ist die Unterstützung der Wirtschaftsreformen in der Ukraine durch Hilfsprogramme, die auf den polnischen Erfahrungen der Wirtschaftstransformation basieren. Bei der Umsetzung der Programme ist besonders die Praxis der Zusammenarbeit von NGO aus allen drei Staaten wichtig. Erste Stipendien im Rahmen von PAUCI wurden im Juli 1999 ausgelobt.

Es wurde bisher keine analoge Institution für die Fragen der Sicherheit geschaffen. Wenn PAUCI und die Ständige Konferenz zur europäischen Integration außerhalb unserer institutionellen Verknüpfungen mit der EU und der NATO geblieben sind, so wird eventuell das polnisch-ukrainische Forum für regionale Sicherheit nicht ohne Konsultation und Zusammenarbeit mit der NATO bleiben können. Den Sinn des polnisch-ukrainischen Dialogs kann man aus den politischen Verpflichtungen gegenüber der NATO und den Nachbarn ableiten, alle möglichen Anstrengungen zu unternehmen, um die Stabilität auf unserem Kontinent zu festigen. Wichtig ist, dass bei der ständig stattfindenden Neuordnung des Systems der regionalen Sicherheit im Rahmen der GUS der Ukraine geholfen wird, sich an die NATO anzunähern und gleichzeitig eine andere geopolitische Wahl zu verhindern.

Jerzy Giedroyc und Juliusz Mieroszewski haben zur polnisch-ukrainischen Verständigung aufgerufen, u.a. deshalb, weil sie die Voraussetzung für gleichberechtigte Beziehungen mit Russland ist. Kann es einen weiteren Sinn der polnisch-ukrainischen Verständigung geben?

Es sollte ihn geben, wenn wir ernsthaft an die politische Einheit des Westens glauben. In dieser Verständigung können wir mehr finden als nur die gegenseitige Unterstützung der Unabhängigkeit. Dieses »Mehr« muss nicht heißen, dass die Ukraine die Doktrin der Neutralität aufgibt, sondern dass sie mit dem postsowjetischen politischen und wirtschaftlichen System bricht. Erst dann wird die polnisch-ukrainische Partnerschaft wirklich zur Stärkung Europas beitragen können, wird die Ukraine ihre europäische Rolle wiederfinden und wird es Russland ermöglicht, die eigenen imperialistischen Verhaltensweisen einzudämmen.

Aus dem Polnischen von Ulrike Bischof

9/2000

Ryszard Żelichowski

Polnische und deutsche Ostpolitik und Osteuropaforschung: Gemeinsamkeiten und Unterschiede

Ein wichtiges Gestaltungselement der Außenpolitik eines Landes stellt die ihr durch Bürgerinitiativen, nicht-staatliche Organisationen (NGO) und wissenschaftliche Kreise verliehene Unterstützung dar. Ich möchte deren Merkmale beschreiben und mich insbesondere den Faktoren zuwenden, die für die führungs- und meinungsbildenden Eliten von Bedeutung sind, die an der polnischen Außenpolitik mitwirken.

Grundlegend ist dabei die Frage, inwieweit die Eliteninteressen in der Methodologie der Ostforschung ihren Ausdruck finden und in welchem Ausmaß wissenschaftliche Forschungseinrichtungen und NGO die polnische Ostpolitik gestalten können. Da die Prinzipien der polnischen Außenpolitik keinen Anlass zu Bedenken geben, können wir nur über ihre Intensität und ihr Entwicklungstempo sprechen.

Die größten Emotionen wecken in der Öffentlichkeit drei Aspekte dieser Politik: die Wirtschaft, die Kultur und die Geschichte. Während man die wirtschaftlichen Fragen gerne den Experten überlässt, haben wir es im Bereich der Kultur und des historischen Kontextes der aktuellen Beziehungen zu den östlichen Nachbarn mit gesellschaftlichen Emotionen zu tun, die von keinem Politiker ignoriert werden dürfen. Obwohl Institutionen wie die Föderation der Katyn-Familien, die Polnische Katyn-Stiftung, das Katyn-Institut, das Unabhängige Historische Komitee zur Untersuchung des Katyn-Verbrechens oder das Institut für Untersuchung von Sowjetischen Verbrechen am Polnischen Volk und Staat nicht zu den wichtigsten Expertengremien gezählt werden, so ist jedem Beobachter der politischen Szene klar, wie wichtig diese Probleme für die Beziehungen Polens zu seinen Nachbarn sind. Die Ankündigung des Premierministers Buzek, die Verbrechen von Katyn womöglich erneut untersuchen zu lassen (in Wirklichkeit wurde die Untersuchung nicht abgeschlossen), bedeutet, dass diese Angelegenheit die gegenseitigen Beziehungen in den nächsten Jahren bestimmen könnte.

Das Ostarchiv bei der Warschauer Einrichtung »Karta« und die Polnische Humanitäre Aktion verweisen auf einen anderen Aspekt der bilateralen Beziehungen – das polnische Eigentum im Osten und die polnische Bevölkerung in

Westbelarus und in der Westukraine. Der jüngste Streit um einen Friedhof in Lemberg ist einer der Beweise dafür, dass noch viele Emotionen zu überwinden sind, bis diese Etappe der Vergangenheitsaufarbeitung abgeschlossen ist.

Meine These lautet, dass die Beziehungen Polens zu seinen Nachbarn Russland, Ukraine und Belarus noch jahrelang durch das Verhältnis zur Geschichte geprägt sein werden. Dabei spielen die Ereignisse während des Zweiten Weltkriegs erstaunlicherweise eine viel größere Rolle als die Nachkriegszeit.

Hat die akademische Zunft einen Einfluss auf die Gestaltung einer sehr viel mehr »europäischen«, d.h. weniger von bilateralen Beziehungen beeinflussten Osteuropapolitik Polens? Wahrscheinlich nicht! Erstens, weil die Zunft selbst die »weißen Flecken« in den gegenseitigen Beziehungen fleißig untersucht, zum zweiten, weil sie sich relativ problemlos von der Lehre über das »sozialistische Lager« auf das Forschungsfeld »Europäische Union« umgestellt hat, und drittens, weil sie nur zu selten und wenn, dann ohne Begeisterung von jungen Politikerkreisen zu einer wirklichen Zusammenarbeit eingeladen wird. Die Zahl der bestellten Expertisen sinkt (die Forscher werden *ad hoc* engagiert, wenn es »die Situation verlangt«); dabei ist jeder von uns ein guter Kenner der Nachbarschaftsproblematik. Wir haben das doch mit der Muttermilch eingesogen.

Zum Schluss möchte ich auf die Frage eingehen, ob die Situation in diesem Bereich anders ist als bei unseren westlichen Nachbarn und Verbündeten. Ich bin Wissenschaftlicher Sekretär des 5. Weltkongresses der Mittel- und Osteuropastudien gewesen, der 1995 in Warschau mit 1400 Teilnehmern stattgefunden hat. In diesem Jahr nahm ich als Mitglied des Programmkomitees an diesem Kongress im finnischen Tampere teil (1800 Teilnehmer). Dieses weltgrößte Forum für die Mittel- und Osteuropaforschung liefert eine ausgezeichnete Übersicht über die Art der Diskurse, mit denen sich die meinungsbildenden Eliten in den einzelnen Ländern beschäftigen. Bei beiden Kongressen dominierte ganz deutlich die Beschäftigung mit wirtschaftshistorischen und literarisch-sprachwissenschaftlichen Themen. Einige wenige Podiumsgespräche zu Fragen der aktuellen Politik belegen das nur geringe Interesse der sich mit Mittel- und Osteuropa beschäftigenden wissenschaftlichen Kreise an der Theorie der internationalen Beziehungen. In diesem Kontext ist demnach das Verhältnis zwischen Wissenschaft und politischer Praxis keine polnische Ausnahmeerscheinung. Die Ursachen dafür wären aber ein Thema für eine andere Konferenz.

9/2000

Abschlussdiskussion

Royen: Ein Problem ist, dass wir meistens – auch unter Experten, auch in den Medien und auch unter den politischen Akteuren – Informationen über die kleineren Mitglieder der ehemaligen sozialistischen Staatengemeinschaft, darunter jetzt auch Polen, immer noch wie zu alten Zeiten aus russischen Quellen beziehen. Früher war das so üblich, es war auch ganz normal, aber heute geht das nicht mehr, und dennoch ist es immer noch so, dass die meisten unserer Experten ihre Urteile über Polen und andere ehemalige sozialistische Staaten aus Moskauer Quellen beziehen. Und das verstärkt die Meinung, die man heute immer wieder hören kann, in Polens Ostpolitik gebe es grundsätzlich eine antirussische Tendenz, Polen provoziere Konflikte mit Russland. Ganz besonders deutlich konnte man das während der Zeit der Debatten um die NATO-Erweiterung erleben, und es setzt sich bis in die Gegenwart fort. Nun ist es natürlich wichtig zu wissen, dass man das in Moskau sehr genau beobachtet und versucht, ganz klar dazu zu nutzen, eine Stimmung gegen polnische Ziele und die polnische Politik zu erzeugen und Polen als Störenfried erscheinen zu lassen.

Herr Ochmann hat mit Recht darauf hingewiesen, dass die polnische Ostforschung hervorragende Potenzen besitzt, die hier viel zu wenig bekannt sind. Es mag sein, dass die polnischen Kollegen auch zu wenig über unsere Ostforschung wissen, aber was die Polen sehr intensiv beobachten, das ist Russland und die deutsche Ostpolitik. Obwohl es durchaus Anlass zur Kritik an der deutschen Ostpolitik und der deutschen Russlandpolitik der neunziger Jahre gibt, ist es leider so, dass sich die polnische Seite dabei sehr oft zurückhält, und zwar aus dem einfachen Grund, weil sie dem selbsternannten deutschen Anwalt nicht zu nahe zu treten versucht, und das ist natürlich ein Problem. Wenn wir den schönen Satz, dass die deutsch-polnischen Beziehungen so wichtig sind wie die deutsch-französischen, endlich wahr machen wollen, müssen wir noch sehr viel mehr tun. Denn im Vergleich zu den vergangenen Jahrzehnten hat sich bei uns vieles verändert. Das wiedervereinigte Deutschland ist jetzt eine europäische Großmacht. Im Rahmen der G 7 und im europäischen Maßstab spielt man jetzt gewissermaßen in der Oberliga. Und da gehört Polen noch nicht dazu. Ich denke sogar, man könnte, wenn man genauer hinschaut, auch sagen, dass im deutschen Bewusstsein eigentlich immer noch die Akzeptanz des Zustands von Jalta fortbesteht, man macht immer noch nicht diese Trennung zwischen Mitteleuropa und Osteuropa, obwohl das ab 1990 dringend notwendig und erforderlich geworden ist. Wir müssen immer noch daran arbeiten, dass da eine neue Normalität entstanden ist. Die Frage ist natürlich auch, ob die neue Politikergeneration in Deutschland, die dazu übergeht, die Belastungen der Vergangenheit als im Grunde erledigt zu betrachten, dazu bereit sein wird, gerade gegenüber den Hauptopfern deutscher Politik, wie etwa den Polen, sich nun dieser Sache mit Energie anzunehmen. Wir sollten in unserem Kreis überlegen, wie wir im Bereich der Forschung, aber vor allem in der Praxis dazu beitragen können, dass Stereotype und Vorurteile über die polnische Ostpolitik bei uns abgebaut werden.

Wóycicki: Eigentlich wurde es schon gesagt, trotzdem möchte ich noch einmal darauf zu sprechen kommen. Es geht darum, dass das Stereotyp schon mit einer ersten Definition beginnt. Das scheint geradezu primitiv zu sein. Aber die Frage, ob man in Deutschland Polen als Osteuropa oder als Mitteleuropa bezeichnet, ist eine grundsätzliche. Ein Streit um Definitionen ist nie besonders konstruktiv, aber Definitionen, wenn sie allgemein verbreitet sind, prägen eine gewisse Denkweise. Mir scheint, dass wir auf halbem Weg sind. Am häufigsten hört man in letzter Zeit, dass Polen in Ostmitteleuropa liegt. Wenn man sich überlegt, wenn in der ganzen Literatur und im Denken Polen gemeinsam mit Deutschland als mitteleuropäisches Land definiert würde, dann könnte der pädagogische Effekt davon kolossal sein. Aber die Frage steht noch immer im Raum, wo Osteuropa beginnt. Gehört Litauen, gehört Belarus schon zu Osteuropa? Wir würden sofort mit »ja« antworten. Meiner Meinung nach hat es eine große Bedeutung, wie zwischen Polen und Deutschland die Frage der Definition gehandhabt wird und welche Bezeichnung man spontan wählt. Das ist sicher kein Problem für Experten und Sachverständige. Es ist eher ein kulturpolitisches Problem, ein Problem der politischen Bildung etc. So viel zum ersten Thema.

Das zweite betrifft ein anderes Stereotyp. Wenn Frankreich seine Interessen in Afrika, im Mittelmeerraum verfolgt und so Politik betreibt, eine gute oder eine etwas schlechtere, dann behandeln alle diese Tatsache, als wäre es das Normalste von der Welt. Die Franzosen haben das Recht, dies zu tun, sie sind ja direkt betroffen, weil ihr Land ans Mittelmeer grenzt. Doch hier stellt sich mir die Frage, ob die Tatsache, dass die Polen Osteuropapolitik machen, in Europa und auch in Deutschland in derselben Weise als etwas Natürliches angesehen wird. Aufgrund der geographischen Lage Polens haben die Polen sehr wohl eine Ostpolitik, die müssen sie auch haben, und daher sollen die anderen Europäer das Land Polen kennen lernen, sollen es ernst nehmen, ihm auch das Recht auf Fehler zugestehen und es in den Prozess einbinden. Ich habe den Eindruck, dass wenn die Franzosen im Süden so eine Politik machen, dann nimmt man automatisch an, dass sie das in gewisser Hinsicht auch im Namen der anderen Europäer tun. Natürlich ist Polen ein kleineres Land als Frankreich. Es braucht die Partnerschaft der Deutschen, aber Polen eine Rolle in Osteuropa zuzuschreiben, halte ich für einen wesentlichen Punkt. Wenn wir gerade dabei sind, möchte ich sagen, dass ich vor einigen Jahren an einer Diskussion teilgenommen habe, bei der ein hoher deutscher Vertreter sagte, dass es am besten wäre, wenn es eine Art Aufgabenteilung gäbe. Polen sollte sich um die Ukraine und Belarus kümmern, denn das sind eher kleine Fische, und die Deutschen sollen sich um Russland kümmern, denn das ist ein größerer Fisch. Das wäre doch ganz natürlich. Nun, ich muss sagen, dass ich zunächst tatsächlich dachte, dass dies eigentlich vernünftig ist. Aber als ich dann darüber nachdachte, musste ich mir eingestehen, dass wir hier wieder einmal einem Klischee, festgefahrenen Vorstellungen, aufsitzen, denen ich mich selbst, wenn ich so sagen darf, auch nicht immer zur Gänze entziehen kann. Wenn ich wieder auf den Vergleich Frankreich – Süden mit Polen – Osten zurückkomme, scheint mir, dass Polen sicherlich zu schwach und zu klein ist, um allein ganz Europa eine Ostpolitik vorzuschlagen – so wie die Franzosen für den Süden Lösungsvorschläge machen können. Nichtsdestoweniger finde ich, dass man Polen so eine Rolle jedoch in gewissem Grad zugestehen sollte, als Partner Deutschlands und als Partner aller Europäer. Und hier denke ich, dass wir uns, abgesehen von allen Diskussionen darüber, was in Russland passiert und passieren sollte, einmal mehr im Bereich solcher strukturellen Vorstellungen befinden, die irgendwie im Hinterkopf sind und später über das weitere Vorgehen entscheiden. Ich denke, dass mein ganzer Diskussionsbeitrag klar macht, in welche Richtung meines Erachtens die Veränderungen führen sollten. Und wo sie im Grunde genommen auch hinführen. Die Frage ist nur, ob dies schnell genug geschieht oder ob es nicht angebracht wäre, die Arbeit an diesem Prozess ein wenig voranzutreiben.

Olszański: Ich möchte mich zum Stereotyp der antirussischen Haltung im polnischen Denken äußern, denn das ist meiner Meinung nach ein grundsätzliches Problem. Ich will meine These, dass die polnischen Politiker und Experten grundsätzlich prorussisch eingestellt sind, kurz begründen. Das sieht man vor allem an der aufrichtigen Sorge um Russland, die in Polen herrscht. Ich weiß nicht, ob es ein Land außerhalb des Gebietes der GUS gibt, das mit einer vergleichbar großen Anteilnahme die Vorgänge in Russland beobachtet. Unsere Kritik an Russland ist zwar tatsächlich oft beinahe schon obsessiv. Wir kritisieren und decken das anachronistische Denken eines Teils der russischen Eliten zur internationalen Politik auf, das geopolitische Denken, das Machtdenken in den Kategorien von Einflusszonen, den Kampf mit internationalen Verschwörungen von außen, wir kritisieren autoritäre Tendenzen in Russland. Wir kritisieren, dass die GUS-Staaten von Moskau wie ein Instrument behandelt werden. Wir kritisieren auch, dass Verpflichtungen nicht eingehalten werden, und mischen uns frech ein, dass russische Soldaten, anstatt aus Moldowa zurückgezogen zu werden, zu

Soldaten der Transnistrischen Republik werden. Wir bemängeln frech, dass Russland seine Truppen aus Georgien abziehen will, indem es diese in Friedenstruppen der GUS umwandelt, dass es die Kasernen übergeben, den Militärflughafen aber nicht aufgeben will. Tatsächlich kritisieren wir Fehler und Inkonsequenzen der russischen Wirtschaftsreformen. Wir kritisieren die Art des Umgangs Russlands mit der Ukraine und mit Belarus, und wir sprechen uns, allerdings recht unentschlossen, für die Unabhängigkeit der Ukraine und von Belarus aus, weil wir glauben, dass diese Unabhängigkeit einem eventuellen Wiederaufbau des russischen Imperiums vorbauen könnte. Und wir sind überzeugt davon, dass eine Wiedererrichtung dieses Imperiums fatal wäre. Nicht nur für uns oder für die Welt, sondern vor allem fatal für Russland selbst. Und daher kritisieren und verteufeln wir alles, was Russland davon abhält, zu einem modernen, demokratischen, stabilen, verantwortungsvollen Staat zu werden, der mit der internationalen Gemeinschaft zusammenarbeitet. Ein Staat, mit dem wir gerne, wirklich sehr gerne zusammenarbeiten würden. Deshalb denke ich, dass die polnischen Experten sich wie echte russische Patrioten verhalten.

Ménudier: Ich möchte einige Worte zu diesem Thema sagen, das wir natürlich auch im deutsch-französischen Verhältnis sehr gut kennen. Wir sind ja sehr lange mit diesem Problem der Stereotype und Vorurteile konfrontiert gewesen. Aber ich muss Ihnen sagen, dass es mich nicht besonders stört. Stereotype und Vorurteile gehören einfach zur menschlichen Psychologie. Die Welt, in der wir leben, ist zu kompliziert, man kann sie in ihrer Gesamtheit nicht mehr wahrnehmen, deswegen sind wir dazu gezwungen, diese Welt ein bisschen zusammenzufassen. Und wir wissen, die Vorurteile haben ein sehr langes Leben, weil sie von der Familie, der Schule, von den Medien kreiert werden. Ich habe selber Untersuchungen zum Deutschlandbild in den französischen Medien gemacht und konnte noch in den siebziger Jahren zeigen, dass beispielsweise im französischen Fernsehen drei Viertel der Programme nur die Nazi-Deutschen zeigten, obwohl wir schon seit vielen Jahren eine enge Zusammenarbeit mit der Bundesrepublik Deutschland hatten. Es gibt immer eine Differenz zwischen der öffentlichen Meinung und dem Stand der Zusammenarbeit. In Frankreich zum Beispiel ist der Antigermanismus eigentlich in den siebziger Jahren zu Ende gegangen. Aber es gibt nach wie vor Reste. Sie kennen bestimmt Friedrich Sieburgs Buch »Wie Gott in Frankreich«. Nun, jetzt gibt es ein neues Buch in Frankreich, das Furore macht, mit dem Gegentitel: »Ist Satan deutsch?« Man kann sich wirklich fragen, wieso kommt man heute, im Jahre 2000, dazu, ein solches Buch zu veröffentlichen und eine direkte Linie von Luther über Bismarck bis zu Hitler zu ziehen, zu behaupten, dass dieses Deutschland nach wie vor gefährlich bleibe. Ich halte das für wenig seriös, ja für lächerlich. Was mir wirklich wichtig erscheint und woran ich auch die Gesundheit und die Festigkeit des deutsch-französischen Verhältnisses messe, und das Gleiche gilt auch für das Verhältnis zu Polen, das ist natürlich der Grad der Zusammenarbeit und der Interdependenz, d.h. je stärker wir zusammenarbeiten, umso weniger Chancen haben all diese Vorurteile. Aber das französische Beispiel zeigt, dass wir vor allem mehr Information brauchen, wir brauchen mehr gegenseitige Kenntnis, und wir brauchen mehr Toleranz, d.h. wir müssen wirklich bereit sein, die Besonderheit und Identität des anderen anzuerkennen.

Tuge-Erecińska: Ich möchte noch einmal an die Frage von Herrn Wóycicki anknüpfen, ob es nicht normal sei, dass Polen seine eigene Ostpolitik betreibt. Es gibt etwas, was wir seit einigen Jahren beobachten können, besonders seit dem Beitritt zur NATO, aber auch schon früher, und heute besonders stark. Das ist eine gewisse Art der Erwartung, eine Erwartung, die dem Land Polen von seinen östlichen und auch den im Norden gelegenen Nachbarn entgegengebracht wird. Angefangen mit einem kleinen, aber sehr erfolgreichen Land wie Estland, von dem wir hören, dass es mit bestimmten Fragen bei den EU-Beitrittsverhandlungen Schwierigkeiten hat. Wenn schon Polen, trotz seiner relativen Größe, solche Schwierigkeiten nicht überwinden kann, dann hat ein kleines Land wie Estland erst recht keine Chance. Wir stellen Erwartungen fest, die alle baltischen Staaten an Polen haben, bei Litauen ist das am deutlichsten an unserer Kooperation zu sehen. Wenn einer der europäischen NATO-Staaten eine nächste Erweiterungsrunde anstrebt, dann erwartet man, dass das Polen sein wird. Also mit einem Wort, es gibt Erwartungen gegenüber bestimmten Staaten der Region, dass sie eine bestimmte Rolle spielen, und dazu gehört Polen. Es steht auch außer Zweifel, dass unser Denken ein wenig zweigleisig ist. Einerseits glauben wir, dass, wenn unsere Sicherheit Stabilität erlangt und wenn sich ein gewisser Erfolg sowohl unserer Wirtschaftsreformen als auch der Reformen in der Politik einstellt, sogleich eine gewisse Verpflichtung unsererseits besteht, dies alles mit unserer Umgebung zu teilen. Manche denken, dass unsere Mitgliedschaft in der NATO, wie immer wir sie auch erfüllen, zweifellos auch einen Einfluss darauf haben wird, wie die Entscheidung über die offenen Türen ausfallen wird. Aber es gibt auch Stimmen, die von einer bestimmten Art von Egoismus sprechen. Und diese sagen: Wenn wir unsere östlichen Grenzen undurchlässiger machen, wird uns die EU dafür sehr loben und wird das für die richtige Politik halten. Dass die Ukraine und Belarus es dann etwas schwerer haben werden, das ist dann nicht mehr das Problem. Meine Frage an Sie: Können Sie, wenn Sie die Region beobachten und an Polen denken, eine regionale Rolle für Polen erkennen, eine positive Rolle, die der EU vielleicht schwierige Aufgaben abnimmt? Oder sollten wir Ihrer Meinung nach in unserem eigenen Interesse egoistischer sein und uns somit wirklich von den Forderungen und auch Erwartungen an uns, die von Osten und Norden an uns herangetragen werden, distanzieren?

Royen: Mit der Frage, die Sie gestellt haben, ob Polen dort eine Art regionaler Leader sein könne – und Sie zitieren sogar Beispiele, dass Estland und andere das fordern –, hätte ich Probleme. Ich würde sagen, dass es wohl eher kontraproduktiv ist, wenn Polen sich dort als regionaler Leader aufspielt, zum einen, weil es einige Ihrer Nachbarn gibt, etwa in Prag, die damit sicher Probleme hätten; außerdem bekommen Sie dann auch wieder Probleme auf unserer Seite. Und wenn sich Ihre Teilnahme in der EU noch weiter verzögert, dann würde Polen im Grunde der Außenseiter sein, der noch nicht aufgenommene Kandidat mit all den Problemen, die dazu gehören; dann hätten auch die Esten von diesem Regionalleader wenig.

Antczak: Ich werde mich bemühen, Ihnen, Frau Minister, etwas anders zu antworten als Herr Royen. Deshalb, weil mir scheint, dass wenn Polen einige Kriterien erfüllt, d.h. wenn das Wirtschaftswachstum weiterhin so hoch bleibt und wenn die Rolle Polens in Mitteleuropa immer wichtiger wird, wenn andererseits Polen eine führende Rolle in der EU-Erweiterung spielt, d.h. wenn es alle Kriterien erfüllt und allen voran der EU beitritt und wenn nicht mehr über absolut unakzeptable rechtliche Fragen diskutiert wird, z.B. ob Polen der EU beitreten könne, ohne Schengen zu akzeptieren, und wenn Polen sich auf die technische Lösung dieses Problems konzentriert und Schengen akzeptiert, so wie Finnland Schengen akzeptiert hat, und ein technisches Netz der Ausgabe von Visa einrichtet und wenn das alles in einer politisch stabilen Phase in Polen passiert, dann bleibt der EU nichts anderes übrig, als die führende Rolle Polens in diesem Teil Europas zu akzeptieren. Aber wenn die weitere wirtschaftliche Entwicklung weniger gut sein sollte, wenn es Probleme mit der Akzeptanz von Schengen und eine innenpolitische Diskussion darüber geben sollte, wenn es die oben genannten günstigen Bedingungen nicht geben sollte, dann wird die EU keinen Grund haben, eine führende Rolle Polens in diesem Teil Europas anzuerkennen.

Olszański: Ich möchte einige Thesen zu einer Frage vorstellen, von der ich gedacht habe, dass sie hier viel eingehender behandelt würde: Ähnlichkeiten und Unterschiede in der polnischen und deutschen, oder umfassender gesagt, in der polnischen und westlichen Auffassung von Ostpolitik. Das Erste, was ich aus den polnischen Analysen und verschiedenen westlichen Analysen, aber auch aus dem während dieser Konferenz Gesagten herauslese, das ist, dass polnische Politologen ein besseres Verständnis davon haben, dass die Geschichte in der Gegenwart gegenwärtig ist und dass sie in bedeutendem Ausmaß die Zukunft gestaltet, und dass sie besser verstehen, was vor sich geht. Daher haben wir eine geringere Neigung zum Präsentismus und zu einem sehr beschränkten Horizont in den Analysen. Und wenn wir z.B. die Gründe für den gegenwärtigen Stand der Dinge in der Ukraine und in Belarus analysieren, beschränken wir uns nicht ausschließlich auf Berichte darüber, was sich dort zur Zeit der Sowjetunion abgespielt hat, sondern wir ziehen auch mehr oder weniger detailliert, mehr oder weniger genau und mehr oder weniger treffend den lang dauernden Prozess des Aufbaus des russischen Imperiums in Betracht, also die sehr lange Zeit der Stabilisierung dieser riesigen Landfläche in diesem einen Staat, unter einem Regime, in einer Kirche. Damit einher geht eine zweite Tatsache, nämlich dass auf Grund dessen in unseren Analysen die einzelnen Forscher, aber auch unsere nationalen Sympathien und Antipathien deutlicher zu Tage treten. Das hat eine zweite, positive Seite: Wenn ich die Arbeit eines polnischen Autors lese, übrigens auch wenn ich die Arbeiten eines ukrainischen oder russischen Autors lese, dann habe ich im Allgemeinen keine Schwierigkeiten zu erkennen, was er liebt, was er hasst oder was seine ideologisch-moralischen Grundlagen sind. In den Arbeiten westlicher Autoren ist das meistens sehr verschleiert, und das erschwert die Rezeption.

Zweitens, wenn ich an das anknüpfen darf, was Herr Wóycicki sagte: Tatsächlich haben wir es dank der kulturellen Nähe und, was auch wichtig ist, dank der Verwandtschaft unserer Sprachen verhältnismäßig leicht, uns zu kulturellen Themen auszutauschen. Das betrifft die Ukraine und Belarus, in geringerem Maße auch Russland. Das ist ein großer Pluspunkt, besonders der sprachliche Aspekt. Unsere Sprachen haben viele Gemeinsamkeiten, in der Idiomatik und sogar in den Witzen. Andererseits ist es aber auch eine Erschwernis: Man muss sich im Klaren darüber sein, dass der Nachteil einer solchen kulturellen Nähe die fehlende Distanz ist. Man sieht einfach vieles aus der Entfernung besser. Je größer das Bild ist, desto weiter muss man zurücktreten, um es als Ganzes betrachten zu können.

Drittens fehlt mir sowohl in der polnischen als auch in der westlichen politologischen Rezeption der Vorgänge auf dem Gebiet der ehemaligen Sowjetunion eine demographische Analyse. Wir reden sehr viel von der Wirtschaft und bemerken dabei gar nicht, welchen Einfluss in den nächsten Jahrzehnten die in diesen Ländern bereits vollzogenen demographischen Veränderungen auf die wirtschaftlichen Prozesse haben werden, wir werden dort vor allem eine drastische Landflucht erleben. Ich gebe zu, dass ich mich da nicht gut auskenne. Mir fehlt das fachliche Know-how für eine demographische Analyse. Doch solche Analysen werden gebraucht. Denn die Art, wie die Generationen sich ablösen, hat eine enorme Bedeutung für Politik und Wirtschaft.

Zuletzt möchte ich noch etwas direkt zum eben Gehörten bemerken. Es ist etwas, was mich sehr beunruhigt, sowohl bei der polnischen als auch bei der nicht-polnischen Reflexion über Osteuropa. Das ist die instrumentelle Behandlung der Geographie ohne Rücksicht auf die Landkarte. Wenn man sagt, dass Bosnien im Herzen Europas liegt, dass die Ukraine, wie man in Kiew sehr oft hört, in der Mitte Europas liegt, wenn man hört, dass Aserbeidschan, das ja nicht gerade in Europa liegt, in den Europarat aufgenommen werden soll und dass sukzessiv alle Nachfolgestaaten der Sowjetunion in die Organisation für Sicherheit und Zusammenarbeit in Europa drängen, dass wir Kirgisien und Tadschikistan in eine europäische Sicherheitsorganisation aufgenommen haben, dann ist das absurd. Wenn Tadschikistan, dann, pardon, warum nicht auch Afghanistan? Wenn Turkmenistan, wieso dann nicht der Iran? Das sind alles zentralasiatische Länder und keine europäischen. Wenn ich die Europakarte unvoreingenommen anschaue, dann sehe ich, dass Mitteleuropa zum Großteil aus Deutschland und Polen besteht, dazu noch ein paar kleinere Länder wie Tschechien und Österreich. Natürlich ist die Ukraine Osteuropa, so wie Frankreich selbstverständlich Westeuropa ist. Ich sage noch einmal, wie sehr mich diese Tendenz zur geographischen Manipulation, zum instrumentalen Behandeln der Geographie beunruhigt – um so mehr, als ich in sehr vielen, polnischen und nichtpolnischen, politik- und geschichtswissenschaftlichen Arbeiten sehe, dass deren Autoren die Geographie vernachlässigen, sie schauen nicht auf die Landkarte, und sie ziehen nicht in Erwägung, was aus der Landkarte ersichtlich ist. Noch etwas zum Abschluss: Ein Beispiel der Nichtbeachtung der Geographie war die Schaffung der Euroregion Karpaten, die entlang einer der größten geographischen Barrieren in unserem Teil Europas, den Ostkarpaten, eingerichtet wurde. Dabei wurden die Regionen beiderseits des Ostkarpatenkamms miteinander verbunden, die eine größere Fläche als Ungarn einnehmen. Damit schließe ich meine etwas ungeordneten, aber hoffentlich nützlichen Ausführungen.

Sapper: Ich halte das, was Herr Olszański gerade gesagt hat, für sehr wichtig, aber nicht deshalb, weil ich inhaltlich auch nur in einem Bruchteil mit ihm übereinstimmen würde, sondern deshalb, weil es klar macht, was eigentlich die konzeptionellen Probleme einer gemeinsamen Osteuropapolitik und einer Osteuropaforschung anbelangt. Dieses Panel hier ist das erste, wo es richtig ans Eingemachte geht. Wo es spannend wird. Alle anderen Panels zuvor waren Panels der Regionalexpertise, wo wir festgestellt haben, dass eine empirische Übereinstimmung in nahezu allen länderspezifischen Punkten existierte. Bei dieser Frage nun geht es um konzeptionelle Begriffe, und wir tun uns verdammt schwer, einen Konsens zu erzielen. Herr Olszański, wir müssen Abschied davon nehmen, dass es so etwas wie eine geographische Bestimmung von Europa jemals gegeben hätte. 2.500 Jahre Europa sind 2.500 unterschiedliche Räume Europas; Sie können verfolgen, wie Europa aus dem griechischen Raum über das Mittelmeer hoch nach Norden und dann mit Brandenburg-Preußen nach Osten wandert. Und immer nehmen die Leute für sich in Anspruch, Europa zu sein. Wir müssen uns damit anfreunden, dass es unterschiedliche Europabegriffe gibt, die wir sehr unsauber verwenden. Das Europa der Europäischen Union ist das kleinste und etwas ganz anderes als das Europa der OSZE, wo wir nämlich feststellen, dass Europa die USA und Kanadas einschließt – aus der Überlegung heraus, dass Sicherheit in Europa nur unter Beteiligung der USA und Kanadas zu erreichen ist. Hier haben wir wieder das, worauf ich gestern bereits hingewiesen habe. Wir müssen, wenn wir einen europäischen Gedanken haben, ihn immer in der Abhängigkeit zu der Funktion denken, was wir denn eigentlich erreichen wollen. Und wenn wir über Sicherheit in Europa reden, dann sollten wir uns nicht auf eine kleine Zahl von ostmitteleuropäischen Ländern beschränken; ohne die osteuropäischen oder asiatischen Länder bekommen wir keine Sicherheit. Und da geht es nicht um Zigarettenschmuggel oder organisierte Kriminalität, die Bedrohung hat eine ganz andere Qualität, wie wir am Beispiel der »Kursk« gesehen haben.

Zweitens bin ich sehr froh, dass Alexander Rahr zum Schluss ein bisschen Wasser in diesen Wein gegossen hat. Die Kennzeichnung der Osteuropaforschung durch Rainer Lindner war mir viel zu positiv. Sie zeichnet sich nämlich dadurch aus, dass wir in Deutschland mit einer neuen Form von Marginalisierung konfrontiert sind, die aus finanziellen Gründen, aber auch aus politischen Erwägungen vorgenommen wird. Meine letzten Jahre sind Jahre des Abschiednehmens von Lehrstühlen für Geschichte, der Schließung von Abteilungen der Hessischen Stiftung Friedens- und Konfliktforschung; in Mannheim müssen wir dem Zentrum für Europäische Sozialforschung mitteilen, wozu wir denn in Zeiten der Europäisierung Europas polnische, tschechische, belarussische oder russische Periodika in der Originalsprache kaufen und lesen wollen. Die neue Hegemonie besteht darin, dass man sagt, das sind doch ohnehin in absehbarer Zeit alles Bestandteile des Westens, da langt es doch, wenn wir uns auf Englisch oder auf Deutsch mit diesen Fällen auseinandersetzen. Das ist die Realität, mit der wir konfrontiert sind, das ist eine Homogenisierung, gegen die wir argumentieren, denn wir brauchen die landeskundliche Expertise.

Das dritte Problem, das mir bei Herrn Ziółkowski aufgefallen ist – und da komme ich zu der Gemeinsamkeit zwischen Osteuropapolitik und Osteuropaforschung in Polen und in Deutschland –, das ist, dass die Gemeinsamkeit darin besteht, dass Sie sie über Defizite definieren können. Herrn Ziółkowskis Definition polnischer Ostpolitik, bitte entschuldigen Sie meine Schärfe, ist eine Definition der ostslawischen Politik, denn die Ostpolitik Polens ist primär auf die Ukraine, auf Belarus und Russland bezogen. Was ist denn mit den anderen östlichen Ländern Europas, die wir brauchen, um Sicherheit herzustellen, wo die relevantesten sicherheitspolitischen Probleme existieren, Minderheitenprobleme,

Grenzkonflikte? Das sind die zentralen Fragen. Wir als Wissenschaftler müssen uns auf konzeptioneller Ebene sagen, entweder gibt es keine konsistente Osteuropavorstellung, keine konsistente Osteuropapolitik, und dann lassen wir den Begriff tatsächlich fallen; wenn wir diesen Begriff aber aufrechterhalten wollen, dann möchte ich noch einmal an das erinnern, was ich gestern gesagt habe: Dass der Begriff der Ostpolitik oder der Osteuropapolitik immer eine Binnendimension hat. Wir werden keine Europäisierung Europas erreichen, wenn wir keine Europäer haben. Wir werden auch keine Osterweiterung Europas hinkriegen, wenn wir es nicht schaffen, in der Bevölkerung das Bewusstsein dafür zu wecken, welche Vorteile Osteuropa bietet. Viele entscheidende Probleme im Zusammenhang mit der Osterweiterung der Europäischen Union werden doch in den Elitendiskussionen überhaupt nicht reflektiert.

Menkiszak: Zunächst möchte ich auf die höchst interessanten Vorschläge in der russischen Strategie gegenüber der EU eingehen. Ich muss sagen, dass dieses Dokument in Polen als sehr kontroverses Dokument eingeschätzt wird. Darin befinden sich Ausführungen besonders politischer Art, die entweder sehr besorgniserregend oder aus polnischer Sicht inakzeptabel sind. Vor allem möchte ich Ihr Augenmerk auf die Punkte lenken, in denen die Forderungen zur Koordination der Außenpolitik zwischen der EU und Russland zur Sprache kommen. Da ist die Rede von Bestrebungen, die Beziehungen zu institutionalisieren. Wie ich es verstehe, sollen die Beziehungen institutionalisiert werden und Konsultationen zwischen der EU und Russland vor wichtigen Entscheidungen obligatorisch gemacht werden. Da gibt es Ausführungen über eine eventuelle Garantie zur Aufrechterhaltung der Märkte für Russland in Ostmitteleuropa und in den Baltischen Staaten. Da gibt es Forderungen, dass Russland an Verhandlungen der WTO teilnimmt, da gibt es die Drohung mit Sanktionen gegen neue Mitgliedsstaaten, die bestimmte Kriterien nicht erfüllten – eine erkennbare Anspielung auf die baltischen Staaten. Schlussendlich ist da der Punkt über die Stärkung der Beziehungen mit der EU, das wäre eine strategische Partnerschaft, die Russland dabei helfen könnte, seine Rolle als führende Kraft bei der Bildung eines neuen Systems politischer und wirtschaftlicher Beziehungen auf dem Gebiet der GUS zu festigen. Das ist nichts anderes als eine Beschreibung von Einflusszonen. Im Zusammenhang damit hätte ich gerne ein wenig genauere Informationen darüber, wie in Deutschland dieses Dokument gesehen wird.

Timmermann: Ich möchte eine kritische Gegenbemerkung zur vorgetragenen Analyse der Mittelfristigen Strategie Moskaus gegenüber der EU machen. All die negativen Punkte, die hier erwähnt wurden, sind richtig: Russland will konsultiert werden, Russland will über den EWS verhandeln, Russland will sogar Einfluss auf die Aufnahme von Kandidaten nehmen. Das steht so oder so tatsächlich in dem Dokument. Aber es gibt auch positive Punkte. Es handelt sich also um Ausgangspositionen Russlands. Wichtig ist nun, dass man die gegenseitigen Positionen erst mal bekannt macht und dann einen Kompromiss sucht. Hierauf wollte ich zur Charakterisierung des russischen Dokuments hinweisen. In Bezug auf den Kaukasus wird gesagt, Russland wolle hier dominieren, es steht aber auch drin, Russland möchte an ganz konkreten Projekten mitarbeiten, die die Europäische Union dort ausarbeitet. Es möchte beteiligt werden, und so etwas sollte man nutzen.

Ich will dies zum Anlass nehmen, einen sehr wichtigen Punkt hervorzuheben, der gemeinsam von Deutschen und Polen überdacht werden sollte. Ich meine, die Gefahr, dass die Gräben, die Unterschiede kultureller, wirtschaftlicher und politischer Art, die ja zweifellos zwischen Russland und der sich erweiternden Europäischen Union existieren, noch tiefer werden. Die Gefahr ist in der Tat groß. Die Beitrittskandidaten erhalten beträchtliche Vorbeitrittshilfe, dagegen ist das, was Russland und auch die Ukraine an EU-Mitteln bekommen, geradezu lächerlich – auch Kaliningrad übrigens. Man müsste einmal überlegen, welche Mittel es gibt, um diese Gräben nicht noch tiefer werden zu lassen. Hier könnte man beispielsweise das eingangs erwähnte Dokument heranziehen, denn darin sind einige Felder aufgeführt, auf denen Russland ausdrücklich um Unterstützung der Europäischen Union bittet, um sich den Erfordernissen der erweiterten EU anzupassen. Genannt sei beispielsweise die Aufforderung, Russland im Hinblick auf die Anpassung von Normen und Standards und bei seinen Exporten in die sich erweiternde EU zu helfen. Geschieht die Anpassung nicht, so würden sich z.B. auch die Exportchancen Kaliningrads stark reduzieren. Russland bittet auch darum, bei der Anpassung an die verschiedenen Möglichkeiten, die der Euro für Russland bietet, zu helfen. Ein weites Feld öffnen schließlich die Probleme, die mit Schengen verbunden sind. Auch hier steht natürlich Kaliningrad wieder im Mittelpunkt. Also: Russland bittet! Hier bietet sich übrigens ein Hebel für die EU, mit *carrots and sticks* zu arbeiten. Wenn die EU Russland isolieren würde, sagen wir: wegen Tschetschenien, dann würde sich die EU wahrscheinlich eher selber schaden. Man denke z.B. an die Umweltprobleme. Aber wenn Russland vor Augen gehalten wird, welcher Nutzen ihm in Form nicht realisierter gemeinsamer Projekte entgeht, wenn es sich OSZE-widrig verhält, dann könnte das in der Tat als Köder dienen. Ein anderer Hebel scheint mir zu sein, dass Moskau versucht, sich doch einigermaßen OSZE-konform zu verhalten. Das sind übrigens Ideen, die ich auch im gestrigen Vortrag von Herrn Ischinger herausgelesen habe.

Rahr: In der Tat sollten wir uns über den Europabegriff Gedanken machen. Ist Europa ein geographischer Begriff? Ist Europa ein internationaler Akteur? Ist

Europa eine Sicherheitsallianz? Oder ist Europa ein Wertesystem? Man kann sagen, Europa ist von all dem etwas. Aber die Prioritäten werden in Deutschland doch ganz grundsätzlich gesetzt. Da hört man sagen, Europa ist ein geographischer Begriff, und somit gehört z.B. die Türkei oder die Ukraine nach Europa. Die Amerikaner sagen, die Europäer sollten ein internationaler Akteur werden, mit dem die USA in globalen Fragen zusammenarbeiten möchte. Die russische Seite betont immer wieder, dass Europa aus ihrer Sicht eher ein Sicherheitsbegriff ist, während ich denke, dass vor allen Dingen jetzt durch die Osterweiterung der Europäischen Union Europa mehr und mehr zu einem Wertesystem wird. Wir müssen auch kulturell versuchen, dieses Wertesystem wirtschaftlich und politisch in solche Räume auszubreiten, wo dieses gewünscht wird, vor allen Dingen im kaspischen Raum, in Zentralasien. Das bedeutet nicht, dass wir die Grenzen Europas dahin verschieben wollen, aber wir sind an Sicherheit interessiert. Wir sind daran interessiert, dass das Vakuum, das dort nach dem Zerfall der Sowjetunion entstanden ist, nicht von anderen Ideologien radikalen Typs übernommen wird. Ich plädiere für eine EU der Verantwortung und nicht für eine EU der Selbstisolation. Und ich denke, unsere polnischen Kollegen und Freunde sehen natürlich noch die Wichtigkeit der transatlantischen Beziehungen vorrangig. Ich denke, die Europäer tun das natürlich auch und immer noch, aber sie werden nach dem Ende des Kalten Krieges immer mündiger, sie versuchen auch sich selbst als internationalen Akteur mehr und mehr in Szene zu setzen. Dazu gehört die Ausarbeitung einer gemeinsamen Außen- und Sicherheitspolitik und einer europäischen Verteidigungs- und Sicherheitspolitik. Ich will keine Missverständnisse aufkommen lassen, aber ich denke, dass ein Land wie Russland als Diskussionspartner mit an den Tisch gehört, um solche Probleme, nicht nur die NATO-Osterweiterung, zu begleiten, wodurch gewisse Konflikte möglicherweise von vornherein neutralisiert werden könnten.

Żelichowski: Ich bin Herrn Lindner sehr dankbar für das, was er hier gesagt hat. Es sieht ganz so aus, als wäre die Situation der deutschen Kollegen nicht viel anders als die Situation unter uns polnischen Kollegen. Ich sage nicht, dass mich das freut; aber ich sehe, dass wir hier mit unseren Problemen auf großes Verständnis stoßen. Das Problem des Wissenschafts-Lobbyismus ist sicherlich überaus wichtig, wir bekommen es auf die gleiche Weise wie Sie zu spüren. Das erleichtert gewiss das Finden einer gemeinsamen Sprache für unsere weitere Zusammenarbeit, die hier in Darmstadt begonnen hat und die sicherlich weitergeht, womit ich sehr rechne. Ich möchte mich nicht zu den Aussagen von Herrn Olszański oder Herrn Sapper äußern – weil ich es sehr aufregend finde, wie Sie hier den Disput öffentlich austragen, und weil ich in jeder Ihrer Aussagen für mich eine wesentliche Wahrheit finden kann.

Lindner: Ich möchte zunächst auf zwei, drei Bemerkungen von Herrn Olszański eingehen. Ich stimme mit Ihnen darin überein, dass natürlich für das Verständnis dessen, was gegenwärtig in Osteuropa vor sich geht, das Wissen der Geschichte unabdingbar ist. Da gibt es sicher keine Missverständnisse. Ich selbst habe mich lange Zeit, gerade, was Belarus betrifft, mit den historischen Voraussetzungen befasst, um für die Beurteilung der heutigen Situation zu einem Urteil zu kommen. Und ich glaube, das ist ohne die Kenntnis der Geschichte nicht möglich; auch die Kenntnis der polnischen Anteile an der Geschichte von Belarus, übrigens auch der Ukraine, d.h. hier gibt es keinen Dissens. Ich entnehme Ihrer Bemerkung, dass aus den Arbeiten deutscher Wissenschaftler zu wenig zu erkennen sei, auf wessen Seite sie stehen. Sie haben Kategorien wie Liebe und Hass verwendet, moralische Kategorien, die wir aus unseren Arbeiten so weit wie möglich herauszuhalten versuchen. Wir werden auch angehalten, das zu tun, d.h. auch wenn wir beispielsweise über die politische Situation in Belarus schreiben oder über die Ukraine oder über Russland, dann sollte das möglichst aus einer Perspektive der Distanz sein. Sie selbst haben die heilsame Distanz betont, die für die Beurteilung solcher Fragen wichtig sei.

Was ich mit dieser Bemerkung zu Europa, zu diesen neuen Karten, dieser neuen Geographie sagen wollte, ist im Grunde nichts anderes, als dass diese Debatte im Moment im Fluss ist, und zwar nicht nur unter den Wissenschaftlern, sondern auch in der öffentlichen Publizistik. Es sind Dinge, die man natürlich mit großer Skepsis betrachten sollte, wenn es auf eine solche Erweiterung der EU hinauslaufen sollte.

Es ist klar, dass es der Osteuropaforschung nicht so gut geht, das sagen Sie zu Recht, und ich weiß das natürlich auch einzuschätzen. Wir haben in der Deutschen Gesellschaft für Osteuropakunde über diese Themen in den letzten zwei Jahren so viel diskutiert und auch mit offiziellen Stellen verhandelt, auch mit dem Auswärtigen Amt, über Mittelzuweisung etwa, für unsere Gesellschaft, aber vor allem auch für die Universitäten. Es ist eine dramatische Situation. Ich wollte das in der Kürze der Zeit nicht so ausbreiten.

Es ist immer wichtig, auf diese Kürzungen hinzuweisen, wir müssen damit umgehen, auf der anderen Seite müssen wir aber versuchen, mehr Drittmittel zu akquirieren, d.h. mehr mit Projekten zu arbeiten anstatt mit festen Stellen, die es so nicht mehr gibt. Wir sind offenbar als Osteuropawissenschaft heute keine Wissenschaft mehr wie die, die im Kalten Krieg geradezu im Überfluss an Geld gelebt hat und auch mit zentralen politischen Vorgaben zu tun hatte. Ich nehme es auch als Herausforderung wahr, dass wir uns unserer eigenen Fähigkeiten besinnen und in den jeweiligen Institutionen, in denen wir angestellt oder beschäftigt sind oder in denen wir vielleicht Drittmittel akquirieren können, unser Gewicht als Osteuropaspezialisten geltend machen und es gegenüber den sogenannten Allgemeinhistorikern oder Politologen, die sich mit anderen Räumen beschäftigen, als spezifische regionale Kompetenz einbringen.

Ziółkowski: Ich möchte auf zwei Fragen antworten oder zwei Probleme erörtern, die von meinen Mitdiskutanten, Herrn Prof. Żelichowski und Herrn Rahr, angeschnitten wurden. Was die eventuelle Auswertung von Expertisen durch verschiedene Behörden, besonders durch das Außenministerium, betrifft, möchte ich nicht so stereotyp sagen, dass es der Mangel an Geld und gutem Willen ist. Es geht nicht nur darum. Natürlich ist das die einfachste Antwort. Aber die Beantwortung der Frage, wie sehr man die Analysen und Expertisen nutzt, ist genauso schwierig wie die Beantwortung der Frage, was man mit den Erkenntnissen, die aus den Gutachten hervorgehen, tun soll. Und das ist nicht so einfach. Afrika ist ein gutes Beispiel hierfür. Kein Mensch auf der Welt braucht im Moment irgendwelche Gutachten und Analysen über Afrika. Die Welt kümmert sich im Moment nicht um Afrika. Zum Glück kümmert sie sich noch um den Osten, deshalb benutzen wir diese Analysen für verschiedene Zwecke. Natürlich benutzen wir die verschiedensten Quellen; die Materialien des Zentrums für Oststudien und der Polnischen Akademie der Wissenschaften oder von verschiedenen Stiftungen gelangen ins Außenministerium, und wir lesen sie. Für mich ist die Vielfalt der Quellen bedeutender als die Tiefe der Analysen. Das ist der erste Punkt.

Und der zweite betrifft die Eindrücke von Herrn Sapper, was meine angeblich ausschließlich panslawischen oder ostslawischen Visionen von polnischer Ostpolitik angeht. Wenn etwas komplex ist, dann ist das die polnische Außenpolitik. Damit komme ich zu einer bestimmten Theorie zurück, zur Realität polnischer Ostpolitik. Allein die polnische Außenpolitik als ganze kann komplex sein. Und die polnische Ostpolitik ist nur ein Fragment der Außenpolitik. Und nur um Zeit zu sparen, habe ich mich auf unsere drei nächsten Nachbarn beschränkt. Wir haben sehr wohl bereits Projekte und die verschiedensten Aktivitäten gestartet, sowohl was die Länder Zentralasiens betrifft als auch im Kaukasus und in Moldowa. Für Moldowa hat sich übrigens unser Minister Geremek vor zwei Jahren als Vorsitzender der OSZE besonders interessiert und engagiert. Aber um nicht alle diese Projekte darzulegen, habe ich mich nur auf die drei genannten Länder beschränkt. Wie man sieht, war diese verkürzte Darstellung nicht den Erwartungen entsprechend, aber ich habe es nun erklärt.

Wóycicki: Ich habe nicht die Absicht, das bisher Gesagte zusammenzufassen, denn das ist ganz einfach nicht möglich. Erlauben Sie mir nur einige Feststellungen, um uns die Diskussion zum Thema zu erleichtern und um einige praktische Schlüsse aus dieser Konferenz zu ziehen.

Die erste Feststellung ist, dass ich bei der Diagnose, bei der Beschreibung der Länder, über die wir gesprochen haben, keine ernst zu nehmenden Differenzen bemerkt habe. Und wenn noch irgendwelche Differenzen auftauchen sollten, dann glaube ich nicht, dass diese grundsätzlicher Art sein könnten, und ich glaube nicht, dass es Differenzen zwischen polnischen und deutschen Diskussionsteilnehmern sind. Das ist die erste Feststellung: Im Grunde genommen sind unsere Diagnosen recht ähnlich, auch wenn wir verschiedene Akzente setzen und in einer anderen Sprache sprechen. Sind Sie mit mir darin einer Meinung, dass es eigentlich keine grundsätzlichen Meinungsverschiedenheiten hier gab?

Die zweite Feststellung ist die, dass man sich vor allem im polnisch-deutschen Kreis getroffen hat, wenn auch mit der Teilnahme eines sehr aufmerksamen und neugierigen Beobachters und Diskussionsteilnehmers, wie es Prof. Ménudier ist. Und ich glaube, dass diejenigen polnischen Teilnehmer, die bisher weniger Kontakte mit deutschen Kollegen hatten, im Laufe dieser Diskussion gewisse Stereotype oder Vorurteile auflösen konnten, soweit sie solche hatten: etwa dass die Deutschen über unsere Köpfe hinweg mit den Russen verhandeln wollen, dass sie russisch-zentriert sind. Genauso konnten die deutschen Kollegen Rückschlüsse ziehen, was eventuell vorhandene Stereotype betraf: etwa, dass die Polen antirussisch eingestellt seien, irgendwelche Phobien in dieser Hinsicht hätten etc.

Diese Stereotype wären ein Thema für die politische Bildung und für eine größere Öffentlichkeit. Stereotype existieren auf beiden Seiten, und natürlich ist die Außenpolitik nicht gerade der demokratischste Teil der Politik. Parallel zum Kennenlernen der öffentlichen Meinung muss man diese in die Politik einbeziehen, und hier ist der Bedarf offenbar groß. Daher ist es umso notwendiger, ein Kontaktnetz zwischen polnischen und deutschen Forscherkreisen zu knüpfen. Dieses Treffen scheint mir Piondercharakter zu haben. Es haben zwar sicher schon früher solche Kontakte existiert, aber bestimmt nicht in dieser Größenordnung. Und bisher haben eher Begegnungen zwischen polnischen Deutschlandexperten und deutschen Polenexperten stattgefunden, aber nicht zwischen polnischen und deutschen Russland-Ukraine-Belarus-Experten oder, wie Herr Sapper es gerne hätte, Experten für den noch ferneren Osten, um Europa großräumiger zu definieren. Solche Kontakte muss man aufbauen. Spricht man über eine gemeinsame polnisch-deutsche Ostpolitik, überschreitet man eine gewisse mentale und psychologische Barriere in den polnisch-deutschen Beziehungen. Daher sollte man diese Problematik auch gleich zu Beginn in einem weiteren europäischen Kontext darstellen, in dem Kontext einer gemeinsamen europäischen Ostpolitik. Aus vielen Gründen scheint mir, dass wenn die Polen und die Deutschen zu intim, zu diskret über diese Dinge reden, dann könnte das in anderen europäischen Ländern die unterschiedlichsten Spekulationen hervorrufen – aber vielleicht ist auch das eine stereotype Vorstellung. Ich glaube, dass vor allem in Frankreich die verschiedensten Verdachtsmomente entstehen könnten. Nicht nur aus diesem Grund, sondern aus ganz elementaren Gründen ist deshalb ein französischer Partner in dem Dialog dabei. Ich möchte dazu noch sagen, dass die Konzipierung einer gemeinsamen Osteuropapolitik eine der grundlegendsten Aufgaben für das nicht allzu gut funktionierende Weimarer Dreieck sein könnte.

Ich möchte weiter versuchen, Schlüsse zu ziehen, und Thesen als Ergebnis der bisherigen Diskussion formulieren. Die erste Bedingung für Gemeinsamkeit des Handelns ist gemeinsames Wissen. Denn bisher ist es so, dass wir zwar ähnliche Diagnosen stellen, aber doch sehr unterschiedliche Sprachen sprechen.

Was Herr Olszański in der Diskussion gesagt hat, ist sicher richtig, dass sich nämlich die polnische Auffassung auf ganz bestimmte Annahmen stützt. Und dann gibt es etwas, was vielleicht eine Tugend ist, wenn auch manchmal eine etwas unzeitgemäße, sozusagen »prämoderne«, nämlich die hohe, vielleicht übermäßige Bedeutung, die man der Geschichte zuschreibt, vielleicht dadurch veranlasst, dass man noch gar nicht imstande ist, eindrucksvolle präsentistische Analysen vorzulegen. Andererseits, wenn man im Westen solche präsentistischen Analysen macht, dann hängt das wohl auch damit zusammen, dass man oft die Geschichte Osteuropas nicht besser kennt und zu präsentistischen Analysen sozusagen gezwungen ist. Und so ist mit dieser Forderung nach gemeinsamem Wissen auch die Forderung verbunden, gegenseitig die Methoden der Analysenerstellung kennenzulernen. Wenn wir über gemeinsame Ostpolitik sprechen, dann müssen wir auch verstehen, dass dies ein politisch-kultureller Prozess ist.

Zweitens: Wenn man über Ostpolitik spricht, sollte man sich in diesem Stadium nicht, wie es oft getan wird, die grundsätzliche Frage stellen, ob die Ostpolitik der Erweiterung des deutschen Einflussbereichs dient. Diese Frage wird in Westeuropa sehr oft gestellt, da die Deutschen nun eben einmal Mitteleuropäer sind. In Polen fragt man sich dasselbe, mit Argwohn, aber auch mit Hoffnung. Diese Frage kann unterschiedliches Gewicht haben. Sie ist jedoch ganz wesentlich. Denn so wie Frankreich sich in Richtung Süden wendet, so wendet sich Deutschland dem Osten zu. Und wenn wir über polnisch-deutsche Beziehungen sprechen, dann sollte man gleich von einer bestimmten Situation ausgehen. Die Polen denken regional, Polen ist kein »global player«. Und wir meinen, dass für uns die Ostpolitik, sogar wenn wir diese auf die Beziehungen zu Russland, zur Ukraine und zu Belarus beschränken, doch einen großen Teil unseres Denkens über die Außenpolitik ausmacht. Für Deutschland hat die Osteuropapolitik unvergleichlich weniger Bedeutung, denn es ist Mitglied der G 7-Gruppe. Deutschland gehört zu den »global players«, also umfasst das deutsche außenpolitische Denken naturgemäß weitere Räume. Das heißt natürlich nicht, dass sich die Polen in der Weltpolitik weniger auskennen oder dass sie keine Analysen durchführen. Es sind pragmatische Analysen, denn in Polen denkt man etwas anders, und das muss man in solchen Diskussionen berücksichtigen. Ich denke, dass diese Kontroverse zwischen Herrn Sapper und Herrn Olszański in gewissem Grad ein Signal dafür war, dass es da gewisse Empfindlichkeiten gibt. Eine gemeinsame Ostpolitik muss ein geschlossenes Auftreten in Sachen Russland, Ukraine und Belarus, aber auch Kaukasus und Transkaukasien zum Ziel haben. Und meiner Meinung nach wäre ein weiteres Ziel, eine Situation zu schaffen, in der ein einheitliches Vorgehen möglich ist. Multilaterales Auftreten wäre eine Methode, natürlich nur dort, wo das möglich ist. Ich schlage nicht vor, die Außenministerien der verschiedenen Staaten aufzulösen, aber in multilateralen Gruppen aufzutreten, damit unsere Partner aus dem Osten ein multilaterales Europa sehen. Ich finde, dass das in der Politik gegenüber Moskau besonders wichtig ist, in Russland eine positive Wende zu erreichen. Moskau soll nicht die Illusion hegen, es könne die Europäer untereinander ausspielen.

Ich möchte den anwesenden Vertretern der Außenministerien eine Frage stellen – ungeachtet des Skeptizismus von Direktor Ziółkowski bezüglich der Effektivität von Expertisen: Wäre es nicht von Nutzen, sich gegenseitig Berichte zukommen zu lassen, damit das deutsche Außenministerium einmal die Berichte polnischer NGO und das polnische Außenministerium die Berichte und Analysen deutscher NGO kennen lernt? Ich glaube, dass man so etwas auch auf Frankreich ausdehnen könnte. Dann würden wenigstens gewisse Unterschiede im Sprachgebrauch verschwinden.

Und jetzt noch zur letzten hier gestellten Frage, die aber ganz grundsätzlich ist: Die Frage nach einer Politik der »offenen Tür«. Das muss das Prinzip sein. Vielleicht gibt es hier ja Unterschiede, aber wir haben sie noch nicht entdeckt und sie nicht ausgegraben. Ich habe den Eindruck, dass die Polen sich mehr von dieser Politik der »offenen Tür« erwarten als die deutschen Partner. Aber da bin ich mir nicht ganz sicher. Das wären also die Punkte, die mich in unserer Diskussion am stärksten berührt haben. Die nächste Begegnung dieser Art sollten wir unbedingt zumindest um die Kollegen aus Frankreich erweitern, aber auch Teilnehmer aus England und Skandinavien wären sicher nützlich. Ich habe den Eindruck, als wären wir mit unserer Arbeit ein Stück weiter gekommen. Doch jetzt möchte ich Sie bitten, dass Sie ergänzende Vorschläge machen, wie Ihre Vorstellungen von einem nächsten Treffen aussehen, das in Brüssel stattfinden soll – und dann bereits in einem größeren Kreis.

Bingen: Kazimierz Wóycicki hat jetzt im Rahmen konzeptioneller Überlegungen einige Vorschläge vorgetragen, die Bestandteil gemeinsamer deutscher und polnischer Überlegungen und einer gemeinsamen europäischen Ostpolitik sein könnten. Die Überschrift zum Thema des letzen Panels hieß: Fragen und erste Antworten. Eine gewisse Unterschiedlichkeit bei den Fragen wird ebenso wie die Unterschiedlichkeit von Nuancen, aber auch von Interessenlagen beständig bleiben, bedingt durch die unterschiedliche geographische Lage, die historischen Erfahrungen, auch durch politische Interessen der beteiligten Staaten. Aber, was wir als unsere Aufgabe hier in diesem Kreis ansehen, ist die Antwort zu finden auf die Frage, was haben Deutsche und Polen gemeinsam, was können sie gemeinsam einbringen in eine europäische Ostpolitik – und dies auch aus eben diesen unterschiedlichen spezifischen Erfahrungen. Und wenn Deutsche und Polen vor einen multilateralen Kreis treten, wenn Deutsche und Polen mit Franzosen zusammen diskutieren, wenn sie multilateral in Brüssel auftreten, dann sollten sie die konzeptionelle Diskussion mit ihren europäischen Partnern durch gemeinsame deutsch-polnische Vorschläge bereichern. Das heißt, dass sie über das, was bereits in den Strategiepapieren der EU zu Russland und zur Ukraine formuliert worden ist, hinausgehen können und eine mittel- oder langfristige Strategie konzipieren, die zugleich ein Signal an Russland, an die Ukraine und an Belarus sendet, dass sie zu Europa gehören.

Seidler: Ich möchte zunächst etwas über das Instrumentarium sagen, das uns in der EU bereits zur Verfügung steht, Stichwort: GASP, also die Gemeinsame Außen- und Sicherheitspolitik der EU. Herr Sapper, es ist definitiv nicht der Fall, dass sich deutsch-polnische Gemeinsamkeiten in der Osteuropapolitik über die Defizite bestimmen lassen. Wir befassen uns im Rahmen der EU natürlich mit sämtlichen Regionen und sämtlichen Ländern. Und das wird auch dann der Fall sein, wenn Polen der EU beigetreten sein wird, worauf ich mich übrigens sehr freue. Also Ziel der EU ist ja, eine immer engere Abstimmung auch der Außenpolitik zu erreichen, und das Instrument dazu ist die GASP. Voraussetzung dafür, dass das funktionieren kann, ist die enge Abstimmung, der Gedankenaustausch, die gegenseitige Information. Sie glauben gar nicht, wie intensiv das in der täglichen Arbeit bereits passiert, und zwar erstens in Brüssel, wo sämtliche EU-Mitgliedsländer ihre Vertretungen haben. Im Bereich der Ostpolitik gibt es eine Arbeitsgruppe, die mindestens zweimal die Woche zusammentrifft. Einmal im Monat kommen Vertreter aus den Hauptstadtministerien dazu. Dann treffen sich regelmäßig an den Botschaften in den Ländern, also z.B. in Kiew, in Moskau, die Botschafter, die politischen Referenten, die Wirtschafts- und Kulturreferenten und diskutieren vor Ort, was zu tun ist. Dort werden auch Berichte und Einschätzungen ausgetauscht. Das ist auch ein Instrument, um Meinungen abzustimmen: Wenn wir z.B. glauben, wir sollten in einem bestimmten Bereich eine Initiative starten, dann schicken wir ein Rundum-Telex an alle anderen Hauptstädte und fragen ab, wie die Einschätzung dazu ist. Der Austausch von Berichten scheitert auch manchmal ein wenig an den Sprachkenntnissen, am leichtesten fällt er uns mit Frankreich und England, aber es sollte auch möglich sein, das mit Polen zu initiieren. Darüber hinaus gibt es sogar einen Beamtenaustausch. Gelegentlich haben wir einen Kollegen des polnischen Außenministeriums bei uns; derzeit ist eine Mitarbeiterin des Auswärtigen Amtes am polnischen Außenministerium. Das Gleiche existiert mit Frankreich, Großbritannien, Italien, Spanien und den USA. Es gibt bereits auf vielen Ebenen eine sehr enge Abstimmung, was aber nicht über durchaus vorhandene Interessengegensätze und Meinungsunterschiede hinwegtäuschen soll – ganz und gar nicht, aber das ist ein Instrument, um über diese Themen zu reden, um Interessengegensätze ausfindig zu machen, um zu sehen, wo man Kompromisse schließen kann. Und in diesem Sinne freue ich mich darauf, wenn Polen Mitglied der EU geworden sein wird, denn das wird die Diskussion sicher bereichern.

Royen: Ich habe gestern schon angekündigt, dass ich heute noch mal auf die ganz praktische Seite dessen zu sprechen kommen will, was Sie hier dank Ihrer Initiative angefangen haben, nämlich das Zusammenführen des offensichtlich vorhandenen Wissens. Wie Kazimierz Wóycicki schon sagte, hat sich hier sehr deutlich gezeigt, dass es in Deutschland und in Polen nicht nur die alte *Community* der Experten gibt, sondern dass es eben auch in Deutschland und Polen Osteuropaforscher in dem neuen Sinne gibt, die sich tatsächlich besonders mit der westlichen GUS beschäftigen. Dieses Wissen sollte man noch mehr als bisher nutzen. Zum Teil sind in den letzten Tagen die ersten neuen Kontakte angebahnt worden.

Die polnischen Redebeiträge wurden übersetzt von Doreen Daume und Dieter Bingen

Zu den Autoren

Hannes Adomeit, Dr., geb. 1942, Politologe. 1989 - 1997 Professor für Internationale Beziehungen und Direktor des Forschungsprogramms für Russland und Ostmitteleuropa an der Fletcher School of Law and Diplomacy der Tufts University sowie Fellow am Russian Research Center der Harvard University, wissenschaftlicher Mitarbeiter an der Stiftung Wissenschaft und Politik am Deutschen Institut für Internationale Politik und Sicherheit in Berlin. Forschungsgebiet: die russische Außen- und Sicherheitspolitik. Neueste Publikationen: Imperial Overstretch: Germany in Soviet Policy from Stalin to Gorbachev. Baden-Baden 1998; Die russische Sicherheits- und Verteidigungspolitik unter Putin. Ebenhausen 2000; Putin und die Raketenabwehr. Berlin 2001.

Olga Alexandrova, Dr., Historikerin und Politologin. 1966 - 1979 wissenschaftliche Mitarbeiterin am Institut für internationale Arbeiterbewegung an der Akademie der Wissenschaften der UdSSR, 1979 Ausreise aus der Sowjetunion aus politischen Gründen, 1989 - 2000 Referentin am Bundesinstitut für ostwissenschaftliche und internationale Studien, Köln, seit 2001 wissenschaftliche Mitarbeiterin an der Stiftung Wissenschaft und Politik am Deutschen Institut für Internationale Politik und Sicherheit in Berlin. Forschungsgebiet: die Außen- und Sicherheitspolitik osteuropäischer Länder mit dem Schwerpunkt Außenpolitik Russlands, Russland und die GUS, Außenpolitik der Ukraine. Zahlreiche Veröffentlichungen über die sowjetische, russische und ukrainische Politik.

Rafał Antczak, Wirtschaftswissenschaftler, Spezialist für makroökonomische Aspekte der Übergangszeit und für Finanzpolitik. Neben der wissenschaftlichen Forschung Teilnahme in beratender Funktion an zahlreichen Missionen des Centrum Analiz Społeczno-Ekonomicznych (Zentrum für sozioökonomische Analyse), Warschau, in der Ukraine, in Kirgisien, Kasachstan, Moldowa und Belarus. Mitherausgeber des POLISH ECONOMIC OUTLOOK QUARTERLY. Zahlreiche Veröffentlichungen in der Presse und Mitwirkung an vielen Publikationen.

Norbert Baas, Dr., geb. 1947, Historiker und Volkswirtschaftler. 1995 - 1998 Botschafter in Georgien, seit Juli 2001 Botschafter z.b.V. im Auswärtigen Amt, vorher für die Beziehungen zu Ostmitteleuropa zuständig. Frühere Auslandseinsätze u.a. in Moskau, London, Bagdad und Paris.

Dieter Bingen, Dr., geb. 1952, Politikwissenschaftler und Historiker. 1980 - 1999 wissenschaftlicher Mitarbeiter am Bundesinstitut für ostwissenschaftliche und internationale Studien, Köln, mit dem Schwerpunkt Polen und deutsch-polnische Beziehungen, 1984 - 1994 Lehrbeauftragter für Politische Wissenschaft an der Universität Bonn, seit März 1999 Direktor des Deutschen Polen-Instituts in Darmstadt. Zahlreiche Veröffentlichungen zur polnischen Politik und Zeitgeschichte und zu den deutsch-polnischen Beziehungen.

Jacek Cichocki, Osteuropaexperte, Vizedirektor des 1991 gegründeten unabhängigen Zentrums für Oststudien (Ośrodek Studiów Wschodnich) in Warschau.

Wolfgang Ischinger, geb. 1946, Jurist. 1975 Eintritt in den Auswärtigen Dienst, 1979 - 1982 Erster Sekretär der Deutschen Botschaft in Washington, 1982 - 1990 im Auswärtigen Amt in Bonn, 1990 - 1993 Gesandter an der Deutschen Botschaft in Paris, 1993 - 1995 Chef des Planungsstabes und 1995 - 1998 Politischer Direktor im AA, Bonn, 1998 - 2001 Staatssekretär des AA, seit Juli 2001 Botschafter in den USA. Zahlreiche außen- und sicherheitspolitische Veröffentlichungen.

Adam Krzemiński, geb. 1945, Germanist. 1967 - 1973 Redakteur der Wochenzeitung FORUM, seit 1973 Redakteur und Kommentator der Wochenzeitung POLITYKA, 1982 - 1984 Dozent am Germanistischen Seminar der Universität Thorn, 1987 Mitbegründer und später polnischer Ko-Chefredakteur des deutsch-polnischen Magazins DIALOG (bis 1998). Zahlreiche Veröffentlichungen in der polnischen und deutschen Presse. 1993 (1. Aufl.) erschien in München sein Buch »Polen im 20. Jahrhundert. Ein historischer Essay«. Viele Preise und Auszeichnungen.

Rainer Lindner, Dr., Historiker und Literaturwissenschaftler. 1994 - 1998 wissenschaftlicher Mitarbeiter an der Stiftung Wissenschaft und Politik, 1996 Research Fellow am Ukrainian Research Institute der Harvard University, seit 1998 wissenschaftlicher Mitarbeiter im Fachbereich Geschichte/Soziologie an der Universität Konstanz. Veröffentlichungen: Historiker und Herrschaft. Nationsbildung und Geschichtspolitik in Weißrußland im 19. und 20. Jahrhundert. München 1999; als Hrsg. (mit Boris Meissner): Die Ukraine und Belarus in der Transformation. Köln 2001; als Hrsg. (mit Dietrich Beyrau): Handbuch der Geschichte Weißrußlands. Göttingen 2001. Außerdem zahlreiche wissenschaftliche Aufsätze zur Geschichte und Gegenwart von Russland, der Ukraine und Belarus.

Agnieszka Magdziak-Miszewska, Russland- und Osteuropaexpertin, Direktorin im Zentrum für Internationale Beziehungen (Centrum Stosunków Międzynarodowych) in Warschau, seit 2001 Generalkonsulin in New York.

Marek Menkiszak, geb. 1971, Journalist und Politikwissenschaftler. Lehrbeauftragter im Institut für Internationale Beziehungen der Universität Warschau, wissenschaftlicher Mitarbeiter in der Russlandabteilung des Zentrums für Oststudien (Ośrodek Studiów Wschodnich). Autor zahlreicher Artikel zu den Themen Außenpolitik und Sicherheit, Innenpolitik Russlands, Probleme der GUS und europäische Sicherheit, jüngst: Polityka Federacji Rosyjskiej wobec Azji po 11 września (Die Asienpolitik der Russischen Föderation nach dem 11. September). In: SPRAWY MIĘDZYNARODOWE 1 - 3/2002.

Henri Ménudier, Prof. Dr., unterrichtet am Institut d' Allemand an der Universität Paris III - Sorbonne Nouvelle. Er ist Vorsitzender des deutsch-französischen Vereins Bureau

International de Liaison et de Documentation (B.I.L.D.), Paris, und Herausgeber der Zeitschrift über Deutschland DOCUMENTS. Zahlreiche Publikationen.

Anna Naumczuk, Expertin für Belarus, arbeitet seit Beginn der neunziger Jahre im Zentrum für Oststudien (Ośrodek Studiów Wschodnich) in Warschau.

Cornelius Ochmann, geb. 1964, Politikwissenschaftler. 1992 – 1994 wissenschaftlicher Mitarbeiter in der Forschungsgruppe Europa am Institut für Politikwissenschaft der Universität Mainz; 1994/95 Referent für Internationale Beziehungen, seit Juli 1995 Leiter des Referates Mittel- und Osteuropa bei der Bertelsmann Stiftung, Gütersloh. Zahlreiche Veröffentlichungen in Zeitungen, Zeitschriften und Sammelbänden.

Tadeusz Olszański, geb. 1950. Seit 1993 Senior Analyst für die Ukraine am Zentrum für Oststudien (Ośrodek Studiów Wschodnich) in Warschau. Veröffentlichungen u.a.: Historia Ukrainy, XX w. (Geschichte der Ukraine, 20. Jh.). Warszawa 1994; Ukraiński system partyjny (Das ukrainische Parteiensystem). Warszawa 2000.

Katarzyna Pełczyńska-Nałęcz, Dr., geb. 1970. Leiterin der Russlandabteilung des Zentrums für Oststudien (Ośrodek Studiów Wschodnich). Jüngste Veröffentlichungen: Siedem mitów na temat Kaliningradu (Sieben Mythen zum Thema Kaliningrad). In: PUNKT WIDZENIA 1/2002; Who Rules Russia and How. In: Toward and Understanding of Russia. Council on Foreign Relations. New York 2002.

Alexander Rahr, geb. 1959, Historiker und Politologe. 1982 – 1994 wissenschaftlicher Mitarbeiter am Forschungsinstitut von Radio Freies Europa, München, 1986 – 1994 Konsultant der RAND Corporation in Santa Monica, USA, seit 1995 Leiter der Körber-Arbeitsstelle Russland/GUS, einer gemeinsamen Einrichtung der Körber-Stiftung, Hamburg, und des Forschungsinstitutes der Deutschen Gesellschaft für Auswärtige Politik, Berlin. Jüngste Veröffentlichung: Wladimir Putin. Der »Deutsche« im Kreml. München 2000.

Christoph Royen, Dr., geb. 1937. 1970 – 2000 wissenschaftlicher Referent an der Stiftung Wissenschaft und Politik in Ebenhausen (jetzt Berlin). Publikationen u.a. in SPRAWY MIĘDZYNARODOWE und in POLSKA W EUROPIE, zuletzt: Russische Außenpolitik am Anfang des 21. Jahrhunderts - Ausblick ohne Optimismus. In: OSTEUROPA 4–5/2001.

Astrid Sahm, Dr., geb. 1968. Wissenschaftliche Assistentin am Lehrstuhl für Politische Wissenschaft und Zeitgeschichte der Universität Mannheim und Redakteurin der seit 1998 in Deutschland erscheinenden Vierteljahreszeitung BELARUS-NEWS. Veröffentlichungen u.a.: Die weißrussische Nationalbewegung nach der Katastrophe von Tschernobyl. Münster 1994; Transformation im Schatten von Tschernobyl. Umwelt- und Energiepolitik im gesellschaftlichen Wandel von Belarus und der Ukraine. Münster 1999.

Manfred Sapper, Dr., geb. 1962, Politikwissenschaftler. Chefredakteur der Monatszeitschrift OSTEUROPA. Jüngste Veröffentlichungen: Rußlands kulturelle Ausstrahlung auf die Staaten der GUS. In: Roland Götz (Hrsg.): Rußland und der postsowjetische Raum. Baden-Baden 2002; Die Zukunft des Friedens. Eine Bilanz der Friedens- und Konfliktforschung (Mithrsg.). Wiesbaden 2002; Kontinuität im Wandel. Zur Zukunft von Osteuropa in Europa. In: OSTEUROPA 4/2002.

Sabine Seidler, geb. 1963. 1989 - 1991 Attachée im Auswärtigen Amt, Bonn, 1991 - 1995 Zweiter Sekretär der Wirtschaftsabteilung der Botschaft Moskau, 1995 - 1999 Erster Sekretär der Wirtschaftsabteilung der Botschaft Tokio, 1999 - 2002 Referentin (Ukraine) in der Politischen Abteilung des AA, Berlin, seit 2002 Botschaftsrätin in der Politischen Abteilung der Botschaft Warschau.

Elżbieta Smułkowa, Prof. Dr., geb. 1931, Sprachwissenschaftlerin. Vielfältige Tätigkeit an der Universität Warschau, 1991 - 1995 zuerst Generalkonsulin, dann Botschafterin der Republik Polen in Belarus, seit 1997 Inhaberin des Lehrstuhls für belarussische Kultur an der Universität Białystok. Zahlreiche wissenschaftliche Artikel und Publikationen, zuletzt: Białoruś i pogranicza. Studia o języku i społeczeństwie (Belarus und das Grenzgebiet. Studien zu Sprache und Gesellschaft). Warszawa 2002. Diverse Preise und Auszeichnungen.

Javier Solana Madariaga, Prof. Dr., geb. 1942. 1964 Eintritt in die Spanische Sozialistische Partei, seit 1977 Abgeordneter des spanischen Parlaments, 1982 - 1995 Minister aller spanischen Regierungen, 1995 - 1999 Generalsekretär der NATO, seit Oktober 1999 Generalsekretär des Rates der EU und Hoher Vertreter für die GASP, seit November 1999 Generalsekretär der WEU. Mitglied der spanischen Gruppe des Club of Rome. Zahlreiche Publikationen im Bereich Festkörperphysik.

Heinz Timmermann, Dr., geb. 1938. 1969 - 2000 Mitarbeit am Bundesinstitut für ostwissenschaftliche und internationale Studien, Köln, mit den Schwerpunkten Sowjetunion/Russland, Kommunistische Weltbewegung, Eurokommunismus, seit 2001 Leiter der Forschungsgruppe Russland und Neue Unabhängige Staaten am Deutschen Institut für Internationale Politik und Sicherheit der Stiftung Wissenschaft und Politik in Berlin. Forschungsschwerpunkte: Russische Außenpolitik, europäisch-russische Beziehungen, Belarus.

Robert Traba, Dr., geb. 1958. 1982 - 1990 wissenschaftlicher Mitarbeiter im Masurischen Institut der Polnischen Historischen Gesellschaft in Allenstein, seit 1990 wissenschaftlicher Mitarbeiter des Wojciech-Kętrzyński-Forschungszentrums in Allenstein, 1990 - 1999 Vorsitzender der Kulturvereinigung Borussia und bis heute Chefredakteur der Zeitschrift BORUSSIA, seit 1995 wissenschaftlicher Mitarbeiter des Deutschen Historischen Instituts Warschau.

Barbara Tuge-Erecińska, geb. 1956. 1981 Mitarbeiterin der Abteilung Internationale Beziehungen im Landesbüro der »Solidarność«, 1990 - 1991 Bevollmächtigte für Internationale Beziehungen des Stadtrats von Danzig, 1991 - 1997 Botschafterin in Schweden, 1997 - 1998 Direktorin der Westeuropaabteilung, Außenministerium, Warschau, 1998 - 1999 Direktorin der Europapolitischen Abteilung, 1999 - 2001 stellvertretende Außenministerin, seit 2001 Botschafterin in Dänemark.

Andreas Wittkowsky, Dr., geb. 1962. Derzeit Economic Policy Advisor der United Nations Interim Administration Mission in Kosovo (UNMIK), Prishtina. Veröffentlichungen u.a.: Fünf Jahre ohne Plan: Die Ukraine 1991 - 96. Nationalstaatsbildung, Wirtschaft und Eliten. Hamburg 1998; Südosteuropa und die Europäische Union - Stabilität durch Integration? In: SÜDOSTEUROPA 34/2000; South Eastern Europe and the EU? Promoting Stability Through Integration? In: SOUTH EAST EUROPE REVIEW FOR LABOUR AND SOCIAL AFFAIRS 1/2000.

Kazimierz Wóycicki, Dr., geb. 1949, Publizist. 1986/87 Mitarbeiter der BBC in London, 1988 - 1990 Sekretär des Bürgerkomitees von Lech Wałęsa, 1990 - 1993 Chefredakteur der Tageszeitung ŻYCIE WARSZAWY, 1993 - 1996 Leiter der politischen Abteilung der Nachrichtensendung »Wiadomości« im Polnischen Fernsehen, 1996 - 1999 Direktor des Polnischen Instituts in Düsseldorf, 1999 - 2001 Direktor des Deutschland- und Nordeuropainstituts (Instytut Niemiec i Europy Północnej) in Stettin, seit 2001 Direktor des Polnischen Instituts in Leipzig. Zahlreiche Veröffentlichungen in der polnischen und deutschen Presse. 2000 erschien sein Buch »Niemiecki rachunek sumienia« (Die deutsche Gewissenserforschung).

Ryszard Żelichowski, Dr., geb. 1946, Historiker. Forschungs- und Lehrtätigkeit am Institut für Politische Studien der Polnischen Akademie der Wissenschaften und an der Universität Warschau. Forschungsschwerpunkt: Polnische Geschichte, 19. und 20. Jahrhundert (soziale und politische Probleme).

Marek Ziółkowski, geb. 1955, Magister der Philosophie. 1991 - 1992 Konsul, 1992 - 1995 Handelsattaché und 1995 - 1996 charge d' Affaires a.i. in Belarus, Direktor der Abteilung Osteuropa im Außenministerium, seit 2001 Botschafter in der Ukraine.

Personenregister